清末维新派人物致山本宪书札考释

The Research Notes for Late Qing Reformers' Letters to Yamamoto Ken

吕顺长 著

内容提要

本书着重对日本汉学家山本宪后人所保存的清末维新变法派人物致山本宪的一百二十余通书札进行整理和研究，包括解题、书札影印、书札录文、书札考释等部分。这些书札记录了清末多位维新变法及其相关人士所进行的诸多活动，以及他们对当时所发生的多起重大事件乃至周围的生活琐事的看法和感受。本书内容不仅可对维新变法运动之研究作重要的资料补充，还涉及近代中日两国知识阶层交往之历史，反映了错综复杂的近代中日关系的一个侧面，折射出甲午战后两国民众尤其是知识阶层的种种心态变化。

图书在版编目(CIP)数据

清末维新派人物致山本宪书札考释/吕顺长著. —上海：上海交通大学出版社，2017

ISBN 978-7-313-17209-9

Ⅰ. ①清… Ⅱ. ①吕… Ⅲ. ①百日维新—史料②百日维新—历史人物—书信集—中国—清后期 Ⅳ. ①K256.506②K827=52

中国版本图书馆CIP数据核字(2017)第119238号

清末维新派人物致山本宪书札考释

著　　者：吕顺长

出版发行：上海交通大学出版社　　地　　址：上海市番禺路951号

邮政编码：200030　　电　　话：021-64071208

出 版 人：郑益慧

印　　制：上海景条印刷有限公司　　经　　销：全国新华书店

开　　本：710mm×1000mm　1/16　　印　　张：26.5

字　　数：457千字

版　　次：2017年6月第1版　　印　　次：2017年6月第1次印刷

书　　号：ISBN 978-7-313-17209-9/K

定　　价：158.00元

康有为、梁启超、王照、康有仪等（流亡日本后不久摄于东京）

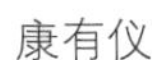

康有仪

康有为

山本宪

山本宪(摄于牛窗私宅庭院)

山本宪故居(位于冈山县牛窗,笔者摄影)

梅崖先生墓
先生諱憲字永弼少字繁太郎梅崖
其號土佐人考諱建妣明神氏年壯
委身國事繫囚數年遭赦開塾大阪
後遷居牛窻嘉永五年閏二月十二
日生昭和三年九月六日卒葬于大
孺人之墓側先生篤信孔子之道憂
世之念至死而不衰尤惡耶蘇教爲
人清廉尚氣節不與世諂銘曰
眇此微軀 埋在石下
千歲之後 有知我者
山本憲自譔文又自銘
昭和四年九月六日
大阪 渡邊至德謹書

山本宪墓志铭

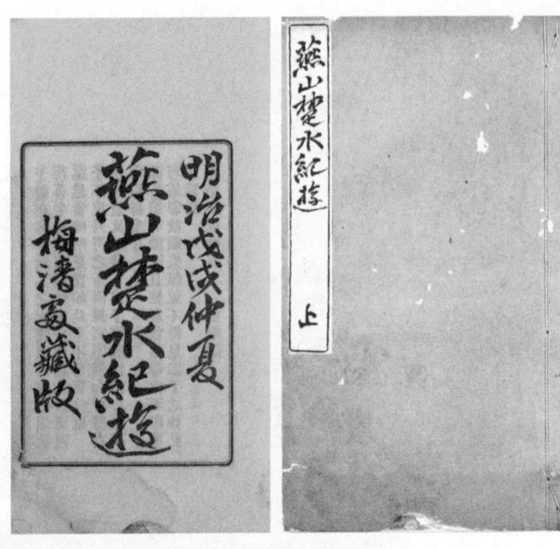

山本宪著《燕山楚水纪游》

《燕山楚水纪游》插图

《燕山楚水纪游》插图

梅清处塾授课图

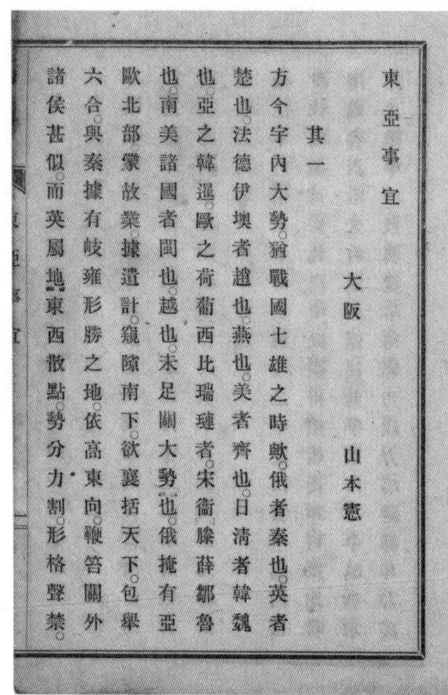

東亞事宜

其一　大阪　山本憲

方今宇內大勢。猶戰國七雄之時歟。俄者秦也。英者楚也。法德伊墺者趙也。燕也。美者齊也。日清者韓魏也。亞之韓暹。歐之荷葡西比瑞璉者。宋衞滕薛鄒魯也。南美諸國者閩也。越也。未足關大勢也。俄掩有亞歐北部。纘故業。據遺計。窺隙南下。欲囊括天下。包舉六合。與秦據有岐雍形勝之地。依高東向。鞭笞關外諸侯甚似。而英屬地。東西散點。勢分力割。形格聲禁。

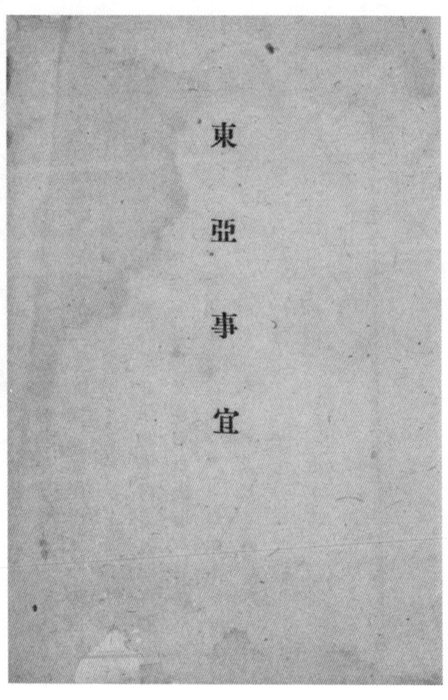

東亞事宜

山本宪著《东亚事宜》

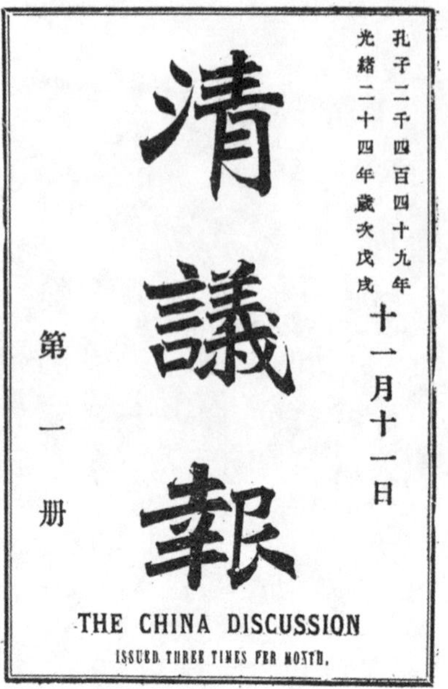

孔子二千四百四十九年
光緒二十四年歲次戊戌 十一月十一日

清議報

第一册

THE CHINA DISCUSSION

ISSUED THREE TIMES PER MONTH.

1

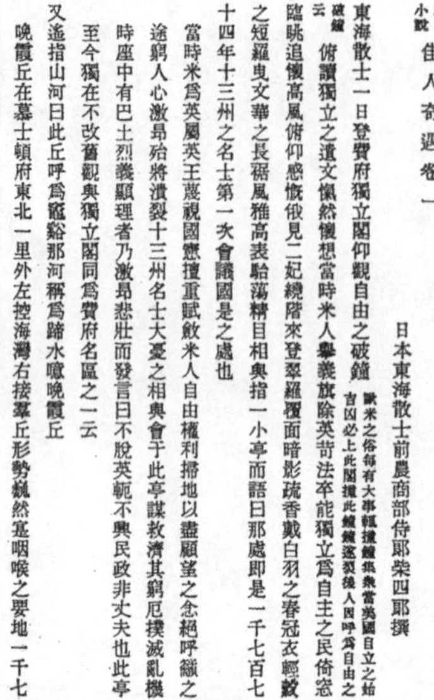

政治小說 佳人奇遇卷一

日本東海散士前農商部侍郎柴四郎撰

東海散士一日登費府獨立閣仰觀自由之破鐘（歐米之俗每有大事輒撞鐘集衆當英國自立之始吉凶必上此閣撞此鐘鐘遂裂後人因呼爲自由之破鐘云）俯讀獨立之遺文慨然懷想當時米人舉義旗除英苛法卒能獨立爲自主之民倚窓臨眺追懷高風俯仰感慨俄見二妃繞階來登翠羅覆面暗影疏香戴白羽之春冠衣輕穀之短羅曳文華之長裾風雅高表駘蕩精目相與指一小亭而語曰那處即是一千七百七十四年十三州之名士第一次會議國是之處也

當時米爲英屬英王蔑視國憲擅重賦斂米人自由權利掃地以盡顧望之念絕呼籲之途窮人心激昂殆將潰裂十三州名士大憂之相與會于此亭謀救濟其窮厄撲滅亂機時座中有巴土烈義顯理者乃激昂悲壯而發言曰不脫英軛不興民政非丈夫也此亭至今獨在不改舊觀與獨立閣同爲費府名區之一云

又遙指山河曰此丘呼爲鑑谿那河稱爲踏水噫晚霞丘

晚霞丘在慕士頓府東北一里外左控海灣右接羣丘形勢飄然塞咽喉之要地一千七

清議報 一 佳人奇遇卷一 一

55

《清议报》第一册所载《佳人奇遇》

答山本憲君　更生

魯連恥秦帝狄姑惡牝朝呂武擅廢立海波震不潮嗟余奉衣帶哭庭晉嘵嘵東國唇齒邦同敎望古遙高士山本子遣經抱贄鷲吾兄從之遊陳義不可翹慷慨哀吾難奔走集其僚哀我北首望瀛臺囚神堯齊桓能救衛我欲賦黍苗淵明詠荊軻我聞風蕭蕭感子蹈海義痛我風雨翛

南宋四姦詠　咄咄和尚蔚藍

權門火冷死灰滅那有賢孫舉宅焚借問相公頭壓日何如阜隸足乘雲格天有閣誰昭德割地和戎自表勳辛苦鍛成三字獄年年鏞鼓岳王墳　秦檜

錦絪紅綴畫堂深喚出佳人擘阮琴只道太師胸有竹蕃茲醜類目無金殘陽杜宇南園暮淺土蘆花北斗沈知否詔書連夜下君王掩面淚霑襟　韓侂冑

六老門庭四木扶明良慶會愧皐謨可憐蒸爇燮巫戊詎解昇鼎斧鉞誅餉米艱難資盜賊梅花寂寞怨江湖他年秋雨梧桐夜猶似王孫泣路隅　史彌遠

樊襄邊釁苦難休何事閑亭勇爵酬生占半閒如夢幻死餘三絕也風流鯿魚腥染苕溪水

清議報 七 詩文辭隨錄

441

《清议报》第七册所载
康有为作《答山本宪君》

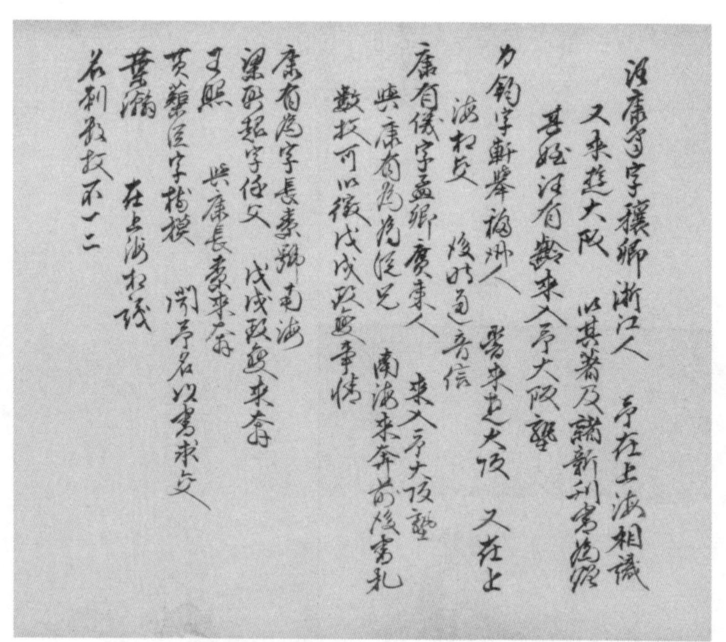

汪康年字穰卿 浙江人 予在上海相識
又來游大阪 以其著及諸新刊書為贈
其姪汪有齡來入予大阪塾
力鈞字軒舉 福州人 曾來遊大阪 又在上
海相見 後時通音信
康有儀字孟卿 廣東人 來入予大阪塾
與康有為為從兄 南海來奔前後書札
數枚可以徵戊戌政變事情
康有為字長素 號南海
梁啟超字任父 戊戌政變來奔
王照 與康長素來奔
黃某臣字梅撰 聞予名以書求交
葉瀚 在上海相識
右刺數枚不一二

山本宪所作汪康年、康有仪、康有为、梁启超等人的名片目录

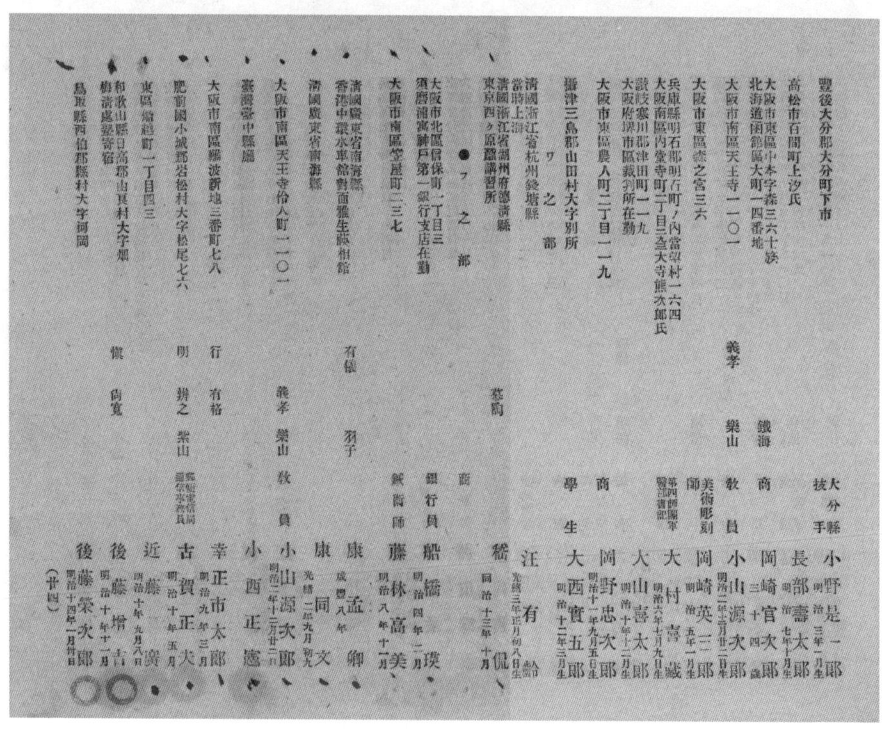

豐後大分郡大分町下市　大分縣技手　小野是一郎　明治三年一月生
高松市百間町上汐氏　長部壽太郎　明治七年十月生
大阪市東區中本字森三六十該　北海道函館區大町一四番地　鐵海　商　岡崎官次郎　三十四歲
大阪市南區天王寺一一〇一　義孝　樂山　教員　小山源次郎　明治二年十二月廿二日生
大阪市東區森之宮三六　美術彫刻師　岡崎英三郎　明治五年一月生
兵庫縣明石郡明石町ノ内當堅村一六四　大阪南區內棠寺町二丁目三四大寺熊次郎氏　第四師團軍醫部　大村喜藏　明治六年七月九日生
讃岐寒川郡津田町一一九　大阪府堺市區裁判所在勤　大山喜太郎　明治十年十二月生
大阪市東區農人町二丁目一一九　商　岡野忠次郎　明治十一年九月五日生
攝津三島郡山田村大字別所　學生　大西實五郎　明治十二年三月生

ワ之部

清國浙江省杭州錢塘縣　當時上海　汪有齡　光緒三年正月初八日生
清國浙江省湖州府德清縣　東京西ヶ原蠶講習所　慕陶　嵇侃　同治十三年十月

フ之部　商

大阪市北區信保町一丁目三　須磨浦寓神戶第一銀行支店在勤　銀行員　船橋璞　明治四年二月
大阪市南區笠屋町二三七　鍼術師　藤林高美　明治八年十一月
清國廣東省南海縣　香港中環永車館對面雅生藥材館　有儀　羽子　康孟卿　咸豐八年
清國廣東省南海縣　康同文　光緒二年九月初九
大阪市南區天王寺伶人町一一〇一　義孝　樂山　教員　小山源次郎　明治二年十二月廿二
臺灣臺中縣廳　小西正憲
大阪市南區難波新地三番町七八　行　有格　幸正市太郎　明治九年三月
肥前國小城郡岩松村大字松尾七六　明　辨之　柴山　郵便電信局通信事務員　古賀正大　明治十年五月
東區備後町一丁目四三　近藤廣　明治十年九月六日
和歌山縣日高郡山里村大字畑　樹清處塾寄宿　懷　尚寬　後藤增吉　明治十年十一月
鳥取縣西伯郡縣村大字河岡　後藤榮次郎　明治十四年一月廿日

（廿四）

山本宪门生住址录（汪有龄、康有仪、康同文、嵇侃等）

日本高知市立自由民权纪念馆

凡　例

一、书札的排列，原则上以书写或收发的时间为顺序。

二、书札的书写或收发日期，标注于书札序号之后；未能确定具体日期者，原则上根据其内容推断大致时间，一并予以标注。

三、书札中出现的人名、地名、事件名、书籍名、难解字词等，首次出现时添加注释。

四、原书札均为繁体汉字，录入时一律改成简体字，异体字、俗字改成正字。部分书札中夹杂的日文假名或日文词汇，原则上予以保留。

五、书札中的通假字原则上保留原字；对个别易产生歧义的字，加注予以说明。

六、原书札大多无标点，整理时根据内容予以添加。

七、书札中的重复记号（々），一律改成了原汉字。

八、书札中用小字书写的说明或附记，根据其内容，有些直接作为正文录入，有些加括号以示区别。

九、书札中表示尊敬的抬头（包括挪抬、平抬、单抬、双抬等），整理时未予保留。

十、书札中疑为误字者，整理时一律未加改动，在注释中予以说明。

序

吕顺长教授的新著《清末维新派人物致山本宪书札考释》付梓在即，在此谨允许我对此表示衷心的祝贺。

2012年，我主持申请的独立行政法人日本学术振兴会的研究课题"从'山本宪关系书简'中的康有为族兄康有仪等人的书信看近代日中交流史之特征"（课题编号JP23320151，基盘研究〈B〉，平成二十三至二十七年度）获得通过，2017年2月其研究成果《变法派之书简与〈燕山楚水纪游〉》在日本汲古书院顺利出版。在这一课题的研究过程中，吕顺长教授在对"山本宪关系资料"中的中国人书信的解读、翻译和分析等方面做了大量的工作，涉及这一课题研究成果中书信部分的约三分之二内容。

众所周知，吕顺长教授已出版了《清末浙江与日本》（上海古籍出版社，2001）、《清末中日教育文化交流之研究》（商务印书馆，2012）等学术专著，可谓该研究领域的专家。笔者此次被邀为本书作序，虽深感不够资格，但念及吕教授这些年来对我所主持的课题的支持，不妨容我借此机会对我们的共同研究课题，包括成为共同研究契机的"山本宪关系资料"的内容作一介绍。

本书书名中出现的山本宪（1852—1928），字永弼，号梅崖，日本近代文人，出生于高知县佐川町，晚年则在冈山县牛窗度过。对山本宪其人，大约至20世纪90年代，日本国内学界有人认为他是日本近代自由民权运动的活动家（如间岛永太郎著《一位忧国者的面容》，1988），有人认为他是一位努力向中国学者提供日本及西洋书籍译作的翻译家（如远藤光正《山本梅崖所见的日清战争后的中国——以〈燕山楚水纪游〉为中心》等，《东洋研究》第82号，1987），但更多人则认为他是近代日本著名的汉学家（如三浦叶著《明治之硕学》之《川田雪山谈山本梅崖先生》等，汲古书院，2003）。虽诸说不一，但这恰好反映了其生前活动的不同侧面。

约从2000年前后开始，有关甲午战争至五四运动期间的中日民间交流之研究进一步受到了学界的重视。中国国内的重要研究著作，如王晓秋先生的《中日文化交流史》(木田知生译,东方书店,2000)等被翻译介绍到日本,与此同时,日本国内研究者所开展的如对以梁启超为中心的维新变法派人物与日本学界、政界的交流等研究,也取得令人瞩目的成果,其中最具代表性的是狭间直树编的《共同研究　梁启超》(みすず书房,1999)和丁文江、赵丰田编,岛田虔次编译的《梁启超年谱长编》(岩波书店,2004)。在这一过程中,山本宪的活动也受到了研究者的关注,如狭间直树在《初期亚洲主义的历史考察(7)关于善邻协会及冈本监辅》(《东亚》第416号,2002)一文中就论及了山本宪与梁启超任主笔的《清议报》以及与汪康年的关系。另外,狭间教授在新著《梁启超　东亚文明史之转换》(岩波书店,2016)、《日本早期的亚洲主义》(张雯译,北京大学出版社,2017)等著作中,则根据吕顺长教授的研究成果,对山本宪的活动进行了介绍。

有关山本宪的史料,早在20世纪80年代,中国国内就已先于日本有所介绍,这就是变法派人物汪康年遗留的书信中所包含的15通山本宪书信(《汪康年师友书札》第二册,上海古籍出版社,1989)。最早利用这一资料对汪康年与山本宪的交流进行实证研究的是吕顺长教授的论文《山本梅崖与汪康年之交游》(《四天王寺国际佛教大学纪要》第45号,2008)。我最初接触吕顺长教授的研究,也正是在这时候。

但是,从山本宪方面看,寄给他书信的变法派人物并不止汪康年。

2006年5月,山本宪遗族将六千多件资料寄托给了高知市立自由民权纪念馆,其中不仅包含了梁启超、康有为、汪康年、王照等中国清末维新派人物的亲笔书信,而且还有山本宪汉学塾"梅清处塾"的门人、后来为亡命日本的维新派人物居中联络的康有为族兄康有仪的大量书信,另外还有与变法派相关的一些日本人的书信,总数达250通以上。

山本宪在生前曾向家属表示希望妥善保存自己的遗物。他去世后,其以汉籍为中心的藏书于1929年捐赠给了冈山县立图书馆,该馆还专门设立了"山本文库"。遗憾的是,1945年6月的空袭使该图书馆毁于一旦,山本宪的藏书也全部化为灰烬,现所存者仅其藏书目录而已。而保存在遗族家中的资料和遗物,在山本宪养女山本信女士(兵库县姬路市)及其长女(山本宪外孙女)山本和子女士的不懈努力下,一直完好地保存了下来。后来,山本和子女士为了将山本宪遗留的资料寄托给山本的出身地高知县的相应机构进行了多方努力,而高知市立自由民权纪念馆为接管这些资料想必也克服了重重困难。现在,这些资料及其研究成果能在日本和中国公开刊行,与山本宪遗族的努力及当时决定接管这些资料的自由民权纪念馆西田幸人馆长的努力是分不开的。在此再次对他们表示由衷的感谢!

高知市立自由民权纪念馆最初安排西村氏和依光贯之氏对这些资料进行初步的整理，后来则以高知近代史研究会会长公文豪氏为中心，在该馆资料整理员泽村美乃氏等人的配合下，开始了系统全面的整理。此时，在公文豪氏的邀请下，我参与了资料的整理工作。

高知市立自由民权纪念馆将这些资料称作“山本宪关系资料”，并于2011年刊行了整理成果《山本宪关系资料目录》。以后，此目录成了有关山本宪资料研究的基本工具书，我自身也曾以此为线索，对梁启超、康有为等清末变法派等人物的亲笔书信、信封、名片、照片等进行确认，从中得知“戊戌政变”后流亡日本的梁启超等人与日本人交往和活动的许多鲜为人知的内容。在此基础上，我着手对其中的汪康年书信进行分析，探明了《汪康年师友书札》所收的15通山本宪书札与“山本宪关系资料”所收的汪康年书札的相互关系，并发表了论文《清末变法派人士汪康年致山本宪之书简——兼论〈山本宪关系资料〉之史料价值》(《高知市立自由民权纪念馆纪要》第16号，2008)。此外，《史学杂志(2008年)回顾与展望(中国近代)》(小羽田诚治)一文中，也将“山本宪关系书简”作为“值得特别关注的私藏史料”作了介绍。

后来经过调查得知，“山本宪关系资料”尤其是其中的维新派书信，是以往中国大陆和台湾均未见的珍贵史料，这使得相关人员开始意识到完好保存这些资料的重要性。如果能将这些资料拍摄下来，不仅能永久保存，而且能为更多的研究者所利用，使研究进一步深化。为此，笔者向日本学术振兴会申请了本文开头所提及的研究项目，以期对这些资料进行拍摄和开展共同研究，结果顺利获得通过。

课题申请通过后，我们请专业公司“四国工业写真株式会社”(高松市)进行了拍摄，通过数字化处理技术，使一些肉眼难以辨认的文字也得以“复原”。此后4年间所拍摄的资料累计达146件约9000张图片。现在，在高知市立自由民权纪念馆，这些已拍摄的资料在标明了资料所有者、保管者和拍摄责任者的基础上，已刻录成光盘资料保存，并提供给研究者利用。

我们的共同研究课题“从‘山本宪关系书简’中的康有为族兄康有仪等人的书信看近代日中交流史之特质”的研究目标主要有以下几个方面：一是尽最大力量对相关资料进行解读、翻译和注释，并撰写解题；二是搞清山本宪在与中国人的交流、自由民权运动、日本及西方文献的翻译、汉学教育等方面的活动状况，并探究19世纪末至20世纪前叶中日两国民间交流的历史特征；三是对山本宪的汉文游记《燕山楚水纪游》(山本于1897年9月23日出发，12月1日归国，期间访问了北京及周边地区、长江流域的多个城市)进行翻译、注释和撰写解题(蒋海波解题、翻译、录文,狭间直树监译)。因为上述书信中的发信人有许多是山本宪1897年游历中国时曾有过交流的人物,书信的一些内容与此游记密切相关。

由于我自身的研究领域为中国近世史,加之"山本宪关系资料"的书写字体几乎均为行书或草书,录文和解读必有不少困难。为此,我在当初确定共同研究计划时,便邀请对康有仪书信已有研究的吕顺长教授加入,吕教授尽管工作繁忙,但还是欣然应允。

吕顺长教授以书札分析为中心,通过对书札所作的独自研究取得了诸多研究成果,为推进这一共同研究项目作出了很大的贡献。

在吕教授为此课题所做的研究中,最引人注目的当为根据康有仪书札等资料对《佳人奇遇》译者所作的考证。众所周知,东海散士(柴四朗)的政治小说《佳人奇遇》向来被认为是梁启超翻译后于《清议报》(主笔梁启超,1898年创刊)连载的中国最早的汉译政治小说。对此,吕顺长教授通过1899年1月11日康有仪致山本宪书简中有关康有仪翻译《佳人奇遇》4篇等记载进行考证,结合康有仪回国时间与《清议报》终止《佳人奇遇》连载时间基本相同等事实,认为康有仪直至回国,始终进行了该小说的翻译。此外,通过康有仪的居中联络,山本宪本人曾为《清议报》提供了数篇稿件,其塾生也为该报翻译了不少稿件。

另一重要成果是通过康有仪的书信,进一步究明了当时横滨大同学校的一些具体状况。康有仪在横滨期间,不仅为《清议报》的刊行做了许多工作,而且还曾兼任大同学校的教员。在以往的研究中,人们较多注意该校校长徐勤以及推荐徐勤等人参与该校工作的康有为,而通过康有仪的书信,我们可以了解横滨大同学校创设当初的状况以及校长徐勤等相关人员的活动情况。

此外,吕顺长教授的研究还指出:康有仪与山本宪还计划通过日文书籍翻译西洋人所著的有关孔子的书籍,以期将西洋人对孔子及其学说的认识,以日本为媒介介绍到国内;而这一翻译计划或许给维新派人物的孔子观带来了一定的影响。

这些研究成果的具体内容,以及吕顺长教授绵密细致的实证研究手法,读者诸君均可在本书中得到确认。

总之,吕顺长教授在为我们的共同研究作出诸多贡献的基础上,对维新变法派人物的书札进一步开展了独立的研究。本书可谓是其研究成果的全面总结。

我相信,通过吕顺长教授的不断努力,"山本宪关系资料"今后定将为更多的中国研究者所利用，这一资料作为研究近代中日学术交流的重要史料，也将为更多人所认识。

最后，再次对本书的出版表示祝贺！

日本高知大学　吉尾宽
2017 年 4 月 25 日
（王婷　译）

前　　言

近代中日关系，可谓错综复杂。对近代日本而言，从明治初的武力侵台，到甲午战争、庚子事变、日俄战争、“二十一条”要求、“九·一八”事变，直至1937年发动全面侵华战争，中国始终是其最重要的掠夺和侵略目标。但是，即便是在两国充满对立甚至硝烟弥漫的时代，中国仍以惊人的勇气和现实的态度，试图通过向古来之“弟子”、甲午之劲敌学习，以实现富国强兵之梦。可以说，在中国从传统走向近代的过程中，日本起到了重要的中介和桥梁作用。

1871年，中日两国政府签署《中日修好条规》，标志着两国间正式建立了外交关系。尽管如此，日本却凭借日益强大的国力，开始试图侵占琉球群岛，并以琉球渔民被台湾土著杀害为由，公然以武力侵略台湾。诚如李鸿章所言：“泰西虽强，尚在七万里以外，日本则近在户闼，伺我虚实，诚为中国永远大患。”[①]日本的崛起，使国人开始意识到它已成为中国新一轮威胁的策源地。1895年，中日甲午战争以中国的惨败而告终，这给中国社会所带来的震撼，是历次西方列强的侵华战争所无法相比的。这不仅仅是因为中国因此被迫签订了丧权辱国的条约，割地赔款，更重要的是，耗巨资历数十年致力于洋务的“天朝上国”败给的不是“船坚炮利”的西方列强，而居然是新崛起的日本，国势之衰弱、政府之无能，彻底暴露无遗。甲午战败，强烈地刺激了中国人的神经，促使有识之士开始分析日本迅速崛起的原因，并由此掀起了学习、研究日本的高潮。

甲午战后，商贾旅人、考察官员、外交使节、教习学人等，往来于中日两国间的人员迅速增加；戊戌政变后，康有为、梁启超等维新变法派主要人物流亡日本；由孙中山领导和组织的以海外中国人为主体的中国同盟会在东京成立；日俄战争后，中国留日学生剧增并使近代中国的留日运动达到高潮；清末中国，以留日学生为主体，从日本翻译引进了大量的教育、科技、文

① 《李鸿章全集》(二)奏稿卷二十四，海南出版社1997年版，第833页。

化类书籍。所有这些，都说明了近代中国与日本的关系密不可分。虽然本书的重点并不在于对这些问题直接进行研究，但书中所收录的维新变法派人物致日本汉学家山本宪的书信及对此所作的考释，其内容不仅可对维新变法运动历史之研究作重要的资料补充，而且还涉及了近代中日两国知识阶层交往之历史，反映了错综复杂的近代中日关系的一个侧面，折射出甲午战后两国民众尤其是知识阶层的种种心态变化。

戊戌政变后，康有为、梁启超、王照等人先后逃亡日本，与先前赴日的康有为族兄康有仪、弟子徐勤等齐聚东京。日本汉学家山本宪通过就读于其私塾的康有仪与康梁等人接触，并通过各种方式极力给予援助，此后双方还以书信等形式保持了较长时间的交往。虽然山本宪致康梁等人的书信大多已散佚①，但康有仪、康有为、梁启超、王照、汪康年等人致山本宪的书信一直被山本遗族保存，并于近年公诸于众。

19 世纪 80 年代，作为汉学家的山本宪在经营其位于大阪的汉学塾“梅清处塾”之余，还作为自由党党员参与有关自由民权运动的言论活动，并参与了 1885 年发生的所谓“大阪事件”②。在该事件中，山本宪因起草了檄文《告朝鲜自主檄》等而以“外患罪”被判入狱，后于 1889 年因日本颁布首部宪法而被特赦释放。在此檄文中，山本称朝鲜本为自主独立之国，却被清国夺去国权沦为属国，并指责清国人“犬羊为性，蠢若豚彘，顽冥弗灵，倨傲诞慢”③。如此言论，与其说是指责，不如说是谩骂。

但是，变幻的时势可谓与山本开了一个不小的玩笑。他虽曾对中国如此不怀好感，但在目睹中国甲午战败后遭日本及欧美列强瓜分的惨状后，开始对中国寄予同情。1897 年末，他只身一人游历中国，不仅观览山水风光，还广交名士，希望与中国有识之士共同商讨防御外侮之策。回国后不久，其汉学塾接纳了近代中国最早从国内学堂派往日本的留学生，并与刚结识的汪康年等人进行书信交流。戊戌政变后，他还多方奔走援助流亡日本的维新派人物，甚而多次或面见或致函大隈重信、伊藤博文等当时日本政要。对此，康有为曾作诗称：“高士山本子，遗经抱嚣嚣。吾兄从之游，陈义不可翘。慷慨哀吾难，奔走集其僚。……感子蹈海情，痛我风雨翛。”④其对山本的感

① 除《汪康年师友书札》(上海古籍出版社 1989 年版)收录山本宪致汪康年的书信 15 通外，其余未见。

② 是指以大井宪太郎为中心的自由党左派策划朝鲜内政改革最终败露的事件。策划者企图支持朝鲜改革派，让独立党掌权，进而以此为导火线挑起日清战争，趁乱颠覆日本的藩阀政府。但在行动前计划败露，139 人在大阪等地被捕。

③ 山本宪：《梅崖先生年谱》，非卖品，1931 年，第 20 页。

④ 汤志钧编：《康有为政论集》上册，中华书局 1981 年版，第 387 页。

激之情充满于字里行间。

笔者自2008年撰写《汪康年与山本宪的交游》一文开始，对山本宪与汪康年、康有仪等人的关系进行了一些研究，并从2011年开始整理日本新近发现的汪康年、康有仪、梁启超、康有为等人致山本宪的书札。在这一研究过程中，受高知大学吉尾宽教授的邀请，参与了由他主持的"从《山本宪关系书简》中的康有为族兄康有仪书札看近代日中交流史的特质"这一课题的研究，获得许多启发。期间，还曾多次访问位于冈山县牛窗町的山本宪故居、山本宪的出生地高知县佐川町等，向当地居民打听山本宪的事迹。但遗憾的是，对于山本宪其人，当地住民大多连连摇头称从未听说，甚至从山本后人手中购得山本故居后现居住其中的住户，也不知该房屋从前的主人。山本宪可谓是近代日本尤其是关西地区较为重要的汉学家，其著作有近二十种，其晚年所著的《论语》研究著作《论语私见》可谓其学问之集大成。尤其是他与维新变法派人物的交往，对康梁等人在日本的活动产生了较大的影响。山本宪虽非圣贤，但对比其在当地所受到的冷遇，不禁令人联想起李白"古来圣贤皆寂寞"的诗句，并为之感叹。而作为一个中国人，同时作为一个致力于山本宪与清末中国人之交流的研究者，每次访问其晚年居住过的海边小镇和出生地的偏远山村，或发现山本题写的碑文，或辨认居民家中所藏的山本题写的诗词，或向地方史研究者了解有关山本的事迹，每次都有新的发现，新的感动。这些感动逐渐化作一种责任：让掩埋在历史尘埃中的山本宪事迹重新为世人所知，将山本后人一直珍藏的有关维新派人物的书信介绍给国内学界，为更多的人所利用。

本书作为笔者近年的主要研究成果之一，着重对山本宪后人所保存的清末维新变法派人物致山本宪的书札进行了整理和研究，包括解题、书札影印、书札录文、书札考释等部分。解题部分，着重对与收录书札相关的主要人物和背景、书札的主要内容和史料价值进行解说，内容包括山本宪及其中国漫游、康有仪与山本宪的交往、康有仪和梁启超与《佳人奇遇》的翻译、书札主要内容介绍等；书札影印部分，在获得资料所有者对该资料的影印出版许可的前提下，以影印的方式收录了康有仪书札82通、梁启超8通、汪康年19通、康有为8通、王照6通、徐勤1通、山本宪3通，计127通。书札录文部分，分别对以上影印书札逐一进行解读，并根据文意予以标点；书札考释部分，在对以上书札中的人名、地名、书籍名等以脚注方式加以注释的基础上，对书札中所涉及的比较重要的事件等以按语的形式进行了考证和说明。

本书不仅可为研究者提供重要的史料，而且还提出了一些新颖的观点。试举数例：

（1）汉学家山本宪以1897年游历中国为契机，与汪康年、梁启超等一大批中国文人志士开始密切交往，他在大阪创办的汉学私塾接受了为数不少的中国留学生，在康有为等维新变法派人士流亡日本后又给予诸多援助。山本宪为近代中国诸多文人志士了解认识日本，起到了重要的媒介作用。

（2）被认为是梁启超最早翻译作品的《佳人奇遇》，作为中国最早的汉译政治小说，在中国近代外国文学翻译史上的地位不言而喻。本书在对有关《佳人奇遇》之译者这一问题的研究现状进行梳理的基础上，根据书中所收录的康有仪书札中与此相关的史料，对此进行分析研究，指出以往研究中所存在的问题，并最终得出结论：《清议报》所登载的《佳人奇遇》，其翻译者是康有仪，而不是学界向来所认为的梁启超。

（3）梁启超与山本宪于1897年末在上海相识，亡命日本后数次于东京和大阪相见。梁启超通过笔谈和书信等方式对山本宪通过设立"日清协和会"、直接上书日本政府等形式援助流亡日本的维新变法派人物表示感谢，同时表示维新党人虽"惟有举周勃、徐敬业之义"，但心有余而力不足，希望得到日本政府的援助，反映了梁启超等希望借助日本政府及民间的力量改变国内政治状况的幻想。梁启超曾希望山本宪提供有可能给予援助的相关人士的名单，山本宪则至少提供了胜海舟伯爵、近卫笃麿公爵、副岛种臣伯爵、曾根俊虎、谷干城等重要人物的信息，可知山本宪对康梁等人流亡日本后的活动有过较大影响。

（4）通过对王照书札的考察，究明了王照信函中所抄录的政变发生前光绪帝的两道密诏，其部分内容与以往所见的不同，可视作经康有为篡改后的另一版本；王照在日本期间的言行多有缺乏原则、自相矛盾之处，如与康梁划清界线、表明自己未曾指责慈禧太后之短、为索要金钱而向康有为献媚等，其目的或与自保和摆脱困境有关。

（5）通过对曾就读于山本宪梅清处塾的留日学生汪有龄、嵇侃等人的赴日经纬、留学经过等方面的研究，指出：除1896年驻日使馆从国内各地招致的13名特殊学生外，1897年从杭州蚕学馆派遣的浙江官费留学生汪有龄、嵇侃，是中国近代从国内学堂派遣的最早的留日学生。

本书撰写过程中，尽管已对书札录文进行了多次确认，但误读之处估计在所难免，对部分固有名词和事件的考释可能存在不够全面之不足，有些观点或许还欠成熟。衷心期待广大读者不吝赐教。

吕顺长

2016年4月

目　　录

解　题

1898 年的维新变法运动，作为中国近代的资产阶级改良主义政治运动，其经历时间虽短，且以失败告终，但无疑是中国近代史的一个极其重要的组成部分。其所倡导的学习西方，改革政治、教育制度，发展农、工、商业等主张，对之后中国社会的走向产生了巨大影响。

基于现有史料，学界对维新变法运动的历史，尤其是对康有为、梁启超等主要维新变法派人物的活动状况、思想观点及其所产生的影响等，已作了大量的研究。欲使研究有所突破，挖掘和利用新史料显得尤为重要。

日本高知市立自由民权纪念馆所藏“山本宪关系资料”①中，含有清末中国维新派人物等致日本汉学家山本宪的书札二百余通，这些书札无疑是今后有待研究者进一步利用的珍贵资料。本书选收其中康有仪、梁启超、康有为、王照、徐勤、汪康年等人的书札计 124 通，与山本宪致大隈重信和伊藤博文的书信计 3 通，在影印的基础上对其予以整理考释。

以下分“山本宪及其中国漫游”“康有仪与山本宪的交往”“康有仪、梁启超与《佳人奇遇》”“康梁等人书札介绍”等四部分，对与书札相关的主要人物和背景、书札的主要内容和史料价值作一简单介绍。其中，《康有仪、梁启超与〈佳人奇遇〉》一节，为利用本书所收录的康有仪书札等资料对《佳人奇遇》之译者进行的研究，得出了学界向来认为梁启超所翻译的政治小说《佳人奇遇》的真正译者是康有仪这一结论，虽篇幅较长，但能从一个侧面反映本书所收书札的史料价值，故未加删节。

---

① 该资料近年由山本宪后人所提供，含山本宪本人作品、友人书信、个人名片及各类图片等共六千余件。

一、山本宪及其中国漫游

(一) 山本宪生平[①]

山本宪，字永弼，号梅崖，通称繁太郎，亦称梅清处主人。1852 年出生于日本土佐藩高冈郡(现高知县高冈郡)佐川。在日本江户时代，佐川系土佐藩家老(辅佐大名的最高职位家臣)深尾氏领地。深尾家代代重视教育，第六代深尾茂澄于 1772 年开设了学塾"名教馆"，其历任"学头"或称"教授"均由当地精通汉学的山本宪祖先担任。山本宪祖父山本晋(号澹斋)曾任"名教馆"第四任"学头"，叔父山本迂斋(号竹园)为第五任，父亲山本琏(号竹溪)也曾任同馆"助教"。山本宪出生于汉学世家，据称三岁开始学习《论语》，八九岁能读懂汉文，十岁读完《左传》《史记》。庆应元年(1865)，入藩校"至道馆"，师从伊藤山阴、吉田文次等学习《资治通鉴》《易经》等。明治元年(1868)入土佐藩洋学校"开成馆"学习英语，明治四年进入东京"育英义塾"学习洋学。

明治七年，山本宪进入工部省任电信技师，因学非所用，明治十一年以"不屑区区从事末技"而辞职。明治十二年开始，先后任《大阪新报》《稚儿新闻》《中国日日新闻》《北陆自由新闻》等报的记者或主笔，撰写了大量有关论自由民权思想的文章。明治十六年辞去报社工作，于大阪开设汉学塾"梅清处塾"[②]。此后，山本宪仍关心政治，在私塾教学之余，作为自由党党员继续开展言论活动。明治十八年，参与以大井宪太郎为中心的自由党左派策划的通过插手朝鲜内政改革试图制造国内混乱的所谓"大阪事件"，起草檄文《告朝鲜自主檄》[③]，以"外患罪"获刑入狱，明治二十一年假释出狱，明治二十二年因颁布宪法而被恩赦释放。

释放后，山本宪主要致力于汉学塾的经营。由于"大阪事件"的影响，山本一跃成为知名人物，希望入其学塾学习者骤然增加，学塾经营蒸蒸日上，一时几乎与同样位于大阪的藤泽南岳所经营的泊园书院齐名，山本宪本人也因此与藤泽南岳、近藤南州、五十川讯堂一起被称为大阪的四大汉学家。据不完全统计，曾就读于梅清处塾的学生累计达三千余人，其中日本知名汉

---

① 据《梅崖先生年谱》整理，为避繁琐，不一一加注。

② 据《梅崖先生年谱》，其地址最初位于东区枪屋町，后于明治十八年 3 月迁于内九宝寺町，半月后又迁移至谷町一丁目。明治三十二年 5 月，迁至天神桥南诘东入。

③ 《梅崖先生年谱》第 20 - 21 页录有全文。

学家川田瑞穗[1]、诗人增田水窗、画家菅盾彦等均曾入塾受业。明治三十年，山本来华游历，与汪康年、梁启超、罗振玉、张謇等均有接触。戊戌变法失败后，康有为、梁启超等维新派人士逃亡日本，山本宪曾多方予以援助，并与他们保持紧密交往。明治三十七年，因日俄战争爆发而入塾学生骤减，加之健康原因，山本宪将学塾和住居迁往风景秀丽的海边小镇冈山县牛窗町，数年后筑居宅于山坡，"可观者海山之景，可听者万鸟之声，出则与鱼樵亲，入则求知于书中"[2]，"晴钓雨读"，直至昭和三年(1928)去世，度过了相对平静的晚年。

山本去世后，根据遗愿其藏书约 6 300 册捐赠给了冈山县立图书馆，后因战火烧毁，现仅存《冈山县立图书馆藏山本文库图书目录》。其后人于 2006 年所捐赠的山本宪手稿、友人书信及名片等计六千余件资料，现保存于高知市立自由民权纪念馆。山本宪生前除设塾授徒外，还撰写了大量的著作，包括去世后由门人整理出版的在内，至少有：《慷慨忧国论》(明治十三年)、《朝鲜乱民袭击始末》(明治十五年)、《文法标解古文真实注释大全》(明治十七年)、《劝善小话》(明治二十一年)、《训蒙文章轨范》(明治二十五年)、《四书讲义》(明治二十六年)、《烟霞漫录》(明治二十六年)、《图解说明文法解剖》(明治二十六年)、《史记抄传讲义》(明治二十八年)、《燕山楚水纪游》(明治三十一年)、《东亚事宜》(明治三十三年)、《辽豕小言》(明治三十八年)、《岂好辩》(明治四十年)、《梅清处文钞》(大正二年)、《香云余味》(大正十五年)、《梅清处咏史》(昭和四年)、《梅崖先生年谱》(昭和六年)、《论语私见》(昭和十四年)等近二十种[3]。

除以上著作外，山本宪还创作了大量的汉诗，这些作品除大多收入《嘤嘤会志》[4]外，还被收入《汉诗大讲座・明治大正名诗选》[5]等。尤其是在迁居牛窗后，其创作汉诗的热情更为高涨，仅刊载于《嘤嘤会志》的诗作就有 172 首之多。而且山本曾坦言："余近年读陶诗，殊觉有味，迨移居后尤然。"他不仅深爱陶诗，其创作风格也明显受到了陶渊明的影响。这与他具有极高的汉学素养，以及移居牛窗后所处的优美的自然环境等因素密切相关。在此摘录一首颇能反映山本宪本人志趣和经历的作品，作为对其生平的总结。

---

① 1896 年入塾，历任早稻田大学教授等职，曾参与起草昭和天皇投降诏书。

② 上海图书馆编：《汪康年师友书札》第四册，上海古籍出版社 1989 年版，第 3302 页。

③ 高知市立自由民权纪念馆编：《山本宪关系资料目录》，2011 年，第 16 页。

④ 由山本宪门人所设立的嘤嘤会于 1907 年创刊，主要刊登会员作品。现存第一至八期(1907—1916 年)。

⑤ 国分青厓监修，东京アトリエ社，1937 年。

书 感

翩翩波上鸟，片片山下舟。
自向去处去，又于留处留。
人生与此异，行止不自由。
君子为名缚，小人为利囚。
嗜欲扰其志，役役不暂休。
谁知名教中，足以可优游。
行道苟有得，在外何所求。
诚能解此理，不羡万户侯。①

（二）山本宪的中国游历

山本宪开始与中国人进行较广泛的接触是在前往中国漫游的1897年。同年9月22日，山本从大阪出发，前往中国游历，直至12月1日回国，两个多月间分别游览了天津、北京、上海、苏州、汉口等地，并与不少中国知名人士进行了接触交流。回国后将旅行记录加以整理，题为《燕山楚水纪游》，于1898年7月出版。

关于此次漫游的目的，山本在旅行记中认为："在昔朝廷与隋唐通好，士留学彼地者往来不绝，而彼我邻交亦密。今则官曹商贾之外，绝无往游。学者但征诸书中，胸臆抒说而已。……而近年欧米人渐猖獗，动欲逞虎狼之欲。为邦人者，宜游彼土，广交名士，提挈同仇，以讲御侮之方。"②由此也可看出，山本此次漫游，并不单纯为了观光旅行，同时还希望通过与中国有识之士的交流，寻求抵抗欧美列强之策。这不仅与他向来关心时务的性格有关，与他作为汉学家对中国知识阶层拥有一种亲近感也不无关系。

山本游历中国期间，在各地除会见了不少在华日人外，还结识了诸多中国知识界人士。根据对《燕山楚水纪游》所作的整理和统计，主要有：

10月6日　卓（名不详，福建人，在刑部任职，42岁）
10月14日　荣善、周笠芝、陶彬
10月16日　翔振、蒋式惺（以上在北京）
10月19日　陶大钧（天津）
10月23日　力钧

---

① 国分青厓监修：《汉诗大讲座·明治大正名诗选》，第242页。
② 山本宪：《燕山楚水纪游》上册，上野松龙舍，明治三十一年（1898），第1-2页。

10 月 25 日　　力钧、余春亭、陈元、吴瑞卿

10 月 26 日　　罗振玉、邱宪、章炳麟

10 月 30 日　　梁启超、祝秉纲、戴兆悌、汪贻年、李一琴、汪颂谷(以上在上海)

11 月 8 日　　金学清、胡鹰青

11 月 9 日　　力捷三、力镰(以上在汉口)

11 月 16 日　　姚文藻、汪康年[①]、罗振玉

11 月 18 日　　汪康年、罗振玉、王惕斋、孙淦、嵇侃

10 月 20 日　　汪颂德

11 月 23 日　　狄葆贤、王锡旗、蒋斧

11 月 24 日　　汪康年、张謇[②]、叶瀚、汪大钧、曾广钧、田其田

11 月 25 日　　叶瀚、汤寿潜、汪康年、曾广钧、汪大军、汪钟林、罗振玉、狄葆贤、王锡旗、蒋斧

11 月 26 日　　汪康年、罗振玉(以上在上海)

(三) 结识梁启超和汪康年

以下,以梁启超和汪康年为例,对山本宪在游历期间与中国人的交往作简要介绍。山本此次旅行,停留时间最长的是上海。在上海,通过当时在上海《农会报》馆任职的藤田丰八,和在《时务报》社任翻译的古城贞吉等人的介绍,认识了梁启超、汪康年等知名人物。山本与梁启超结识,是在古城贞吉 10 月 30 日于上海聚丰园宴请的晚餐上,参加者尚有祝秉纲、戴兆悌、汪贻年、李一琴、汪颂谷等人。汪康年未一同参加,从一个侧面也反映了此时汪、梁二人的紧张关系。聚丰园"楼宇壮大,划房九十云。邻房有拇战者,有歌舞者,妓歌清远,与乐器叵辨,不似本邦妓歌与乐器背驰"。由于有歌舞助兴,加之参加人数较多,山本宪与梁启超似未作较深入的交流,山本对梁启超的印象也仅是"为《时务报》主笔。将赴长沙中西学堂聘。年未壮,文名甚高"而已[③]。而在梁启超于 1898 年 10 月 21 日抵达日本东京后,10 月 29 日山本便前往相见,梁启超似见老友,称:"沪上匆匆一见,未罄所怀。惟别以来,相思为劳。"(梁启超书札一)自此,两人在日本开始了进一步的交流和接触。

---

① 原文作"汪庚年",误。

② 原文作"张骞",误。

③ 《燕山楚水纪游》下册,第 12 页。

与梁启超不同，时任《时务报》经理的汪康年，在山本逗留上海的短短数日之内，与其共约见了五次。二人第一次相见，是在日人藤田丰八宴请的晚宴上，一同参加的尚有当时在上海创办《农学报》的罗振玉。有关此次相见时山本对汪康年的印象以及两人的对话内容，游记中有如下记载：

> 汪子有德望，征辟不就，以清节自居。近日起《时务报》，论时事，该切痛到，为诸报魁。汪子谓予曰，窃闻先生之论，欲实奉孔教，而以西人之政法辅之。此说于弟意最合。若现在欧洲之政，以墨为礼，以申韩为用，一时虽颇见效，久之必有决裂之忧。予曰，今日孔教不振，譬诸日月之食，何忧其光不复。责也在吾辈耳。曰，敝国自本朝定鼎以来，虽名儒辈出，然士子往往溺于科举，不知致力于本原。……是以人皆苟利禄，而绝不知畏惧奋发。欲扶持此事，非速设法振起不可。予曰，贵国到处有圣庙，春秋行释奠，此似崇奉孔教。然庙宇颓圮，荆棘没偕，无乃释奠皆属虚饰耶？且贵国学者，虽称崇孔教，观其诗文，屡见神仙等字。儒者甘心神仙等字，太为无畏。又葬祭托之僧道。夫儒者葬祭宜自行，托之僧道，甚非儒者本领何如？①

可见，山本对汪康年及其所经营的《时务报》评价甚高。此次相见，两人的话题虽也涉及中国的改革，但对话主要还是围绕儒学衰微的原因、科举的弊病等展开，两人均认为中国必须在信奉孔教的同时，输入西洋政治法律制度，以“中学为体，西学为用”。

两人第二次相见是在两日后的11月18日。此日，汪康年和罗振玉为山本举行了一场欢迎会，参加者除汪、罗两人外，还有当时在《时务报》和《农会报》两报馆任职的古城贞吉和藤田丰八，从日本临时回到上海的华侨王惕斋和孙淦，后来准备作为留学生入山本私塾的嵇侃等。聚会时的谈话内容在山本的游记中没有详细记载。

11月24日，汪康年带山本拜访了张謇。山本与张謇的交流记录暂且不论，后来山本在游记中记张謇“房中具鸦片器”②，汪康年读后不快，并为此专门致函山本解释说：此事似系误会，房中有鸦片具是因为“同住友人有吸食者”，并非张謇吸食鸦片。接汪康年此函后，山本宪复函表示：“张先生家

---

① 《燕山楚水纪游》下册，第31－32页。

② 《燕山楚水纪游》下册，第37页。

鸦片具之事，奉承来命，鄙著将再刊，再刊必除削。”[①]但遗憾的是，山本在世时该游记并未再刊，张謇“房中具鸦片器”的记录也一直保留至今。

山本宪回国后，由汪康年等人推荐并由杭州蚕学馆派遣的留学生嵇侃和汪有龄不久便入山本私塾学习，此为中国近代从国内学校官派学生留学日本之滥觞。后来留学日本的浙江籍留学生无不以此为自豪，称：“至若吾浙江者，岁丁酉已有官派学生嵇君伟(嵇侃后来改名为嵇伟——笔者注)、汪君有龄二人到东学蚕业。汪君以病早回国，嵇君于辛丑年夏卒业回国。是为中国官派学生至日本之滥觞。”[②]

几乎与嵇侃和汪有龄同时入山本宪私塾的还有康同文，约半年后康有仪也进入了梅清处塾。康有仪拜师山本宪，不仅对康本人，而且对山本宪以及后来流亡日本的维新派人物，均带来的诸多积极影响。自此约三年间，康有仪不仅自身与山本宪交往紧密，还努力充当流亡日本的维新派人士与山本宪等日本人接触的中介，使康梁等人赴日后不久就获得山本的支援，并通过山本扩大了在日本的活动范围。

二、康有仪与山本宪的交往

(一) 康有仪出身及赴日经过

在维新派人物致山本宪的一百余通书札中，以康有仪书札为最多，共85通[③]。这些书札除涉及康有仪在日期间的活动、与山本宪交往之内容外，还有大量与康梁等维新变法派人物活动有关的内容，具有极高的史料价值。

康有仪(1858—?)，字羽子，号孟卿，广东南海县人。祖父康国器曾任广西布政使、广西巡抚等职，父康熊飞亦因军功官至浙江道员。康有为称康有仪为“从兄”，两人的高祖父为康文跃。广东佛山市康有为故居所陈列的“康有为族谱世系表”中，与康有为同辈者有四十余人之多，其中一人就是康有仪。据康有仪称：“(康有为)与仪同高祖兄弟也，幼同游，长同学，当其微时，破产以成全之。及其既达，又代乞而与，负债及万。”[④]康有仪家在南海康氏家族中地位高贵，殷实富足，与康有为之关系亦甚为密切。在康有为未成名

---

① 《汪康年师友书札》第四册，第3297页。

② 《浙江潮》，第7期。

③ 有数通因仅留信封等原因而未收，本书收录82通。

④ 康有仪：《致节公先生函》。孔祥吉：《晚清史探微》，巴蜀书社2001年版，第220页。

前，康有仪曾在经济上给予其诸多援助；康有为成名后，康有仪曾长期追随其后参与上海强学会等工作。然而，两人后来因财务争端等矛盾，关系恶化，1904 年康有仪甚至写密札告发康有为[①]。

康有仪的家庭出身、赴日动机和时间、结识山本宪的经过等，在本书所收录的康有仪书札一（山本宪资料 C111）中有比较具体的记述。从中可知康有仪是在已先期赴日的康有为弟子[②]的邀请下，于 1898 年正月至二月间赴日的，其最初目的则是“转换水土以为养病之助”。赴日当初，似寄居桥本海关家[③]。精通汉学的桥本海关除担任过上海大同译书局总事、神户《东亚报》翻译外，还曾担任横滨大同学校日文教习和《清议报》翻译。康有仪在赴日前似已与其认识。后来，在桥本海关的推荐下，康有仪从神户来到大阪，进入山本宪所创办的位于大阪市东区谷町一丁目的汉文私塾“梅清处塾”。至于康有仪进入山本宪私塾的时间，根据上述书信作成于来日后约 6 个月这一记载，结合对其他书信所署日期的分析，可知约在 1898 年 7 月。

以下着重考察康有仪在梅清处塾的学习情况、与《清议报》的关系、于山本与维新派人物间所起到的媒介作用等。

（二）康有仪在梅清处塾的学习情况

山本宪的汉学塾主要招收日本学生，所教内容以汉文为主。但如前所述，从 1897 年开始，包括后来的康有仪在内，私塾也陆续接受了数名中国留学生，他们所学的则主要是日文和日语。如汪有龄和嵇侃二人从山本学习日语虽仅三四个月，但二人均“语学大进，可刮目”[④]，至 1898 年 3 月中旬已是“操语甚熟”[⑤]，可见两人为进入专门学校学习，主要随山本学习了日语基础及口语会话。而康有仪则与汪、嵇二人不同，他赴日后似乎并没有进入专门学校学习的计划，而是受桥本海关等人的影响，希望能读懂日文并从事日

---

① 孔祥吉在《晚清史探微》一书中，以康有仪《致节公先生函》为依据，对康有仪的家世、告发康有为的缘由和经过等进行了梳理，认为康有仪“不念骨肉之情，向当权者投递密信，罗织罪状，必欲置有为于死地”。细读康有仪《致节公先生函》，可以发现其与康有为分道扬镳，除向康有为讨债无果而心怀不满外，与对康有为以保皇之名敛财、谋划武装革命，并“诱仪出以相伴”感到恐惧进而希望与其划清界线有关。如当康有为向康有仪称“如此布局，如此画策，终有大得，讨此区区之债何为”时，康有仪感到“令人恐怖，只得告诫一切：谓家有老亲，且先祖与父，曾为国家杀贼，受恩深重，不敢闻此。此议若行，即可灭族”。

② 指受康有为派遣前赴日本任大同学校教员的徐勤、陈荫农等人。其中，陈荫农为康有仪女婿，两人关系密切。

③ 参见桥本关雪：《南画への道程》，[日]中央美术社 1924 年版，144 页。

④ 《汪康年师友书札》第四册，第 3295 页。

⑤ 《汪康年师友书札》第四册，第 3300 页。

文汉译工作，因此他主要随山本学习日文翻译。

康有仪随山本学习日文汉译的情况，在康有仪书信中有较多的涉及。如康有仪书札五（C145），此函作成于 7 月 23 日，即康有仪入梅清处塾后不久，其中有“曾见之熟字语尾，揣摩日久，尚与文意相背，其愚可愧”的感叹。又如康有仪书札四十（C147），此函作成于 1898 年 9 月 6 日，距康有仪入塾约两个月。由此书信可知，康有仪在入塾不久就开始试着翻译日本报刊，然而对接触日文不久的他来说，日文的助词、词尾变化以及一些惯用句等，均是翻译时的难点，因此“每句中凡有此类者，茫如捕影”。在此情况下，康有仪不得不暂时停止翻译，专门对塾师山本在其译文上所作的“改削剖注”进行“潜心玩味”，同时还购买各种文典以作备用。尽管如此，对许多日文文法还是一知半解。在山本的指导下，康有仪决定攻读日文《普通国语》一书，并请山本对书中日文假名文字进行标注，“可解者注一汉字，无意者以△☆◎注之”，每日标注一二篇，康有仪依此进行阅读并试着翻译。

在私塾学习期间，康有仪不仅得到了塾师学问上的指导，还得到了山本宪及其家属的细心关照。山本家人不仅常送来瓜果，在康有仪身体不适时还专门为其调制饮食，师生二人还时常在傍晚至河渠散步，在外出郊游时山本宪对体弱的康有仪更是关怀备至。对此，康有仪在许多书信中，均对山本表达了自己的感激之情。

（三）康有仪和山本宪与《清议报》的关系

众所周知，1898 年 9 月 21 日发生戊戌政变后，维新变法派主要人物康有为、梁启超等人相继逃亡日本。12 月，在冯镜如等华侨的资助下，梁启超任主笔的《清议报》在横滨创刊。鉴于报刊初创时缺少人手，加之康有仪来日已近一年，且正在山本宪私塾学习日文汉译，故梁启超等人专门邀请康有仪前往横滨负责《清议报》日文翻译稿的组稿和翻译工作。在此背景下，康有仪于 1898 年 12 月 4 日离开山本宪私塾，此时距《清议报》预定创刊时间 12 月 23 日已时日不多。

康有仪赴横滨前后的状况可从康有仪书札五十五（C116）中得知。该函从一个侧面反映了《清议报》创刊当时紧张繁忙的工作状况。虽然《清议报》创刊在即，但其所需的约 15 000 字日文翻译稿尚未有着落，康有仪只得仓促委托山本宪私塾的学生或山本宪本人代为翻译。尽管这样，创刊号以及创刊初期的日文翻译稿仍字数不足，康有仪不得不在向他人约稿的同时，亲自进行翻译。在此背景下，康有仪翻译了东海散士的政治小说《佳人奇遇》，并在《清议报》上连载。有关《佳人奇遇》的翻译问题，将在下一节中详细论述。

受康有仪的委托，山本宪私塾的学生为《清议报》翻译了不少文稿，山本宪本人还为报刊专门撰写了一些文章。由于《清议报》的译文大多不署译者名，因此哪些译文出自山本私塾学生之手，已很难一一确认。但也有一些署名的译文或文章，如《清议报》第二册有片冈鹤雄译《俄法同盟疑案》《极东之新木爱罗主义》，第三册有同为片冈鹤雄译《大阪朝日新闻廿四日至廿七日杂报》《东京日本报自廿三日至廿五日杂报》等，《清议报》第二、四、五册连载了山本宪《论东亚事宜》的论文，其中第二册署名"梅崖山本宪"，第四、五期署名"梅生"。片冈鹤雄，本名片冈敏，字求之，雅号闲来，明治八年出生于备前国邑久郡朝阳村[①]。此外，从康有仪书信七十(C127)所示支付翻译稿费可知，片冈鹤雄为《清议报》翻译约至 1899 年 3 月。后来，由于山本私塾学生译文的质量有时未达要求等问题，报馆专门聘请了古城贞吉从事日文翻译。

以康有仪为媒介形成的山本宪与《清议报》的关系，除上述山本宪师生为《清议报》提供译文或文章外，还可举出数例：一是山本宪梅清处塾自《清议报》创刊开始，一直是报刊于大阪的代派处；二是康有仪曾经力邀山本宪前往横滨掌教大同学校，并为《清议报》提供稿件，只是由于山本未能放弃私塾前往；三是山本宪与梁启超等《清议报》的主要人物均有交往。

(四) 山本宪与维新变法派人物交往中康有仪所起的作用

康梁等人逃亡日本后，山本宪从康有仪处及时得到了他们的活动信息，并设法对他们进行支援。据《梅崖先生年谱》所载，山本宪为支援康有为等人在日本的滞留及活动，分别于 1898 年 9 月 27 日至 10 月 5 日、同年 10 月下旬至 11 月 4 日、1899 年 3 月 14 日先后前往东京。前两次在东京的活动虽无具体记载，但从康有仪书札四十三(C113)、四十四(C114)、四十五(C115)的收件人住址看，山本于 1898 年 9 月 27 日至 10 月 5 日在东京的住处是小林樟雄家，而小林樟雄正是曾因"大阪事件"与山本一同入狱又同时被大赦的人物，两人私交甚密。山本可能是希望利用此时正任众议院议员的小林樟雄在日本政坛的关系，设法给康有为等人提供帮助。第三次即 1899 年 3 月 14 日的东京之行，则是接外务省来电，前往面见外务书记官楢原陈政。鉴于山本宪与康梁等人的关系，日本外务当局试图通过山本宪说服康有为、梁启超、王照三人离开日本，而山本则以"穷鸟入怀，猎夫不忍杀之"而拒绝。后来，山本将这一消息通过康有仪传达给了康梁等人，最终康

① 高知市立自由民权纪念馆藏"山本宪关系资料"D-13《嘤嘤录》。

有为从日本外务当局领取 15 000 日元旅费离开日本，而梁启超和王照则以旅费少为由继续滞留日本[①]。这一经过在康有仪书札七十一（C128）中也有所提及。

康梁等人逃亡日本不久，山本宪还作为发起人组织了以“扶植清国，保全东亚大局，加深日清两国人之交谊，以通彼此之气脉”为主旨的“日清协和会”。据《日清协和会趣意书・规约》所记，任该会干事的是泉由次郎、鹿岛信成、山本宪、山田俊卿、牧山震太郎等 5 人，评议员有伊藤秀雄、逸见佐兵卫、萩野芳藏、柏冈武兵卫等 11 人。该会成立不久，不仅梁启超致书山本宪表示祝贺和感谢，康有为也曾于 1899 年 3 月 2 日所作的《答山本宪君》一诗中称：“高士山本子，遗经抱嚣嚣。吾兄从之游，陈义不可翘。慷慨哀吾难，奔走集其僚。哀我北首望，瀛台囚神尧。齐桓能救卫，我欲赋黍苗。渊明咏荆轲，我闻风萧萧。感子蹈海情，痛我风雨翛。”[②]表达了对山本所作努力的感谢。

为援助康梁等人，山本宪不仅亲自奔走，而且还通过康有仪建议他们直接求见日本政界要人。如康有仪书信五十六（C157）载：“所嘱应见各要人，如谷公及小林曾根诸君，弟子辈稍暇即当分别求见，以冀有济。”此中谷公即为谷干城，时为日本贵族院议员，小林可能就是上述小林樟雄，曾根为曾根俊虎，被认为是中国通的日本资深政治家。

在近代维新变法运动史上，与康有为、梁启超等人的影响力相比，康有仪可以说是不甚重要的人物，其与山本宪的师生关系及种种交往更是鲜为人知。但是，由于他与康有为的亲缘关系，加之先于康梁等人到达日本，使他很快成了逃亡日本的维新派人士与日本人接触的中介桥梁之一。他不仅直接参与了《清议报》的创办，专门负责日文译稿的组稿和翻译，还通过自己与山本宪的师生关系，使康梁等人赴日不久就结识山本，进而获得山本的援助，并通过山本扩大在日本的活动范围。虽然山本宪援助康梁等人的动机尚有待进一步研究，但康有仪在两者之间所起到的作用已逐渐清晰。

三、康有仪、梁启超与《佳人奇遇》

《佳人奇遇》是日本作家东海散士（本名柴四朗[③]，1852—1922）所创作的

① 《梅崖先生年谱》，第 31 - 32 页。

② 《康有为政论集》上册，第 387 页。

③ 有些资料中称“柴四郎”。本文以 1885 年《佳人之奇遇》第一卷所署出版者“柴四朗”为据，在资料引用时，将“柴四郎”改成了“柴四朗”。

长篇小说，共8编16卷，于1885年至1897年陆续发表。梁启超任主编的《清议报》自创刊号(1898年12月23日)开始连载其汉译稿，至第三十五册(1900年2月10日)连载至第十二卷卷首，后终止连载[①]。作为最早的汉译政治小说，它在中国近代外国文学翻译史上的地位，以及对近代中国社会的影响不言而喻，此不赘述。

以下着重根据本书所载康有仪书札等史料，考证《清议报》所登载的《佳人奇遇》第一至十二卷汉译稿的翻译者。第一、二部分，着重梳理此问题的研究现状，即学界所认为的有关"梁启超说"和"罗普说"的观点和依据；第三部分着重介绍本书所收录的康有仪书札中与此相关史料，并对此进行分析；第四部分指出"梁启超说"和"罗普说"所存在的问题，认定《清议报》所载《佳人奇遇》的真正译者是康有仪，而不是梁启超。

(一) 梁启超说

《佳人奇遇》由梁启超所翻译这一学说几乎为学界所公认，而很少有人对此产生疑问。试举数例：1936年由中华书局出版的《饮冰室合集》，包括文集45卷、专集104卷，其中专集第八十八卷收入了《佳人奇遇》；1989年中华书局重新影印《饮冰室合集》，合为12册，于第十一册收入此小说。1936年3月中华书局印行的单行本《佳人奇遇》，署"新会梁启超任公著"。此单行本后多次重版。许常安在20世纪70年代初开始对汉译《佳人奇遇》的译者、名译及漏译、误译、删改、西洋外来语、《清议报》第四册和第五册所载《佳人奇遇》的异同等，进行了非常系统的研究，并于1971年至1976年间，将其十余篇系列论文分别发表在日本《汉文学会会报》《斯文》《大正大学研究纪要》《日本中国学会会报》《专修人文论集》等刊物上。关于《佳人奇遇》的译者，作者通过研究认为：由于梁启超认为日文"可不学而能"[②]，加之长时间

---

① 第二十三册未载，第五册所载《佳人奇遇》可看作为第四册的重复，但删除了较多第四册有过的内容后，在最后追加了部分新的内容。另外，《清议报》台北成文出版社1967年影印本和中华书局1991年9月影印本在内容上有一些出入，主要表现在中华书局本第四册删去了《佳人奇遇》，而且第一、三、四册所载文章以及第一、四册的封面等，两者也有一些差异。从差异处文章内容判断，成文出版社本在先，中华书局本为其修正版。

② 出自梁启超1897年所作《论译书》(《饮冰室合集》文集第一册，中华书局1989年影印本，第76页)一文。文中称："日本与我为同文之国，自昔行用汉文。自和文肇兴，而平假名片假名等始与汉文相杂厕，然汉文犹居十六七。日本自维新以后，锐意西学，所翻彼中之书，要者略备，其本国新著之书，亦多可观。今诚能习日文以译日书，用力甚少，而获益甚巨。计日文之易成，约有数端：音少，一也；音皆中之所有，无棘刺扞格之音，二也；文法疏阔，三也；名物象事，多与中土相同，四也；汉文居十六七，五也。故黄君公度谓可不学而能，苟能强记半岁，无不尽通者，以此视西文，抑又事半功倍也。"梁启超说"黄君公度谓可 (转下页)

的船上生活枯燥无味，因而在未曾学习日语的赴日途中就开始翻译《佳人奇遇》，而且抵日后的翻译也几乎没有接受过日本人的指导或帮助[①]。近来出版的与梁启超相关的著作，如丁文江、赵丰田编《梁启超年谱长编》，狭间直树编《梁启超·明治日本·西方》，夏晓虹著《觉世与传世——梁启超的文学道路》，邹振环著《影响中国近代社会的一百种译作》，李喜所、元青著《梁启超传》等著作中，均未见对"梁启超说"提出否定意见。

有关此说的依据，主要可以归纳为以下几点：

一是《任公先生大事记》(作者未详)等所记载的梁启超于赴日船中"随阅随译"一说，此说影响最广。如《梁启超年谱长编》即原文引用《任公先生大事记》中的记载，称："戊戌八月，先生脱险赴日本，在彼国军舰中，一身以外无文物，舰长以《佳人奇遇》一书俾先生遣闷。先生随阅随译，其后登诸《清议报》，翻译之始，即在舰中也。"[②]又如夏晓虹编《追忆梁启超》所收超观《记梁任公先生轶事》一文中，作者超观援引梁启超"事后语其弟启勋"之内容称："在舟中无事，日人以柴四朗署名东海散士所著之《佳人奇遇》一书(小说)为我遣闷，我遂援笔译之。"[③]但前者作者未详，后者未知其出处。

二是梁启超最初刊登在 1900 年 11 月《清议报》第六十四册上的《纪事二十四首》组诗，其中第 22 首内容为"曩译佳人奇遇成，每生游想涉空冥。从今不羡柴东海，枉被多情惹薄情。"[④]据此，人们往往结合上述《任公先生大事记》中的记载，断定梁启超翻译了《佳人奇遇》。如朱正在《一个单相思的故事——解读梁启超〈纪事二十四首〉》一文中认为："还是一年多以前，梁启超在东渡日本的船上，翻译了《佳人奇遇》这部小说，著者署柴四朗，书中自称'东海散士'。小说开头，叙述了这位柴东海在国外遇到幽兰、红莲两位少女的故事。他在翻译时大约也颇涉遐想。当自己也是在异国领略了这一场哪怕是单相思的爱情的韵味，也就不再羡慕小说中柴东海的艳遇了。"[⑤]

(接上页)不学而能"，而黄遵宪《日本国志》《日本杂事诗》等著作中似乎无类似记载，因此可能是直接听黄遵宪所言。如果黄遵宪果真有过此言，依笔者理解，其意不应该简单地遵照字面理解成"不学而能"，而是"如果是阅读，则相对比较容易掌握，'强记半岁'就大致能读日本书了"。事实上，黄遵宪所说的日文"字同而声异，语同而读异，文同而义异，故求译其文亦难"(《日本杂事诗》第六十六首注)更符合实际。

① 许常安：《〈清议报〉登载の〈佳人奇遇〉について—特にその訳者—》，《汉文学会会报》第 30 号，1971 年 6 月，第 39-53 页。

② 丁文江、赵丰田编：《梁启超年谱长编》，上海人民出版社 1983 年版，第 158 页。

③ 夏晓虹编：《追忆梁启超》(增订本)，生活·读书·新知三联书店 2009 年版，第 52 页。

④ 《饮冰室合集》文集第五册(文集之四十五下)，中华书局 1989 年影印本，第 9 页。

⑤ 朱正：《一个单相思的故事——解读梁启超〈纪事二十四首〉》，《鲁迅研究月刊》2002 年第 9 期，第 32 页。

三是《清议报》创刊号登载《佳人奇遇》时，于小说前有署名“任公”所作的《译印政治小说序》，全文近700字，最后有“今特采外国名儒所撰述，而有关切于今日中国时局者，次第译之，附于报末，爱国之士，或庶览焉”[①]数语。而在新民社辑印的《清议报全编》中，此序言改名为《政治小说佳人奇遇序》，最后数语改为“今特采日本政治小说《佳人奇遇》译之。爱国之士，或庶览焉”[②]。后人多以此作为“梁启超说”之重要依据。

四是《饮冰室合集》的编者在将《佳人奇遇》收入专集第八十八卷时，在小说末尾专门加了“编者识”，称：“任公先生戊戌出亡，东渡日本，舟中译此自遣，不署名氏，书亦久已绝版。近从冷摊中得之，补入集。任公诗《纪事廿四首》之一：‘曩译佳人奇遇成，每生游想涉空冥。从今不羡柴东海，枉被多情惹薄情。’柴东海，即原著者柴四朗也。”[③]很明显，此“编者识”的主要依据就是上述未具作者名的《任公先生大事记》和梁启超本人的“曩译佳人奇遇成”诗句。

五是《佳人奇遇》中存在着不少误译，有研究者认为这恰好能说明梁启超当时是在未学日文的状态下开始翻译小说的。如许常安为佐证其“梁启超说”，对汉译《佳人奇遇》和日文原文进行了非常具体的比较研究，指出了其中的不少翻译错误。

(二) 罗普说

上述“梁启超说”虽是学界主流，但与此相左或对此表示怀疑的观点也有：

一是冯自由所著《革命逸史》中的记载。作者在《开国前海内外革命书报一览》一文中认为《佳人奇遇》一书，“叙述欧美各灭亡国家志士及中国遗民谋光复故土事。日人柴四朗著，由罗普分期译载《清议报》，有单行本。惟关于中国志士反抗满虏一节，为康有为强令删去”[④]。明确认为小说的翻译者是罗普。此外，冯自由在《兴中会时期之革命同志》一文中，对罗普还有更详细的记载：“罗普，(籍贯)顺德，(职业)留学生，(组织)《清议报》，(年代)己亥，字孝高。尝在《清议报》译述日人柴四朗著《佳人奇遇》一书。又托名羽衣女士，撰《东欧女杰》小说，均属倡导革命之作。”[⑤]在《记东京大同学校及余

① 《清议报》第一册，中华书局1991年9月影印本，第54页。

② 《清议报全编》(新民社辑)第十三卷至第十四卷，第三集，文海出版社1986年版，第2页。

③ 《饮冰室合集》专集第六册(专集之八十八)，中华书局1989年影印本，第220页。

④ 冯自由：《革命逸史》第三集，中华书局1981年版，第148－149页。

⑤ 《革命逸史》第三集，第40页。

更名自由经过》一文中，有“罗孝高所译日人柴四朗《佳人奇遇》说部中有‘支那革命党志士谋颠覆满清’一节，亦被康有为严令删改。秦力山等闻之，异常愤激”[①]。很明显，冯自由在多篇不同的文章中始终认为《佳人奇遇》的译者就是罗普。

二是日本学者山田敬三的观点。山田敬三主要根据以上冯自由的记载和梁启超的日文程度，认为“冯自由为《清议报》名义发行人冯镜如之子，应该了解当时的情况，因此他的这些记录比较可信”，并且指出：罗普与梁启超一样，是康有为在广州长兴学舍及万木草堂时代之嫡传弟子，“戊戌东渡游学，吾国学生入早稻田专门学校者，罗为第一人”[②]，在日文运用能力方面至少胜于梁启超。而梁启超在1899年春的日文程度，尚处于“时任公欲读日本书，而患不谙假名”[③]的程度。因此，《佳人奇遇》的译者，至少《清议报》所连载的部分，无疑是罗普。与其说梁启超是小说的翻译者，还不如把他看作这一作品的介绍者[④]。大意，并但与此同时，作者又在“补记”中指出，由于冯自由在《兴中会时期之革命同志》一文中称罗普曾“在清议报译述”，故也存在罗普口述后由梁启超组织成文言文章的可能性[⑤]。

但是，山田敬三的观点很少获得相关研究者的赞同，尤其是在中国国内。如夏晓虹认为：“尽管梁启超在1900年所作的《纪事二十四首》中已自认译者，云‘曩译佳人奇遇成’，却仍有人对此说法表示怀疑，根据是梁启超其时不懂日文，无法进行翻译。我以为以上推断忽略了原作者所用文体这一重要情况，因而尚欠说服力。凡是读过《佳人奇遇》原文的人，很容易发现该书是以典型的汉文直译体写成。”并列举了小说开头数行原文和译文，强调“不独梁启超，而且只要是对日文稍有了解的中国读者，便不难猜出大意，并破译成上述文字”[⑥]。王志宏在《专欲发表区区政见：梁启超和晚清政治小说的翻译及创作》一文中，在介绍了山田敬三和夏晓虹的观点后，也认为梁启超是《佳人奇遇》的作者[⑦]。李兆国在最近发表的《梁启超翻译作品概述》论文中，其观点也几乎与夏晓虹完全一致，认为山田敬三的观点不能成立：“原因是论者忽略了《佳人奇遇》使用的文体。从小说使用的文体看，他

---

① 《革命逸史》第四集，第98页。

② 《康门十三太保与革命党》，《革命逸史》第二集。

③ 罗孝高：《任公轶事》，转引自《梁启超年谱长编》。

④ 山田敬三：《汉訳〈佳人奇遇〉の周辺—中国政治小说研究札记—》，《神户大学文学部纪要》第9号，1981年，54-55页。

⑤ 同上山田敬三论文，第63页。

⑥ 夏晓虹：《觉世与传世——梁启超的文学道路》，中华书局2006年版，第200-201页。

⑦ 王志宏编：《翻译与创作》，北京大学出版社2000年版，第180-181页。

属于汉文直译体,多少了解日语的中国文人便不难看懂。……把《佳人奇遇》的译者定为梁启超应该是不成问题的。"[①]

(三)康有仪书札中有关翻译《清议报》所载《佳人奇遇》的记载

上一节着重对《佳人奇遇》译者的研究状况作了梳理和介绍。概而言之,目前学界虽普遍认为其译者是梁启超,但也有研究者认为是罗普,或认为两人在翻译过程中可能有过合作。但是,事实是否真的如此简单呢?两人之外是否还可能另有其人?先请看笔者最近发现的以下文字:

> 弟子不得已暂去塾而来此,以接译东文而供旬报之用。每旬约字万余,而夫子派片冈君以助之,幸甚感甚!惟每旬文字未足,则学译政治小说《佳人奇遇》四篇以充之,仍不足,则求此间教习山田君以助之。今此间已散馆,而此君乡旋,则下期文字不足。敢乞转告片冈君,每旬如约译来为祷。此不得已之苦衷,伏乞原谅。前后付上第一期第二期之旬报,弟子以一份供尊览,以一份为同门诸君览。[②]

此为康有仪于1899年1月11日给日本汉学家山本宪书信内容的一部分,信中明确称自己翻译了《佳人奇遇》四篇[③],而且还提到了"政治小说"[④]这一用语。书信中的"弟子"指康有仪本人;"旬报"指《清议报》;"夫子"指山本宪;"片冈君"为"梅清处塾"学生片冈鹤雄;"山田君"指山田夬,横滨大同学校日文教习。而"散馆"乃指大同学校师生进入寒假离校。此时《清议报》已出二册,由于"旬报之例,多是预备两期文字,然后敢刊行其上一报"[⑤],因此康有仪所翻译的四篇译稿中,后两篇是准备登载于第三至第四册《清议报》的译稿,而前两篇已刊登。这从以下书信内容中也可得到确认。

> 此间旬报虽布告十二月廿三日发行,惟是印刷钉装成帙稍需时日,故先于前六七日必须满卷备印。弟子每旬应译万余字,因刊期已迫,故在此间意译三千余字,再加诗文塞卷,以了此期之事。[⑥]

---

① 李兆国:《梁启超翻译作品概述》,《经济研究导刊》2009年第4期,第237页。
② 康有仪书札六十一(C119)。
③ 所记"四篇",估计不是全部八编十六卷之前四编,而是《清议报》第一至第四册所登载的数量。
④ "政治小说"这一用语,学界一般认为是梁启超在《译印政治小说序》中最先提出来的。
⑤ 康有仪书札六十二(C120)。
⑥ 康有仪书札五十八(C154)。

这段文字是康有仪于1898年12月18日寄给山本宪书信内容的一部分，“此期”指《清议报》第一册。康有仪所译的“三千余字”，应该就是《清议报》第一册所连载的《佳人奇遇》译文，因为两者字数大致相同①，时间也完全一致。

康有仪在前往横滨后，除担任《清议报》的翻译并兼任译稿的组稿工作外，后来还兼任过横滨大同学校的教员，在横滨工作了一年有余，其间不断与塾师山本宪保持书信往来。从这些往来书信中可以得知，《清议报》创办当初，由于译稿缺乏，康有仪不得不求助于山本宪。山本宪不仅本人为《清议报》撰写或翻译稿件，而且还发动数名弟子进行翻译②。尽管这样，稿件还是不足，康有仪于是“学译政治小说《佳人奇遇》四篇以充之”。康有仪作此书信的时间在1899年1月11日，此时《清议报》已出第二册，第三、第四册也已在编排。因此，他所译的《佳人奇遇》四篇顺次登载《清议报》应无疑问。

那么，康有仪此后有无继续进行此小说的翻译呢？虽然其后来的书信中没有具体提到《佳人奇遇》这一书名，但如“弟子来就此职，每旬需译东文几及万字，方能满卷”③“弟子既就此职，则每期应用东文十一二三篇，是弟子之责任”④等，多次提到继续承担组稿并亲自翻译的内容。而且，康有仪在1900年1月5日⑤离开横滨回国前，一直任职于《清议报》馆和横滨大同学校。根据这些事实推测，康有仪此后继续进行此小说翻译的可能性极大⑥。此外，《清议报》后来所登的译文与最初的相比，翻译风格和所出现的误译数

① 第一册所载《佳人奇遇》约2 700字，第二册约3 600字，第三册约2 700字，即6－8页。每期平均约为3 000字。

② 《清议报》第二、四、五册载有山本宪的论文《论东亚事宜》（第二册署名“梅崖山本宪”，第四、五两册署名“梅生”）。另外，《清议报》所载译文虽大多不署译者名，但数处载有署名片冈鹤雄的译文。如第二册《俄法同盟疑案》（中华书局影印本《清议报》第一册第105页）、《极东之新木爱罗主义》（同107页），第三册《大阪朝日新闻廿四日至廿七日杂报》《东京日本报自廿三日至廿五日杂报》（同172、176页）等。此外，梅清处塾还成为《清议报》在大阪的代派处。

③ 康有仪书札六十三（C121）。

④ 康有仪书札六十四（C122）。

⑤ 回国时间为光绪二十五年“阴历腊月五日”（1900年1月5日）（康有仪书札八十）。另据康有仪书札八十一（C134）和八十二（C156）所记，康有仪归国后不久的行踪为：腊月从横滨归国至香港，同月廿八日解缆离香港，正月初四至上海，二十四日至天津，改用化名“李愚山”，二月初五抵北京。后“出游三江两湖，冀有所得”，“所到之处，虽同志多人，而内地查拿，阻力甚大，惟有静候机宜”。后唐才常举义失败，当局追铺党人甚严，康有仪时至上海，“以寄寓不便，因于八月间即往南洋，再图后举”。

⑥ 据康有仪书札七十（C127）和七十五（C66）所记，古城贞吉曾于1899年3月任《清议报》专职翻译，但两个月后辞职，前往北京。因此，不能排除古城贞吉在此期间参与过《佳人奇遇》翻译的可能性。

量没有明显的变化；康有仪的回国时间与《清议报》突然终止连载《佳人奇遇》的时间也大致相吻合。这些都可以成为康有仪在回国之前继续进行了小说翻译的佐证。小说从1898年12月《清议报》创刊号开始连载后，虽第二十三册停载过一次，但至1900年2月一直未被终止。而在第三十五册（1900年2月10日）连载完第十一卷卷末和第十二卷的卷首部分后，《清议报》在无任何说明的情况下突然终止连载。为何突然终止，学界一直没有得出令人满意的解释。笔者认为，这很可能与一直担任此小说翻译的康有仪在此前回国有关。因为《清议报》最初登载《佳人奇遇》，也仅仅只是出于"每旬文字未足"，康有仪才"学译政治小说《佳人奇遇》四篇以充之"，似乎并无后来人们所认为的梁启超的深远考虑。而后《清议报》创刊已一年有余，翻译稿件也已增多，加之主要当事人又已回国，终止连载也在常理之中了。

（四）《清议报》所载《佳人奇遇》的真正译者

上一节对《佳人奇遇》译者之"梁启超说"和"罗普说"进行了梳理，并以新发现的康有仪书信为据，提出了"康有仪说"。以下，结合上述内容，再对此三说作进一步的分析和整理，以明确《清议报》所载部分《佳人奇遇》的真正译者。

先看"梁启超说"。笔者认为，梁启超从头亲自翻译此小说并登载于《清议报》的可能性极小，或者说完全不可能。

首先，赴日前未曾学习日文的梁启超，在前往日本的舰船上，就能"随阅随译，其后登诸《清议报》，翻译之始，即在舰中也。"这一说法实在难以令人信服。如果当时梁启超真的在船上得到了此书，他是有可能粗粗翻阅过，而且也可能试着翻译过一二页，但他绝对无继续翻译下去的自信，因为当时他完全不具备翻译日文的能力。虽然梁启超本人曾写过日文易读之类的文字，如在《东籍月旦》（1899年）的绪论中认为："若用简便之法，以求能读其书，则慧者一旬，鲁者两月，无不可以手一卷而味津津焉。"[①]持类似观点者当然不止梁启超一人，在此不一一列举。并且当时日文中的汉字比例也确实比现在要高一些，尤其是一些汉文味较重的日文，对有汉文素养的国人来说，的确比现在的日文容易读懂。但是，若真按梁启超所说，"慧者一旬，鲁者两月"，就能津津有味地读懂日文，当时人们大张旗鼓地翻译日文的必要性就大有疑问了。如果日文果真如此容易读懂，人们何不稍花时间学习日文后去直接阅读原文？梁启超等人的这一说法，只能认为他们当时还没有

① 《饮冰室合集》第一册文集之四，第83页。

真正认识日文。黄遵宪接触日文远早于梁启超，他曾认为，日文“字同而声异，语同而读异，文同而义异，故求译其文亦难”[①]。这一观点更符合实际。梁启超赴日后，似乎没有很快开始专心学习日语，以致 1899 年春与罗普至箱根时，还处于“欲读日本书，而患不谙假名”[②]的状态。此后，梁启超随罗普学习日文，罗普则以简便之法教之，以此为契机，两人还于 1899 年春夏之交共同编写了一本称为《和文汉读法》的语法读本。此书虽一时在留日学生中流行，但正如梁启超本人所言，由于“仅以一日夜之力成之，漏略草率殊多，且其时不懂日文文法，讹谬可笑者犹不少”[③]。可见梁启超当时虽然编写了《和文汉读法》，但其本人并不能真正读懂日文。后来梁启超在 1902 年 12 月所写的《三十自述》里认为，到日本一年，才“稍能读东文”[④]，说明他对日文的认识在一步步地提高。

其次，《清议报》所载译文虽然存在一些误译等不足，但也绝不可能出自像梁启超那样未曾学习日文者之手。许常安曾仔细地将小说译文与原文进行对比，并一一指出了其误译之处。笔者根据其系列论文进行了统计，发现四篇论文累计指出小说误译 188 处[⑤]，每册平均不到 6 处。虽然据笔者观察，若认定标准更严格一些，统计数字还会更大些，但毕竟译对部分占绝大多数，每册平均约三千字的译文，仅出现数次的误译，这是未学日文者所不可能做到的。在此不妨试举一段译文，并对照原文进行分析。

> 嗚呼今百萬ノ貔貅我ト共ニ海ヲ渡ルモノ百年ノ後皆枯骨トナリ一人ノ此世ニ生存スルモノナカラン嗚呼世ニ萬年ノ天子ナク国ニ不朽ノ雄邦ナシト涙下テ冷冷禁セサリシヲ
>
> 呜呼！今百万之貔貅，与我共渡此海，百年之后，皆成枯骨，能复有人生存于此世界者？呜呼！世无万年之天子，国无不朽之雄邦。言毕，泪涔涔下，不能自禁。[⑥]（下划线为笔者所加）

---

① 钟叔河主编：《走向世界丛书/日本日记・甲午以前日本游记五种・扶桑日记・日本杂事诗〔广注〕》，岳麓书社 1985 年版，第 661 页。

② 丁文江、赵丰田编：《梁启超年谱长编》，上海人民出版社 1983 年版，第 175 页。

③ 夏晓虹：《晚清的魅力》，百花文艺出版社 2001 年版，第 77 页。

④ 《晚清的魅力》，第 77 页。

⑤ 许常安：《清议报登载の佳人奇遇について—特にその误訳—》，共四篇，分别登载于《斯文》第 67 号（1971 年 10 月）、第 75—76 号（合刊、1974 年 4 月）、第 77 号（1975 年 3 月）、第 78 号（1975 年 12 月）。

⑥ 《清议报》第一册，第 58 页。

在这一段译文中，“呜呼！今百万之貔貅，与我共渡此海，百年之后，皆成枯骨”这一部分，也许没有学过日文者也能猜着翻译。而在此后，原文连续出现了四次形式各不相同的否定，分别为“ナカラン”（意为“无……吧”，文法变化为“推量型”）、“ナク”（意为“无”，文法变化为“中顿型”）、“ナシ”（意为“无”，文法变化为“终止型”）、“サリシ”（意为“不”，文法变化为“过去型”），而无一表示否定的汉字。如此多的文法变化，又无相应的汉字，若不懂得这些相关文法，是不可能都一一猜对的。尽管如此，译者还是准确地将它们翻译成了“能复……者？”“无”“无”“不能”。更为难得的是，译者将原文后半部分中的假名“ト”也准确无误地翻译成“言毕”。此段翻译几乎可以打满分。小说原文中诸如此类用假名表示的文法变化比比皆是，即使“慧者”，也是不可能“一旬”就能掌握的，更何况梁启超当时连日文假名都尚未认识。

许常安在论文中，举出了译文中有关否定句式的误译共 22 处，并据此得出结论：“从如此之多的有关否定句的误译看，只能认为梁启超因不懂日文否定句法，而犯了如此之多的错误。”[①]笔者根据《日本现代文学全集》中所收的《佳人奇遇》（讲谈社，1965）进行了抽样统计，全书共 164 页，最初 4 页共出现否定式 55 处，平均每页约 14 处。以此推断，全文中出现的否定用法大致在 2 000 次以上，而否定句的翻译错误率约为 1%，可以说这是连假名都尚未认识的梁启超所不可能做到的。由此可见，许常安在论文中忽视了包括否定句在内的各种误译，仅占全文极小部分这一事实。

第三，《清议报全编》所载梁启超《政治小说佳人奇遇序》中所称的“今特采日本政治小说《佳人奇遇》译之”，以及于 1900 年 11 月登载于《清议报》上“曩译佳人奇遇成”诗句又该作何理解呢？笔者以为，诗句的主语或者可理解为是“我梁启超任主编的《清议报》”，具体翻译者并不一定就是梁启超本人。另外，“曩译佳人奇遇成”诗句也许还可作另外一种解释，那就是梁启超在康有仪回国后，自己确实对小说的剩余部分进行了翻译，因为此时他已初步具备了翻译能力，但这一说法尚属推测，有待进一步考证。

当然，对“梁启超说”的否定，并不意味完全否定梁启超在其中所起到的作用，因为他作为《清议报》主编，作为小说翻译和登载的责任人，估计对小说的翻译给予过许多支持，如日文小说有可能是他向康有仪提供的，再如对最终译稿他也可能进行过删改或文字润色等。

---

① 许常安：《清议报登载の佳人奇遇について—特にその误訳(1)—》，《斯文》第 67 号，1971 年 10 月，第 31 页。

再看“罗普说”。冯自由在多篇文章中，言之凿凿，断定小说为罗普所翻译。但除冯自由的回忆文章外，无任何其他资料可资佐证。前面引用的山田敬三的观点，其主要依据也是冯自由的文章。虽然由于罗普当时的确任职于《清议报》馆，担任译述工作，因而不能排除其分担过部分翻译任务的可能，但“罗普说”的证据还是非常不足。笔者推测，罗普与梁启超同为康门高徒[①]，两人关系极其紧密，甚至梁启超在 1899 年春前往箱根读书时，也由罗普始终陪同。康有仪虽为康有为从兄，但其个人影响力及在《清议报》馆中的地位远不及罗普。由于当时在《清议报》馆中康有仪的影响和地位远不及罗普，他所做的具体翻译工作未能引人注目，以致冯自由在后来的回忆文章中会认为翻译就是由罗普完成的。另一种可能就是罗普在康有仪回国后，曾对剩余部分进行了翻译，这有待进一步考证。

最后看“康有仪说”。首先，可以认为《清议报》第一至第四册所载的 4 篇译文必定是康有仪所译，这不仅有其亲笔书信中记有“学译政治小说《佳人奇遇》四篇以充之”这一内容为据，而且“在此间意译三千余字，再加诗文塞卷，以了此期之事”中的“三千余字”与《清议报》所载译文的字数大致相同，《清议报》所载译文中出现的一些误译大致与康有仪当时的日文程度相当等，这些均可成为佐证。

在此，不妨对书信所记“意译”二字再做些分析。康有仪特意强调自己的翻译是“意译”，说明他在翻译过程中对原文进行了诸多文字调整甚至是删改，他的翻译并不完全忠实于原文，更不是所有词汇完全一一对应式“直译”。这些调整和删改，有些是限于日文程度无法准确理解原文而不得已为之，有些则是出于文学技巧或政治观点而有意为之，而据笔者观察，后者似乎更多。据许常安统计，《清议报》所载译文中，对原文的省略和删除多达 484 处[②]。当然，这些省略和删除，不一定全部都是翻译者康有仪所为，因为当时的编者尤其是主编梁启超出于政治宣传等方面的考虑，在编辑过程中作了大幅度删改的可能性也非常大。

其次，康有仪在 1900 年 1 月回国前均一直进行小说的翻译，其译文也分别登载在《清议报》，只是由于回国而不得不终止翻译，这一可能性极大。因为康有仪翻译完最初四篇后至回国前的约一年时间，一直任职于《清议报》馆和横滨大同学校；康有仪在此期间给塾师山本宪的书信中多次提到继

---

① 关于罗普，康有仪书札二十一(C152)中有如下记载：此子是舍弟门生，《知新报》主笔，于宗教时务颇为留心。昨年由广东来贵国，遍游各处。去腊则在东京学堂读书也。

② 许常安：《〈清议报〉登载の〈佳人奇遇〉について—特にその改删—》，《大正大学研究纪要》第 57 号，1972 年，第 4 页。

续进行翻译工作;康有仪回国约一个月后,《清议报》即中止了《佳人奇遇》的连载;《佳人奇遇》最初的译文与后来的相比较,在翻译风格上和所出现的误译次数等方面均无明显变化。

第三,第三十五册所载最后约四百字(即第十二卷卷首)的译文,非康有仪翻译的可能性大。因为这一段译文,其误译次数突然增多,而且漏译也相当惊人。笔者推测,康有仪回国前,翻译到了第十一卷。从第十二卷开始,由其他人接着翻译,但翻译质量并不好。加之又有同为政治小说的《经国美谈》(留日学生周宏业译)可以登载,遂终止了《佳人奇遇》的连载。为了说明第12卷卷首的译文与之前所载译文在翻译水平和风格上的差异,在此试举卷一卷首和卷十二卷首的原文和译文,并作比较。

卷一(《清议报》第一册)

東海散士一日費府ノ獨立閣ニ登リ仰テ自由ノ破鐘(歐米ノ民大事アル每ニ①鐘ヲ撞テ之ヲ報ス始メ米國ノ獨立スルニ當テ吉凶必ス閣上ノ鐘ヲ撞ク鐘遂ニ裂ク後人呼テ自由ノ破鐘ト云フ)ヲ觀俯テ獨立ノ遺文ヲ讀ミ當時米人ノ義旗ヲ擧テ英王ノ虐政ヲ除キ、卒ニ能ク獨立自主ノ民タルノ高風ヲ追懷シ俯仰感慨ニ堪ヘス慨然トシテ窓ニ倚テ眺臨ス會々二姫アリ階ヲ繞テ登リ來ル翠羅面ヲ覆ヒ暗影踈香白羽ノ春冠ヲ戴キ輕縠ノ短羅ヲ衣文華ノ長裾ヲ曳キ風雅高表②實ニ人ヲ驚カス一小亭ヲ指シ相語テ曰ク那ノ處ハ即チ是レ一千七百七十四年十三州ノ名士始メテ相會シ國家前途ノ國是ヲ計畫セシ處ナリト当時③英王ノ昌披ナル漫に國憲ヲ蔑如シ擅に賦斂ヲ重クシ米人ノ自由ハ全ク地ニ委シ哀願途絶エ愁訴術盡キ⑤人心激昂干戈ノ禍殆ト將ニ潰裂セントス十三州ノ名士多ニ之ヲ憂ヒ此小亭ニ相會シ其窮厄ヲ救濟シ內亂ノ禍機ヲ撲滅セントス時に巴士烈議顯理乃チ激烈悲壯ノ言ヲ發シテ④曰く英王戮スヘシ民政興スヘシト此亭今猶存シテ當時ノ舊觀ヲ改メス獨立閣ト共ニ費府名區ノ一ナリ(编号和下划线为笔者所加,下同。)

东海散士一日登费府独立阁。仰观自由之破钟。(欧米之俗。每有大事辄①撞钟集众。当美国自立之始。吉凶必上此阁撞此钟。钟遂裂。后人因呼为自由之破钟云。)俯读独立之遗文。慨然怀想。当时米人举义旗。除英苛法。卒能独立为自主之民。倚窗临眺。追怀高风。俯仰感慨。俄见二姬绕阶来登。翠罗覆面。暗影疏香。戴白羽之春冠。衣轻縠之短罗。曳文华之长裾。风雅高表。②骀荡精目。相与指一小亭而语曰。那处即是一千七百七十四年十三州之名士第一次会议国是之处也。③当时米为英属。英王蔑视国宪。擅重赋敛。米人自由权利扫地。以尽顾望之念。绝呼吁之途穷。⑤人心激昂。殆将溃裂。十三州名士大忧之。相与会于此亭。谋救济其穷厄。扑灭乱机。时座中有巴士烈议显理者。乃激昂悲壮而发言。④曰不脱英轭。不兴民政。非丈夫也。此亭至今独在。不改旧观。与独立阁同为费府名区之一。[①]（标点按原文）

此段译文中，有四处改译或意译，即：①撞钟报之→撞钟集众；②甚是惊人→骀荡精目；③当时英王昌披。恣意蔑如国宪→当时美为英属。英王蔑视国宪；④曰应戮英王。应兴民政→曰不脱英轭。不兴民政。非丈夫也。另有一处漏译，即：⑤人心激昂。干戈之祸→人心激昂。之外，无特别明显的误译。而三处意译和一处漏译的原文，均有汉字，并不难理解，明显是作者有意进行的调整。尤其是③④两处的改译，估计与当时变法维新派的“保皇”“尊君”思想相关，是出于政治宣传需要而有意为之。诸如此类的改译，在此后的译文中还有很多，可能是译者接受了康梁的指示，或者是梁启超在编辑时亲自所为。从整体上看，这一段译文虽然有几处改译或称“意译”，但并无多大问题，甚至可以说达到了较高的水准。难怪当时具有较高汉学素养并已着手对《佳人奇遇》进行汉译的武田范之，在看到了《清议报》上所登的译文后，觉得翻译水平非同一般，有些地方甚至超过了原著，从而放弃了继续翻译的念头[②]。

卷十二（《清议报》第三十五册）

船錫崙島ニ泊ス直ニ上陸シテ埃及ノ敗将亜刺飛侯ヲ其①謫居ニ訪フ路傍ノ椰樹桂木ハ蒼翠ノ涼蓋ヲ張ルカ如ク②田圃ノ奇卉異草ハ千紫萬紅ノ美ヲ競ウテ絢爛ノ華氈ヲ布クカ如シ中ニ半歐半亜ノ衣冠スル者⑤徒跣裸體黄ヲ荷フ者悠悠東西ニ相往來スルアリ風致ノ美配色ノ奇宛然一幅ノ好畫圖ナリ既ニシテ村驛煙絶エ③鐘磬聲消エ比丘尼ノ力ナク窣婆塔ヲ負ヒテ荒廃セル卵塔ニ倚ルヲ見ル神足嶺三千年ノ靈蹤ハ法音杳杳タリ無畏山四十丈ノ高塔ハ廢址茫茫タリ誓多林鳳

---

① 《清议报》第一册，第 55 页。

② 柳田泉著：《明治文学研究》第八卷《政治小说研究（上）》，[日]春秋社 1967 年版，第 381 页。转引自许常安《〈清议报〉登载の〈佳人奇遇〉について—特にその名訳と误植订正—》，《斯文》第 66 号，第 26 页。

凰宮ノ結衆は已ミヌ佛陀聖靈ノ菩提樹⑥何クニカ攀チン⑦漸くニシテ・カ門ニ到リ刺ヲ通ス⑧謁者謝スルニ對客ノ時ニ非サルヲ以テス暫ク門外ヲ逍遥シテ後復タ訪フ④門者曰ク既ニ出ツト因テ小時ニシテ訪フ初メテ疎林婆娑タル庭中ノ幽亭ニ導カル⑨待ツコト少焉亜刺飛侯出テヽ接ス赤帽黒衣温言三顧ノ勞ヲ謝ス海南將軍禮シテ曰ク⑩日本人民舉テ侯か國ニ報イルノ誠忠敵ニ對スルノ沈勇ヲ稱シ⑪侯カ血誠天ニ達セス侯カ果斷國人ニ忌マレ⑫苦戰運盡キ此萬里ノ敵境ニ放謫セラルヽヲ悲マサルナシ

船泊锡岺岛。直上陆。访埃及败将亚剌飞侯于其①居路傍之椰树桂木。如张苍翠之凉盖。②田圃之奇卉异草。如布绚烂之华毡。中有半欧半亚之衣冠者。⑤徒荷跣裸体蒉者。悠悠往来于东西。风致之美。配色之奇。宛然一幅好画图也。既而村驿烟绝。③钟磬声消。神足岭三千年灵踪。法音杳杳。无畏山四十丈之高塔。废址茫茫。誓多林凤凰宫(二者皆世尊说法之地名)之结众。今已无存。佛陀圣灵之菩提树。⑥原何可攀。⑦渐至侯门问讯。⑧谒者谢此时非对客之时。暂逍遥于门外。须臾复访。④门者导入中庭。⑨少焉亚剌飞侯出接。赤冠黑服。温言谢三顾之劳。海南将军将礼曰。⑩日本人民举侯报国之诚忠。称为不出世之沈勇。⑪侯血诚达天。国人忌侯之果断。⑫连年苦战。放谪此万里之敌境。莫不悲之。[①] (标点按原文)

此段译文中,有四处漏译(①谪居→居;②田圃之奇卉異草;千紫万红。竞相争艳→田圃之奇卉异草;③钟磬声消。见比丘尼力不可支。倚靠于背后立有窣婆塔之荒废卵塔→钟磬声消;④门者曰既出。因少刻访之。始被道至疎林婆娑之庭中幽亭→门者道入中庭)和八处误译(⑤有跣足裸体荷蒉者→徒荷跣裸体蒉者;⑥何处攀缘→原何可攀;⑦终至侯门通刺→渐至侯门问讯;⑧谒者以此时非对客之时谢绝→谒者谢此时非对客之时;⑨待之少焉。亚剌飞侯出接→少焉亚剌飞侯出接;⑩日本人民皆称侯报国之忠诚。对敌之沈勇→日本人民举侯报国之诚忠。称为不出世之沈勇;⑪侯之血诚未达上天。侯之果断为国人所忌→侯血诚达天。国人忌侯之果断;⑫虽苦战而运尽。被放谪此万里之敌境→连年苦战。放谪此万里之敌境)四处漏译中,除①②问题不甚严重外,③④两处明显是因文法复杂而无法理解所致。八处误译中,除⑨问题并不严重外,⑤⑥⑦⑧⑩⑪⑫七处明显是没有准

① 《清议报》第三册,第2306页。

确理解其文法所致。短短三百余字的译文，出现如此多的问题，与上述卷一开头的译文相比，相差甚远，很难想像会是出于同一人之手。由此也可看出，并不是稍懂日文就能猜着翻译得出来的。

根据以上考证和分析，可以断定《清议报》从第一册至第三十五册所登载的《佳人奇遇》，其翻译者是康有仪。梁启超作为《清议报》主编，对小说的翻译和登载或许给予过诸多支持和帮助，如亲自撰写序言，对翻译稿进行删改、润色等，但并不是小说的翻译者。

四、康梁等人书札介绍

本书除收录康有仪书札 82 通外，还收录康有为书札及笔谈记录共 7 件，梁启超书札及笔谈记录 8 件、王照书札 6 通、汪康年书札 19 通、徐勤书札 1 通、山本宪致大隈重信和伊藤博文书札共 3 通。康有仪书札以上已多有涉及，以下着重对康梁及王照、汪康年书札的主要内容等作一介绍。

（一）梁启超

所收录梁启超书札及笔谈记录 8 件中，7 通为致山本宪书札，另有一件为与山本的笔谈记录。时间跨度为 1898 年 10 月至 1901 年 11 月。

1898 年 9 月 21 日戊戌政变发生后，梁启超避入日本使馆，后在日人帮助下登上停泊在天津海面的日本大岛号军舰。该舰 10 月 15 日驶离天津，16 日抵达日本吴港，梁启超后于 20 日抵达东京。与梁启超一起乘坐大岛舰抵达日本的维新派人物还有王照。康有为则于 10 月 19 日在宫崎寅藏等人的护送下乘“河内丸”离开香港赴日本，10 月 25 日经神户抵达东京。

得知康梁等人抵达东京后，康有仪与山本宪立即前往东京相见。梁启超书札一(C64)即为 10 月 29 日在东京与山本相见时的笔谈记录。此为二人 1897 年 11 月上海相见后再次相见。从此记录中可以看出，梁启超首先对山本宪通过设立“日清协和会”等方式援助流亡日本的维新变法派人物表示了感谢，同时表示维新党人虽“惟有举周勃、徐敬业之义”，但心有余而力不足，希望得到日本政府的援助。

梁启超任上海《时务报》主笔时期与该报经理汪康年的是非恩怨关系广为人知，在此不再赘述。梁启超在抵达日本后，也不忘对汪康年进行攻击，认为：“汪君穰卿，向与仆交善同办事，及闻此次政变，即于其所立《中外日报》中，日日颂扬伪后，谓为四千年未有之圣母，颂扬政府，谓为知时，诬谤一切政革党人，谓为急激，其意不过欲图自免而已。血性男子，岂可如是。彼等寻常日日发论，问其何以不行，则归咎于当道，顾曾无冒死以争于当道者。其言时务，不过为稻粱谋耳。是江浙人之性质也”，并认为“敝邦最可用者，湖南、广东之人，陕西、四川、云南等次之”，至于江浙之人，虽“人人能言时务，人人能结名士，然无一可用者”[①]。梁启超的这些言论，有些虽接近事实，但整体有失公允，其在给外人山本宪的信件中如此长篇累牍地罗列汪康年的罪状，理由也许是担心汪康年在给山本宪的信中攻击维新派，让山本切勿相信汪康年之言论。这些内容可视为康梁在日本所进行的“舆论战”的一部分。

康梁等抵达日本后，会见了不少日本政界要人，其中有不少是山本宪推荐的。梁启超在信函中曾希望山本宪提供有可能给予援助的相关人士的名单，山本宪则至少提供了胜海舟伯爵、近卫笃麿公爵、副岛种臣伯爵、曾根俊虎、谷干城(谷子)等人物的信息[②]。

此外，梁启超还于1899年6月与山本在大阪相见。在相见前数日，梁启超致函山本提到了自身的经济状况：虽目前旅费尚足，但一月内美欧之行旅费却甚不足，并表示愿意接受山本宪及其同志的个人资助。梁启超在1898年10月到日本后，经济上受到了日本政府的资助，故在日本之生活费用并不拮据[③]。

梁启超最后致信给山本是在1901年11月17日。当时，梁启超等人正在上海开办译书局“广智书局”。该书局主要翻译出版介绍西方新学术、新思想的著作，且多译自日文书籍。梁启超此函主要邀请山本宪为书局翻译书稿[④]。

(二) 康有为

所收康有为书札及笔谈记录8件中，包括致山本书札2通、致康有仪书札3通、致康同和书札1通、笔谈记录1件、康有为所作文章1篇。山本宪资料中所收藏的上述康有为致康同和、康有仪的书札，估计是由康有仪转给山本的。

康有为致山本的2封书信分别写于1898年11月12日和1899年2月8日。11月12日的信函是10月29日在东京与山本宪初次相见并进行笔

① 梁启超书札二。
② 梁启超书札二、三。
③ 梁启超书札四、五、六。
④ 梁启超书札八。

谈后所作。10 月 29 日的笔谈，康有为除对山本宪联合同志并呼吁政府支援维新变法派所作的努力表示感谢外，认为日本与中国“同教、同政、同俗、同种、同文”，中国若亡，日本也将遭俄国吞并，表露了希望日本政府出手相救的愿望①。而 11 月 12 日的信函，康有为除对山本前来相见表示感谢外，还对山本宪等人在大阪结成的“日清协和会”表示出强烈的关心，希望山本能将“志士”（会员）何人，日本国内“笃守圣学者人士有几”分别相告②。2 月 8 日的信函，主要为说服山本宪前往横滨任大同学校监督之内容。邀请山本前往大同学校任教，最先为康有仪所建议。此前，康有仪已就此事与山本宪作过多次沟通，由于山本考虑到难以放弃梅清处塾的经营，故一再拒绝。在此背景下，康有为才亲自发此函进行说服③。

康有为致康同和之信函作成于 1898 年 7 月 19 日。康同和为康有仪之子，故康有为称其为“和侄”。此时维新运动正如火如荼，康有为破格受到了光绪皇帝的重用。康有为在函中称：“顷圣上发奋为雄，力变新法，于我言听计从。（我现奉旨专折奏事，此本朝所无者。）外论比之谓王荆公以来所无有，此千年之嘉会也。”希望在神户东亚报馆任职的康同和及其同事，在言及国家、皇上及满洲等内容时应极谨慎，多言对皇上的“颂美之言、期望之语”。最后还作为长辈叮嘱康同和：现在“八股已废，汝可努力大读东学，兼习西文”④。

康有为致康有仪的信件 3 通，涉及了希望山本宪前往横滨大同学校任监督之内容，认为“现犬养君愿为校长，大隈伯亦出来领袖，必得梅崖先生坐镇教诲”。此外，还涉及了希望康有仪前往横滨从事《清议报》翻译等工作，以及对日本政府忙于国内党争而无暇顾及外事，未能出手营救光绪皇帝的不满⑤。

此外，所收康有为文章一篇，虽其字体不像出自康有为之手，但原件上附有山本宪所写的“康有为”三字，加之从内容进行判断，很可能系康有为口述，由他人笔录而成。文章大部分篇幅用于指责慈禧太后，认为光绪帝与慈禧并非母子关系，而是君臣关系，因此慈禧太后的此次训政“是幽废，而非训政，训政出于伪诏假托”。此文很可能作为康梁等在日“舆论战”的宣传材料，被抄写多份后分别送给了当时在日本所见的相关人士。另外，此文部分

① 康有为书札二。
② 康有为书札四。
③ 康有为书札七。
④ 康有为书札一。
⑤ 康有为书札五、六。

内容与梁启超《论戊戌八月之变乃废立而非训政》[①]一文，多有相似之处[②]。

（三）王照

所收王照书札6通中，含致山本宪书札3通、致康有为书札1通、致康有仪书札2通。致康有为和康有仪书札，当由康有仪转给山本。

先看致康有仪书札。二函发信时间均未详，但从内容判断当为王照抵日后不久的1898年10月至11月。在第一函中，王照主要希望通过康有仪向山本宪说明以下数点：事变后大肆攻击康梁等人的梁鼎芬、张之洞是“忘君固宠、趋炎附势之小人”，原《时务报》经理汪康年也时有信至日本攻击维新派，此人是“图利之小人”；自己（或康有为之意）未被捕处死是因为受“催出京办报”之密诏而离京，至上海后才得知事变发生；现皇上被幽废瀛台，处境危险，“日本与我国同种同洲，唇齿辅车，欲救我国，当于此时速倡大义”[③]。第二函与第一函相同，主要仍为希望康有仪向山本宪说明的有关戊戌政变的内容，还抄录了政变发生前光绪帝的两道密诏。有关此两道密诏，向存若干疑问，而且学界多认为康有为篡改了密诏。此函所抄录的密诏，与向来所知的密诏部分内容略有不同，可认为是经康有为篡改后的又一版本[④]。

再看致康有为书札。此函作于1900年3月25日，即王照从日本潜返中国前一个多月。众所周知，戊戌政变后，王照作为维新变法派人物被通缉，后与梁启超同船潜逃日本，抵日初期也多与康梁等一同行动。但是，大约至1899年2月至3月间，王照与康梁的关系急剧恶化，数次吵闹后，王照甚至在与犬养毅的笔谈中公然告发康有为篡改光绪帝诏书。后来，康有为离开日本前往加拿大等国开展保皇活动，王照则继续停留日本，但拒绝日本政府给予的资金援助和安全保护，依靠友人援助及为人题书作画维持生计。然而，王照在此函中却一反常态，称康有为“长素仁兄先生大人”，认为康有为一年来的保皇立会活动，外界虽纷纷“谤为敛财入私囊”，“然弟每谓勤王，非咄嗟立办之事，尤非令外人洞知之事，局外不谅局中苦心”，并回忆维新变法期间，“弟排众谤而护兄”，“重兄之志气”而追随。最后表示自己“不能得数十金之蓄”，希望康有为“有绨袍之谊，乞阳历四月二十日前速由邮便寄金百元”，且声言“如四月二十五日前不至，则弟亦永无求兄之时矣。伏望三思，以后自有明白之日。今弟亦不言也”。王照此信，可谓软硬兼施，煞费苦

① 《清议报》第一册，第12页。

② 康有为书札三。

③ 王照书札一。

④ 王照书札三。

心。康有为最终是否按王照要求汇款，限于史料，目前不得而知。而从王照回国约三年后向清政府自首，并称康梁为“逆党”等情况看，王照发此函后，康有为未与其有过任何联系的可能性较大[①]。

最后看致山本宪书札。3 通书札分别作于 1900 年 2 月 13 日、4 月7 日、5 月 28 日。1899 年 12 月 29 日至 1900 年 1 月 28 日、1900 年 3 月 18 日至 4 月 9 日，王照曾两次赴高知县。2 月 13 日的信函发于两次至高知之间，而 4 月 7 日函则发于第二次赴高知期间。此外，王照在第二次赴高知前，还曾在大阪与山本相见。王照于 5 月 18 日乘船离开日本潜返中国，19 日抵达烟台。然而，在给山本宪的以上信件中，均未提及回国，这或许可以相见时曾口头相告进行解释。不可思议的是 5 月 28 日信函，此函从邮戳和王照自署文字看，可知发自高知。但如上所述，王照此时已回国，而且也无任何第三次前往高知的记录。鉴于王照此次回国属于秘密潜返，为避免暴露行踪，制造他仍在日本的假象，此函很可能是在潜返前写好交高知友人在事后发出的[②]。

(四) 汪康年

所收汪康年致山本宪书札 19 通，时间跨度为 1897 年 11 月至 1909 年 3 月。在所有中国人中，与山本保持通信时间最长的是汪康年。另外，山本宪在其自撰年谱中也称：“自客岁游清国后，与清人交游稍广，与汪穰卿书信往来不断。”[③]查《汪康年师友书札》，所收录的 28 名日本人的书札共 72 通中，有山本宪书札 15 通，除曾任《时务报》翻译的古城贞吉 16 通为最多外，山本宪书札数量列其次，由此可知山本宪是与汪康年交往最密切的日本人之一。将本书所收的 19 通汪康年书札与《汪康年师友书札》中所收的 15 通山本宪书札进行比较，其内容虽大多能相互对应，但也可发现现在所能看到的并非二人往来书札的全部。

汪康年与山本宪的书信往来持续了 13 年之久，这除了二人曾三次相见这一原因外，可能与他们所接受的教育及思想观念较为接近有关。汪康年于清咸丰十年(1860)出生于浙江省钱塘县，父亲为举人出身，长期任地方官吏。汪康年自年幼时便开始接受良好的家庭教育，但自 1879 年考取秀才至 1892 年进士及第，经过了十余年的时间，科举之途并不顺利。1895 年参加

---

① 王照书札四。

② 王照书札三、五、六。

③ 《梅崖先生年谱》，第 31 页。

上海强学会，翌年与黄遵宪、梁启超等一起创办《时务报》，宣传维新变法思想。与山本宪相识就在其致力于《时务报》经营的 1897 年，此时山本宪已 45 岁，汪康年近 40 岁。

在汪康年书札 19 通中，以 1898 年作成的为最多，共达 7 通。这与汪康年于 1897 年末在上海与山本相见后，立即于 1898 年 1 月前往日本访问并在大阪再次与山本相见有关。1898 年 1 月 2 日，汪康年与曾广铨抵达东京开始访问日本，1 月 15 日入大阪，1 月 18 日从神户乘船回国。在大阪访问期间，汪康年于 16 日在下榻处与山本宪相见，当时在场的还有同行的曾广铨、正在梅清处塾学习的嵇侃和汪有龄、大阪华商孙淦、苏杭汽船会社负责人白岩龙平、第二次赴日的孙文、《大阪每日新闻》记者等。会见时，孙文自称"中山樵"，与汪康年于 15 日同时前来大阪。在大阪期间，汪康年还访问了《朝日新闻》社，参观了印刷器械并了解其印刷状况；此外，还考察了大阪东区高等小学校和大阪造币局[①]。

1898 年汪康年致山本的信函，在戊戌政变前，除对山本在大阪给予的热情接待表示感谢外，多有书报及礼物往还之内容。如汪康年多次寄送《时务报》和礼物给山本，山本则将游记《燕山楚水纪游》以及译自日本报刊的作品寄赠给汪，翻译作品后来登载于《时务报》[②]。戊戌政变发生后，山本宪得到汪康年也已被逮捕的误报，数次来函询问安危。汪康年在复函中，除表示感谢外，也谈了自己对此次政变的看法，称："敝国今岁改革，一切颇有除旧更新气象，实皆康君有为一人所为。顾求治未免太急，康君又不能容人，凡与己不协者，必驱之而后快，以致酿此奇祸。"并对政变后逮捕诛杀党人、查封报馆及学会等深表悲愤，称："同志诸人均深愤激。顾假柯无日，偿愿何时？搔首问天，益增悲惘。"[③]

1899 年后，汪康年与山本的书信往来在数量上虽明显减少，但内容却呈多样化。如：山本宪塾生田宫春策前来中国留学，汪康年安排叶瀚给予照顾，而后来田宫与叶瀚却发生争执[④]；义和团事件发生后，汪康年"频月上书各大官，请其自行剿匪，终不见听采"[⑤]；互赠书籍、照片以及香茸、茶叶、茶

---

① 《清国新闻记者》，《大阪每日新闻》，明治三十一年 1 月 17 日。此外，1 月 12 日、1 月 16 日、1 月 17 日、1 月 18 日的《大阪朝日新闻》，以及 1 月 11 日、1 月 12 日的《大阪每日新闻》也对汪康年的日本访问进行了报道。

② 汪康年书札二、三、四、五。

③ 汪康年书札六、七。

④ 汪康年书札九、十。

⑤ 汪康年书札十。

杯等礼物[①]；1903 年大阪举办内国博览会，汪康年虽受到了山本的邀请但未能前往观览[②]；汪康年因事赴日，希望与山本相见[③]等。

此外，本书还收录了徐勤和山本宪的书札数通，限于篇幅，不一一介绍。

本书所收录的这些资料，除少部分为笔谈记录外，大多属个人平常往来信件，因此并非每件资料均具有重大史料价值，甚至有些记录或语意不明，或记载有误，或内容微不足道。但是，这些资料展示了清末多位维新变法及其相关人士所进行的诸多活动，以及他们对当时所发生的多起重大事件乃至周围的生活琐事的看法和感受，活生生地记录了他们的思想感情及生活气息。相信这些史料今后定将为更多的研究者所利用。

---

① 汪康年书札十一、十二、十三、十七、十八。

② 汪康年书札十四。

③ 汪康年书札十五。

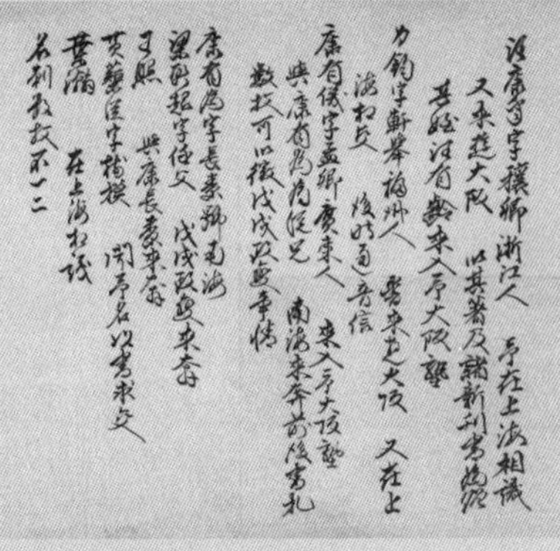

汪康年字穰卿 浙江人 予在上海相識
又來赴大阪 以其著及續新刊書贈
並與汪有齡來入予大阪塾
力鈞字軒舉 福州人 曾來過大阪 又在上
海相見 後時通音信
康有儀字孟卿 廣東人 來入予大阪塾
與康有為是從兄 南海來奔前後書札
數拾可以徵戊戌政變事情
康有為字長素號南海
梁啟超字任父 戊戌政變來奔
王照 與康長素亦來奔
[illegible]字[illegible] 聞予名以書求交
葉瀚 在上海相識
名刺數拾不一二

书札原件与考释

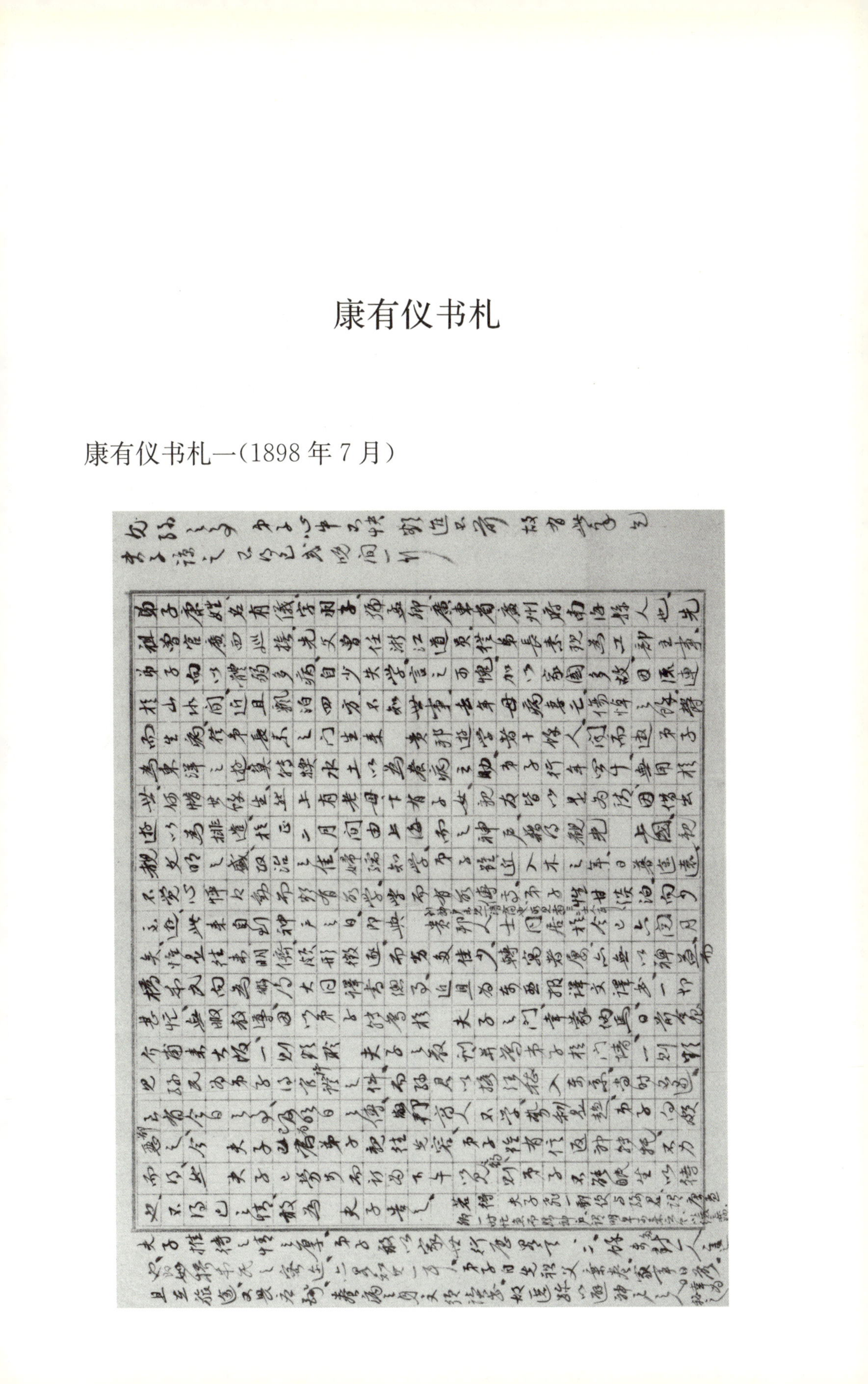

康有仪书札

康有仪书札一（1898 年 7 月）

弟子康姓，名有仪，字羽子，号孟卿，广东省广州府南海县人也。先祖[①]曾官广西巡抚，先父曾任浙江道员，从弟长素现为工部主事。弟子向以体弱多病，自少失学，言之可愧。加以家国多故，因流连于山水间，近且飘泊四方，不知世事。去年母病妻亡，伤悼之余，郁而生病。从弟长素之门生来贵邦游学者十余人，闻而邀弟子为东洋之游，冀转换水土以为养病之助。弟子行年四十，无用于世，何惜其余生！然上有老母，下有子女，亲友皆以是为请。因借出游以为排遣，于正、二月间由上海而之神户，藉得观光上国，亲睹文明之盛、政治之佳、妇孺知学。弟子虽近入木之年，日暮途远，不觉心怦怦动而欲有所学，学而有所传焉。弟子性甘淡泊，向少交游，此来自到神户之日，即与贵邦人士同居（到神户未见一清商也，所见者三二十人耳），于今已六阅月矣。惟是往来朋侪，颇形征逐，而劣多佳少，转寓者屡，亦无以裨益。而桥本氏[②]向为敝局大同译书[③]总事，近且为《东亚报》[④]译文译书，一切甚忙，无暇教导，因以弟子转荐于夫子之门，幸蒙纳焉。日前舍侄介甫[⑤]来大阪，一则欲聆夫子之教训，并荐弟子于门墙，一则欲见孙氏[⑥]为弟子得官许证之件。而孙君以携汪、嵇[⑦]入东京，当时不遇，至有今日之事及明日之传。敝

---

① 先祖：指康国器（？—1884），曾历任福建和广西布政使、广西巡抚等职。

② 桥本氏：汉学家桥本海关。1852 年出生于日本播磨国明石藩，名德，字有则，号海关。善诗文、书法，著有《海关咏物诗集》《明石名胜古事谈》等。1898 年前后，曾任上海大同译书局总事、神户《东亚报》翻译、横滨大同学校日文教习和《清议报》翻译等。与康有仪关系密切，康有仪赴日当初曾寄寓其家。

③ 大同译书：大同译书局，清末维新派 1897 年 10 月创办于上海，康有为胞弟康广仁任经理。主要编译出版各国变法之书，曾印行《大彼得变政考》《经世文新编》《日本书目志》《孔子改制考》等。戊戌政变后被迫关闭。

④ 《东亚报》：1898 年 6 月创刊于神户，旬报，每月逢一日发行，戊戌政变后停刊，至第十一期。创刊人和主编为简敬可（广东新会人，字石芗），撰稿人有韩昙首（番禺人，字云台）、康同文（南海人，字介甫）、韩文举（番禺人，字树园）、吴天民（顺德人，字介石）等，日人角谷大三郎、桥本海关、大桥铁太郎等任翻译。蒋海波论文《有关〈东亚报〉之基础研究》（[日]《现代中国研究》第三十二号）对《东亚报》之创立经过、主要参与人物、内容构成等作了较详细的研究，可供参考。

⑤ 介甫：康同文，生卒年不详，广东南海人。时任神户《东亚报》撰稿人。其与康有仪的关系，康同文在给山本宪的书信中曾称康有仪为"往夕文友唐（"康"之误，笔者注）君孟卿"（山本宪资料 C205），而康有仪则在书信中称其为"舍侄介甫"或"舍侄同文"（康有仪书札二 C176）。

⑥ 孙氏：孙淦，字实甫，1858 年出生于上海，19 世纪 70 年代赴日，后在大阪川口居留地从事贸易，经营杂货贸易商铺"益源号"。1897—1900 年初兼任浙江留日学生监督。还曾任清国留学生会馆"名誉赞成员"等。与山本宪、汪康年、罗振玉、张謇等人多有往来。张謇在《癸卯东游日记》中，曾赞誉孙淦"爱国者，华商也，商真不负国"。1920 年回中国丹东，开设"丹华公司"，1938 年在丹东去世。

⑦ 汪、嵇：汪有龄和嵇侃，杭州蚕学馆所派官费留日学生，1897 年 11 月赴日后入山本宪"梅清处塾"，1898 年 4 月离塾转往东京学习。汪有龄 1899 年 10 月因病中止留学回国，（转下页）

邦商人不学，势利是趋，弟子向颇鄙恶之。今夫子已为弟子亲往先容，弟子虽有信返神转托，不力而得。然夫子已劳步而订为下午以见之约，则弟子不能眠坐以待也。不得已之情，敢为夫子告之。（若得夫子飞一邮便与孙君，谓康孟卿一时忙急而归神户，谓明早可来云云，以缓之，亦妙。）夫子推待之情之厚，弟子敢以家世行历略言一二，余未多对一人言之也。即如桥本氏之密迩，亦略知其一耳。弟子自先祖父弃养，家事日落。且在旅途，又畏应酬，养病之身，又须读书，故匿迹以避神户之人。幸为秘之。

见孙之事，弟子心中不快，欲进不前，故有此禀。乞夫子谅之。不得已，或晚间一行。

按

日本高知市立自由民权纪念馆所藏“山本宪关系资料”（以下略称“山本宪资料”）C111。此札一纸，未见信封。似为康有仪入山本宪汉学塾“梅清处塾”时的自我介绍文，作成时间当在 1898 年 7 月前后。内容涉及包括“从弟”康有为在内的部分家族人员的状况及自身东渡日本的背景、赴日后的活动及交友关系、入山本私塾的理由等，还涉及了日本汉学家桥本海关、在日华侨兼浙江留日学生监督孙淦、浙江所派遣的留日学生汪有龄和嵇侃、时任神户《东亚报》撰稿人的康同文等人的信息。作为研究康有仪等人物活动状况的史料，弥足珍贵。

康有仪与康有为的亲族关系，可参照下图《康有为族谱世系表（部分）》①。据此可知，康有仪生父为康达聪，后过继给了康熊飞，祖父康国器，高祖父康文耀。康有为父亲康达初，祖父康赞修，高祖父康文耀，二人高祖父相同。

（接上页）嵇侃 1903 年从东京蚕业讲习所毕业后回国。杭州蚕学馆率先派汪、嵇二生留日，可以说是官、学、商三方共同配合促成的。1897 年，在当时活跃在上海的学者罗振玉、在日华商孙淦等人的建议下，杭州知府林启和浙江巡抚廖寿丰决定从蚕学馆派遣学生留学日本，汪、嵇二生成了中国近代从国内学校向日本派遣的最早的留学生。后来赴日的浙江留学生无不以此为自豪，称：“至若吾浙江者，岁丁酉已有官派学生嵇君伟（嵇侃后来改名为嵇伟，笔者注）汪君有龄二人到东学蚕业。汪君以病早回国，嵇君于辛丑年夏卒业回国。是为中国官派学生至日本之滥觞。”（《浙江潮》，第 7 期）

① 广东省南海市“康有为故居纪念馆”藏。

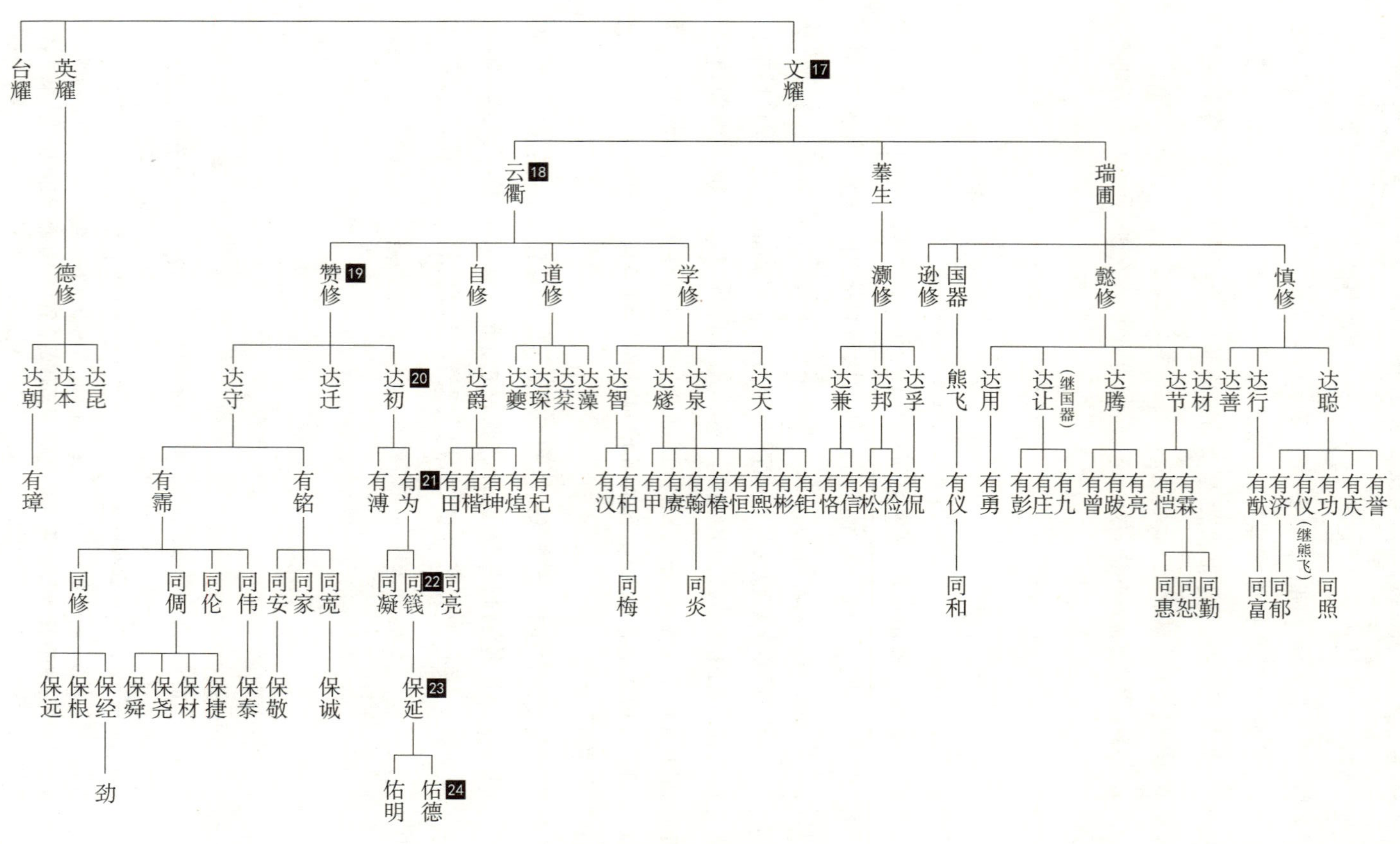
台耀
英耀
文耀 17
云衢 18
奉生
瑞圃
德修
赞修 19
自修
道修
学修
灏修
逊修
国器
懿修
慎修
达朝
达本
达昆
达守
达迁
达初 20
达爵
达夔
达琛
达棻
达藻
达智
达燧
达泉
达天
达兼
达邦
达孚
熊飞
达用
达让（继国器）
达腾
达节
达材
达善
达行
达聪
有璋
有霈
有铭
有溥
有为 21
有田
有楷
有坤
有煌
有杞
有汉
有柏
有甲
有赓
有翰
有椿
有恒
有熙
有彬
有钜
有恪
有信
有松
有俭
有侃
有仪
有勇
有彭
有庄
有九
有曾
有跋
有亮
有恺
有霖
有猷
有济
有仪（继熊飞）
有功
有庆
有誉
同修
同倜
同伦
同伟
同安
同家
同宽
同凝
同钱 22
同亮
同梅
同炎
同和
同惠
同恕
同勤
同富
同郁
同照
保远
保根
保经
保舜
保尧
保材
保捷
保泰
保敬
保诚
保延 23
劲
佑明
佑德 24

康有为族谱世系表（部分）

康有仪书札二（1898 年 7 月）

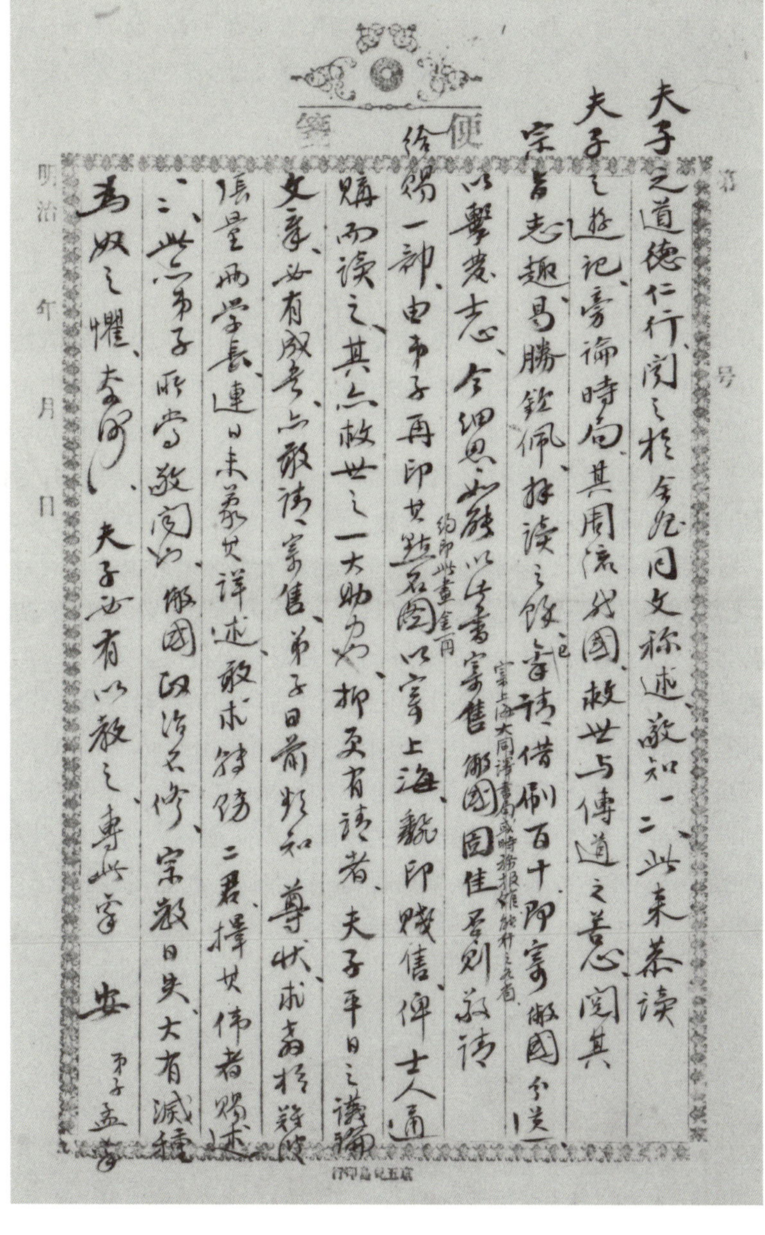

便箋

夫子之道德仁行，閱之於舍兄同文稱述，敬知一二。此來恭讀
夫子之撰述記、旁論時局，其周流列國、救世與傳道之善心，閱其
宗旨志趣，曷勝欽佩。捧讀之餘，已有請借刷百千部，寄敝國分送，（寄上海大同譯書局或時務報館代行之者）
以警發志心。今細思，欲以書寄售敝國，固佳，然則敬請
給賜一部，由弟子再印其姓名，（約印此書全冊）以寄上海，飜印賤售，俾士人通
購而讀之，其亦救世之一大助力也。抑更有請者，夫子平日之議論
文章，必有成書，亦敢請寄售。弟子日前略知尊狀，求高於雜[illegible]
張量兩學長，連日來蒙其詳述，敬求轉請二君撰其傳者略述，
二三世弟子所當敬閱也。敝國政治不修，宗教日失，大有滅種
為奴之懼，奈何奈何。夫子必有以教之。專此敬請
安

弟子孟[illegible]

明治　年　月　日

夫子之道德仁行，闻之于舍侄同文称述，敬知一二。此来恭读夫子之《游记》，旁论时局，其周流我国，救世与传道之苦心，阅其宗旨志趣，曷胜钦佩。拜读之余，已禀请借刷百十，即寄敝国分送，以击发士心。今细思，如能以此书寄售敝国固佳，(寄上海大同译书局或时务报馆，能行之各省)否则敬请给赐一部，由弟子再印其点石图，(约印此画金一圆)以寄上海，翻印贱售，俾士人通购而读之，其亦救世之一大助力也。抑更有请者，夫子平日之议论文章，必有成书，亦敢请寄售。弟子日前欲知尊状，求教于难波、张量①两学长，连日未蒙其详述。敢求转饬二君，择其伟者赐述一二，此亦弟子所当敬闻也。敝国政治不修，宗教日失，大有灭种为奴之惧，奈何奈何。夫子必有以教之。专此禀安。

弟子孟禀

山本宪资料 C176。此札一纸，未见信封。作成时间似为入梅清处塾不久的 1897 年 7 月。“游记”当指山本宪漫游中国所作的旅行记《燕山楚水纪游》。1897 年 9 月 22 日，山本宪单身一人从神户出发前往中国游历，至 11 月 29 日返回日本，漫游了天津、北京、上海、苏州、汉口、南京等地，并与汪康年、梁启超、章炳麟、罗振玉、张謇、叶瀚等均有交流。另据《梅崖先生年谱》记载：“(明治三十年)秋，游清国，久保平三给资五百五十圆也。是时目疾未全痊，无复可忧，乃携药。九月二十二日辞家，至神户，驾玄海丸，经釜山仁川，至天津，入北京，转至上海，游汉口，十二月归家。目疾全痊。有《燕山楚水纪游》。”②该游记于 1898 年 7 月由上野松龙舍印刷所以非卖品形式印行。“点石图”当指游记中石印的插图。山本宪在游历中国期间，用当时尚不多见的相机(时称“写影机”)拍摄了许多照片，归国后遴选出一部分令画师按照片临摹，绘成后亲自在画上题字。这些画作为插图收入游记中，共有 24 幅，如北京明陵、八达岭长城、玉泉山行宫、苏州虎丘剑池、濂溪周子(周敦颐)墓等。

① 张量：查梅清处塾塾生名簿，未见此名。疑“张田”(张田量一)之误。

② 《梅崖先生年谱》，第 31 页。

康有仪书札三（1898 年 7 月 20 日）

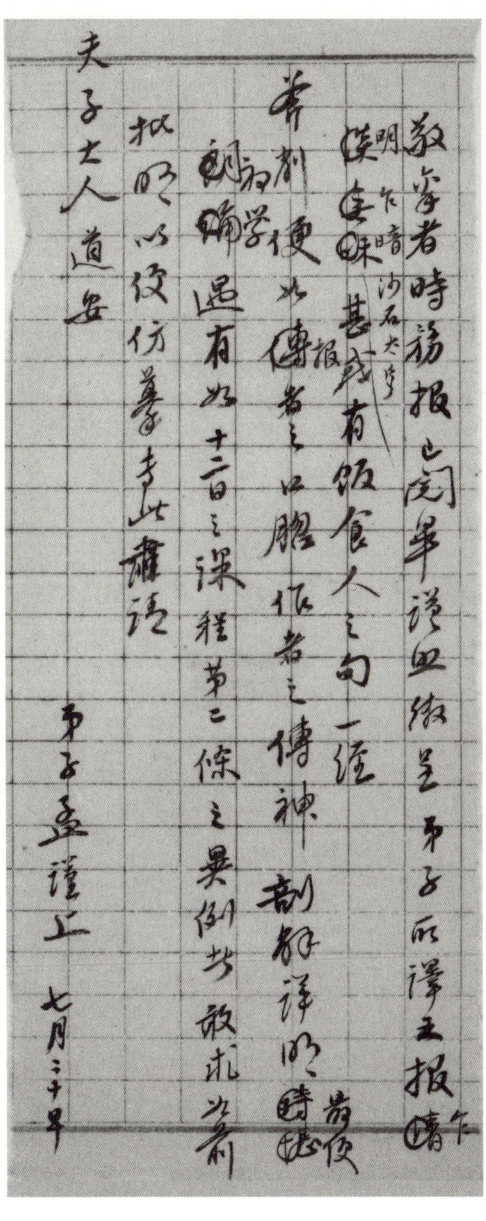

敬禀者，《时务报》已阅毕，谨照缴呈。弟子所译之报，乍明乍暗，沙石太多，甚或有“饭食人”之句，一经斧削，便如报者之口吻，作者之传神，剖解详明，最便初学。遇有如十二日之课程第二条之异例者，敢求如前批明，以便仿摹。专此，肃请夫子大人道安。

弟子孟谨上　七月二十早

山本宪资料C140。此札一纸，未见信封。此函作于康有仪入山本宪梅清处塾后不久，涉及康有仪随山本宪学习日文汉译的内容。由此可知，康有仪在入山本私塾后不久，便已开始日文汉译练习，山本也对他的翻译习作作了认真的修改。

康有仪书札四(1898年7月22日)

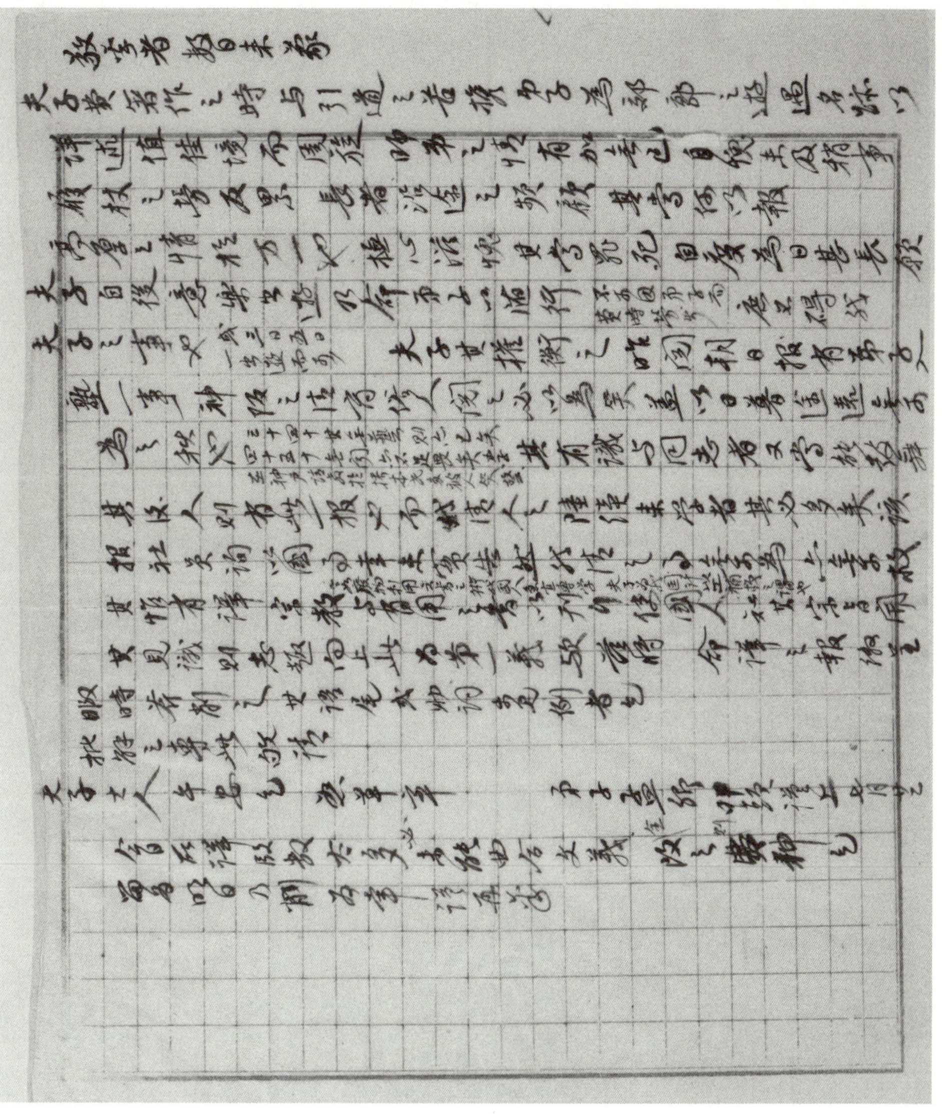

敬禀者，数日来蒙夫子费箸[1]作之时与引道之苦，携弟子为郊郭之游，遇名迹以详述，值佳境而周旋，师弟之情，有加无已。自愧未及稍事履杖之劳，反累长者沿途之频顾，其当何以报高厚之情于万一也？抚心滋愧，其当罪死。自度为日甚长，愿夫子自后意乐出游，乃命弟子以随行（不可因弟子而费时劳步），庶不碍我夫子之事也。（或三日五日一出游而可）夫子其权衡之。昨阅《朝日报》，有弟子入塾一事，神阪之清商俗人阅之必以为笑。盖以日暮途远，无可为之秋也。（三十四十其无艺，则也已矣；四十五十无闻，亦不足畏矣。弟子在神户请教于桥本氏，多被人笑，故云。）其有识与同志者，又当能鼓舞其后人，则有此一报也。而我清人之陆续来学者，其必多矣。该报社员询以国事，幸未实告。然我清之事无可为，亦无可救。其惟有译宗教与有用之书以刊行（如废物利用之书之术，我国人急宜专学。夫子为我国计，以工补救之谓也），使国人知其宗旨，开其见识，则志趣向上，此为第一义欤！兹将命译之报缴呈，暇时斧削之，其语尾或助词未见例者，乞批解之。专此。敬请夫子大人午安。乞恕草率。

弟子孟卿叩头谨上　七月廿二

今日所译段数太多，必未能曲合文义，全改之则费神，乞留为明日乃削为幸。谨再禀。

按

山本宪资料C182。此札一纸，未见信封。函中称“昨阅《朝日报》，有弟子入塾一事”，《朝日报》即《朝日新闻》，1879年创办于大阪，1888年增设《东京朝日新闻》，1889年大阪本部的《朝日新闻》改名为《大阪朝日新闻》。利用《朝日新闻》电子检索系统“闻藏”，查阅1898年7月21日前后的内容，未见相关报道。

① 箸：同“著”。

康有仪书札五(1898 年 7 月 23 日)

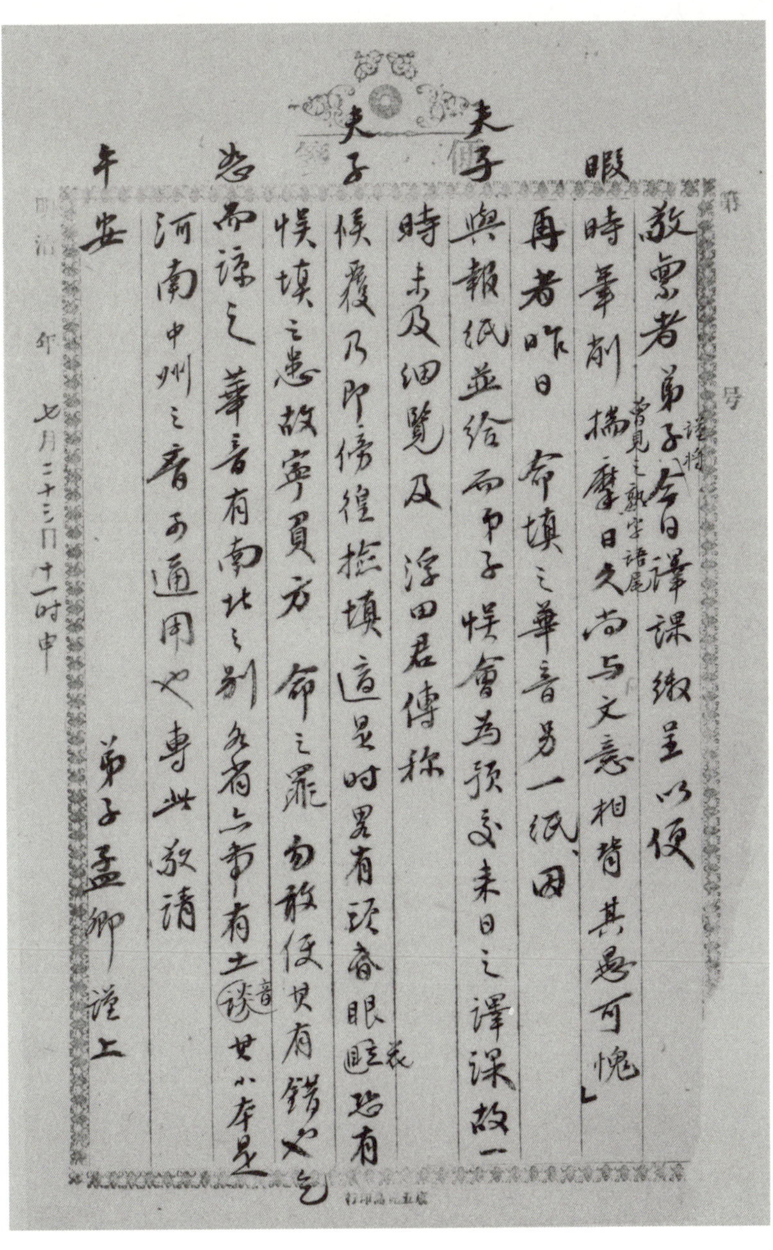

敬禀者，弟子谨将今日译课缴呈，以便
暇时笔削。揣摩日久，尚与文意相背，其愚可愧。
再者，昨日 命填之华音另一纸，因
夫子與報纸並给，而弟子恐會為預备来日之譯課，故一
時未及细覧，及 浮田君傳称
夫子候覆，乃即彷徨於填，這是時畧有頭昏眼花，恐有
悮填之患，故寧負 命之罪，而敢使其有錯也。
為而謀之，華音有南北之别，各省亦有土音，世小率是
河南中州之音可通用也。專此敬請
午安
弟子孟卿謹上
明治 年 七月二十三日十一时中

敬禀者，弟子谨将今日译课缴呈，以便暇时笔削。曾见之熟字语尾，揣摩日久，尚与文意相背，其愚可愧。

再者，昨日命填之华音另一纸，因夫子与报纸并给，而弟子误会为预交来日之译课，故一时未及细览。及浮田君[①]传称夫子候覆，乃即徬徨捡填，适是时略有头昏眼花，恐有误填之患，故宁负方命之罪，勿敢使其有错也。乞恕而谅之。华音有南北之别，各省亦带有土音，其小本是河南中州之音，可通用也。专此，敬请午安。

弟子孟卿谨上　七月二十三日十一时申

山本宪资料C145。此札一纸，未见信封。主要涉及康有仪就译课与塾师山本宪所作的交流。

---

① 浮田君：未详，或为梅清处塾塾生。

康有仪书札六(1898 年 7 月 28 日)

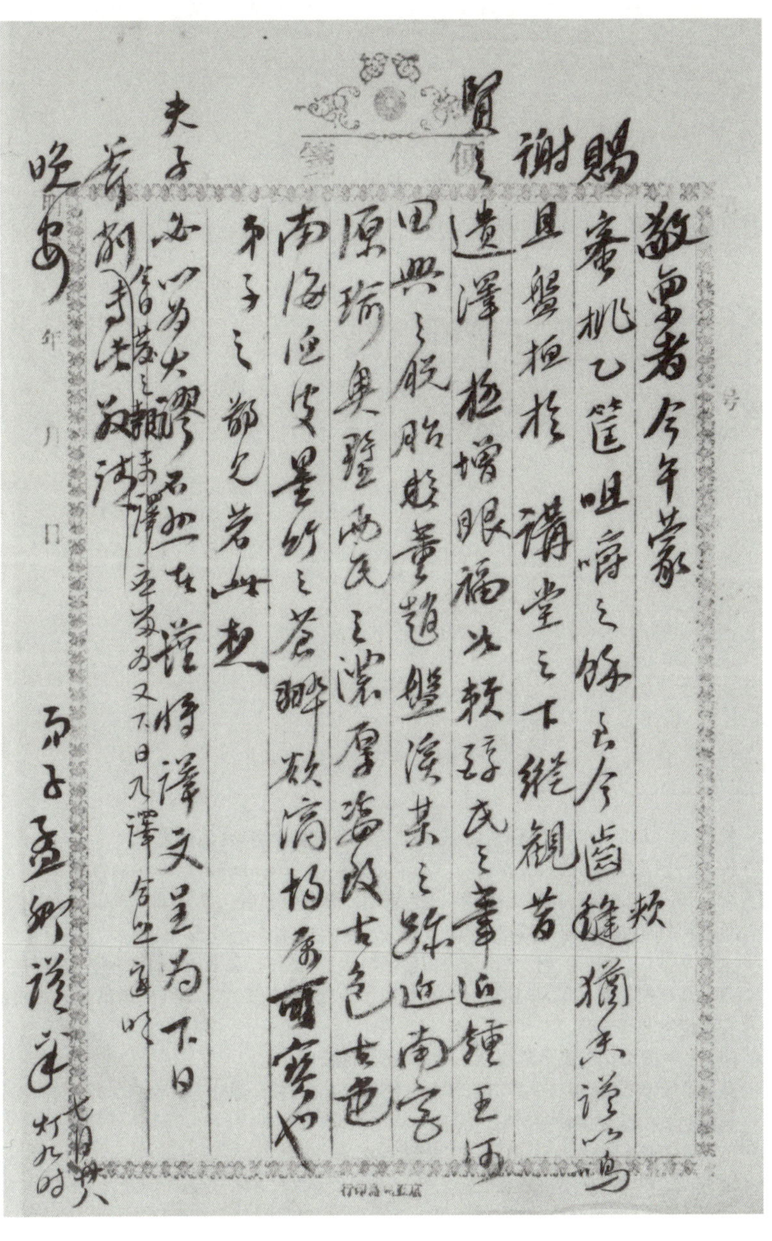

敬禀者,今午蒙赐蜜桃乙筐,咀嚼之余,至今齿颊犹香,谨以鸣谢。且盘桓于讲堂之下,纵观昔贤之遗泽,极增眼福。如赖醇氏①之笔近钟王②,河田兴③之脱胎董赵④,盘溪某⑤之迹近南宫⑥,源瑜⑦、奥野⑧两氏之浓厚姿致,古色⑨古色,南海⑩渔叟墨竹之苍翠欲滴,均属可宝也。弟子之鄙见若此,想夫子必以为大谬不然者。谨将译文呈为下日斧削,今日发之报未译,应留为又下日入译,合照禀明。专此,敬请晚安。

弟子孟卿谨禀　七月廿八灯九时

山本宪资料C144。此札一纸,未见信封。内容主要为观看梅清私塾内所悬挂的赖醇等人书画作品后的感想。

---

① 赖醇氏:1825—1859,通称三树三郎,名醇。幕末儒学者,赖山阳之子。

② 钟王:中国古代书法家钟繇(151—230)和王羲之(307—365)。

③ 河田兴:河田迪斋(1806—1859),兴为别名。幕末儒学者。

④ 董赵:中国古代书家董其昌(1555—1636)、赵孟頫(1254—1322)。

⑤ 盘溪某:原文"盤"为"磐"之误。大槻磐溪(1801—1878),名清崇。江户时代汉学家。据《金海奇观》(大槻磐溪编,早稻田大学藏),与作为翻译官于1854年乘坐培里舰队赴日的罗森有汉诗唱和等交流。

⑥ 南宫:中国宋代书家米芾(1051—1107)的别称。

⑦ 源瑜:祇园南海(1676—1751),江户时代儒学者、画家。源瑜为其汉名。作品有《墨竹图》,现藏和歌山县立博物馆。

⑧ 奥野:奥野小山(1800—1858),幕末儒学者。

⑨ 古色:疑"古香"之误。

⑩ 南海:见注⑦"源瑜",祇园南海。

康有仪书札七（1898 年 7—8 月）

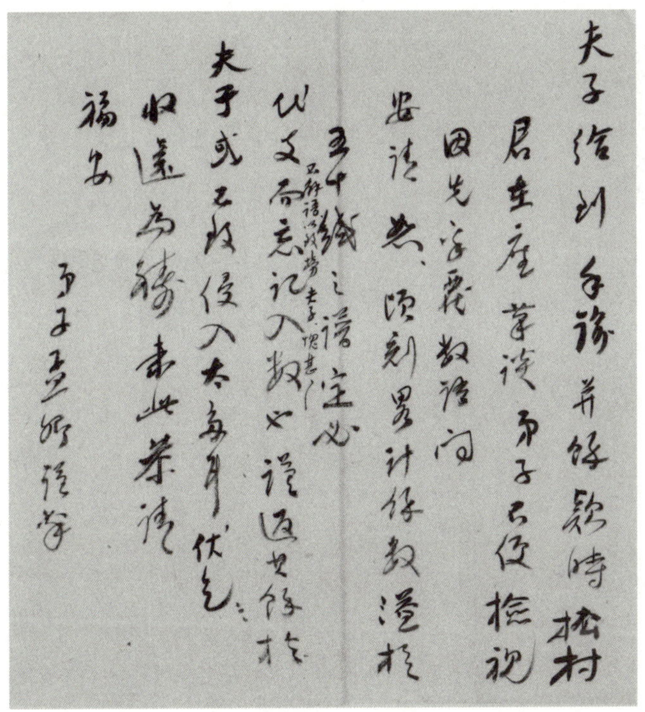

夫子给到手谕并余款，时松村①君在座笔谈，弟子不便检视，因先禀覆数语问安，请恕。顷刻略计余数，溢于五十钱之谱，定必代支而忘记入数也。（不解语以致劳夫子，愧甚愧甚。）谨返其余，于夫子或不致侵入太多耳。伏乞收还为祷。肃此。恭请福安。

弟子孟卿谨禀

山本宪资料 C166。此札一纸，未见信封。作成时间未详，但从内容判断，当为 1898 年 7—8 月前后。

---

① 松村：梅清处塾塾生。疑与康有仪书札五十二注“松村鹿”为同一人。

康有仪书札八(1898年7—8月)

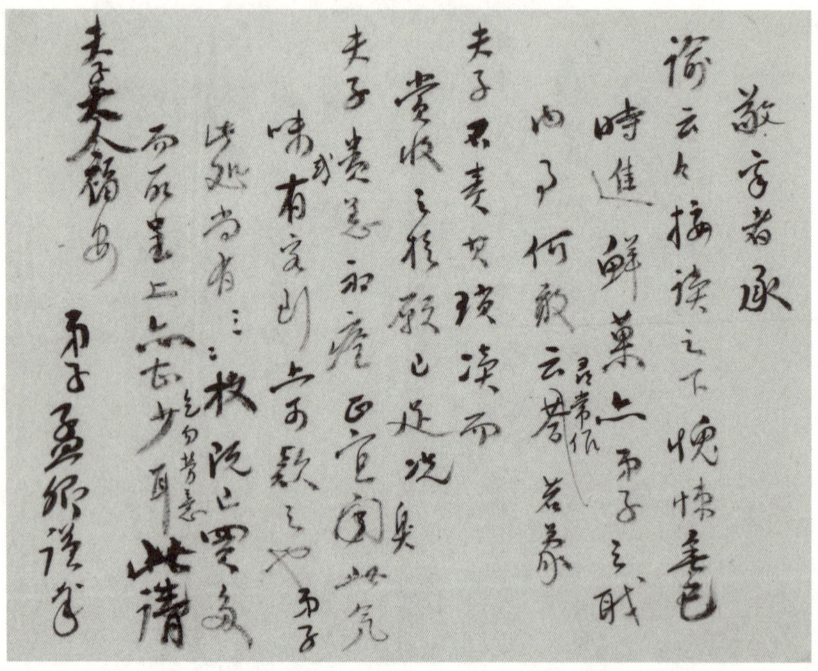

敬禀者,承谕云云,接读之下愧悚无已。时进鲜果,亦弟子之职内事,何敢云寻常作答?若蒙夫子不责其琐渎而赏收之,于愿已足。况夫子贵恙初痊,正宜臭[1]此气味,或有客到,亦可款之也。弟子此处尚有三、二枚,既已买多,而所呈上亦甚少耳,乞勿劳意。此请夫子大人福安。

弟子孟卿谨禀

山本宪资料C167。此札一纸,未见信封。作成时间未详,但当为1898年7—8月间。

---

① 臭:通"嗅"。

康有仪书札九(1898年7—8月)

敬禀者，日前赐读大作，弟子捧诵再三，不忍释手，然以文稿仅此一册，久假不归，终恐传失。用是即寄《东亚报》馆，嘱专役多抄一二册，欲使子侄辈奉为道训，并知我夫子道学之醇粹、志趣之高超(扶教、拯世兼而有之)，其文字之佳无论矣。舍亲昙首[①]谬注跋语，污其端幅，罪甚愧甚。此悉弟子之过，伏乞恕之。兹将文稿奉还，现弟子已抄存一册，什袭藏之，他日回国，焚香展读，如今日之追随履杖，拂尘而读，无以异也。专此。恭请夫子大人福安。

弟子孟卿谨上

敝邦士夫迩来来此就学者日多，夫必有捷径乃易成就。查贵邦文字与敝邦文字所重者十之六七，所难者组织[②]尽异，与及语尾变化等法。夫子于和汉之学，两者精深，自能洞识其要领。(夫子今昔为弟子解剖句法章法语尾变化等法，此为入手门径，美矣善矣。顷从难波[③]君书案见有日本人报，二十七页有及颠倒顺序之句，将书呈览。)若译毕西人所箸孔圣一书之后，试先箸此书，以授来学者如何？若能刷行则所益更大，敢乞酌之。弟子孟卿再禀。

按

山本宪资料C168。此札一纸，未见信封。作成时间未详，但当为1898年7—8月前后。函中所提及的山本宪文稿，其具体所指未详；“西人所著孔圣一书”，查现存山本宪遗著目录，未见类似著作。康有仪书札十一(C175)和十六(C185)分别提及了“西人论孔圣一书”和“孔夫子”一书，所指当同一书。英国著名汉学家理雅各(James Legge, 1815－1897)曾于1861—1887年将包括《论语》在内的诸多儒家经典翻译成英文，1893年日本学者赤沼金三郎根据雅理各等西人的译著，编译出版了《孔夫子》(上原书店)一书。该书序文为汉文，正文为日文。“西人所著孔圣一书”或指此书。

---

① 昙首：韩昙首，字云台，广东番禺人。康有为弟子。曾在《时务报》任职，1897年大同译书局开设后，赴日本负责调查、采访应译之书，并请日人襄理。(《汪康年师友书札》第四册，第4212页)1898年6月神户《东亚报》创刊后任撰述和翻译。其妹为康有仪儿媳，与康有仪往来甚密。

② 组织：句子结构。

③ 难波：难波龙介，梅清处塾塾生。山本宪资料D－11《明治廿八年学生名簿》有“难波龙介，六月十六日入门”之记载。另据同资料D－13《嘤嘤录》(明治三十二年)所记，其出生年为明治八年六月，出生地为冈山县备中国加阳郡大和村，离塾后曾任久留米市中学明善校之教员。

康有仪书札十(1898 年 7 月)

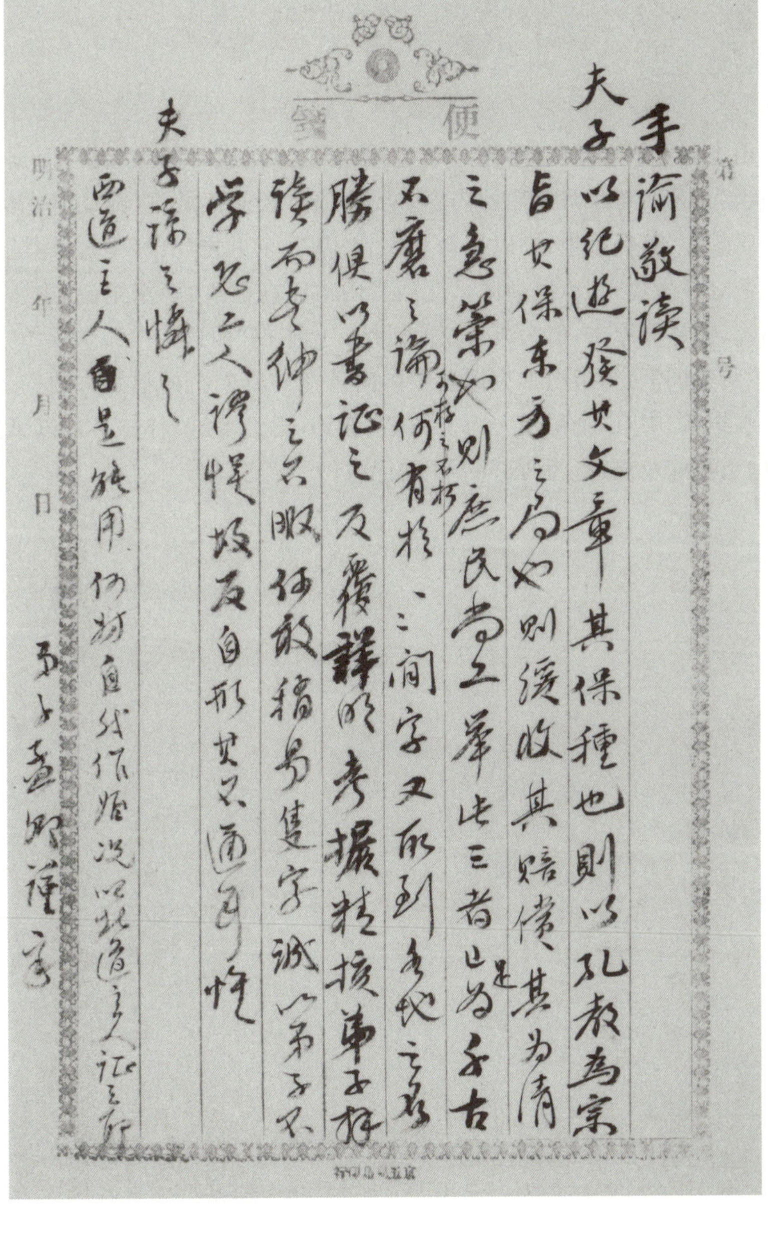

夫子手諭敬讀

以紀遊發其文章其保種也則以孔教為宗

旨其保東方之局也則緩收其賠償其為清

之急策也則應民黨之舉此三者正為千古

不磨之論何者於、之間字又所到多秘之[illegible]

勝俱以書証之反覆釋明考據精核弟子拜

讀而[illegible]仰之只服[illegible]敬積易建字誠以弟子不

學[illegible]之人謬[illegible]及自形其不通[illegible]惶

夫子諒之憐之

西道主人[illegible]是能用[illegible][illegible]直[illegible][illegible]婚說以[illegible]道之人證之[illegible]

弟子孟野謹拜

手谕敬读，夫子以纪游发其文章。其保种也，则以孔教为宗旨；其保东方之局也，则缓收其赔偿；其为清之急策也，则庶民尚工。举此三者已足为千古不磨之论，可存之不朽，何有于一二闲字？又所到各地之名胜，俱以书证之，反覆详明，考据精核，弟子拜读而书绅[①]之不暇，何敢稍易只字？诚以弟子不学，恐工人谬误，故反自形其不通耳。惟夫子谅之怜之。

西道主人，自是能用，何妨自我作始，况以北道主人证之耶？

弟子孟卿谨禀

山本宪资料C169。此札一纸，未见信封。作成时间虽未详，但据内容判断当为1898年7月前后。内容主要为康有仪阅读游记《燕山楚水纪游》后的感想。"其保种也，则以孔教为宗旨；其保东方之局也，则缓收其赔偿；其为清之急策也，则庶民尚工。"此当为山本宪在《燕山楚水纪游》中所论及之内容，但并非原文，似为康有仪所概括。函中的"西道主人"，系模仿"东道主人"所造词汇，当指山本宪漫游中国时曾邀与其同游的福州人力钧。《燕山楚水纪游》中有"会福州人力子轩举（名钧，尝经乡试，补知县），以事游吾邦，约予游踪及福州，为西道主人"的记载。

① 书绅：将要牢记的话书写在绅带上，引申意为牢记他人的话。《论语·卫灵公》："子张书诸绅。"邢昺疏："绅，大带也。子张以孔子之言书之绅带，意其佩服无忽忘也。"

康有仪书札十一（1898 年 8 月 5 日）

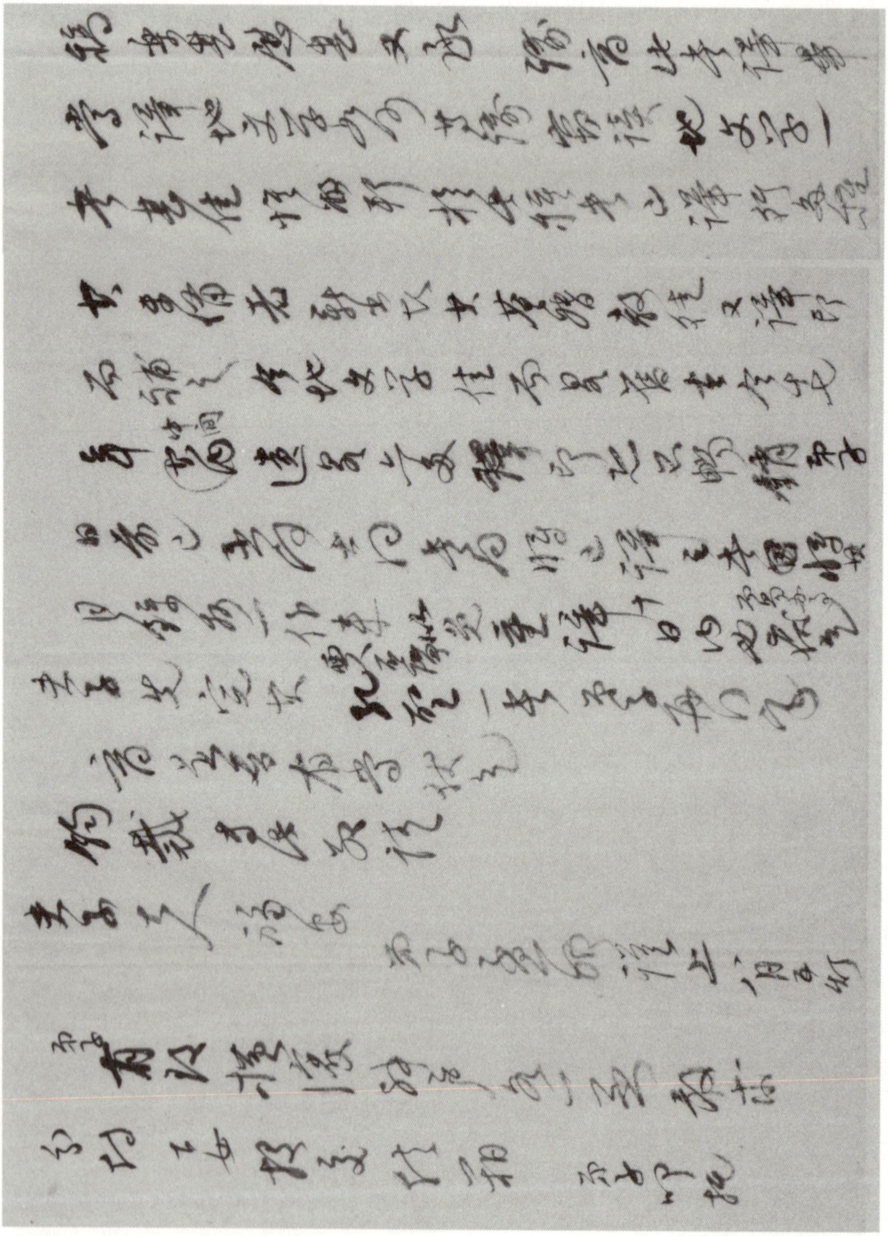

肃覆者,《燕山楚水纪游》,一送横滨大同学校,徐君[1]等读后加封寄京,一附神户《东亚报》即刻印行,未有将此《纪游》径寄上海大同书局也。昨据《东亚报》函覆,本局译成各书,各处催阅,印刷甚忙,未遑及此,请缓一步即印等语。而上海大同书局系从弟幼博[2]为总办,因长素以事命之上京,暂留未返。昨接幼博京函,谓月内可归沪。弟子以从弟未抵沪,恐所托非人,故未将此书付去。似此情形,则日间未能印刷上石。承谕新检出二三误脱,乞从容另纸记之,(略半月之期尚可更正)以便将来付去改正。此书应交沪大同局或神户《东亚报》局,刊行之处,请酌示遵行。西人论孔圣一书,知译已过半,不日脱稿,乐甚慰甚。又承谕,商此书译毕当译《地文学》如何等谕,窃读《地文学》一书甚佳,惟敝邦于此种书已译行多种,其未备者、新出者,其基督教徒又译印而补之。今《地文学》佳而略旧,去今十七年,中间遗略亦多,译印恐不畅销。弟子日前已函问大同书局,将已译之书,将其目录抄一份来,以免重译。十日内必覆(而易办事)。乞夫子先完其(西人所论)孔圣一书,弟子再行禀商。是否有当,伏乞钧裁。专此。敬请夫子大人福安。

弟子孟卿谨上　八月五灯

弟子有致横滨、神户各一函,敢求分付下女投交信箱。弟子叩托。

山本宪资料 C175。此札一纸,未见信封。据此函,康有仪曾有意将山本宪的中国游记《燕山楚水纪游》交由神户《东亚报》社或上海大同书局出版,但最终似未有结果。现存《燕山楚水纪游》于 1898 年 7 月由大阪上野松龙舍以非卖品形式印行。

---

① 徐君:当指徐勤。

② 幼博:康广仁(1867—1898),名有溥,字广仁,号幼博。广东南海人,康有为胞弟。1897 年于澳门创《知新报》,任总理,后任上海大同译书局经理。1898 年入北京,直接参与维新变法活动。戊戌政变后遭逮捕杀害,为"戊戌六君子"之一。康有为《康南海自编年谱》:"幼博才断绝人,方就官主事,上条陈言改元、迁都事,王小航疏荐于朝。上开懋勤殿十人名单,传闻有幼博名。后以西后有变,衣带诏出,事不果。幼博之才一不展用,年仅三十二,无子,遗一女,名曰同荷,八龄耳。老母在堂,吾遂折翼,竟以吾故,致蒙大戮,白骨不归,痛可言耶!"

康有仪书札十二(1898 年 7—8 月)

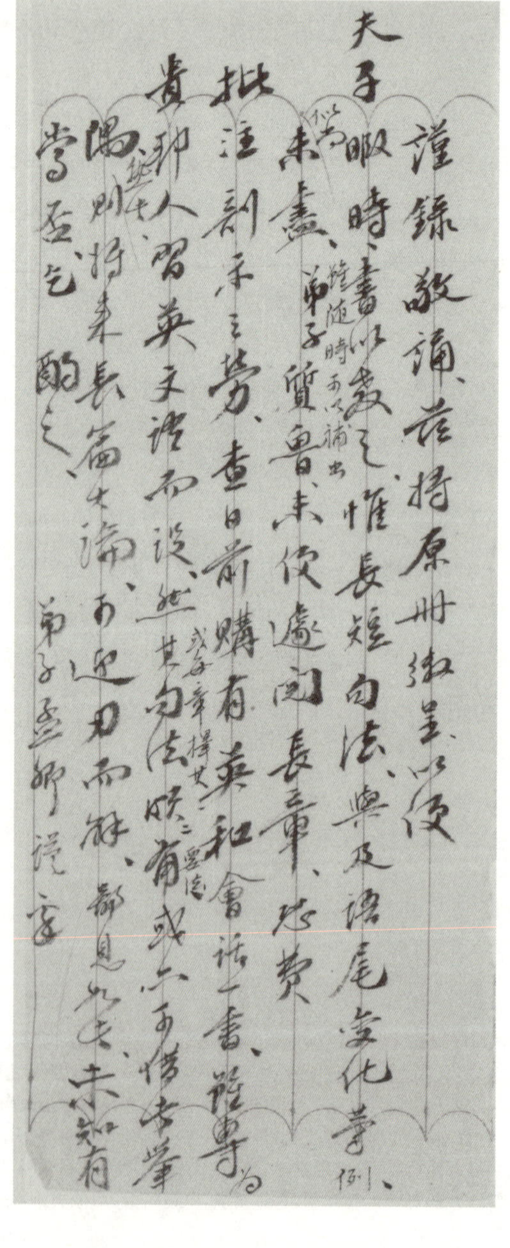

謹錄敬誦、並將原冊繳呈、以便
夫子暇時、盡以發之、惟長短句法、與及語尾變化等例、
似尚未盡、弟子質魯、未便遽閱長章、以費
批注剖示之勞、查日前購有英和會話一書、雖專爲
貴邦人習英文語而設、然其句法段段有成、亦可借以舉
隅、則將來長篇大論、可迎刃而解、鄙見如是、未知有
當否、乞 酌之、
弟子孟卿謹上

谨录敬诵,兹将原册缴呈,以便夫子暇时,书以教之。惟长短句法,与及语尾变化等例,似尚未尽(虽随时可以补出)。弟子质鲁,未便遽阅长章,恐费批注剖示之劳。查日前购有《英和会话》一书,虽专为贵邦人习英文语而设,然其句法颇备,(或每章择其一二要法)或亦可借此举隅。熟此则将来长篇大论,可迎刃而解。鄙见如此,未知有当否?乞酌之。

弟子孟卿谨禀

山本宪资料 C170。此札一纸,未见信封。作成时间未详,但当为 1898 年 7—8 月间。内容为康有仪对如何提高阅读日文长句能力的感想。

康有仪书札十三(1898 年 8 月 11 日)

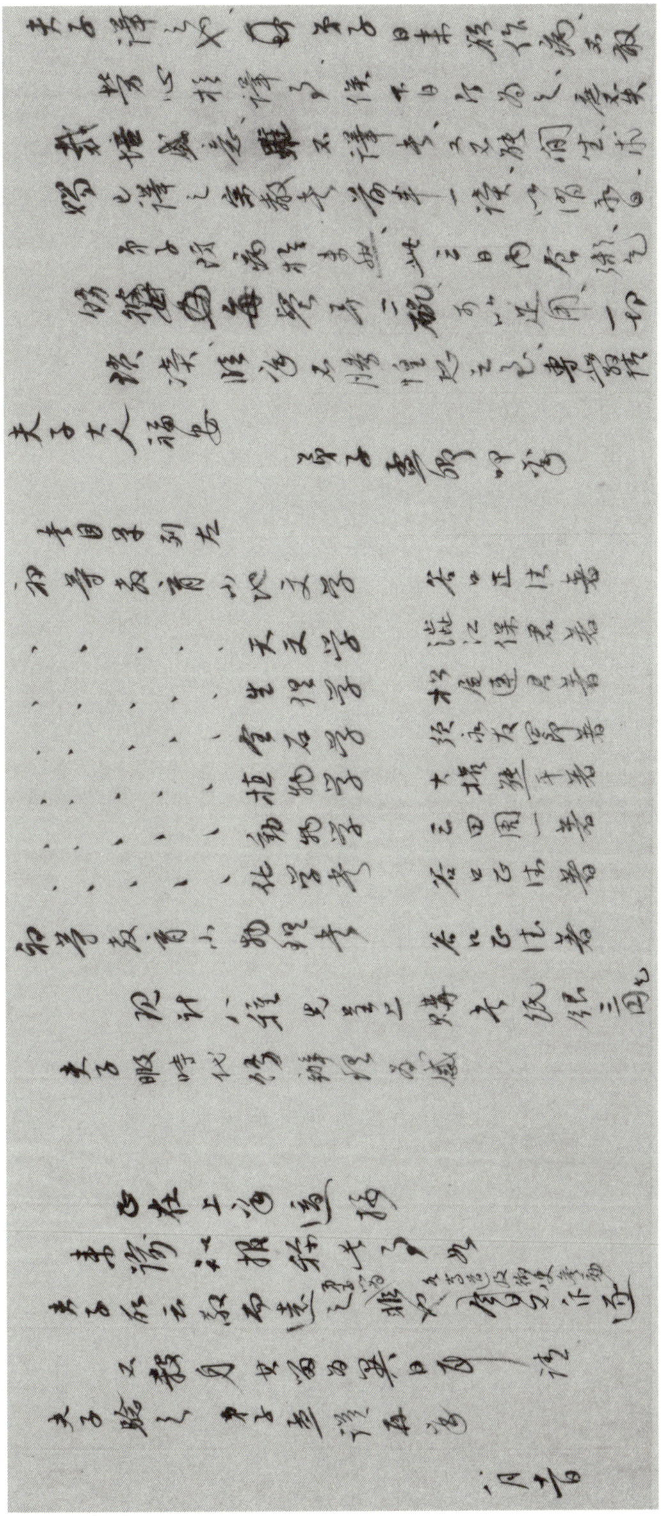

敬禀者，昨晚追随履杖，散步河渠，远及公园，乐甚畅甚。归塾省示，知宗教一书已译十之九，指日竣功，慰甚慰甚！俟毕拟即付京士夫披阅，其或谬会者，驳正之以刊行，则宗教益尊而亦益显，此我夫子之力也。日前示以《地文学》一书，当时弟子以敝国既有新深之地学书出，恐其浅旧者滞销，且此种浅书，不敢烦夫子费时以译。惟日前索问前途[1]之书目单，至今未到。弟子阅昨日赐示之时务沪报，不忍卒读，此由庶民失教失智所由来。因捡日前欲译之小学书目单以奉商，是则《地文学》虽浅，若照此单全译，以成一种，亦大有益于民间也。此种书弟子私拟以每圆译字二千，敢求夫子饬塾人按单全购，并买纸以发译人如何？（如歉译费略贱，乞酌加之）其宗教时务要书，译费应昂者，当俟前途书目付到，即可敬求夫子译之也。弟子日来欲作病，不敢劳心于译事。俟下日即为之，庶不失裁培[2]盛意。虽不译书，又不能闲坐，求赐已译之宗教书前半一读，以消永日。

弟子防病于未然，此三日内食粥，乞饬彼女每餐弄二碗，可以足用。一切琐渎，临禀不胜惶恐之至。专此，敬请夫子大人福安。

弟子孟卿叩禀

书目单列左

初等教育小地文学　谷口正德著

初等教育小天文学　涩江保君著

初等教育小生理学　松尾连君著

初等教育小金石学　须永友四郎著

初等教育小植物学　大权熊平著

初等教育小动物学　三田周一著

初等教育小化学书　谷口正德著

初等教育小物理书　谷口正德著

现计八种，先呈上购书纸银三圆，乞夫子暇时代饬办理为感。

正在上禀，适接来谕，知报称此事如夫子所云，敬而远之。弟子以为非也。各当道及御史参劾，今日不斥逐不杀身，其留为异日耳。请夫子验之。

弟子孟谨再禀　八月十一日

山本宪资料C137。此札一纸，未见信封。康有仪所开列译书目录，最

---

① 前途：对方。

② 裁培：当为“栽培”之误。

终似因发生戊戌政变等原因而未译成。(参见康有仪书札二十八)"御史参劾",或指御史文悌等人之上奏。1898 年 7 月 8 日,文悌上《严参康有为折稿》弹劾康有为等人,称其"诈伪多端,断乎非忠诚之士"[①]。

---

① 文悌:《严参康有为奏稿》,《中国近代史资料丛刊·戊戌变法》第四册,神州国光社 1953 年版,第 485 页。

康有仪书札十四(1898 年 8 月 13 日)

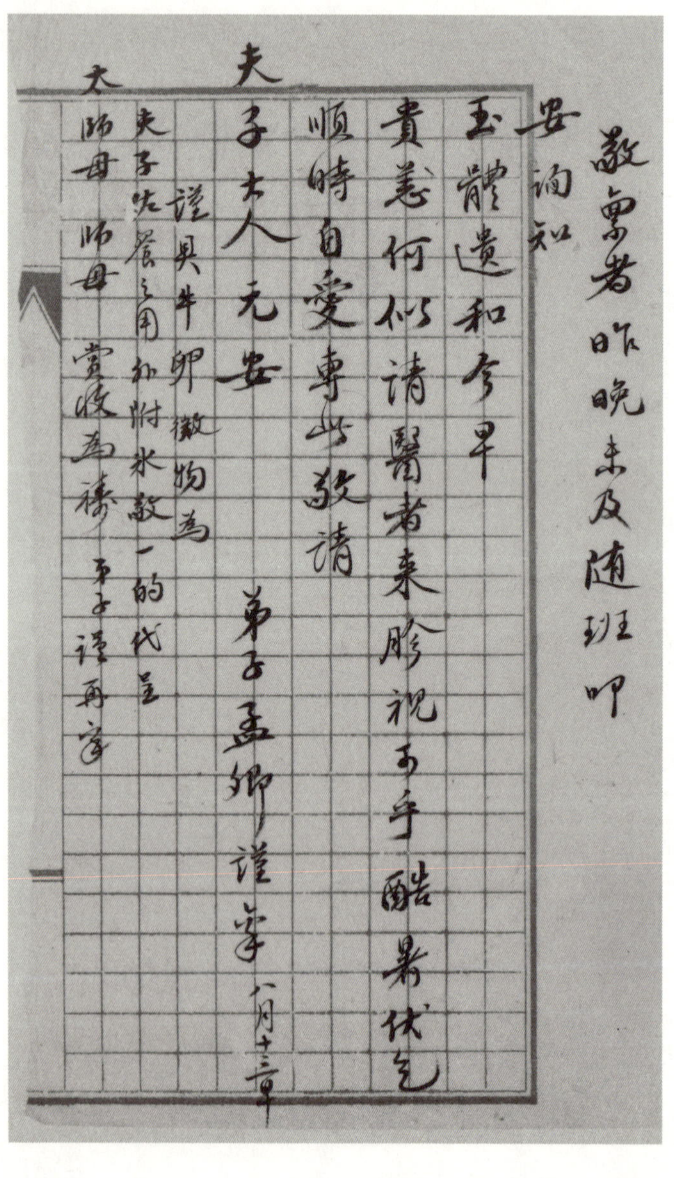

敬稟者昨晚未及隨班叩
安諭知
玉體違和今早
貴恙何似請醫者來胗視否乎酷暑伏氣
順時自愛專此敬請
夫子大人元安　弟子孟卿謹稟　八月十三日
謹具牛卵微物為
夫子先餐之用外附冰敲一的代呈
太師母　師母　賞收為禱　弟子謹再稟

敬禀者，昨晚未及随班叩安，询知玉体遗和，今早贵恙何似？请医者来胗[①]视可乎？酷暑，伏乞顺时自爱。专此。敬请夫子大人元安。

弟子孟卿谨禀　八月十三早

谨具牛卵微物为夫子佐餐之用，外附冰敬一的，代呈太师母、师母赏收为祷。弟子谨再禀。

山本宪资料C158。此札一纸，未见信封。对山本患病致以问候并赠送慰问品。

① 胗：通“诊”。

康有仪书札十五(1898 年 8 月)

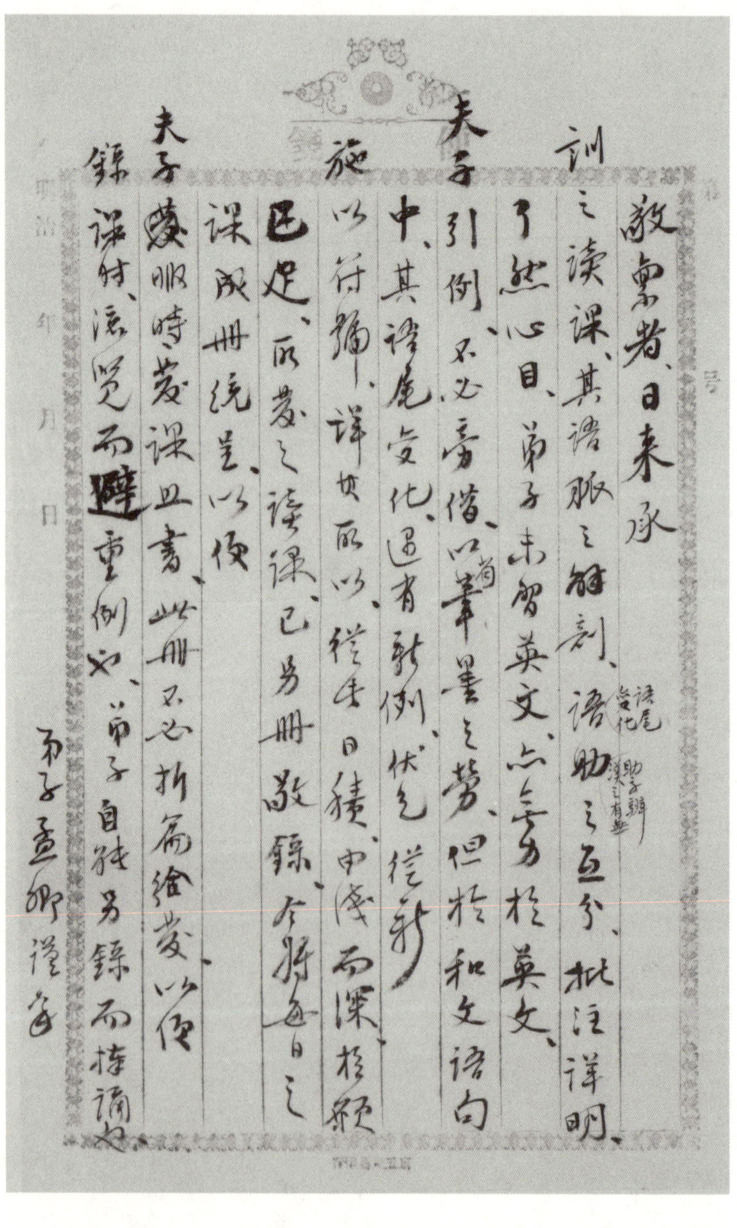

敬稟者，日来承
訓之读课、其语脉之解剖、语助之互分、批注详明、了然心目。弟子未習英文、亦易於英文、
夫子引例、不必旁借、以省筆墨之勞、但於和文语句中、其语尾变化、迥有新例、伏乞从新
施以符号、详其所以、從來日積、由淺而深、於領悟足、所发之读课、已另册敬録、求将每日之课成册统呈、以便
夫子發服時發课四書、此册不必折篇、給发以便録課付、流覧而避重例也、弟子自能另録而推論也。
弟子孟卿謹上

敬禀者，日来承训之读课，其语脉之解剖、语（语尾变化）助（助字辨汉[①]之有无）之互分，批注详明，了然心目。弟子未习英文，亦无力于英文。夫子引例，不必旁借，以省笔墨之劳。但于和文语句中，其语尾变化，遇有新例，伏乞从新施以符号，详其所以。从此日积，由浅而深，于愿已足。所发之读课，已另册敬录。今将每日之课成册统呈，以便夫子暇时发课照书。此册不必析篇给发，以便录课时流览而避重例也。弟子自能另录而捧诵也。

弟子孟卿谨禀

山本宪资料C184。此札一纸，未见信封。作成时间未详，当为1898年8月间。对山本所批改的日文汉译作业发表看法并表示感谢。

---

① 助字辨汉：日文助词所对应的汉字。

康有仪书札十六（1898 年 8 月）

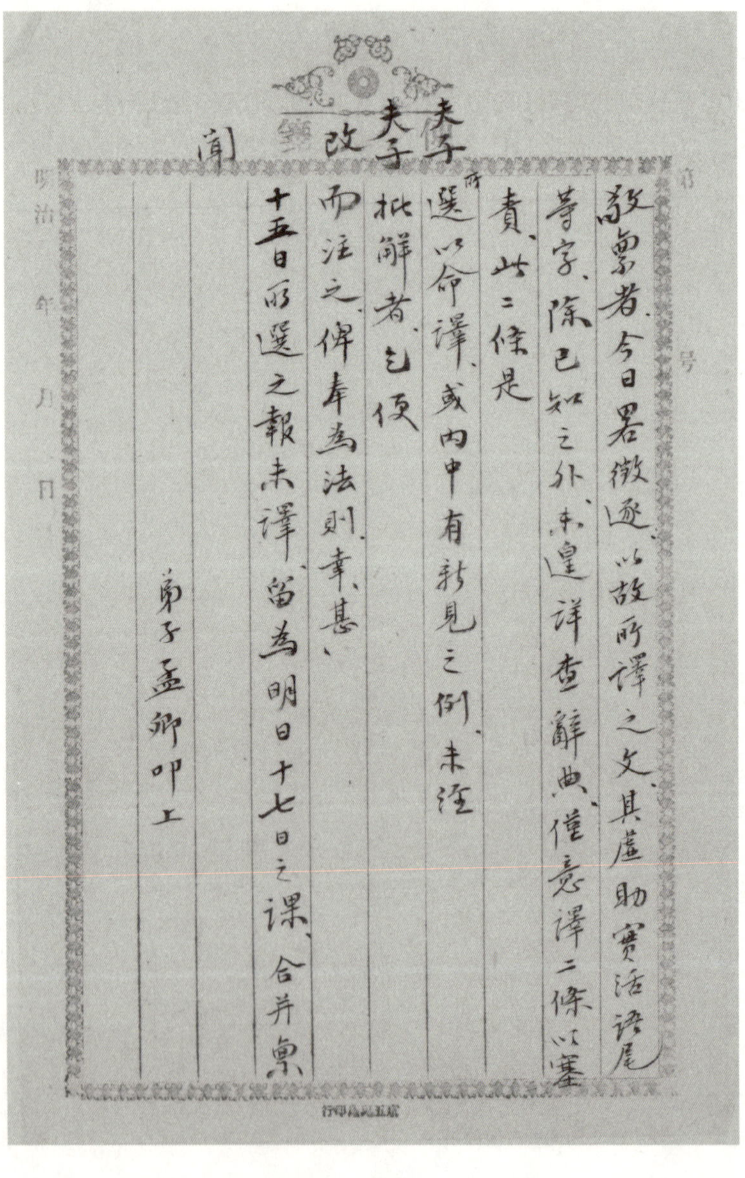

敬禀者、今日畧徵遲、以故所譯之文、其虛助實活語尾等字、除已知之外、未遑詳查辭典、僅意譯二條、以塞責。此二條是夫子所選以命譯、或內中有新見之例、未經夫子批解者、乞便改而注之、俾奉為法則、幸甚、十五日所選之報未譯、留為明日十七日之課、合并禀聞

弟子孟卿叩上

夫子示　　暇　　先生

敬再启者、昨晚承
欧洲学者著作孔夫子一书、
之意、拟译出以正其谬、而转示敝邦士夫云云、
事关宗教、此举极要极美、谨乞
时以译之、俾得刊行、敝邦士夫之言教也久矣、
欲来函报第二之两册所论、果知其振有心世道
者、其亦可喜也乎。近读
之文、雅段两种篇、寓意甚深、若不关乎宗学
国体、亦刊行者也乎、其不如贵邦人之翻译
欧州各书、或有关乎此类、与时务者若

明治　年　月　日

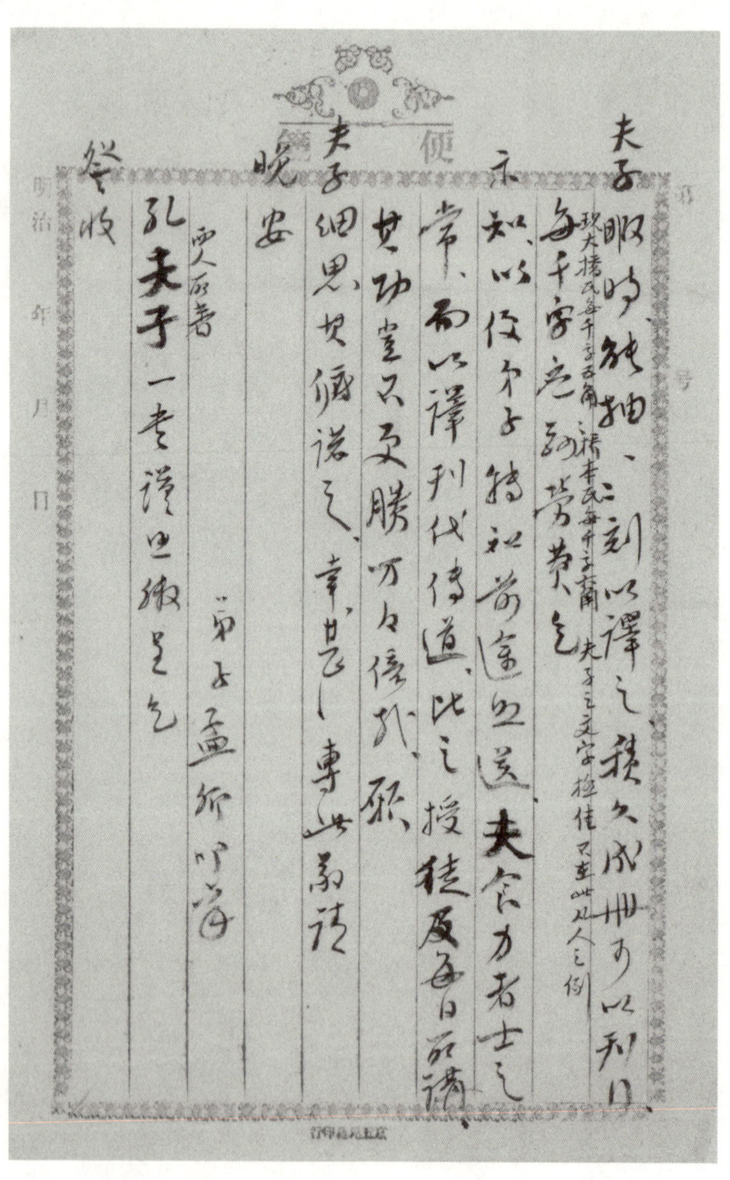

敬禀者，今日略征逐，以故所译之文，其虚助实活语尾[①]等字，除已知之外，未遑详查辞典，仅意译二条以塞责。此二条是夫子所选以命译，或内中有新见之例，未经夫子批解者，乞便改而注之，俾奉为法则，幸甚幸甚！十五日所选之报未译，留为明日十七日之课，合并禀闻。

弟子孟卿叩上

敬再禀者，昨晚承示欧洲学者著作《孔夫子》一书，夫子之意，欲译出以正其谬，而转示敝邦士夫云云。事关宗教，此举极要极美，敢乞暇时以译之，俾得刊行。敝邦士夫之亡教也久矣。观《东亚报》第二三两册所论，略知其概，有心世道者，其亦可哀也乎！近读夫子之文，虽段简短篇，寓意甚深，无不关乎教宗国体，应刊行者尚多。其外如贵邦人之翻译欧州各书，或有关乎此类与时务者，若夫子暇时能抽一二刻以译之，积久成册，可以刊行。每千字应酬劳费（现大桥氏[②]每千字五角，桥本氏[③]每千字六角。夫子之文字极佳，不在此凡人之例），乞示知，以便弟子转知前途照送。夫食力者，士之常，而以译刊代传道，比之授徒及每日所讲，其功岂不更胜万万倍哉。愿夫子细思，其俯诺之，幸甚幸甚！专此，敬请晚安。

弟子孟卿叩禀

《孔夫子》（西人所著）一书，谨照缴呈，乞察收。

山本宪资料C185。此札三纸，未见信封。作成时间未详，但当为1898年8月间。汇报译课进展，并希望山本为神户《东亚报》翻译提供稿件，甚至提示稿酬标准。有关《孔夫子》一书，可参见康有仪书札九之按语。

---

① 虚助实活语尾：当指日文的虚词、助词、实意词、动词活用、动词词尾。

② 大桥氏：大桥铁太郎，曾任神户《东亚报》翻译。

③ 桥本氏：桥本海关。参见康有仪书札一注“桥本氏”。

康有仪书札十七(1898 年 8 月 18 日)

敬禀者,迭荷赏赐西瓜,盛暑之下,臭[1]其气已感入心髓,况食之耶?凡此厚恩,何以稍报隆情于万一?感愧无已。近读夫子所译西人手著《孔夫子》一书,从而批驳之,言言金玉,字字珠玑,可成铁案。我圣教当由此而益显,东亚其有赖矣。弟子反覆再读一遍,日间应即亲手加封妥寄上海刊行。承谕自此再译大箸,尊崇儒教而排击异教之书,钦仰我夫子之勇猛精进不已。惟日来酷暑如烧,且我夫子贵恙初痊,正宜认真摄调,以为苍生之计。伏乞暂缓为之为祷。专此,敬请福安。外附西瓜四枚伴函,伏乞赏收。

弟子孟卿谨禀

八月十八日灯下申

山本宪资料C141。此札一纸,未见信封。据此函,可知山本宪已着手翻译《孔夫子》一书,且康有仪曾有意将此书寄往上海大同书局或神户《东亚报》社刊行。但查现存山本宪遗著目录,未见类似著作,最终似未出版。

① 臭:通"嗅"。

康有仪书札十八(1898 年 8 月 20 日)

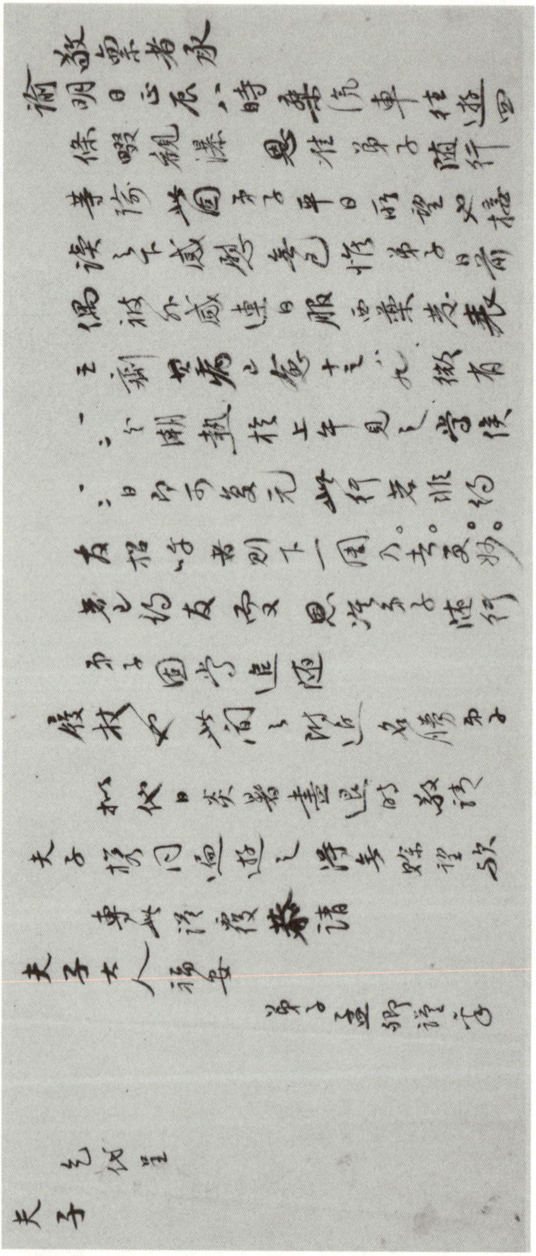

敬禀者，承谕明日正辰八时乘汽车往游四条畷观瀑，恩准弟子随行等谕，此固弟子平日所望也。接读之下，感慰无已。惟弟子日前偶被外感，连日服西药发表之剂，其病已愈十之八九，微有一二分潮热，于上午见之，当俟一二日即可复元。此行若非约友招呼者，则下一周乃去更妙。若已约友，而又恩准弟子随行，弟子固当追随履杖也。此间之附近名胜，弟子拟他日炎暑尽退时，敬请夫子携同遍游之，得无赊望欤。专此谨覆。恭请夫子大人福安。

弟子孟卿谨禀

乞代呈夫子。

山本宪资料 C189。此札一纸，未见信封。未记作成时间，但根据书札十九内容判断，当为 1898 年 8 月 20 日。主要为有关随山本宪外出观光及自身身体状况的内容。四条畷为日本地名，位于大阪东北部，有包括瀑布在内的“四条畷八景”。

康有仪书札十九（1898 年 8 月 22 日）

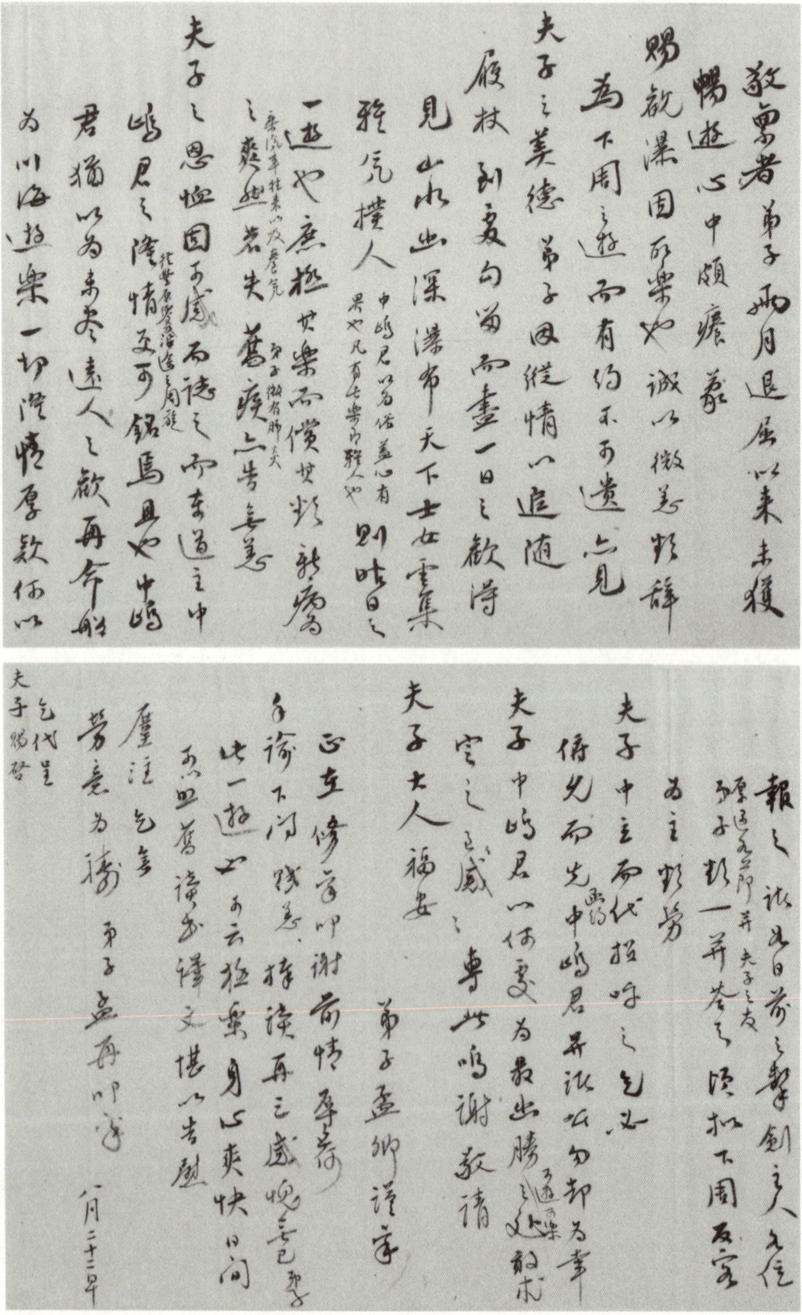

敬禀者，弟子两月退屈以来，未获畅游，心中颇痒。蒙赐观瀑，固所乐也。诚以微恙欲辞为下周之游，而有约不可遗，亦见夫子之美德。弟子因纵情以追随履杖，到处勾留，而尽一日之欢，得见山水。幽深瀑布，天下士女云集，雅气扑人。（中岛君以为俗，盖心有界也。凡有此乐，即雅人也。）则昨日之一游也，庶极其乐而偿其欲，新病为之爽然若失（乘汽车往来以吸养气[①]），旧疾亦告无恙（弟子微有肺炎）。夫子之恩恤固可感而志之，而东道主中岛君之隆情更可铭焉。（从丰原[②]飧及沿途之周旋）且也，中岛君犹以为未尽远人之欢，再命船为川海游乐，一切隆情厚款，何以报之！诸如日前之击剑之人，各位厚遇各节并夫子之友，弟子欲一并答之。顷拟下周反客为主，欲劳夫子中立而代招呼之，乞必俯允而先函约中岛君并诸公，勿却为幸。夫子、中岛君以何处为最幽胜可游可乐之处，敢求定之，至感至感！专此鸣谢，敬请夫子大人福安。

弟子孟卿谨禀

正在修禀叩谢前情，辱荷手谕，下问贱恙，捧读再三，感愧无已。弟子此一游也，可云极乐，身心爽快，日间可以照旧读书译文，堪以告慰廑注，乞无劳意为祷。

弟子孟再叩禀　八月二十二早

乞代呈夫子赐启。

山本宪资料C150。此札一纸，未见信封。主要为有关随山本宪前往大阪东北部四条畷观瀑的内容。

---

① 养气：氧气。

② 丰原：地名，现大阪府茨木市丰原町。

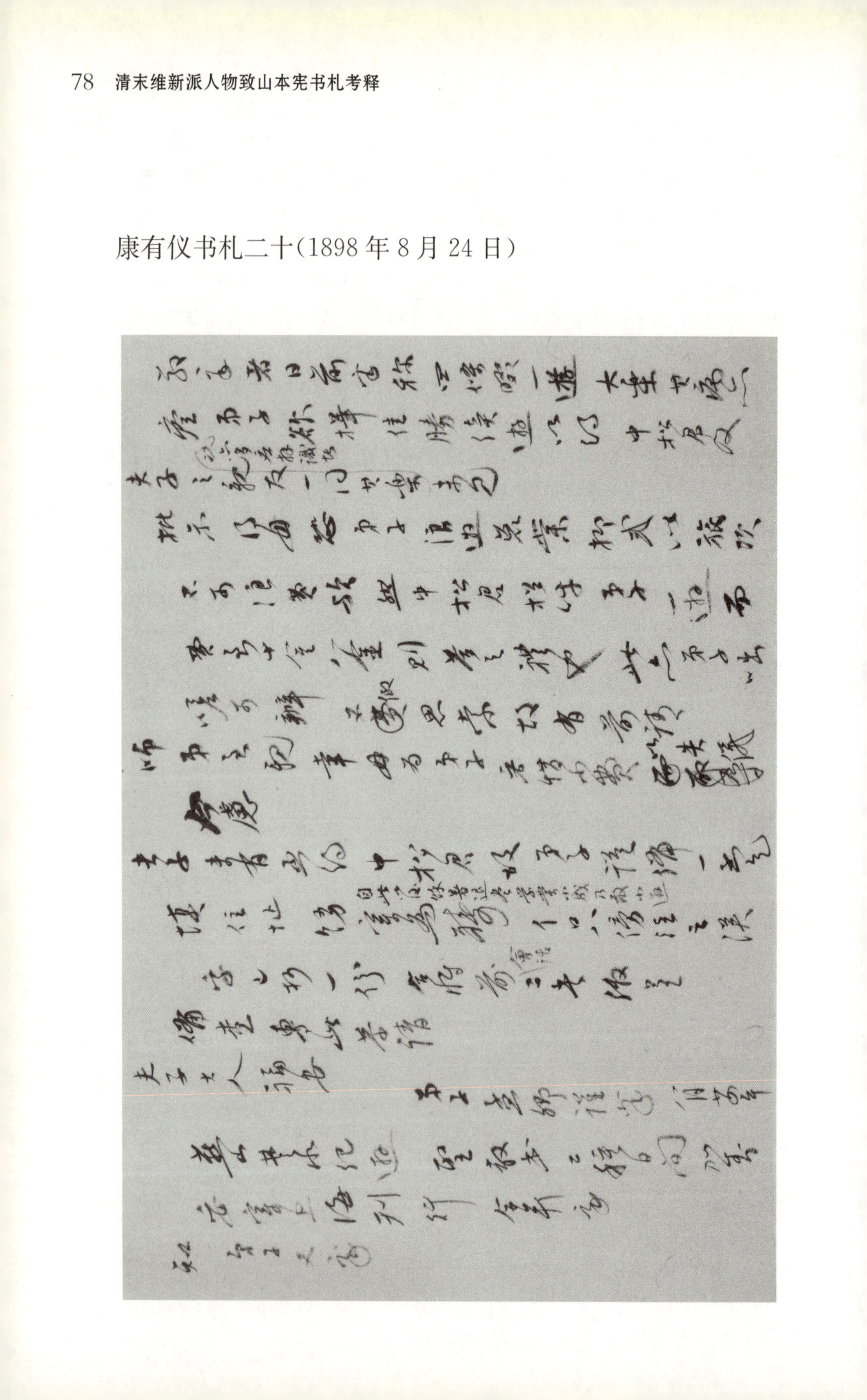

康有仪书札二十(1898 年 8 月 24 日)

敬禀者，日前禀称四条畷一游，大乐，其病亦痊。弟子欲择佳胜续游，以约中松[1]君及夫子之亲友一同其乐，况亦多应拜识者。未见批示，得毋恐弟子浪游荒业，抑或以旅次不可浪费欤？然中松君招呼弟子一游，而费至十金八金，则答之礼也。此亦弟子咄嗟可办，不假思索，故有前请。师弟至亲，幸毋为弟子吝惜少费以失仪。今虑夫子未有函约中松君，故弟子谨备一函，乞填住址，饬寄为祷。（自此以后，余暑退尽，学业小成，乃敢小游。）イロハ[2]傍注之汉字已抄一份，合将前会话二书缴呈备查。专此，恭请夫子大人福安。

弟子孟卿谨禀　八月廿四午

《燕山楚水纪游》《圣教书》二种，日间加封妥寄上海刊行。合并禀知。弟子又禀。

山本宪资料C178。此札一纸，未见信封。主要为外出观光后的感想、费用以及将山本宪著作寄往上海刊行的内容。

---

① 中松：未详。据前札（康有仪书札十九），或为“中岛”之误。

② イロハ：日语假名，表示排列顺序。

康有仪书札二十一(1898 年 8 月 24 日)

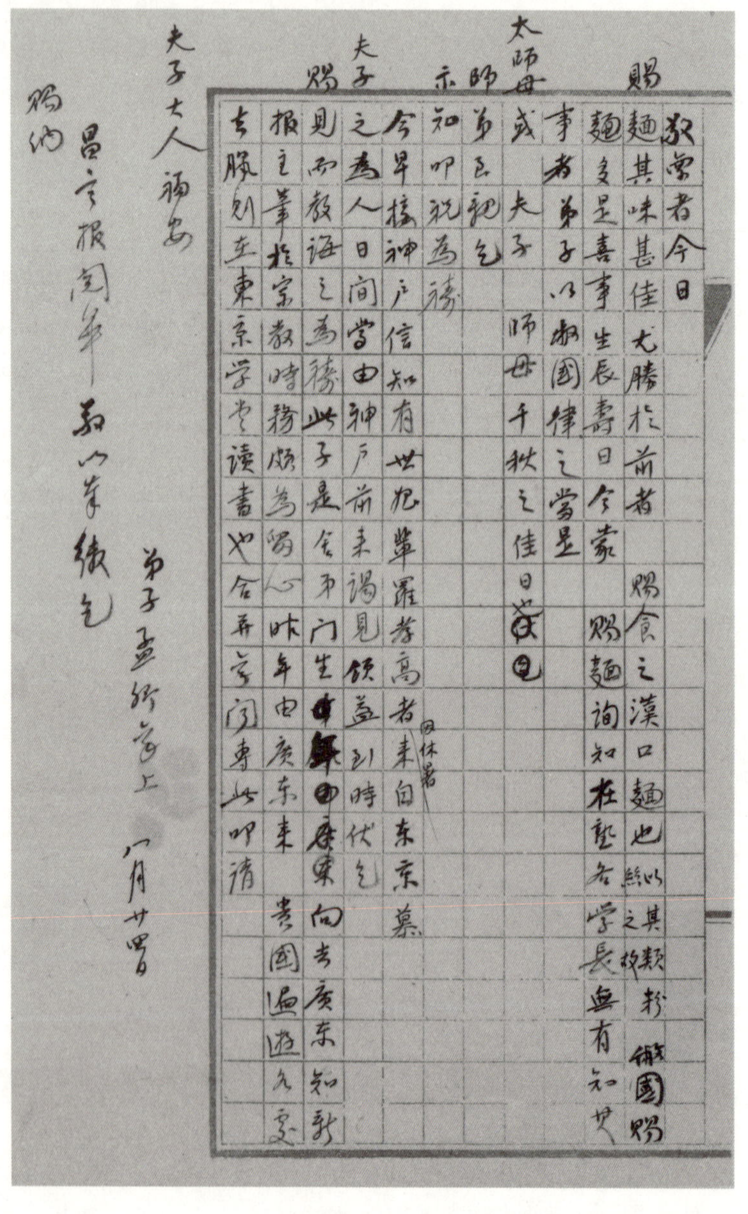

敬肅者：今日
賜麵其味甚佳，尤勝於前者。賜食之漢口麵也，緣以之其炒數於俄國賜
麵受是喜事。生長壽日，今蒙賜麵，詢知在塾各學長無有知其
事者。弟子以敝國律之，嘗是
太師母成夫子師母千秋之佳日，賀也。
師弟已記之，
示知，叩祝為禱。
今早接神戶信，知有世兄輩羅孝高者(因休暑)來自東京，慕
夫子之為人，日間嘗由神戶前來謁見，頃蓋到時伏乞
賜見而教誨之為禱。此子是余弟門生，年由康案向者廣東知新
報主筆，於宗教時務頗為留心，昨年由廣東來貴國遊歷久處，
去臘則在東京學堂讀書也。今其享閒，專此叩請
夫子大人福安。
昌言報閱單茲以奉繳，乞
賜納。
弟子孟儀上　八月廿四日

敬禀者，今日赐面，其味甚佳，尤胜于前者赐食之汉口面也。（以其类粉丝之故）敝国赐面，多是喜事、生辰寿日。今蒙赐面，询知在塾各学长无有知其事者，弟子以敝国律之，当是太师母或夫子、师母千秋之佳日也。师弟至亲，乞示知叩祝为祷。今早接神户信，知有世侄辈罗孝高①者，因休暑来自东京，慕夫子之为人，日间当由神户前来谒见领益，到时伏乞赐见而教诲之为祷。此子是舍弟门生，向去广东《知新报》②主笔，于宗教时务颇为留心，昨年由广东来贵国，遍游各处，去腊则在东京学堂读书也。合并禀闻。专此。叩请夫子大人福安。

弟子孟卿禀上　八月廿四日

《昌言报》③阅毕，敬以奉缴，乞赐纳。

山本宪资料C152。此札一纸，未见信封。因罗普暑期从东京前来神户和大阪，并希望与山本相见，而向山本介绍罗普来日前后的情况。此外，据本书所收汪康年书札三、四，汪康年于1898年春曾向山本宪寄送《时务报》，因此康有仪向山本借阅的《昌言报》，或亦由汪康年直接从上海寄给。

① 罗孝高：罗普（1876—1949），字熙明，号孝高，广东省顺德人。康有为主要弟子之一。1897年赴日，曾入东京专门学校。来日前曾任《知新报》主笔。戊戌政变后，在横滨参与《清议报》《新民丛报》的刊行工作。著有《日本维新三十年史》、小说《东欧女豪杰》等。

② 《知新报》：由维新变法派于1897年2月在澳门创办，初期由康有为胞弟康广仁任经理。初为五日一期，后改为旬刊，1900年2月后改为半月刊。直至1901年1月停刊，共刊行133期。

③ 《昌言报》：接清政府指示，1898年8月《时务报》改为官办，并改名为《昌言报》。旬刊，刊行至第十期后，于同年11月停刊。

康有仪书札二十二(1898年8月26日)

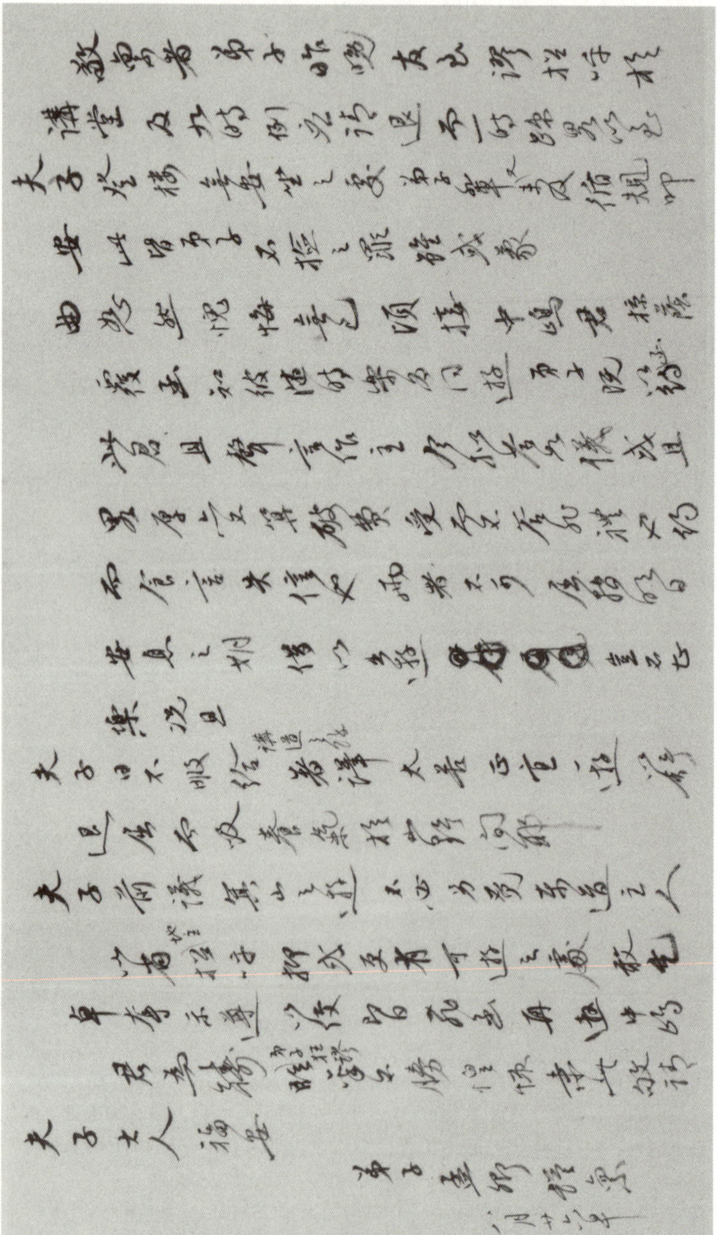

敬禀者，弟子昨晚友至，谬招呼于讲堂，及九时例应请退，而一时疏略，以至夫子登楼无安坐之处，弟子辈又未及循规叩安，此皆弟子不检之罪，虽或蒙曲恕，然愧悔无已。顷接中岛君掠荫[1]覆函，知彼随时乐为同游。弟子既以函约此君，且声言作主，今拟答如仪或且略厚，亦不算破费。受而不答非礼也，约而食言失信也，两者不可。屈指明日安息之期[2]，借以出游，岂不甚乐？况且夫子日不暇给，讲道之余，著译太苦，正宜一游，以舒退屈，而吸养气[3]于山野间耶。夫子前议箕山[4]之游，不必另觅东道主人，以省地主招呼。抑或更有可游之处，敢乞卓夺示遵，以便即日飞函再邀中岛君为祷。弟子狂谬，临禀不胜惶悚。肃此，敬请夫子大人福安。

弟子孟卿谨禀　八月廿六早

山本宪资料 C151。此札一纸，未见信封。康有仪计划再次外出观光，并希望由自己支付费用，以答谢上次外出观光时所受到的招待。

---

① 中岛君掠荫：康有仪书札十九、二十三、六十一中有“中岛君”，当为同一人物。为“塾内之旧人”，即梅清处塾原塾生。

② 安息之期：休息日，周日。

③ 养气：氧气。

④ 箕山：箕面山，位于大阪府箕面市，是观赏红叶和瀑布的著名景区。

康有仪书札二十三(1898 年 8 月)

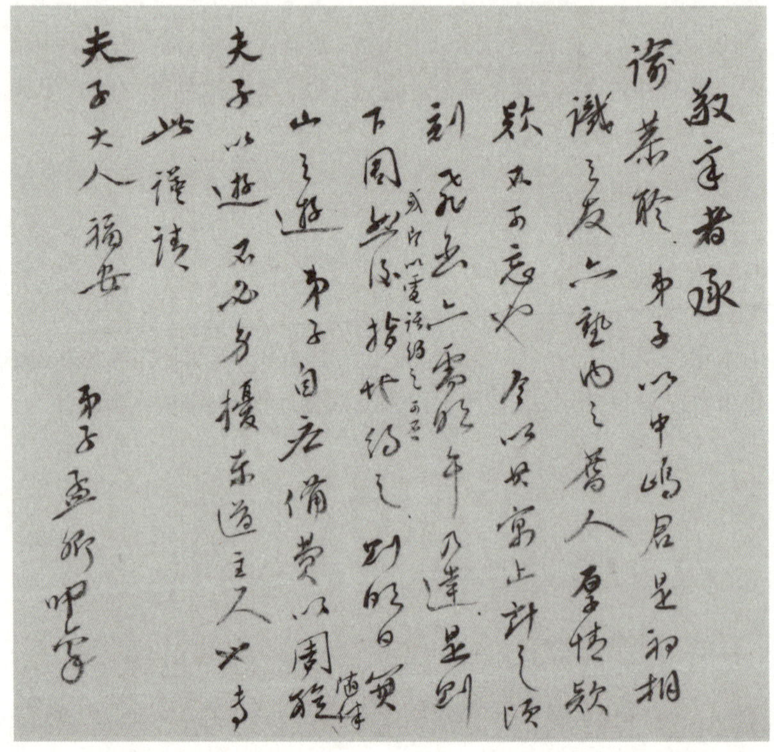

敬禀者,承谕恭聆,弟子以中岛君是初相识之友,亦塾内之旧人,厚情款款,不可忘也。今以其寓止计之,顷刻飞函,亦需明午乃达,是则下周然后指地约之,(或即以电话约之可否?)则明日箕山之游,弟子自应备费以周旋,随伴夫子以游,不必另扰东道主人也。专此,谨请夫子大人福安。

弟子孟卿叩禀

按

山本宪资料 C180。此札一纸,未见信封。作成时间未详,但当为 1898 年 8 月间。与山本联络外出游览事宜。

康有仪书札二十四(1898 年 8 月 28 日)

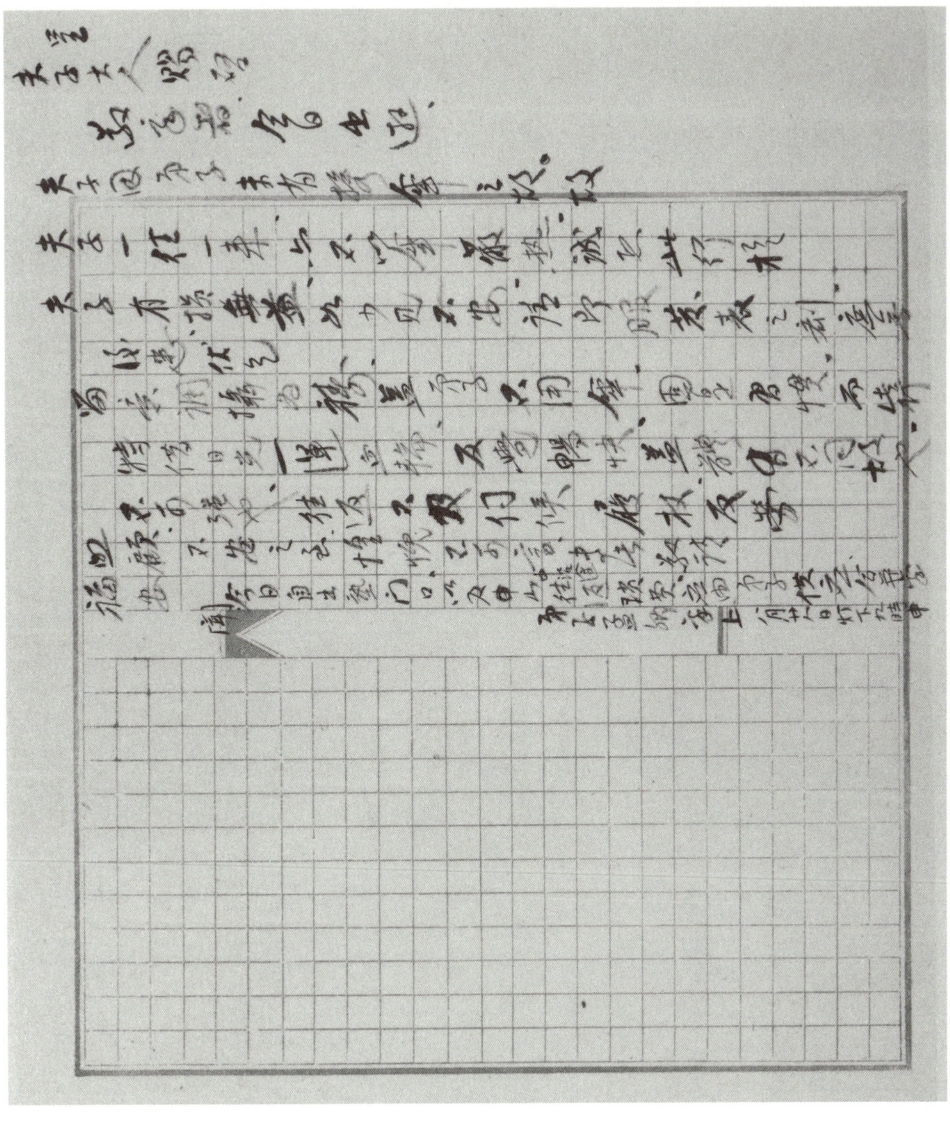

呈夫子大人赐启：

敬禀者，今日出游，夫子因弟子未有携伞之故，故夫子一往一来，亦不以伞蔽热，诚恐此行于夫子有损无益。如少见不安，请即服发表之剂①，庶无后患。伏乞留意调摄为祷。盖弟子不用伞，固是习惯，而此行特借日光一运血轮，反觉畅快，盖体有不同故也，不可强也。往返不及伺候履杖，反劳照顾，不安之至，惶愧不可言。专此，敬请福安。

今日自出塾门口，以及山中，沿途往返琐费，应由弟子供应。合并禀闻。

弟子孟卿禀上　八月廿八日灯下九时申

按

山本宪资料C149。此札一纸，未见信封。作成于外出游览大阪北部箕面山后的当晚，对山本在旅途中所给予的关照表示感谢，并顾念山本的身体状况。

① 发表之剂：中药，具有发散作用的药剂。

康有仪书札二十五(1898 年 8—9 月)

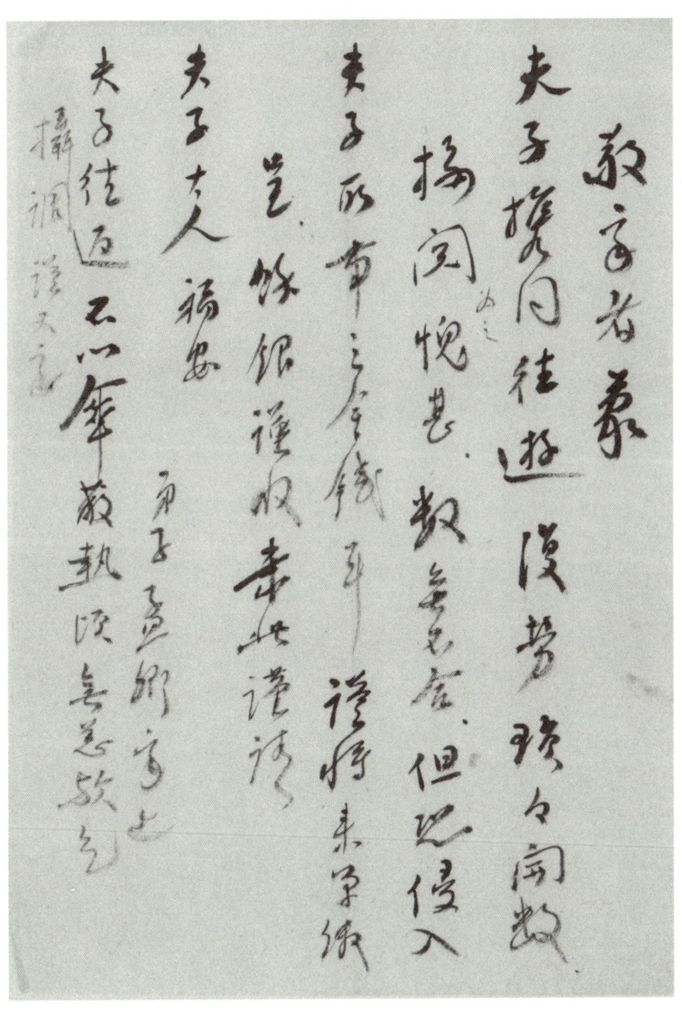

敬禀者，蒙夫子携同往游，复劳琐琐开数，接阅为之愧甚。数无不合，但恐侵入夫子所带之金钱耳。谨将来单缴呈，余银谨收。肃此，谨请夫子大人福安。

弟子孟卿禀上

夫子往返不以伞蔽热，顷无恙欤？乞摄调。谨又禀。

山本宪资料 C174。此札一纸，未见信封。作成时间未详，但从内容分析，当为 1898 年 8 月末或 9 月初，即游览大阪北部箕面山之后，涉及外出游览旅费结算等事。

康有仪书札二十六(1898年8月30日)

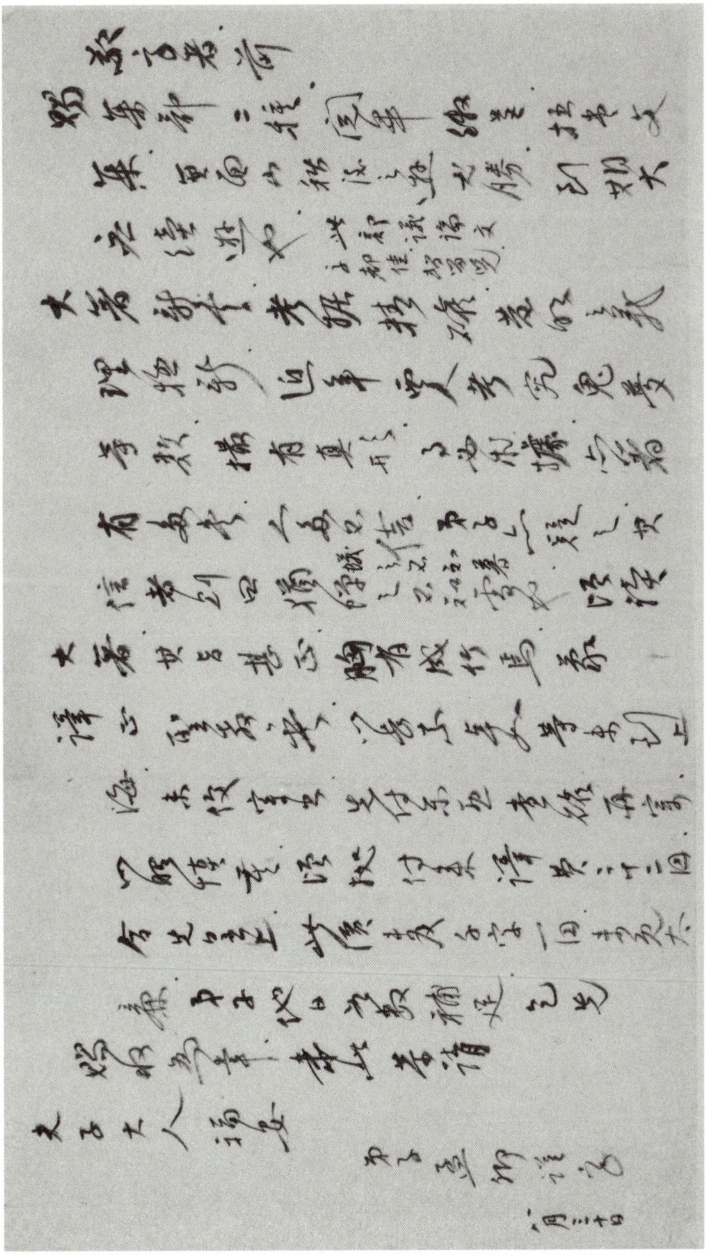

敬禀者，前赐集部二种，阅毕缴呈。《拙堂文集》[①]箕面山秋后之游[②]尤胜，到期大应续游也。（此部议论文字都佳，暂留览。）大箸新书，考据精确，发明之义理极新。近年西人考究鬼梦等类，撮有真形，事必求据，亦箸有多书，人多不信，弟子亦疑之。其信者则曰，犹蝉之不知雪，蚁之不知暮也。顷读大箸，其旨甚正，胸有成竹焉。蒙译《正圣教》一书，以长素、卓如等未到上海，未便寄出，先付东亚[③]，查确再寄，以昭慎重。顷据付来译费二十二圆，今先呈上。此价未及千字一圆，未免太廉，弟子他日如数补足，乞先赐收为幸。肃此，恭请夫子大人福安。

弟子孟卿敬禀　八月三十日

山本宪资料C142。此札一纸，未见信封。主要为阅读《拙堂文集》及山本新著后的感想，并涉及山本所翻译的书籍的出版及翻译稿费等内容。《正圣教》一书，或指山本宪翻译并订正的西人所著的《孔夫子》一书。参见康有仪书札十七（C141）。

---

① 《拙堂文集》：斋藤拙翁著，六卷，明治十四年（1881）刊。斋藤拙堂（1797—1865），本姓增村，名正谦，字有终，号拙堂、拙翁、拙斋等。江户时代著名作家，著有《拙堂文集》《拙堂文话》等。

② 箕面山秋后之游：《拙堂文集》中所收《游箕面山遂入京记》，汉文游记。

③ 东亚：指《东亚报》。

康有仪书札二十七（1898年8月31日）

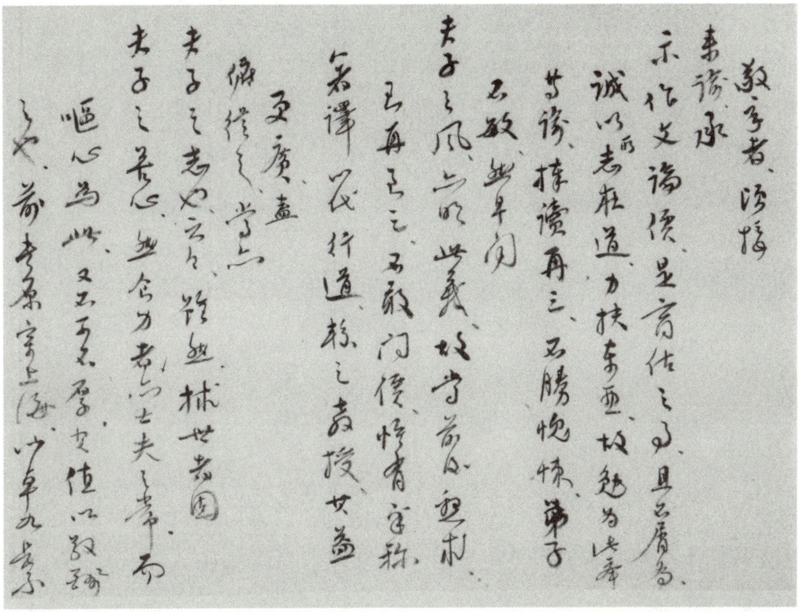

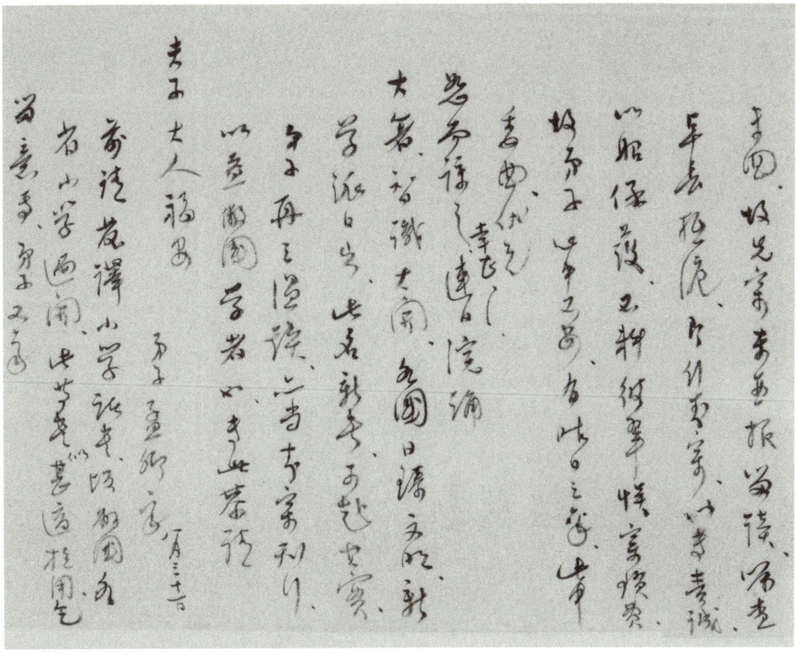

敬禀者，顷接来谕，承示作文论价，是商估之事，且不屑为，诚以所志在道，力扶东亚，故勉为此举等谕。捧读再三，不胜愧悚。弟子不敏，然早闻夫子之风，亦明此义，故当前后恳求，至再至三，不敢问价。惟有禀称，箸译以代行道，较之教授，其益更广，盍俯从之？当亦夫子之志也，云云。虽然救世者固夫子之苦心，然食力者亦士夫之常。而呕心为此，又不可不厚其值以敬酬之也。前书[①]原寄上海，以卓如、长素未回，故先寄《东亚报》留读，嘱查卓、长抵沪，即行封寄，以专责诚，以昭保护。不料彼辈误寄琐费，故弟子心中不安，有昨日之禀。此中委曲，伏乞恕而谅之，幸甚幸甚！连日浣诵大箸，智识大开。各国日臻文明，新学派日出，此名新书，可赴[②]其实。弟子再三温读，亦当封寄刊行，以益敝国学者也。专此，恭请夫子大人福安。

弟子孟卿禀　八月三十一日

前请发译小学诸书，顷敝国各省小学遍开，此等书似甚适于用，乞留意焉。弟子又禀。

山本宪资料C143。此札一纸，未见信封。“前请发译小学诸书”，当指康有仪书札十三(C137)所列译书目录。主要为希望山本翻译书稿及其稿酬的内容。

---

① 前书：当指康有仪书札二十六(C142)所提到的《圣教书》。

② 赴：疑“副”之误。

康有仪书札二十八（1898年8月31日）

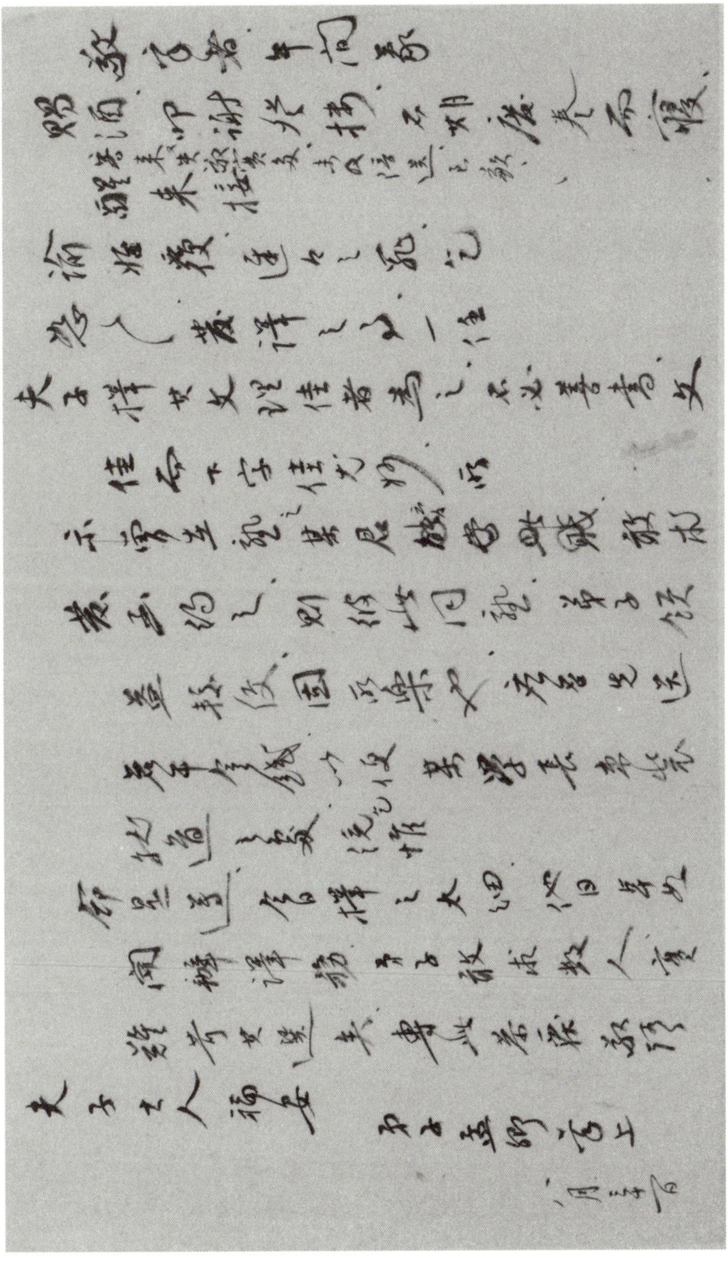

敬禀者，午间蒙赐酒，叩谢登楼，不期废卷而寝，客来又失敬实多，未及陪送，至歉至歉。醒来接谕始覆，迟迟之罪，乞恕乞恕。发译之事，一任夫子择其文理佳者为之，不必善书，文佳而下字佳尤妙。所示曾在塾之某君云云，敢求发函约之，则彼此同塾，弟子领益较便，固所乐也。应否先送若干金钱，以便某学长束装就道之处，统乞惟命是遵。今日择之太细，他日卓如开办译务，弟子敢求数人，实难苛其选矣。专此恭覆。敬请夫子大人福安。

弟子孟卿禀上　八月三十一日

山本宪资料C173。此札一纸，未见信封。函中所提“发译之事”，当指将康有仪书札十三(C137)所列准备翻译小学诸书分发给梅清处塾学生等相关人员进行翻译。但因此后发生戊戌政变等，此丛书似未译成。

康有仪书札二十九（1898 年 8 月）

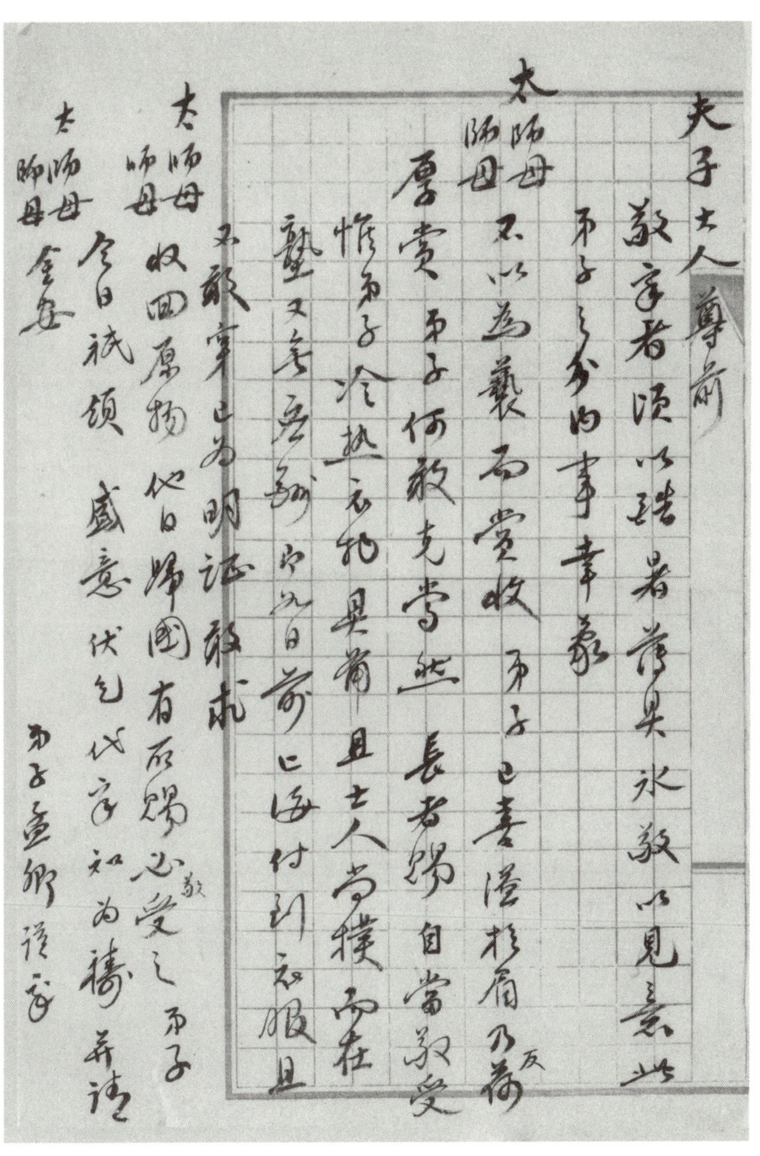

夫子大人尊前

敬禀者 顷以踏暑节具冰敬以见意 此弟子之分内事 幸蒙

太师母 师母不以为亵而赏收 弟子已喜溢于眉 乃反蒙厚赏 弟子何敢克当 然长者赐 自当敬受 惟弟子冷热衣衫具备 且大人常携而在塾 又为应酬亦知日前已将付到衣服且不敢穿 已为明证 敢求

太师母 师母收回原物 他日归国 有所赐 必敬受之 弟子专此祗颂 盛意 伏乞代禀知为祷 并请

太师母 师母金安

弟子孟卿谨禀

夫子大人尊前：

敬禀者，顷以酷暑，薄具冰敬以见意，此弟子之分内事。幸蒙太师母、师母不以为亵而赏收，弟子已喜溢于眉，乃反荷厚赏，弟子何敢克当？然长者赐，自当敬受。惟弟子冷热衣物具备，且士人尚朴，而在塾又无应酬，即如日前上海付到衣服，且不敢穿，已为明证。敢求太师母、师母收回原物，他日归国有所赐，必敬受之。弟子今日祇领盛意，伏乞代禀知为祷。并请太师母、师母金安。

弟子孟卿敬禀

山本宪资料C194。此札一纸，未见信封。作成时间未详，但当为1898年8月间。康有仪谢绝山本宪家人赠送给自己衣服。

康有仪书札三十（1898 年 8 月）

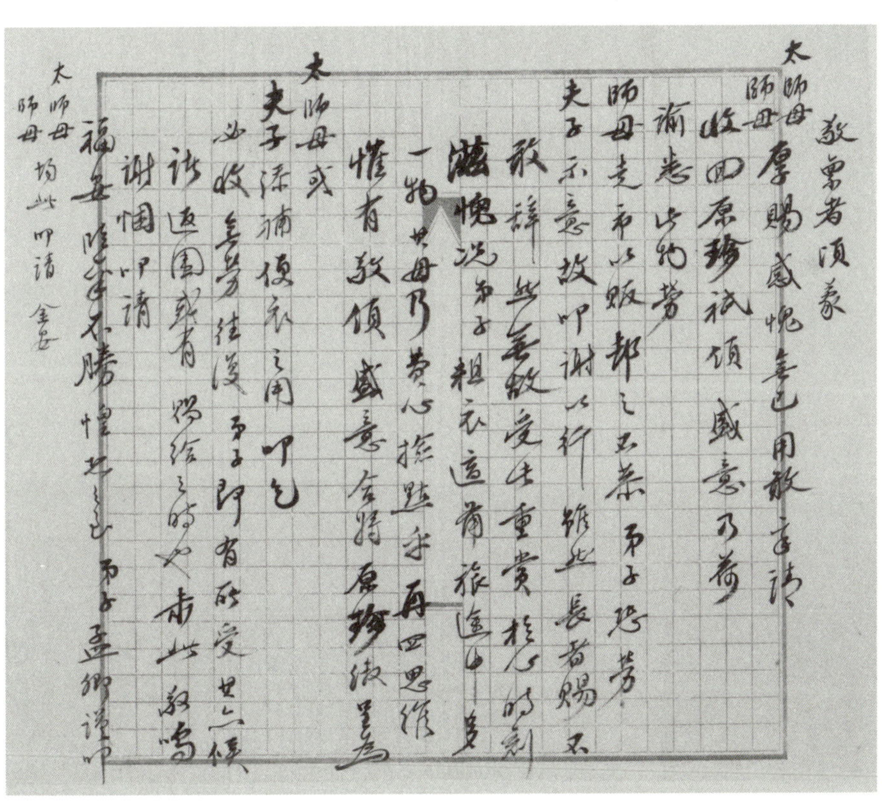

敬禀者，顷蒙太师母、师母厚赐，感愧无已。用敢禀请回收原珍，祇领盛意。乃荷谕悉，此物劳师母走市以贩，却之不恭。弟子恐劳夫子示意，故叩谢以行。虽然长者赐不敢辞，然无故受此重赏，于心时刻滋愧。况弟子粗衣适备，旅途中多一物，其毋乃费心检点乎？再四思维，惟有敬领盛意，合将原珍缴呈，为太师母或夫子添补便衣之用，叩乞必收，无劳往复。弟子即有所受，其亦候诸返国[①]，或有赐给之时也。肃此，敬鸣谢悃，叩请福安。临禀不胜惶恐之至。

弟子孟卿敬叩

太师母、师母均此叩请金安。

山本宪资料 C171。此札一纸，未见信封。作成时间未详，但当为 1898 年 8 月间。与上函一样，仍为有关谢绝山本宪家人赠送给自己衣服的内容。

---

① 返国：疑“返国”之误。

康有仪书札三十一(1898 年 8 月)

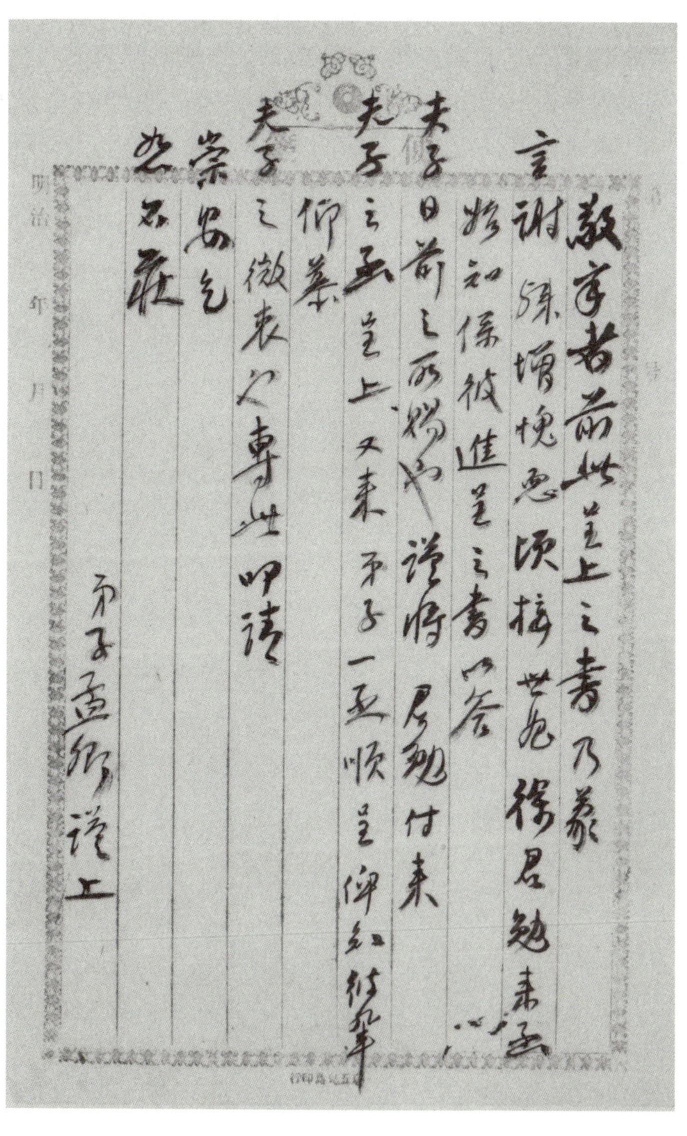

敬禀者，前此呈上之书，乃蒙言谢，殊增愧恧。顷接世侄徐君勉[①]来函，始知系彼进呈之书，以答夫子日前之所赐也。谨将君勉付来夫子之函呈上，又来弟子一函顺呈，俾知彼辈仰慕夫子之微衷也。专此，叩请崇安，乞恕不庄。

弟子孟卿谨上

山本宪资料 C172。此札一纸，未见信封。作成时间未详，或 1898 年 8 月前后。涉及徐勤赠书给山本宪的内容。函中所提到的“君勉付来夫子之函”，查高知市立自由民权纪念馆所藏的“山本宪关系资料”，未见。康有仪书札三十二有“求将昨日彼（徐勤）来弟子之信二封掷还为望”之记载，可知徐勤致山本和康有仪的书信，可能已退回给了康有仪。

① 徐君勉：徐勤（1873—1945），字君勉，号雪庵。广东三水县人。康有为主要弟子之一。参见康有仪书札三十二。

康有仪书札三十二（1898年8月）

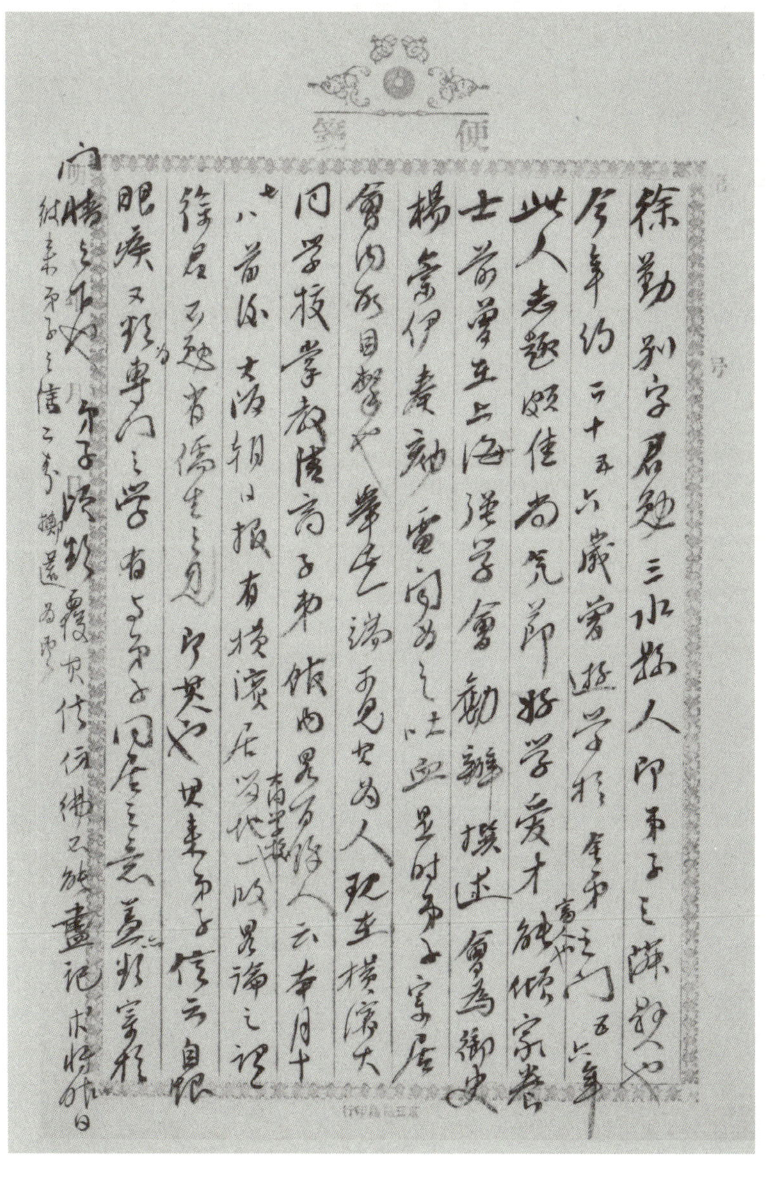

徐勤，别字君勉，三水县人。即弟子之邻县人也。今年约二十五六岁。曾游学于舍弟之门五六年。此人志趣颇佳，尚气节，好学，爱才，能倾家养士。（富人也。）前曾在上海强学会勷办撰述会，为御史杨崇伊[①]奏劾，电闻为之吐血。是时弟子寄居会内，所目击也。举此一端可见其为人。现在横滨大同学校掌教清商子弟，馆内略百余人云。本月十七八前后，《大阪朝日报》有横滨居留地大同学校一段略论之，谓徐君不勉有儒生之见，即其人也。其来弟子信云，自恨眼疾，又欲为专门之学，有与弟子同居之意，盖亦欲寄于门墙之下也。弟子顷欲覆其信，仿佛不能尽记，求将昨日彼来弟子之信二封掷还为望。

山本宪资料C183。此札一纸，未见信封。作成时间未详，但当为1898年8月前后。函中所提及的“杨崇伊奏劾”，当指杨于1895年11月上疏弹劾康有为、梁启超在北京所创设的强学会，结果强学会遭查禁。

---

① 杨崇伊：字莘伯，江苏常熟人。清光绪六年（1880）进士，光绪二十一年授御史。

康有仪书札三十三(1898 年 8 月)

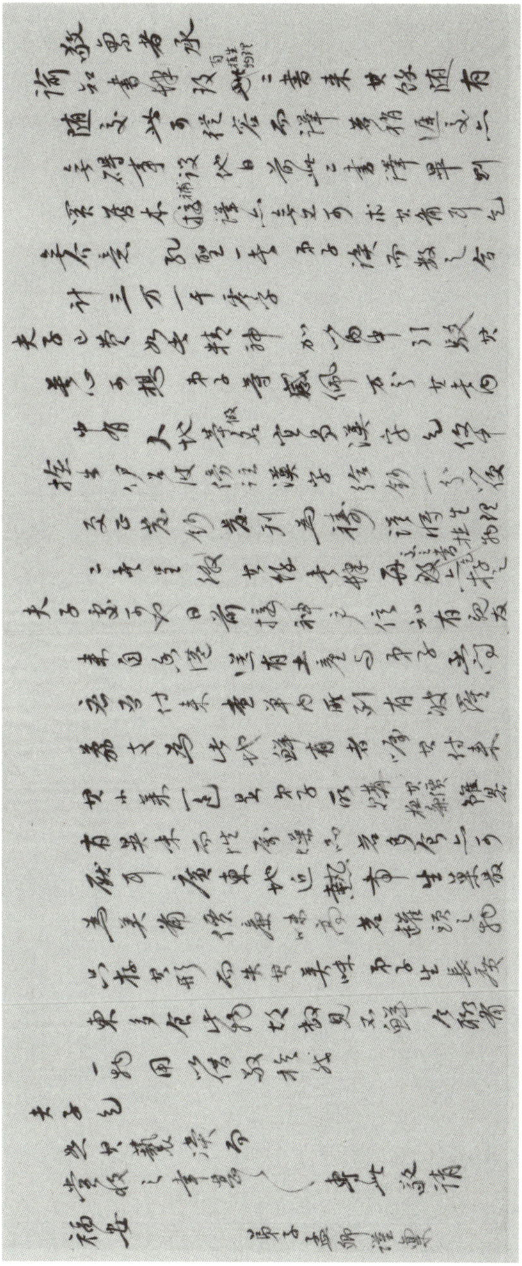

敬禀者，承谕知书肆致有《生理》《植物》二书来，其余随有随交，此可从容而译，若稍迟交，亦无碍事。设他日前此二书译毕，则买旧本补译，亦无不可，求其备耳，乞无介意。孔圣一书，弟子读而数之，合计三万一千零字，夫子已费如此精神，加以内中引驳，其苦心可想，弟子等感佩万分。其书内中有人地等假名，宜易汉字，乞便中检出伊吕波[1]，傍注汉字，给钞一分，以便更正发钞发刊为祷。谨将《生理》《植物》二书呈缴，其余书肆再交之书，亦乞存之夫子处可也。日前接神户信，知有亲友来自香港，送有土产与弟子，函问应否付来。查单内所列有波罗、荔支，为此地鲜有者，嘱其付来。其小菜一包，是弟子所购(其价极廉)，虽略有异味，而性属燥品，若多食亦可厌耳。广东地近热带，生果最为美备，价廉味高。若罐头之物，只存其形而失其美味。弟子生长广东，多食此物，故数见不鲜。今聊备一物，用以借敬于我夫子，乞恕其亵渎而赏收之，幸甚幸甚！专此，敬请福安。

弟子孟卿谨禀

山本宪资料 C179。此札一纸，未见信封。作成时间未详，当为 1898 年 8 月前后。与山本就所翻译的书稿交换意见，并告知转赠友人自广东带来的水果等礼物。

① 伊吕波：日文假名イロハ的原汉字。此泛指日文假名。

康有仪书札三十四（1898 年 8 月）

敬禀者,上海、广东点石,比此间其价尤平,得夫子一二原本,即可分寄照办。弟子仍有点石印书局在上海及广东,至神户《东亚报》,亦刊行要书。弟子拟将此书印刷数千部贱沽,与时务、知新、东亚各报附派,使我国士夫读而生愧,发其热心,庶免我夫子周流传道之苦,亦冀士气为之一振。呜呼,我夫子其亦不负孔圣矣。炎暑退时,饬买檀木,乞分付按桥本氏来信之尺寸照买为合。(宁取木之身略瘦而不肥,或可价安。)若尺寸不符,恐不适于用,不必拘圆半与二圆之价,设照此尺寸,其银不足,当照补足便是。专此,敬请大安。

弟子孟卿谨禀

同是长短之木,以其径之阔窄而异其价也,则其寄费当在二圆内矣。又禀。乞代呈夫子。

按

山本宪资料 C181。此札一纸,未见信封。作成时间未详,当在 1898 年 8 月前后。有关希望在上海《时务报》、广东《知新报》、神户《东亚报》刊行山本宪著作,及购买檀木的内容。

康有仪书札三十五(1898 年 7—8 月)

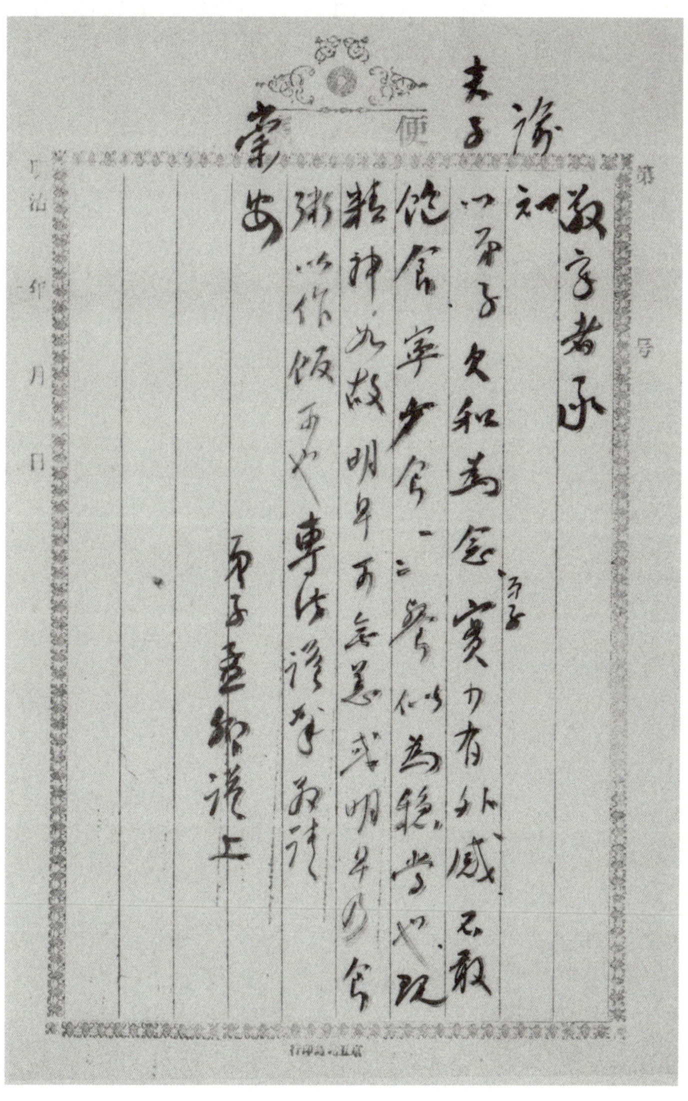

敬禀者,承谕知夫子以弟子欠和为念。弟子实少有外感,不敢饱食,宁少食一二餐,似为稳当也。现精神如故,明早可无恙,或明早乃食粥以作饭可也。专此谨禀,敬请崇安。

弟子孟卿谨上

山本宪资料 C186。此札一纸,未见信封。作成时间未详,当为 1898 年 7—8 月间。提及自身的身体状况。

康有仪书札三十六（1898 年 7—8 月）

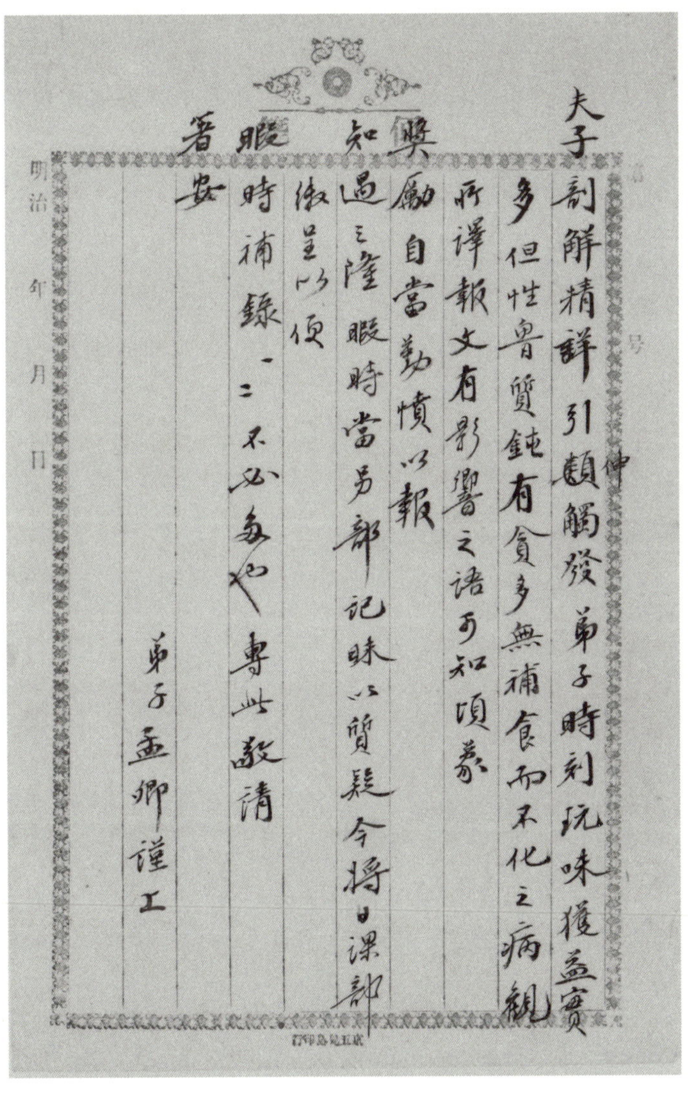
夫子
剖解精詳引伸觸發弟子時刻玩味獲益實
多但性魯質鈍有貪多無補食而不化之病觀
所譯報文有影響之語可知頗蒙
獎
勵自當勤慎以報
知
遇之隆暇時當另部記昧以質疑今將日課部
微呈以便
暇
時補錄一二不必多也專此敬請
著安
弟子孟卿謹上

夫子剖解精详，引伸触发，弟子时刻玩味，获益实多。但性鲁质钝，有贪多无补、食而不化之病。观所译报文，有“影响”之语，可知顷蒙奖励，自当勤愤[①]，以报知遇之隆。暇时当另部记昧以质疑。今将日课部缴呈，以便暇时补录一二，不必多也。专此，敬请箸安。

弟子孟卿谨上

山本宪资料 C187。此札一纸，未见信封。作成时间未详，当为 1898 年 7—8 月间。对山本所批注的译课发表感想，并表示将更加勤奋学习，以报知遇之恩。

① 勤愤：疑“勤奋”之误。

康有仪书札三十七(1898年8月)

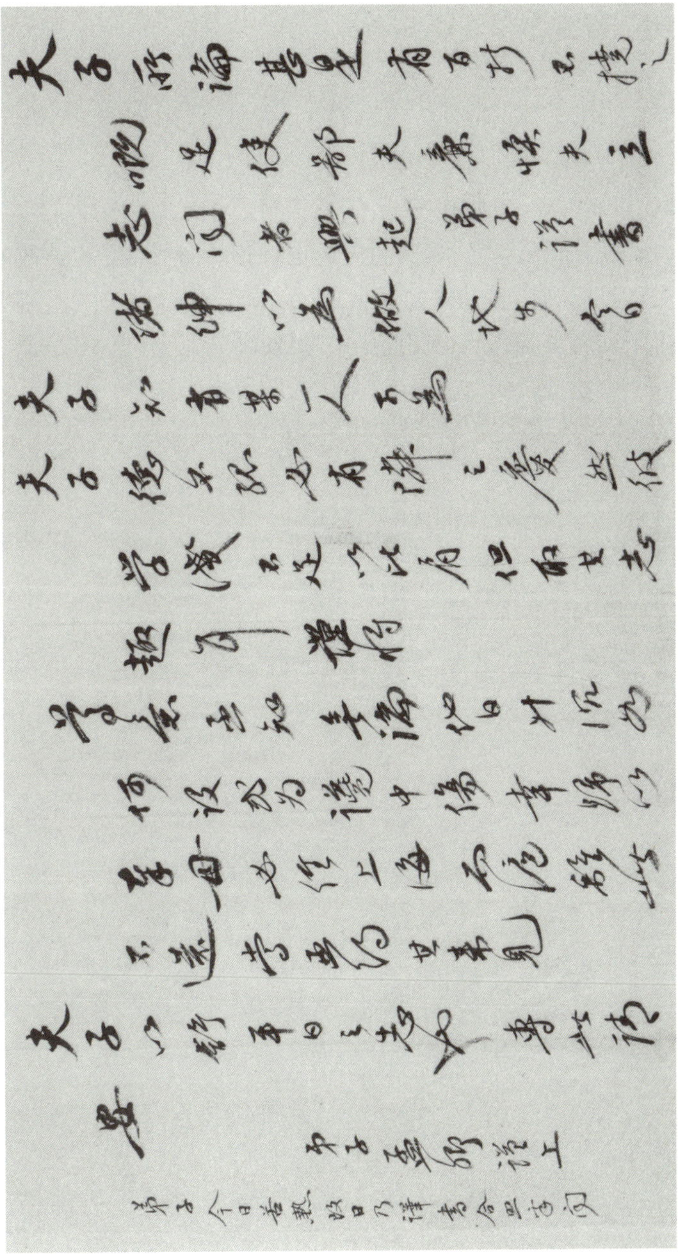

夫子所论甚是，有百折不挠之慨，足使鄙夫廉，慎夫立志，闻者兴起。弟子谨书诸绅，以为做人地步。今日夫子知有某一人，可为夫子“德不孤，必有邻”之庆。然彼学浅，不足以比肩，但取其志趣耳。谨将尊意函知，无论他日升沉如何，设或为谗中伤，幸归以奉母，必经上海，而沪离此不远，当函约其来见夫子，以舒平日之志也。专此请安。

弟子孟卿谨上

弟子今日苦热，改日乃译书，合照禀闻。

山本宪资料 C188。此札一纸，未见信封。作成时间未详，但当为 1898 年 7—8 月。《孟子》云：“圣人，百世之师也，伯夷、柳下惠是也。故闻伯夷之风者，顽夫廉，懦夫有立志；闻柳下惠之风者，薄夫敦，鄙夫宽。奋乎百世之上，百世之下闻者莫不兴起也。”此函中“足使鄙夫廉……”一段，似参考了此文。此外，函中所提及的“夫子知有某一人”，所指未详。

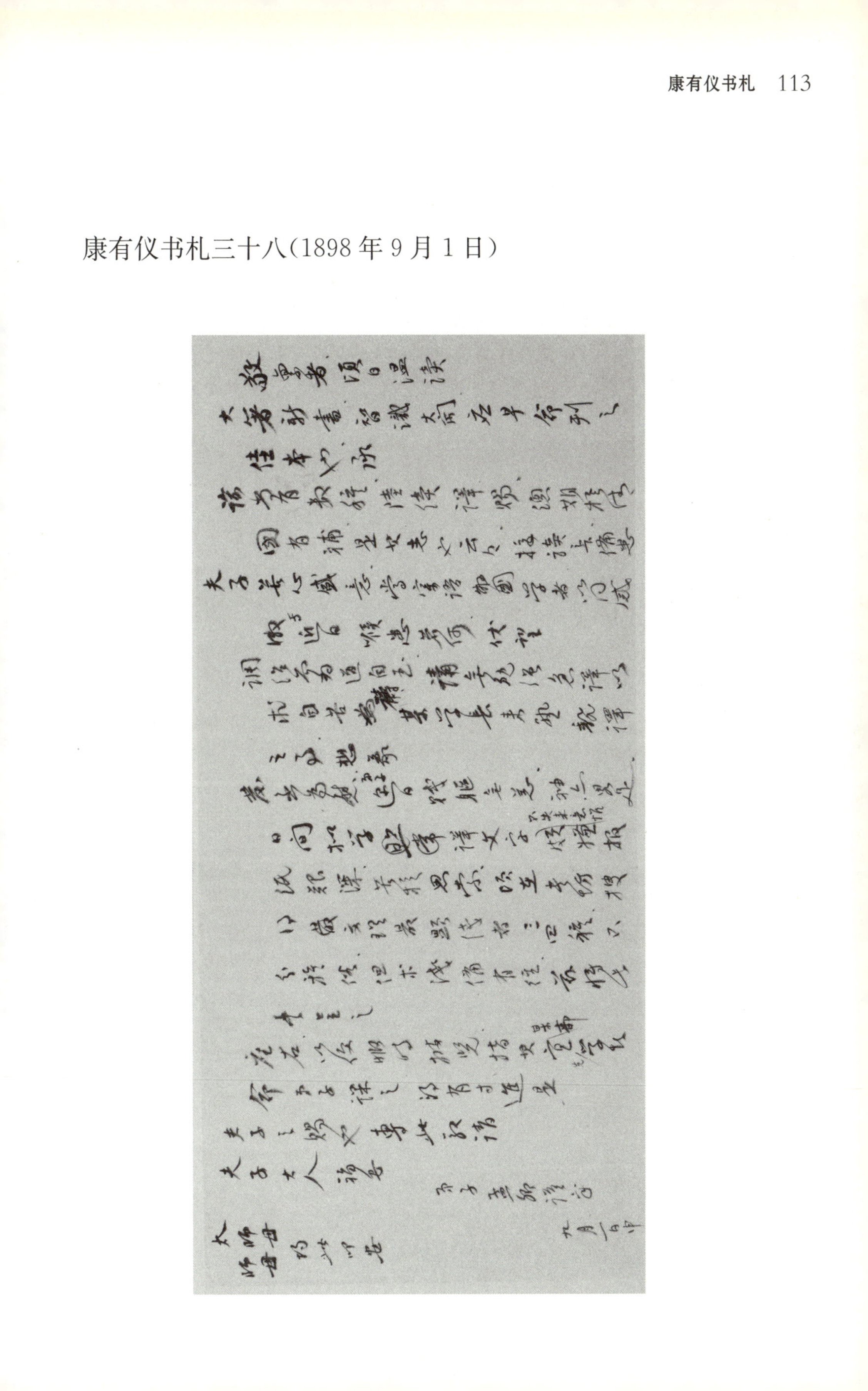

康有仪书札三十八（1898 年 9 月 1 日）

敬禀者，顷日温读大箸新书，智识大开，应早命刊之佳本也。承谕尚有数种，陆续译赐，总期于清国有补，是其志也云云。接读之下，备悉夫子苦心盛意。当寄语敝国学者，以同感激焉。近日喉患若何？伏望调治而为道自玉，请无勉强急译以求自苦为祷。某学长来塾翻译之事，想蒙发函为慰。弟子迩日贱躯无恙，神亦略足，日间拟学译文字，不失来意。惟颇嫌报纸艰深，苦于思索，顷在书坊搜得文理最显浅者三四种，不分雅俗，但求浅备有径。兹将此书呈之座右，以便暇时披览，指其某部宜先学者，命弟子课之，得有寸进，是夫子之赐也。专此，敬请夫子大人福安。太师母、师母均此叩安。

弟子孟卿敬禀　九月一日申

山本宪资料 C148。此札一纸，未见信封。谈阅读山本宪作品后的感想，并请教学习日文汉译的方法。

康有仪书札三十九(1898 年 9 月 1 日)

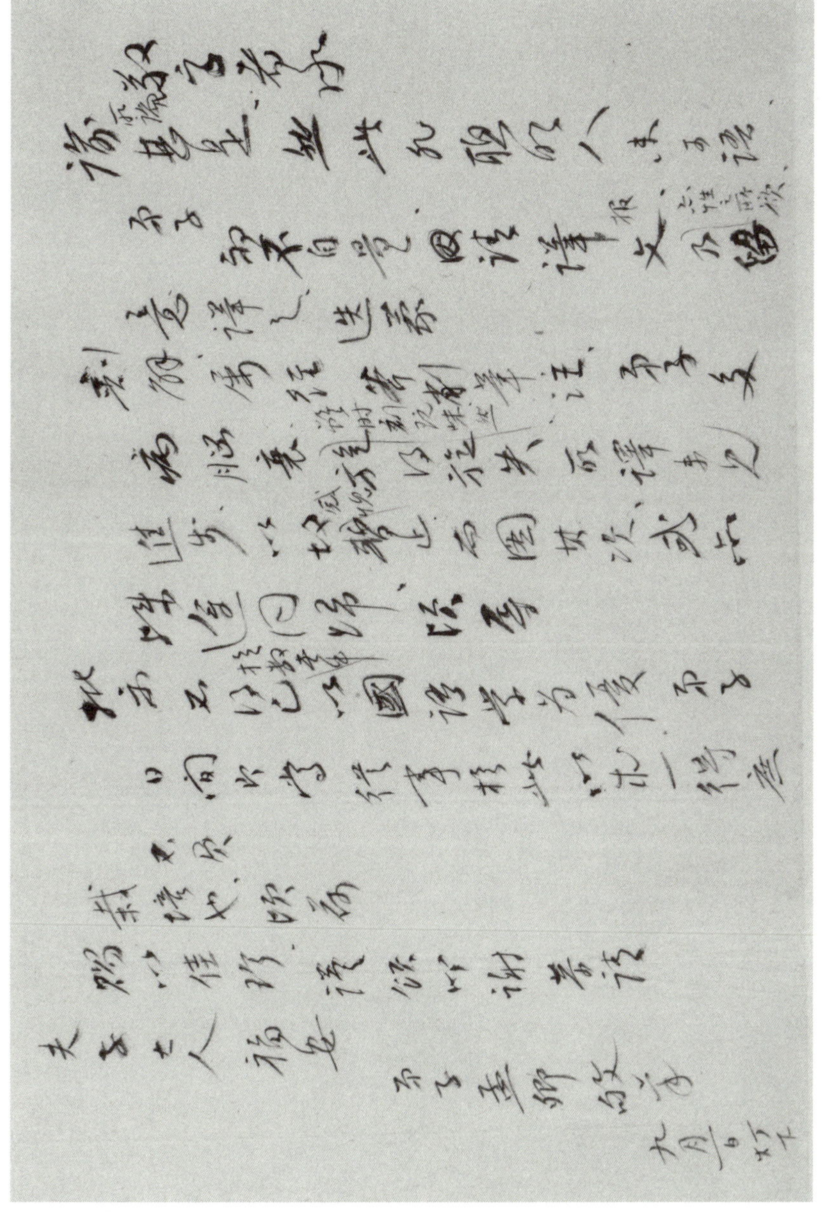

敬禀者，承谕，所论甚是，然此非聪明人未可语。弟子初不自量，因请译报文，亦性之所欲。乃留意译之，迭蒙剖解，屡经斧削笔注。弟子多病脑衰，虽时刻玩味，然旋得旋失，所译未见进步，以故感愧，暂止而图其次，或亦殊途同归。顷辱批示，不得已于数书中以国语学为优，弟子日间即当从事于此，以求一得，庶不负栽培也。顷荷赐以佳珍，谨颂叩谢。恭请夫子大人福安。

弟子孟卿敬禀　九月一日灯下

山本宪资料C146。此札一纸，未见信封。向山本汇报学习日文汉译及身体状况。

康有仪书札四十（1898 年 9 月 6 日）

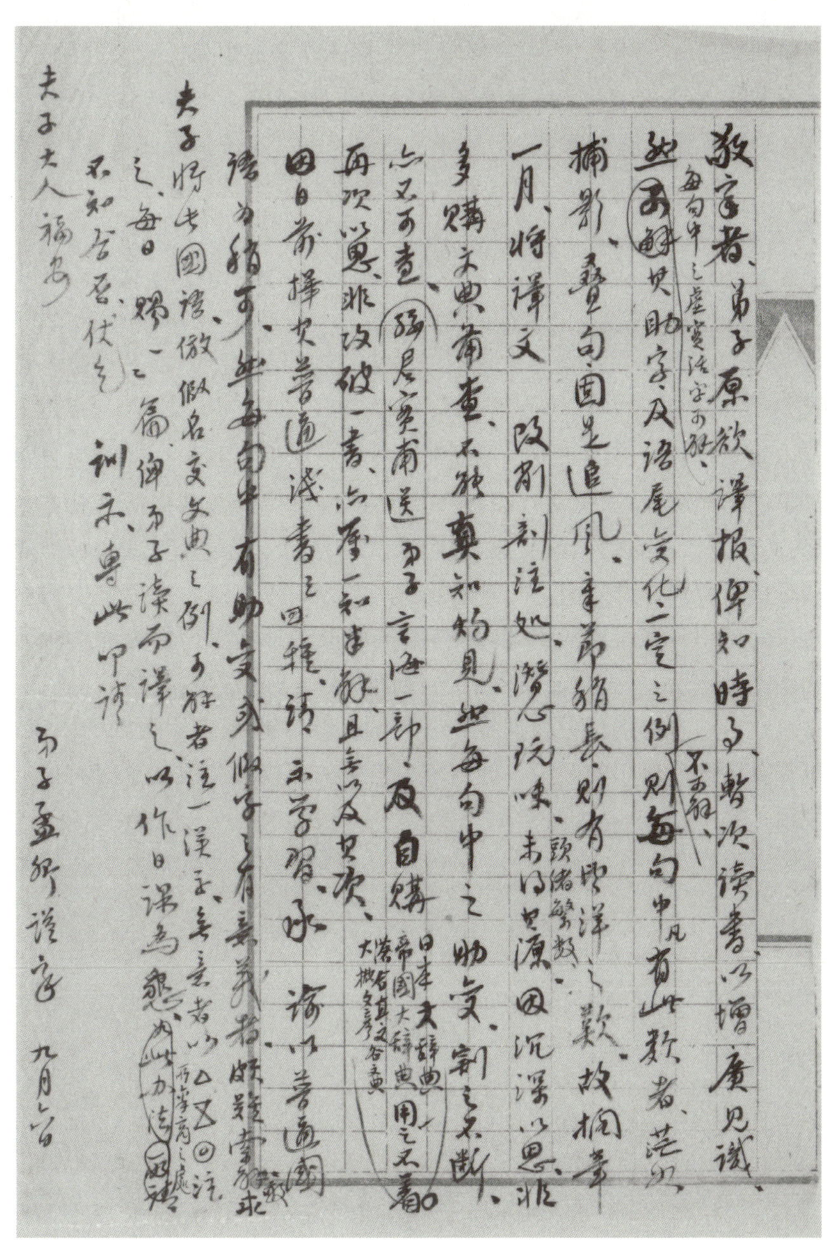

敬禀者，弟子原欲译报，俾知时事，暂[1]次读书，以增广见识。然每句中之虚实活字可解，其助字及语尾变化、一定之例[2]不可解，则每句中凡有此类者，茫如捕影，叠句固是追风，章节稍长，则有望洋之叹。故搁笔一月，将译文改削剖注处，潜心玩味，头绪繁数，未得其源。因沉深以思，非多购文典备查，不能真知灼见。然每句中之助变[3]，割之不断，亦不可查。孙君实甫[4]送弟子《言海》一部，及自购《日本大辞典》《帝国大辞典》（落合直文、大槻文彦）各文典，用之不着。再次以思，非攻破一书，亦属一知半解，且无以及其次。因日前择其普通浅书之四种，请示学习。承谕以普通国语为稍可，然每句中有助变或假字之有意义者，颇难索解。敢求夫子将此国语，仿《假名交文典》[5]之例，可解者注一汉字，无意者以△⧖◎注之，每日赐一二篇，俾弟子读而译之，以作日课为恳。所禀商之处，不知合否？伏乞训示。专此，叩请夫子大人福安。

弟子孟卿谨禀　九月六日

山本宪资料 C147。此札一纸，未见信封。函中提到的《言海》为日本近代最早的国语辞典，大槻文彦编，1886 年编成，1891 年正式出版；《日本大辞典》为类似百科辞典的国语辞典，约收录 13 万词汇，落合直文著，1898 年出版；《帝国大辞典》为藤井乙男、草野清民编，1896 年出版。书信主要内容为康有仪对练习日文汉译的感想，并与山本宪探讨日文汉译的方法。康有仪入山本宪私塾后，一直潜心学习日文汉译，至此已两月余。包括此函在内，康有仪在给山本的书信中屡次提到学习日文汉译过程中所遇到的困难，从中可知其为此所付出的努力。此后不久发生的戊戌政变改变了康有仪的留学生活。

---

① 暂：疑“渐”之误。

② 一定之例：日文惯用句式。

③ 助变：日文助词及词尾变化。

④ 孙君实甫：孙淦。参见康有仪书札一注“孙氏”。

⑤ 《假名交文典》：田中涣乎著，明治二十一年（1888）六月由团团社书店出版。

康有仪书札四十一(1898年9月21日)

敬禀者,蒙赐佳品,可口之至,又重以师母登楼给惠,感激难忘。今早承谕,《朝日报》称李端棻[①]奏留康有为以备献替之说,未知何○○[②]旨如何,想当见之后报。从弟官卑言轻,改革之事非所能任,然能倡道不衰。贵国相臣伊藤氏[③]到敝京后,从弟必设法求见,请问保亚之策,若相臣伊藤氏果为此而往支那者,或藉力以提倡改革,则支那之民如天之福矣。然大局甚危,有朝不虑夕、救火追亡之急,奈何奈何!专此叩谢,聊舒积悃,敬请夫子大人福安。

弟子孟卿禀上　九月廿一午申

下日有《昌言报》[④]付到,乞顺赐览。弟子又叩禀。

山本宪资料C138。此札一纸,未见信封。此函作于戊戌政变发生当日,而康有仪尚无法了解政变已发生,仍期待已前往中国的伊藤博文能为中国力倡改革。据《伊藤博文秘录(续)》,八月初五日,即9月20日,伊藤一行在中方官员的导引下来到勤政殿,觐见光绪皇帝。伊藤先曰:"外臣博文,此次来到贵国,虽为漫游,然本日蒙陛下召见,殊为荣耀。恭维大皇帝变革旧法,力图富强,此于保全东亚之局面,实为至要。博文一待回国,入奏我大皇帝,我大皇帝必宸衷欣悦。博文谨祝大皇帝圣寿万年!"言毕,光绪帝命之坐,并与之进行了简短的对话。其中,光绪皇帝曾对伊藤说:"贵我两国,同在一洲,居至亲至近之地。今我国正值变法之际,迫于必要,还欲一闻贵爵之高见。希贵爵深体此意,就变法之顺序、方法等,详细告知朕之总理衙门之王大臣。"伊藤则回答道:"敬奉谕旨。王大臣等若屈尊垂问,以臣所见,苟有利于贵国者,必当尽心奉陈。"[⑤]觐见完毕,光绪帝赐宴。宴后,伊藤与庆亲王等大臣告别,于下午1:30许返回使馆。同日上午,光绪帝在接见伊藤之前,还召见了袁世凯。次日,戊戌政变发生,光绪帝被幽禁瀛台。在光绪帝召见伊藤博文前的9月18日,康有为在日本使馆面见了伊藤。至于面见时

---

① 李端棻:1833—1907年,字苾园,清末官员。曾任刑部侍郎、礼部尚书等职。维新变法期间,推举康有为、梁启超等人,支持变法运动。戊戌政变后被流放新疆。

② 何○○:隐语,所指未详。

③ 伊藤氏:伊藤博文。1898年8月,卸任内阁总理大臣后前来清国视察,除与李鸿章等官员会谈外,还于9月20日谒见光绪帝。

④ 《昌言报》:接清政府指示,1898年8月《时务报》改为官办,并改名为《昌言报》。旬刊,刊行至第10期后,于同年11月停刊。

⑤ 平塚笃:《伊藤博文秘录(续)》,[日]原书房1982年版,第127-129页。

所谈之内容,《康南海自编年谱》有“又恶假权外人,故见伊藤博文,而不请救援,但请其说太后而已”之记载[①]。若此记载可信,说明康有为在与伊藤面见时,主要请求伊藤在觐见慈禧太后时进行说服,而并非向伊藤求援。

① 《康南海自编年谱》,《中国近代史资料丛刊·戊戌变法》第四册,第162页。

康有仪书札四十二(1898年9月27日)

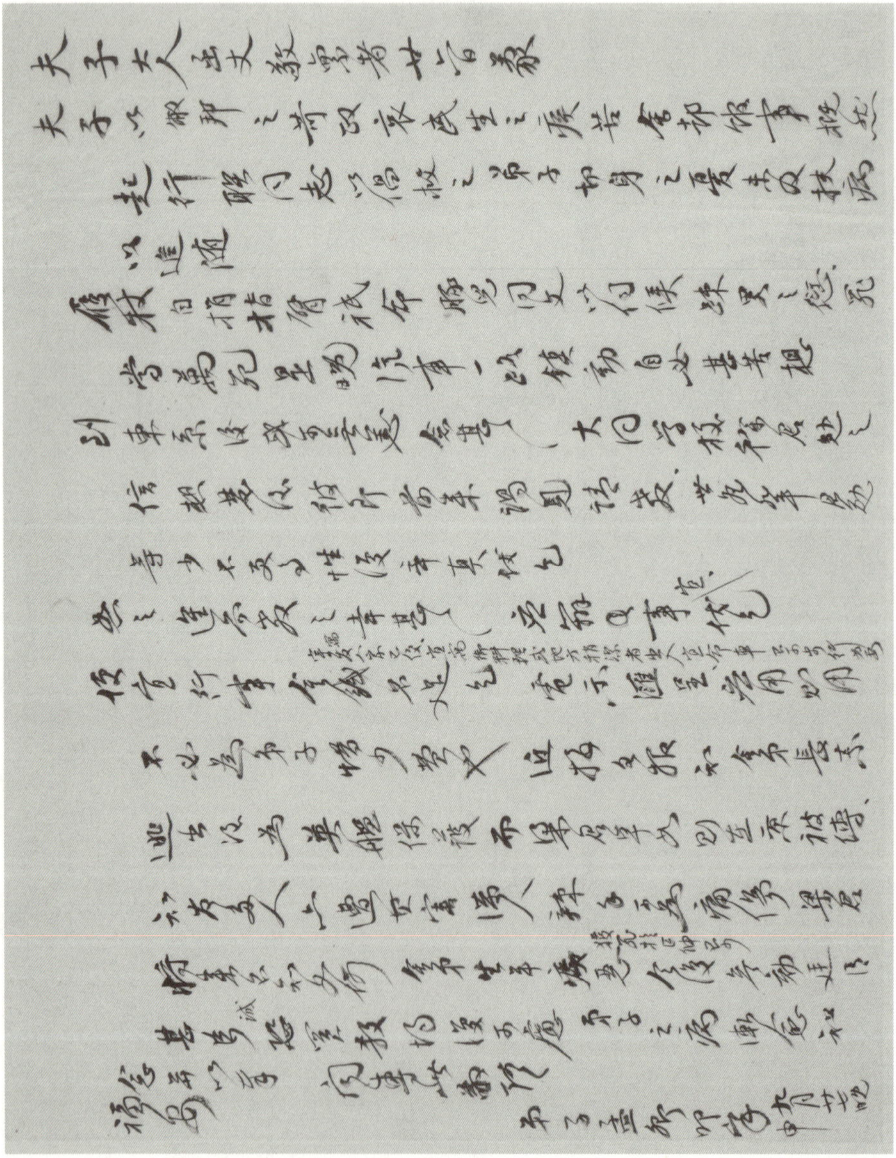

夫子大人函丈：

敬禀者，廿六日蒙夫子以敝邦之苛政，哀民生之疾苦，舍却馆事，概然起行[①]，联同志以倡救之。弟子切身之忧，未及扶病以追随履杖，自捐指臂，只命豚儿同文以伺候。疏略之愆，罪当万死。是晚汽车一路镇动[②]，自必甚苦，想到东京后或可无恙，念甚念甚。大同学校徐君勉之信，想发后彼即前来谒见请教。世侄辈君勉等少不更事，性复率真，伏乞恕之，进而教之，幸甚幸甚！应办事宜，伏乞便宜行事。金钱不足，乞电示汇呈，应用则用，不必为弟子惜少费也。（寄寓友人家不便，宜寓御料理[③]或地方稍洁者，出入宜命车，不可步行为要。）近接各报，知舍弟长素逃出后为英舰保护，而梁君卓如则在京被缚，知友多人亦遭其害。满人辣手，可为痛伤。梁君将来不知如何。舍弟生平疾恶，获罪于巨绅不少，今后参劾廷臣甚多，诚恐买杀，均复可虑。弟子之病渐愈，知念并以奉闻。专此，敬请福安。

弟子孟卿叩禀　九月廿七晚申

山本宪资料 C112。此札一纸，信封正面书“东京芝乌森町吾妻屋小林樟雄样[④]方[⑤]　山本宪夫子台启”，背面书“大阪东区谷町一丁目梅清处塾　康孟卿手　九月二十七日发”。发信时间应为阳历 1898 年 9 月 27 日，此时距戊戌政变发生后仅数天，塾师山本宪正赴东京，希望通过众议院议员小林樟雄等人的努力，设法营救梁启超等人。信函中所提到的“梁君卓如则在京被缚”，有误。查 1898 年戊戌政变后不久《朝日新闻》等报，未见类似报道。政变发生后，清廷下令在上海等地捉拿梁启超，梁启超则于八月初六日（9 月 21 日）入北京日本公使馆寻求避难，不久在日本使馆的帮助下亡命日本。

函中所提到的“豚儿同文”，当指康有仪之子康同文。《梅崖先生年谱》载：“（明治三十年）十二月，清人嵇侃、汪有龄、康同文入予门。自此清人陆续入门。”据曾于 1896 年至 1900 年在梅清处塾就读的川田瑞穗回忆：“（山本宪）明治三十年游历中国，与康有为相识。三十一年，康亡命日本时给予

---

① 概然起行：“概”为“慨”之误。据《梅崖先生年谱》，山本梅宪为支援康、梁等人，曾分别于 1898 年 9 月 27 日至 10 月 5 日、10 月下旬至 11 月 4 日、1899 年 3 月 14 日三次赴东京。此应指山本第一次赴东京。

② 镇动：“震动”之误。

③ 御料理：日文，此指和式旅馆。

④ 样：日文用语，表敬称。

⑤ 方：日文用语，接人名后，表示寄居于某人家。

照料，其兄康孟卿、孟卿之子康同文曾在塾半年许。”[①]康同文入塾时间为1897年12月5日。另外，康有仪书札五十三(C165)中，有康孟卿“遣同文回广东料理家慈安居”之记载，可知与康有仪书札一中出现的字介甫的康同文并非同一人。详见康有仪书札一注“介甫”。

① 三浦协：《明治の硕学》，[日]汲古书院2003年版，第127页。

康有仪书札四十三（1898 年 9 月 28 日）

敬稟者：廿八日下午九時接讀廿七日午後四時
來諭，恭領一切。弟子因病未及追隨
左右履杖，因偕同文隨從服勞，不料此人言辭[illegible]横演，又
得君君勉曾居同往東京料理一切。
來諭未承示及該使。
夫子獨行任勞，則弟子之罪益深矣。今知果能為英艦
保出，自必先到貴邦，皆其生平所執，遂為[illegible]服也。
[illegible]到後，則他日又必遊久留歐洲，亦其素志也。如有往來
平日獲罪於臣帥權貴，今返[illegible]不易處歸貴京
之消息及到步，[illegible]先電示，[illegible]來也。弟子
回憶御史文悌之奏，函中有其嘗贈詩與康訊以歸隱，
切勿走胡走越，蓋弟人所忌也，則其來自[illegible]

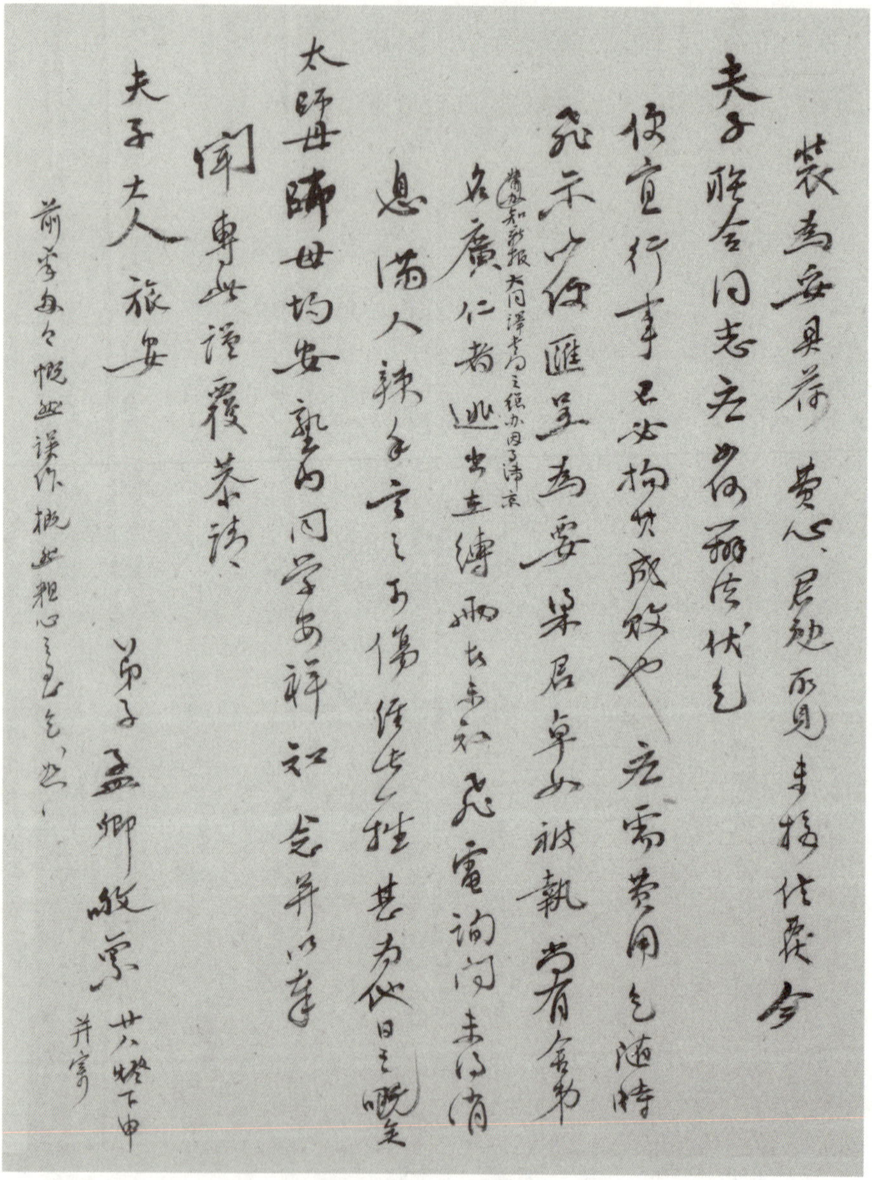

敬禀者，廿八日下午九时接读廿七日午后四时来谕，恭领一切。弟子因病未及追随履杖，因嘱同文随从服劳，不料此人禀辞于横滨。又徐君君勉曾否同往东京招呼一切，来谕未承示及。设使夫子独行任劳，则弟子之罪益深矣。舍弟[①]果能为英舰保出，自必先到贵邦，此是其生平所欲游而未暇者。既到后，则他日又必久留欧州，亦是其素志也。（平日获罪于巨绅权贵，今遇此事，不易遽归广东。）如有确来之消息及已到步[②]，当即飞电禀报，或与之偕来也。弟子回忆御史文悌[③]（满人）之奏，中有"曾赠诗与康，讽以归隐，切勿走胡走越"云云，盖满人所忌也。则其来，自应劝其改装为妥。具荷费心。君勉所见，未接信覆。今夫子联合同志，应如何办法，伏乞便宜行事，不必拘其成败也。应需费用，乞随时飞示，以便汇呈为要。梁君卓如被执，尚有舍弟名广仁[④]者（《知新报》、大同译书局之总办，因事滞京），逃出在缚，两者未知。飞电询问，未得消息。满人辣手，言之可伤。经此一挫，甚为他日之慨矣。太师母、师母均安，塾内同学安祥，知念并以奉闻。专此谨覆。恭请夫子大人旅安。

弟子孟卿敬禀　廿八灯下申

并寄前禀，匆匆"慨然"误作"概然"，粗心之至。乞恕乞恕。

按

山本宪资料 C113。此札二纸，信封正面书"东京芝乌森町吾妻屋小林樟雄样方　山本宪夫子大人安启"，背面书"大阪东区谷町一丁目梅清处塾　康孟卿缄　九月廿八灯九时半发"。发信时间应为公历 1898 年 9 月 28 日，时山本宪尚在东京活动。信函中所提到的"文悌之奏中有曾赠诗与康，讽以归隐，切勿走胡走越"等语，"文悌之奏"当指 1898 年 7 月 8 日文悌上奏弹劾康有为等人，其奏折称："迨后许应骙等阻其在会馆聚众，又有人奏参，康有为忽到处辞行，奴才处亦两次来辞，去将回里养母，奴才当即作诗送之，讽以归隐，并有劝其切勿走胡走越之言。不意其伪为归养，以息讥弹，而暗营保荐，以邀登进，乃于辞行之日，忽有召见之事，奴才至是始觉其诈伪多端，断乎非忠诚之士。"[⑤]另外，信函中称"梁君卓如被执，尚有舍弟名广仁者，逃出在缚，两者未知"，如前所述，梁启超被捕之消息不实，而康广仁则被捕后恰于康有仪写此信之日被处死。

---

① 舍弟：指康有为。康有仪亦称康有为"从弟"。两人同族，高祖父同为康文跃。

② 步：通"埠"。

③ 文悌：满洲正黄旗人，字仲恭。以笔帖式任户部郎中，出为河南知府，后改御史。

④ 广仁：康广仁(1867—1898)，名有溥，字广仁，号幼博。参见康有仪书札十一注"幼博"。

⑤ 文悌：《严参康有为奏稿》，《中国近代史资料丛刊・戊戌变法》第四册，第 485 页。

康有仪书札四十四(1898 年 9 月 30 日)

敬禀者：廿八日由横滨
来谕，三十日接读，恭聆一是。此变凡我
同文之人，莫不发指。即旅横土之
华商亦咸皆大愤。然各处来函谓
此事重大，非熟商未可造次，[illegible]
故横亦未动。云台及君勉等来
函谓近有人嗾[illegible]公使大剥击之，欲
待详报，持慎熟商，确有把握，乃
敢行事。鄙则益重长者之卓
之见云云，似亦言之有理，益[illegible]感[illegible]
器也。顷奉
夫子以[illegible]不忘[illegible]，令都一切提出
起舞，寄语[illegible]人，又知如何感激。
惟是中国育人持重未行，[illegible]
们遂发别而不相见，[illegible]
矣。鄙见[illegible]想
夫子如有[illegible]衡武育[illegible]之[illegible]将其利
害列之报章，以作棒喝，如何？
专此，肃复，敬请
夫子大人旅安
弟子孟卿叩禀
正在封函，适接读由东京
来谕，言言如[illegible]，弟子心底少安，谨又[illegible]
九月三十日[illegible]未刻

敬禀者，廿八日由横滨来谕，三十日接读，恭聆一是。此变凡我同文之人莫不发指，即旅此各土之华商亦咸皆大愤。然各处来函，谓此事重大，非熟商未可造次等语，故按而未动。云台[①]及君勉等来函，谓近有人唆摆公使，大剖击之，欲得详报，持慎熟商，确有把握，乃敢行事，否则益重长者[②]与卓如之罪云云。似亦言之有理，盖投鼠忌器也。顷蒙夫子以此事不忍坐视，舍却一切，挺然起舞，寄语华人，不知如何感激。惟是此间商人持重未行，若我们遽发，则两不相照，恐未尽善美。鄙见如此，想夫子必有权衡。或商办之余，将其利害刊之报章，以作棒喝，如何？专此肃覆，敬请夫子大人旅安。

弟子孟卿叩禀

正在封函，适接读由东京来谕云云，如此办法，弟子心庶少安。谨又禀。

九月三十日二时未刻

山本宪资料 C114。此札一纸，信封正面书“东京芝乌森町吾妻屋小林樟雄样方　山本梅崖夫子安启”，背面书“大阪东区谷町一丁目梅清处塾康孟卿　九月三十日二时发”。发信时间应为阳历 1898 年 9 月 30 日，时山本宪尚在东京活动。此函传递了政变后不久在日华侨华人对政变的反应等信息，也记录了山本宪为营救维新派人物所作的种种努力。

① 云台：韩昙首。参见康有仪书札九注“昙首”。

② 长者：此处当为对康有为的尊称。

康有仪书札四十五(1898 年 10 月 1 日)

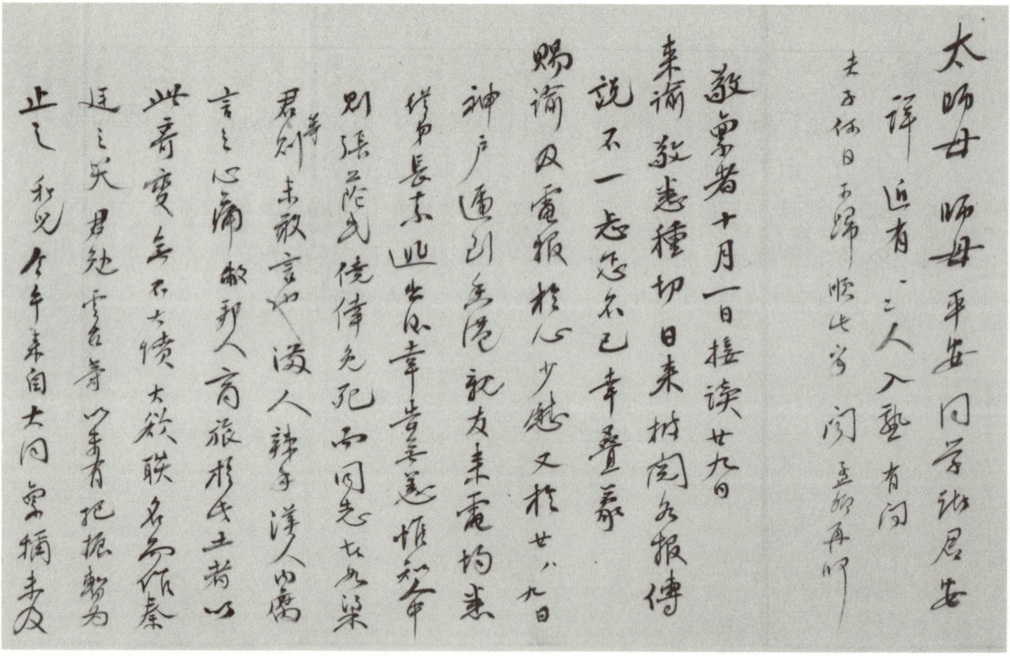

随追

履杖顺绥，一切安欤？又面称 君处寻访

长者平日信息甚疏，今去家信（寄）

并送电通候，未见详覆，仅得覆电

平安二字，（并）眷属港澳云云，以故犹有（母及家人避难也）

所候。一俟接有墨信，乃将道籍又

以同志诸君被传，若办理不善（辨理不善）

（平日不同派者不相得，以右事失策归咎者，多多致诱惑者）

也。为旅居汉奸以电攻击，则更增

（有人传述及见之无根据之口，不屑与辩）

被传诸君之罪，决无生理等语，彼

辈以扰乱忠党，又候覆书，乃复

（有传先生之传师之持重，即方人之从来亦皆称之，弟子笃信者，因别）

慎举行，以其情形未始无损失

（坚执前言，弟子以此方人来往亦未敢依据，以便他日追责之耳）

之来信，计日来报社主笔及记

者连日过访，并告熟人等，以康连

日来归，弟子以论意不欲见人

言之无益，而辨之益惑也。

夫子所约之同志，宜有权衡，惟访问

当道三人，仍无消息，自是确报

未详，则办理匪易，今无之。二日

内与同志熟商，留为善后地步

乃暂归

归熟少为休息，俟有余耗再作

道理如何，祈见示为祷

卓奢（沛霖或暂归熟，亦村金钱事少支拙之；亦送办为要）

夫子终日徒劳，心以役，弟子为所累

当为死，顷日肺炎渐减，堪以告

慰。专此谨禀，恭请

夫子大人旅安

弟子孟卿叩上

十月百念 四时半钟

同志诸君代候

兆名付片

卓如传，闻举置矩，足为外人道也，又家

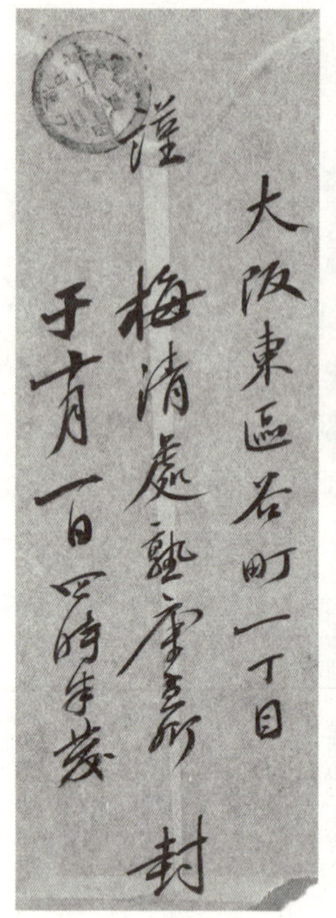

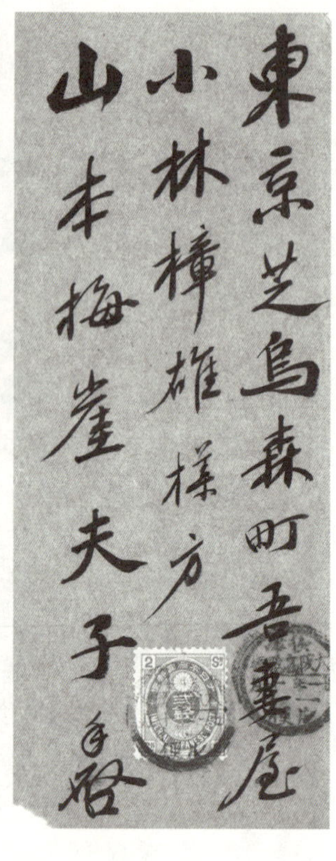

敬禀者，十月一日接读廿九日来谕，敬悉种切。日来披阅各报，传说不一，忐忑不已。幸叠蒙赐谕及电报，于心少慰。又于廿八九日神户递到香港亲友来电，均悉从弟长素逃出后幸告无恙，惟知人中则张荫氏[①]侥幸免死，而同志者如梁君等则未敢言也。满人辣手，汉人内腐，言之心痛。敝邦人商旅于此土者，以此奇变，无不大愤，大欲联名而作秦廷之哭。君勉、云台等以未有把握，暂为止之。和儿[②]今午来自大同[③]，禀称未及随追履杖服役一切为歉。又面称，君勉等谓长者平日信息甚频，今寄去多信，并迭电通候，未见详覆，仅得电覆"平安"二字，并眷已抵港澳云云。(母及家人逃难也。)以故稍有所候，一俟接有墨信，乃即遵办。又以同志诸君被缚，若办理不善，恐为旅此汉奸以电攻击，(平日不同派者、不相得者、幸灾乐祸者，等等，其毁谤被污略有人传述及见之各报。然乳臭之口，不屑与辩)则更增被缚诸君之罪，决

---

① 张荫氏：当指张荫桓。张荫桓(1837—1900)，字樵野，广东南海人。中日甲午战争时，曾与邵友濂为全权大臣赴日谈判，遭拒。戊戌变法时，与康有为往还甚密，主张变法。戊戌政变后被捕，充军新疆。1900 年被处死。

② 和儿：康有仪之子康同和。曾在神户《东亚报》社任职，后至横滨大同学校。

③ 大同：1898 年由在日华商出资设立的横滨大同学校。

无生理等语。彼辈以投鼠忌器，又候覆书，乃审慎举行。（有缚兔如缚狮之持重，即商人之公愤，亦暂搁之。弟子发信责骂，则坚执前言。弟子少与商人来往，亦属无法，惟他日追责之耳。）似此情形，未始无见，然失之太缓耳。日来报社主笔及记者连日过访，幸塾人告以康〇[①]连日未归。弟子心绪恶劣，不欲见人，言之无益，而报之益惑也。夫子所约之同志，定有权衡，惟访问当道之人，仍无消息，自是确报未详，则办理匪易。合无一二日内与同志熟商，留为发端地步。乃暂归塾，少为休息，俟有确耗，再作道理，如何？鄙见如此，伏乞卓夺。（滞留或暂归塾应付金钱多少，支拂乞示，遵办为要。）夫子终日徒劳以心以役，弟子高卧，罪当万死。顷日肺炎渐减，堪以告慰。专此谨禀，恭请夫子大人旅安。

弟子孟卿叩上　十月一日午后四时半申

同志诸君代候，恕不付片。以上各情，阅毕置炬，不足为外人道也。又禀。

太师母、师母平安，同学诸君安详。近有一二人入塾，有问夫子何日可归。顺此禀闻。孟卿再叩。

按

山本宪资料 C115。此札一纸，信封正面书“东京芝乌森町吾妻屋小林樟雄样方　山本梅崖夫子手启”，背面书“大阪东区谷町一丁目梅清处塾　康孟卿　于十月一日四时半发”。发信时间当为阳历 1898 年 10 月 1 日，此时山本宪尚在东京为设法营救维新派人物而“访问当道之人”。但从此信内容看，似乎无明显收效，因此康有仪建议先暂时回大阪，“俟有确耗，再作道理”。信封所书书信转交人小林樟雄，乃冈山县人，众议院议员，与山本宪交往甚密。1885 年，日本旧自由党左派人物、自由民权运动活动家大井宪太郎等策划支援朝鲜改革派金玉均等人发动政变，企图以此扩大影响并推进日本国内的自由民权运动，但因事前被发觉而失败。小林樟雄、山本宪也因曾参与其中，事件发觉后均被逮捕入狱，1889 年因颁布宪法恩赦出狱。出狱后，1890 年小林樟雄当选众议院议员，山本宪则继续从事汉学塾“梅清处塾”的经营。山本宪或许是通过小林樟雄等人的介绍，访问了当时任日本总理大臣的大隈重信，这可从山本从东京回大阪两日后的 10 月 7 日寄给大隈重信的信件（山本宪书札一）中得知。

---

① 康〇：当指康有仪本人。

康有仪书札四十六(1898 年 10 月)

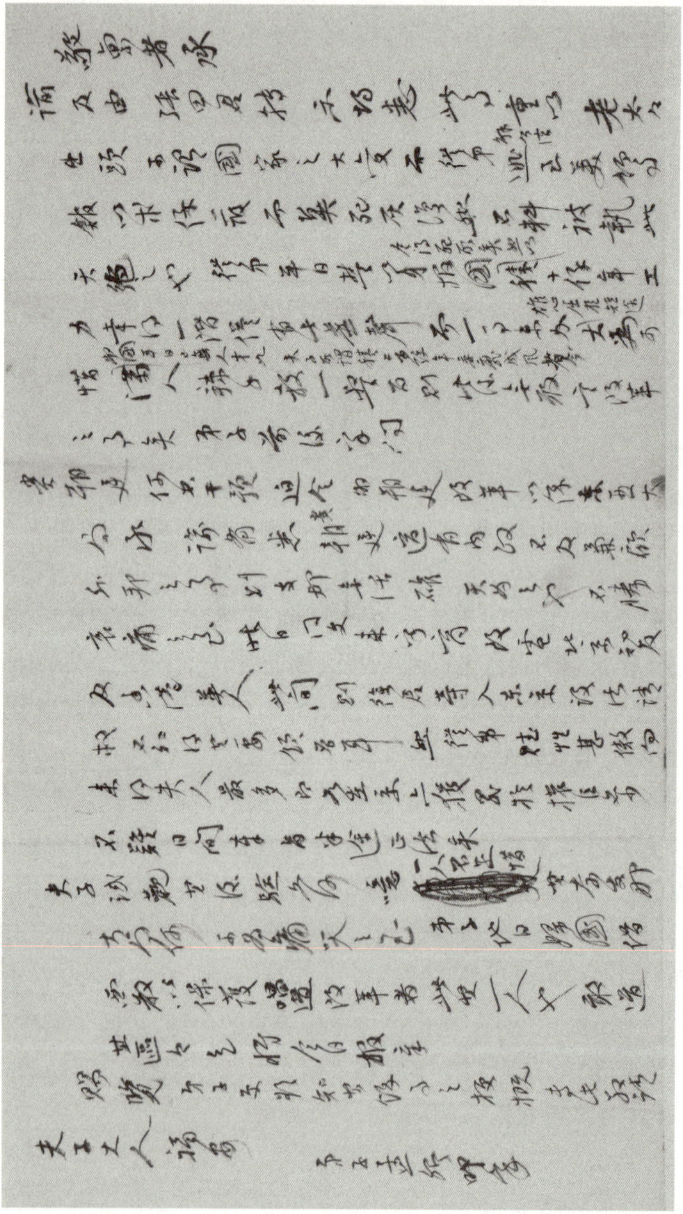

敬禀者，承谕及由张田君转示均悉。此事重以老太太[①]出头，可谓国家之大变。而从弟[②](解公法)逃至美领事馆以求保护，而冀死灰复然，不料被执，此天绝之也。从弟平日誓以身报国，今得死所矣。然以积十余年工力，幸得一阶，仅有此虚声，而一事未办，雄心屈于短途，大为可惜。敝国平日已无人才，如夫子所谓积二百余年委靡成风者。今满人辣手，杀一警百，则此后无敢言改革之事矣。弟子前后禀问贵朝廷何不干预，迫令敝朝廷改革以保东亚大局。承谕备悉贵朝廷适有内政，不及兼顾外邦之事，则支那无活，确天为之也，不胜哀痛之至。昨日同文来禀，商致电北京知友及香港英人，此间则徐君[③]等入东京设法请救，不知得其要领否耳？然从弟德性甚傲，向来得失人最多，即如在京亦获罪于权臣不少，不难日间奉旨半途正法矣。夫子试观其后验如何？噫，一人不足惜，其奈支那大局何，可为痛哭之至。弟子他日归国，借西教以保护，唱道改革者，此其一人也，敢道其区区。乞将今日报章赐览，弟子更欲知其余事之梗概。专此，敬请夫子大人福安。

弟子孟卿叩禀

山本宪资料C161。此札一纸，未见信封。作成时间未详，但当为戊戌政变发生后不久的1898年9月末或10月初。函中称“从弟(康广仁)逃之美领事馆以求保护”，有误。康广仁未及逃避便于南海会馆被捕，9月28日被处决。康有仪在此函中还提到了对日本政府未出面干预的不满，而山本宪则认为日本政府“适有内政，不及兼顾外邦之事”。此处所指的“内政”，当指日本自由党和进步党的党争。对此，山本宪在自著年谱《梅崖先生年谱》中称：“时自由进步二党争讧阋墙，至东亚大局之事，则弃而不复顾矣。”[④]

---

① 老太太：指慈禧太后。

② 从弟：指康广仁。

③ 徐君：指徐勤。

④ 《梅崖先生年谱》，第31页。

康有仪书札四十七（1898年10月12日）

敬禀者，日来阅报，各知人及同志之士俱罢官及逃难，当时伊藤侯不能以危言动之，或以力争之，殊为憾事。果如夫子日前所言，则今日亦知其与我国李氏[①]一派矣。各国兵士集于敝京，借保护为名，其实出于要挟之一端。更虑暴民生事，则藉端分裂且在目前。昨日夫子往神以送贵公使矢野[②]氏赴敝京之行，以为后图策，诚善也。至联同志以保护东亚大局之议，其事甚大，非咄嗟可办。夫子现失意养晦，弟子今遭变故，且在旅途，更不可言。今后只有徐图一策。列其条议[③]，函商同志，献替赞成，以为他日应机提倡地步则可也。伤哉！天不假我夫子与弟子同志辈以重权，奈之何哉！其灭教即是灭种，为痛恨耳。阅昨日报，知从弟为英米[④]保护而赴彼方。又前日报称英人有要挟复敝皇上之旧权，销改革派之非罪，此见英人之笼络汉人，其手段更出伊藤氏之上也。呜呼，渺渺长夜，沧海横流，我四万万人，他日其何人拯之哉！毁板投壑，不值一笑。从弟之所著书，俱以经史作证，稳如铁案。吾人之出世以舍身救民，又入山则预葬虎腹，浮海则预作鱼腹，生且无有，何有于尸耶？（从弟之宗旨，呈览）

弟子孟卿禀　十月十二日

山本宪资料C139。此札一纸，未见信封。此函表露了政变后对为设法营救维新派所作的努力未能取得实质性进展的无奈，以及对伊藤博文的北京之行未能“以危言动之”的失望。尤其是伊藤博文的北京之行，伊藤作为日本明治时代推行新政的重要人物，维新派人士对他的来华访问抱有极大的期望，如宗人府主事陈懋鼎于七月二十九日奏请召见伊藤，并建言：“皇上于其进见时，宣中日和睦之谊，询彼国变革之序，于内政外交两有裨益。”[⑤]贵

---

① 李氏：指李鸿章。

② 矢野：矢野文雄(1851—1931)，日本明治时代新闻记者、作家、外交家。1897—1899年，先后任驻清国公使、驻清国特命全权公使。

③ 条议：当指1898年10月为援助逃亡至日本的变法维新派而结成的日清协和会的旨趣和章程。据《日清协和会趣意书・规约》，其旨趣为：日清两国人亲睦提携以通彼此气脉，以期扶植清国、保全东亚大局；藉来往及音信其他一切便法，彼此必须情况相告；拟来往两国间及通音信，若约货物买卖者，为授利便之道；讨究时事，以实行之，以助清国革新之举；有诸会关系两国间者，与通气脉；此会与政党无干涉；既为会友，当互相保护，若被匪类陷害，吾侪当死力报之。(山本宪资料C224，汉文，标点为笔者所加)《清议报》第二册也载有《日清协和会旨趣・章程》，大意相同，文字略异。

④ 英米：英国和美国。“米”，日本对美国的译称。

⑤ 《清季外交史料》卷一百三十四，第19页。

州举人傅夔则甚至奏请留伊藤为相，以行新政。其奏折称："日人素尚义气，喜功名，既无异种之嫌，复有同洲之患，今伊藤之来，苟乐为相助，于我诚便，以视非我族类其心必异者，可无疑于往事也。且臣所以请皇上留相伊藤者，近世欧洲多有此例，以为美谈，不以本国乏才为耻。"[①]然而，伊藤不但没能推动维新运动，反而有学说甚至认为，正是伊藤与光绪帝的面谈，令慈禧太后怀疑光绪帝利用外国势力推动改革，从而最后下决心发动政变。

---

① 《六十年来中国与日本》第三卷，第228页。

康有仪书札四十八(1898 年 10 月)

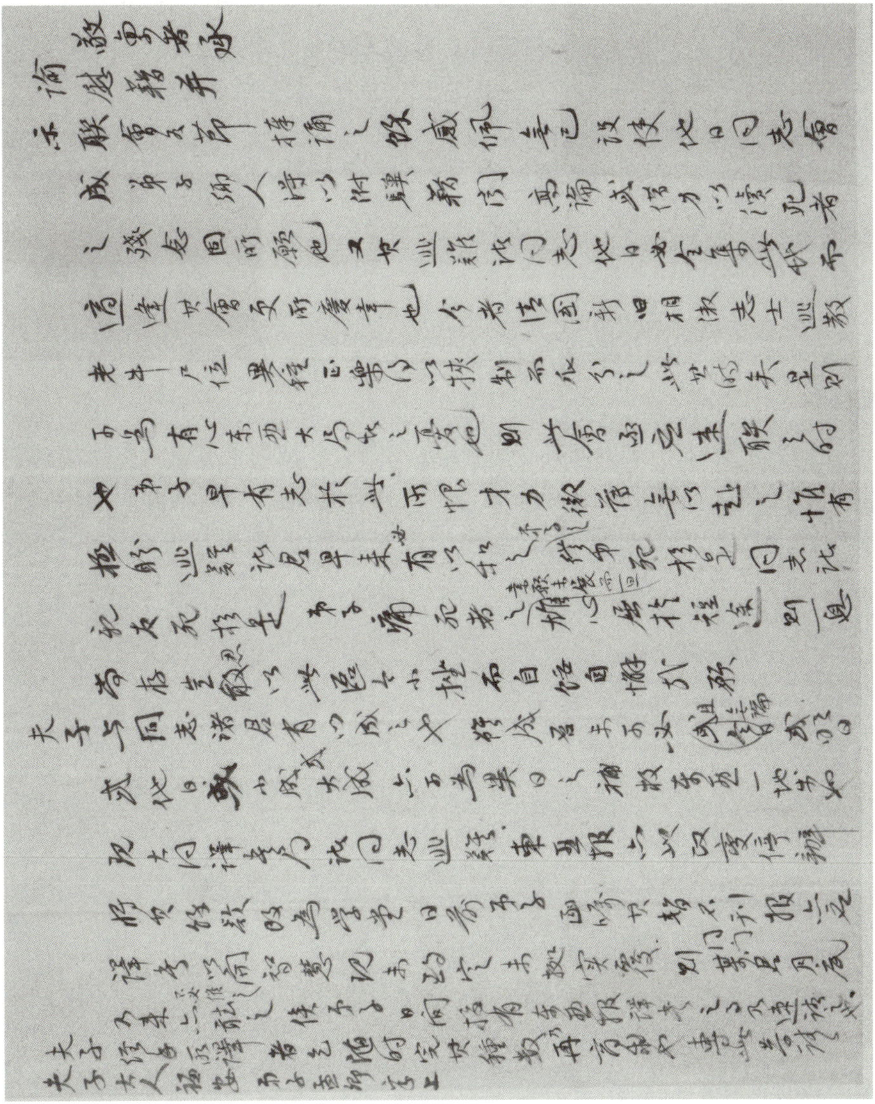

敬禀者，承谕慰藉，并示联会[①]各节，捧诵之余，感佩无已。设使他日同志会成，弟子乡人得以附骥，藉闻高论，或借力以续死者之残念，固所愿也。又其逃难诸同志，他日必全集此地，而适逢其会，更所庆幸也。今者清国新旧相激，志士逃散，老牛尸位，异种正乐得以挟制而瓜分之，此其时矣。是则可为有心东亚大局者之忧也，则此会亟应速联之时也。弟子早有志于此，所恨才力微薄，无以赴之，惟有极盼逃难诸君早来，必有以和之。弟子之从弟[②]死于是，同志诸亲友死于是，弟子痛死者之素愿未展而一旦雄心屈于短途，则一息尚存，岂忍以此区区小挫而自馁自懈哉？愿夫子与同志诸君，有以成之也。虽成否未可必，且无论或明日，或他日，或小成，或大成，亦可为异日之补救东亚一地步也。现大同译书局诸同志逃难，《东亚报》亦以政变停办，将其余款改为学堂。日前弟子函嘱其暂不刊报，亦应译书，以开智慧。现未酌定，未据实覆，则同门某君月底乃来，亦听之。（不必催之）俟弟子日间接有《东亚报》译书之事，乃速请之也。夫子经手所译者，乞随时完其种数[③]，乃再商求也。专此，恭请夫子大人福安。

弟子孟卿禀上

山本宪资料C159。此札一纸，未见信封。作成时间未详，但当为1898年10月前后。康有仪在此函中表达了对日清协和会的期待，并表示尽管上海大同译书局和神户《东亚报》馆已因政变而关闭，但也当继续译书，以开智慧。

---

① 联会：指日清协和会。其设立旨趣，参照康有仪书札四十七注“条议”。

② 从弟：康有为胞弟康广仁。

③ 种数：语意不明，疑“数种”之误。

康有仪书札四十九（1898 年 10 月）

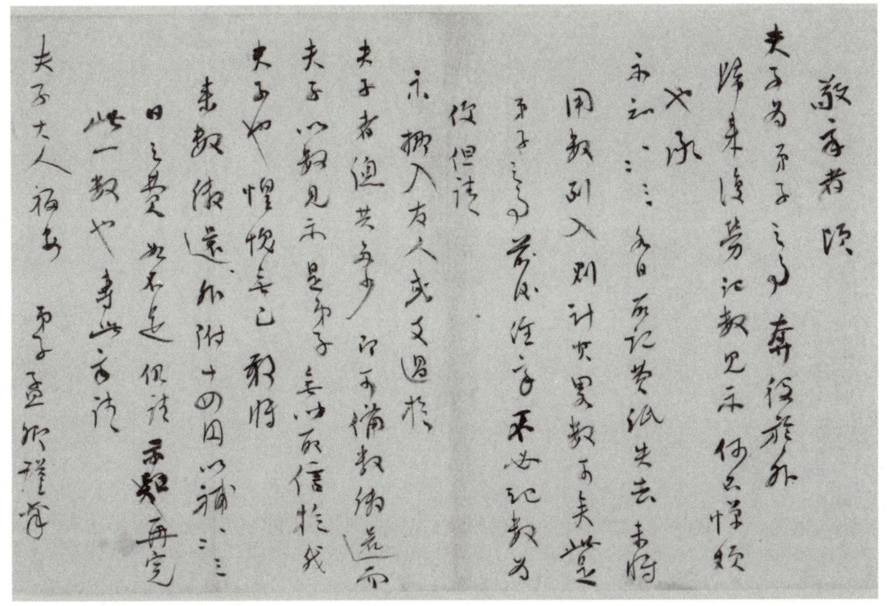

敬禀者，顷夫子为弟子之事，奔役于外，归来复劳记数见示，何不惮烦也！承示知一二三各日所记费纸失去，未将用数列入，则计其略数可矣。此是弟子之事，前后经禀，不必记数为便。但请示挪入友人或支过于夫子者，总共多少，即可备数缴还。而夫子以数见示，是弟子无以取信于我夫子也，惶愧无已。敢将来数缴还，外附十四圆以补一二三日之费。如不足，仍请示知，再完此一数也。专此，禀请夫子大人福安。

弟子孟卿谨禀

按

山本宪资料 C160。此札一纸，未见信封。作成时间未详，但当为 1898 年 10 月，即山本宪为援助逃亡日本的维新派人士赴东京并从东京返回大阪之后。此函主要涉及山本赴东京旅费的结算，可知山本东京之行的所有旅费均由康有仪支付。

康有仪书札五十(1898 年 10 月)

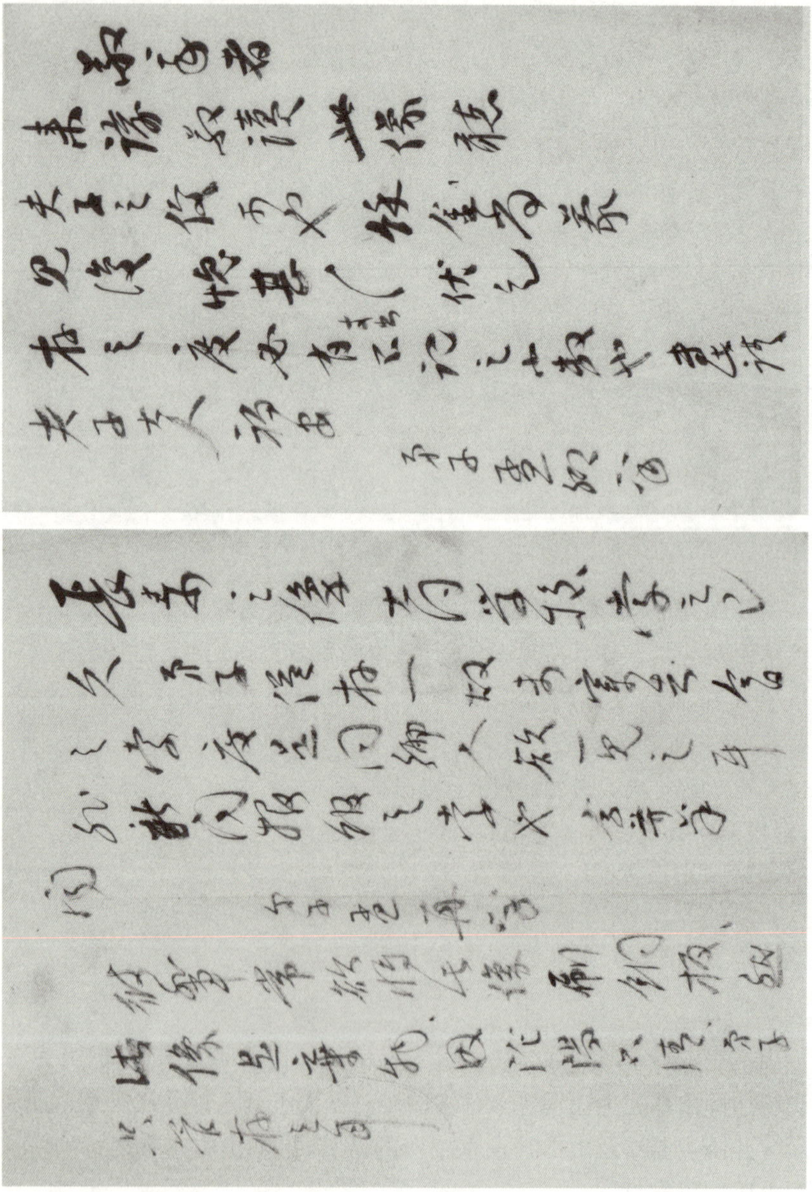

敬禀者，来谕敬读，此像[1]听夫子之便可也。余金尚蒙见复，愧甚愧甚！伏乞存之，度必有支出不记之小数也。专此，请夫子大人福安。

弟子孟卿禀

长素之像，大同学校索之已久，弟子仅存一，故未寄去。今日之索，度是同乡人欲一见之耳，非新闻报馆之索也。合并禀闻。

弟子孟再禀

彼辈常欲将此像刷铜板，然此像是弃物，因阴阳不清。弟子只管存之耳。

按

山本宪资料 C162。此札二纸，未见信封。作成时间未详，但当为 1898 年 10 月前后。函中所提及的“此像”，当指山本宪从康有仪处得到的康有为相片，此相片现仍保存在高知市立自由民权纪念馆所藏的山本宪资料中。康有仪在将此相片赠与山本宪时，还附有以下说明：“从弟监名曰祖诒，举贤书仍名曰祖诒，中进士正其名曰有为（有字则世传派列之差等，为字则父母所命之名也），字广厦，别号长素（长字上声），外间尊称之曰南海先生。原官工部主事，前月引见后授差为总理各国事务军机章京处行走云，官微言轻，不能假以大权，其志不行，大有归以授徒著书之念，其亦几于夫子同矣。”[2]

① 此像：指康有为照片。

② 见山本宪资料 C1。

康有仪书札五十一(1898 年 10 月)

敬禀者，接读来谕，敬悉种切。备蒙苦心经费，至感至感！联同志以为后计，亦可方便定一要策也。乞徐图之。至旅费用度一切，因闻夫子将归，故未有汇呈。此行所费，挪入友人之项几何，然后可拂数以行，则示知，弟子可备数呈上奉还。若既费夫子之劳役于外，不得休息，而此次归来又要会计，不其太苦乎？此是弟子之事，万不必琐琐开数（师弟相信以心）。但用过夫子所挪入者，支出者即为弟子之欠数，此为简便也。专此，禀请夫子大人福安。并问眼恙，乞调摄。

弟子孟卿禀上

代呈夫子大人。

山本宪资料C163。此札一纸，未见信封。作成时间未详，但当为1898年10月前后。提及山本宪赴东京期间的旅费汇呈和结算。

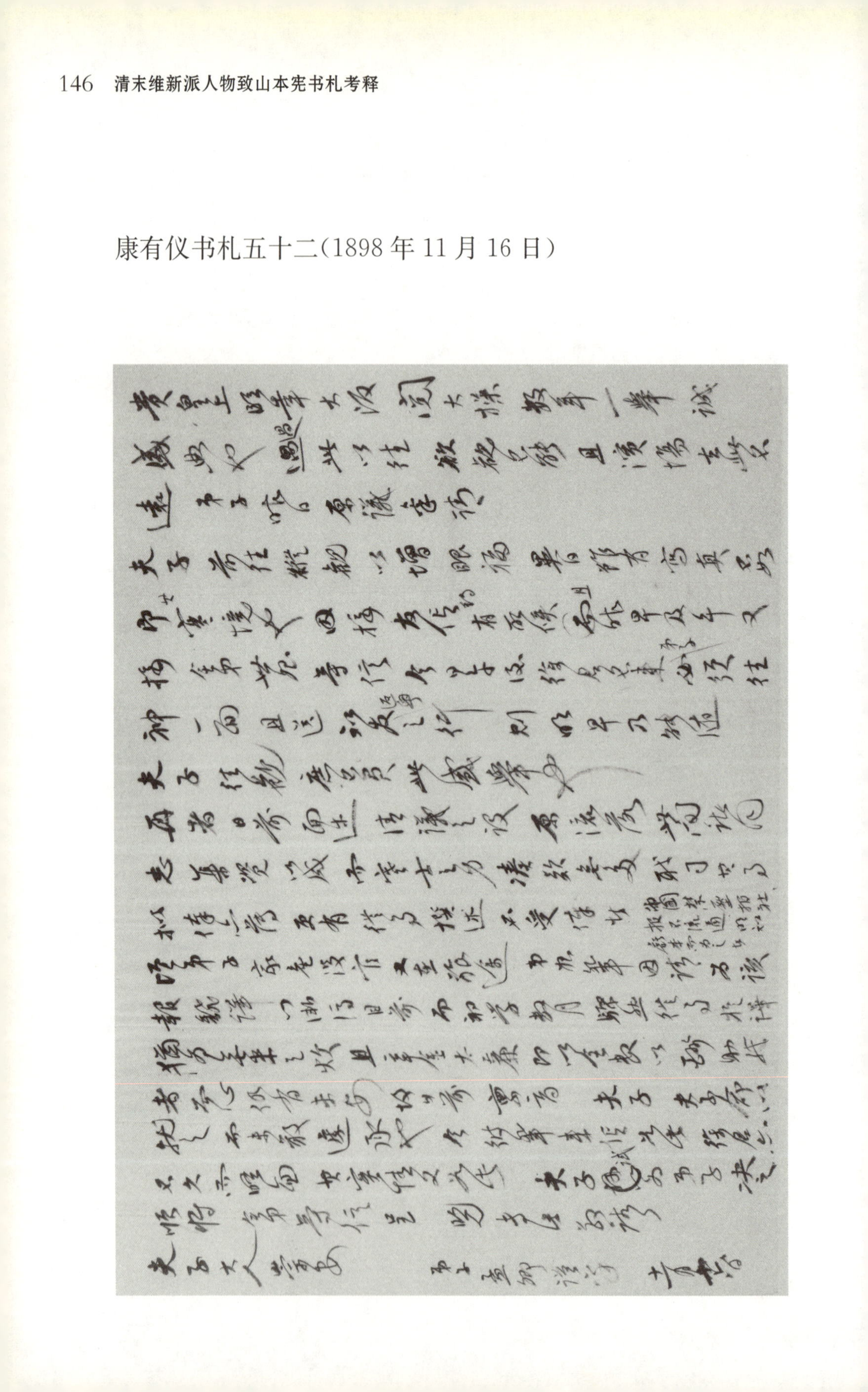

康有仪书札五十二(1898 年 11 月 16 日)

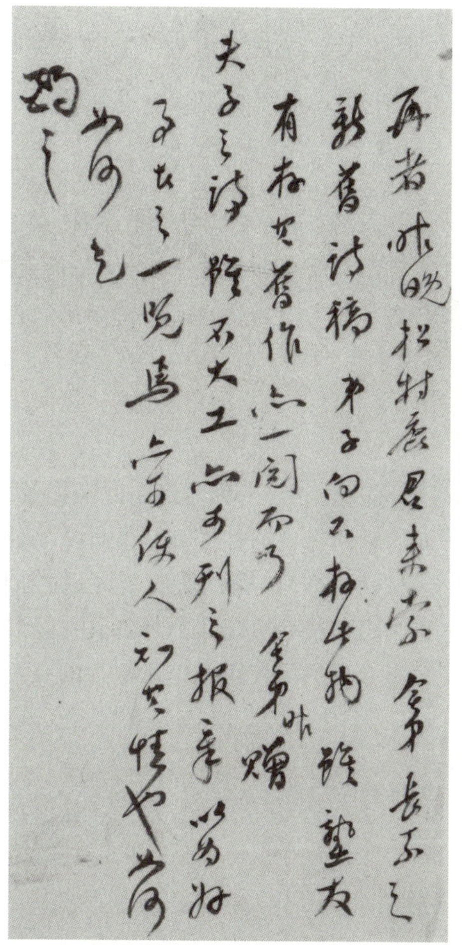

贵皇上临幸大阪阅大操[1]，数年一举，诚盛典也。过此以往，欲观不能，且演场去此不远，弟子昨日原议禀请夫子前往纵观，以增眼福。异日虽有写真，不如即其实境也。因接友信，约有所候，且昨早及午又接舍弟世侄等信，今日午后徐君不来，弟子必须往神一面，且送知友返粤之行，则明早乃能随夫子往观，庶不负此盛举也。

再者，日前面述《清议》之设，原流落此间诸同志集资以成，而寒士之力，凑款无多，职司其事，拟俸亦薄，更有从事撰述不受俸者。（敝国禁压报社，报不流通，明知亏本而为之者。）顷弟子家产没官，又在旅途，弟侄辈因请为

① 大操：指 1898 年 11 月在大阪泉南郡举行的日本陆军大演习。11 月 16 日，日本天皇临幸检阅了军事演习。

该报翻译，以渐[1]济目前。而初学数月，骤然从事于译，犹为无米之炊。且辛金[2]太廉，即以全数以酬助我者，而心仍有未安。故日前禀商夫子，夫子命以就之，而未敢遽承也。今彼辈来信如此，徐君亦不久而晤面，其实情又如此，夫子试为弟子决之。顺将舍弟等信呈览。专此，敬请夫子大人崇安。

弟子孟卿谨禀　十一月十六日

再者，昨晚松村鹿[3]君来索舍弟长素之新旧诗稿，弟子向不存此物，虽塾友有存其旧作，亦一阅而了。舍弟昨赠夫子之诗，虽不大工，亦可刊之报章，以为好事者之一览焉，亦可使人知其情也。如何如何？乞酌之。

山本宪资料C177。此札二纸，未见信封。此函提及了将在横滨设立的《清议报》，康有为等人邀请康有仪前往横滨从事日文稿件的翻译，而康有仪则考虑到自己的日文仅“初学数月，骤然从事于译，犹为无米之炊”，故犹豫不决，请求塾师山本宪为之作最后决定。另外，函中提到的康有为赠与山本宪的诗作，未见于高知市立自由民权纪念馆所保存的有关山本宪资料。

① 渐：疑“暂”之误。

② 辛金：“薪金”之误。

③ 松村鹿：梅清处塾塾生。山本宪资料D-13《嘤嘤录》有“松村鹿太郎，明治七年五月生，住址伊豫郡中町三六东京小石川林町四十”之记载。

康有仪书札五十三(1898 年 11 月)

敬禀者，承谕慰问各节，备聆。甘任教育，甚且担忧，凡此盛心，有逾骨肉。捧诵再三，不觉感激涕零，其将何以图报万一也。弟子幸承先祖父[①]遗业，少年不节，破败之余，每年收息，尚可供祭祀及家母庶母[②]以下衣食酬应。而家庶母手上，亦得先父拨存养生银两，各存母舅生利，则每年收息，可各得百十。此次政变，产业没官，是其实业，非浮银[③]也，两母亦可各自支持。事变后接乡信，知舍妹迎养于夫家，时或各归母家。而弟子内人前年八月去世，大女早经出阁而抱孙（小婿陈荫农[④]现在大同学校教读），小媳渐[⑤]归母家度活（即韩云台之胞妹，其家颇丰），二女至六女、第三子分养于妻族及大女家，幸各姻亲颇丰，平日极能周旋。而二、三女早经许字，年且长（一二十年，一十八年），未遇事，既经亲家催请过门，今遭故，正遣同文回广东料理家慈安居，及为二女置办荆钗布裙，为之遣送。此次政变，产业没官，何止连累弟子与长素、有服[⑥]之亲已哉？（乡人洋商何晓生[⑦]者，义士而富人也。赠长素四千金，以二千为族人养口。其失职将无以食力者，经何晓生位置[⑧]有席焉。何氏者，于长素初逃难到港为之保护一人也。）其出服[⑨]无辜被苛政者，自始祖以下几及百人。（宋朝来，生息至今，将百人，实通姓无归。）虽被非常之祸，幸弟子向存倾家杀身之念，今遭实事，视为分内事，不动心也。所惜者，美政未成，而杀一爱弟[⑩]，戮数同志耳。可痛哭者，吾人向遭满人倾轧，而同种甘为汉奸内腐，极难挽回耳。其余何足惜哉？（今虽小挫，事未休也。）顷在旅次，同志所创《清议报》，翻译需人，既承痛改力助，不得不就其职。然工夫未足，向蒙栽培，不能负恩径去。现与彼约，愿于俸内割出五圆为我闰[⑪]

---

① 先祖父：指祖父康国器。曾历任福建省和广西省布政使、广西巡抚等职。

② 庶母：家父之妾。

③ 浮银：现银，现金资产。

④ 陈荫农：陈和泽，字荫农，广东南海人。康有仪女婿，康有为弟子。1897 年赴日，曾任横滨大同学校教员。归国后曾任广州南强公学校长等职。

⑤ 渐：疑“暂”之误。

⑥ 有服：宗族关系在五服之内。

⑦ 何晓生：何东，字晓生，香港商人。康有为避难香港时，曾大力资助康有为。对此，康有为曾在《康南海自编年谱》中回忆称：“何晓生于八日托陈欣荣至城迎吾家，梁铁君请于英广州领事，用小轮入乡，迎吾母。虽皆先去，而侠士高义，令人感泣。吾二十一日移居何晓生家，港澳赁屋、薪水，皆何穗田供给，周入隐微。何晓生复赠金数千，以安羁旅，藉以济宗族及供游赀焉。二何君今之侠士，义高海内，何可复得哉！”（《康南海先生遗著汇刊》，第 75 页）

⑧ 位置：处置，安排。

⑨ 出服：宗族关系在五服之外。

⑩ 爱弟：指康有为胞弟康广仁。

⑪ 闰：通“润”。

饰日旬两报[1]东西文稿，而旬报则在此译寄。事关大局，未便推断也。知念敢以实对。专此，敬请崇安。

弟子孟卿禀

山本宪资料C165。此札一纸，未见信封。附有山本宪所作“康孟卿手录”字条。作成时间未详，但当为1898年11月前后。康有仪在此函中向山本宪详细地透露了家庭的经济状况和成员构成，以及南海康氏家族因政变所受到的打击。并表示尽管《清议报》翻译需人，但自己不能负恩径去，希望仍留在大阪，在大阪翻译文稿，并经山本宪润饰后寄往横滨《清议报》馆。

① 日旬两报：指旬报《清议报》和原先计划创办的日报，但日报最终因销路等原因未能创办。

康有仪书札五十四(1898年11月24日)

夫子之命足饒焉。專此，鵠請
崇安。弟子孟卿謹言。十月廿四日
須換康弟來信，候嘴弟子代請
安。[illegible]收以呈
覽。（[illegible]）孟卿之抱思起朝占喜鵲，夕卜燈花，（必）[illegible]聽其呵呵
夫子前次入京時起程時，適同和來塾，持有五十圓（係同和之商人謝[illegible]者）
問公請於辯護士角谷君，而未見之，是時不忍
夫子獨行，囑令同和隨役
事後商人以同和子卿五十圓作爲捐款，聞之奉弟，令吾
弟不欲受其情，並未商送其款，神戶[illegible]作横濱
又前此同和（隨役）行於商人籌款百五十圓，付角谷而（[illegible]）
辯護士（共）三人入京辦事。角谷君與廣東商人頗
有交情，則[illegible]同和會[illegible]多以數[illegible]由其持動情
商（入會）此弟子輕（較）爲同力，因弟子[illegible]商人不素往之故，足[illegible]
[illegible]
弟子孟[illegible]

敬禀者，弟子去腊以养病来游，原舍弟长素等资助一切。初到神户，仰慕文明，留读五月，讫无门径。慕夫子言行可师，以是来学，幸列门墙。满拟学成乃去。惟自经病后，脑力大衰，旋记旋忘，仍勉力向学，不敢以鲁钝改其初心也。旋以敝邦变政以来，手足折伤，同志俱残，郁结之余，久已废卷。顷横滨商人志士创一报馆，以款留逃难诸子。而舍弟[①]将有米英之行，因荐弟子以译文，少获资助。今非昔比，为目前计，迫令就之，译毕寄去，仍可在此留学也。惟近连接来信，以远译不便，敦请来滨。而端居数月，以学以食，受恩深重，未忍遽离。虽函问可通，不能自已，且也学业未成，不能从事于译。虽其间或请教有人，亦不能示人以腹。又因近习普通诸书，以为根底，虽渐困厄，未敢舍己从译，以碍其功。再四思维，拟乞夫子为代觅人，月译四万五千字，每日千五百字，凡十日一寄，由弟子酬以月修十五圆，不知能有其人否？抑其俸过薄，敢乞酌示，以略增。以上各情，弟子进退维谷，不能自决，用敢商之，惟夫子之命是听焉。专此，敬请崇安。

弟子孟卿谨禀　十一月廿四日

顷接舍弟来信，嘱弟子代请安，顺以呈览其中云云。无聊之极，思恐朝占喜雀，夕卜灯花，必无其验耳。呵呵。夫子前次入京，临起程时，适同和[②]先来塾，携有五十圆（后闻与商人渐[③]挪者）问公法于辩护士角谷君[④]，而未见也。是时不忍夫子独行，嘱令同和随役，事后商人以同和手挪五十圆作为捐款。闻之舍弟，今舍弟不欲受其情，函来商还其数。神户误作横滨。又前此同和随役行后，商人望和[⑤]消息于角谷翁，因别筹款百五十圆伴角谷两辩护士共三人入京办事。角谷君与广东商人颇有交情，则日清协和会章请多以数纸，由其转劝清商入会，比弟子较为得力，因弟子向与商人不来往之故。是否？乞卓夺之。弟子孟又禀。

山本宪资料C191。此札二纸，信封正面书“呈夫子大人安启　孟卿谨禀”，无邮戳。康有仪在此函中表示自己于1897年腊月赴日，并在赴日时接

① 舍弟：指康有为。
② 同和：康同和，康有仪之子，曾在神户《东亚报》馆任职，后至横滨大同学校。余未详。参见康有为书札一。
③ 渐：为“暂”之误。
④ 角谷君：角谷大三郎，日本和歌山县人，律师，曾为神户《东亚报》翻译稿件。
⑤ 和：指康同和。

受了康有为的资助。而此时康有为因不久将有美英之行，故推荐康有仪为《清议报》翻译稿件，以稍获资助。康有仪本打算人仍留在大阪，边学习边为报馆提供翻译稿件，但横滨方面则“以远译不便，敦请来滨”。进退维谷的康有仪再三考虑后，希望山本宪代为觅人，以替代自己。

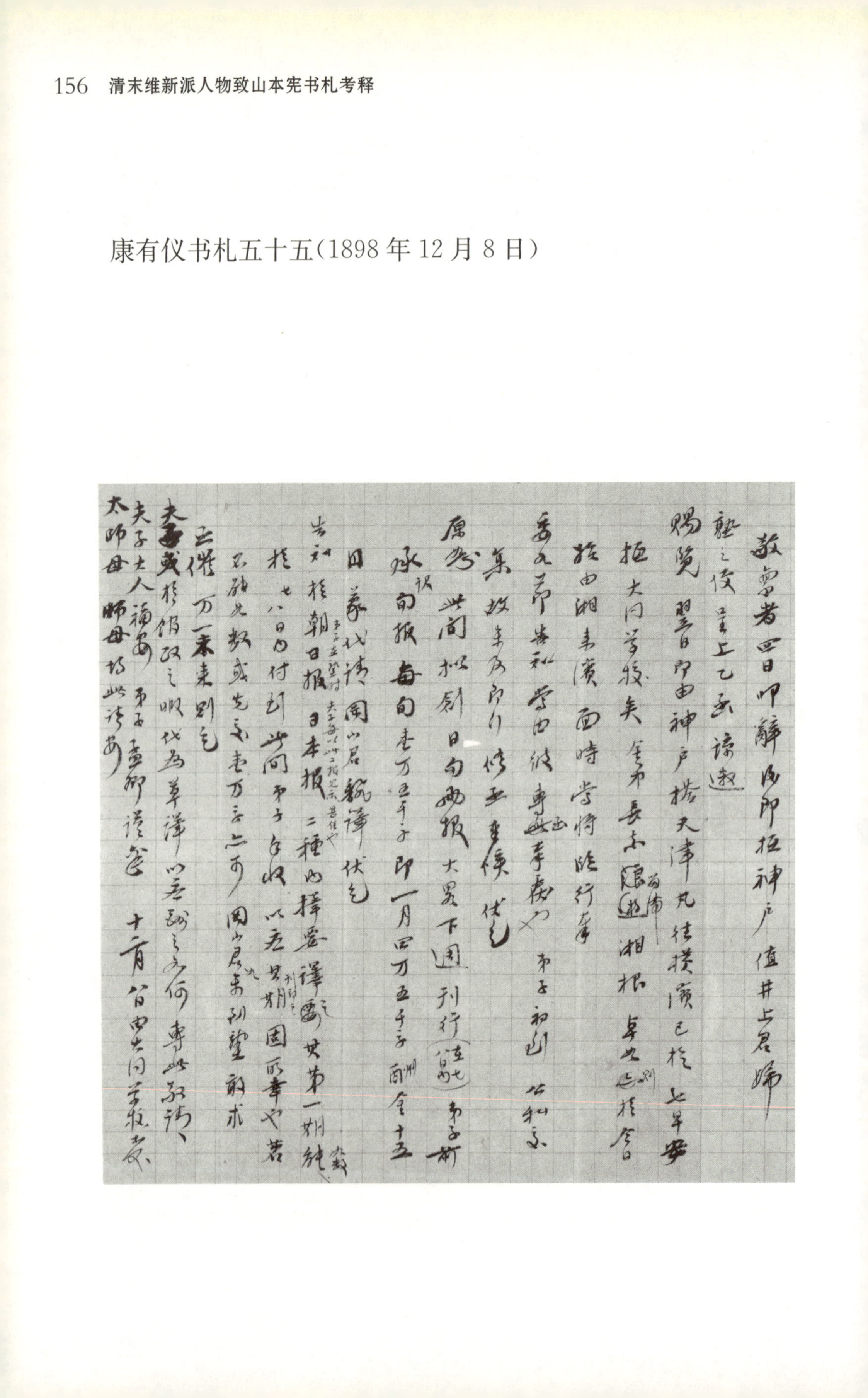

康有仪书札五十五(1898 年 12 月 8 日)

敬禀者，四日叩辞后即抵神户，值井上君[①]归塾之便，呈上乙函，谅邀赐览。翌日即由神户搭天津丸往横滨，已于七早安抵大同学校矣。舍弟长素留滞湘根[②]，卓如则于今日始由湘来滨。面时当将临行奉委各节告知，当由彼专函奉覆也。弟子初到，公私交集，故未及即行修函奉候，伏乞原恕。此间拟创日旬两报，大略下周刊行(在七八日内)。弟子前承译旬报，每旬壹万五千字，即一月四万五千字，酬金十五圆。蒙代请冈山[③]君翻译，伏乞告知于《朝日报》《日本报》(弟子在塾时，夫子每以此二报见示，甚佳也)二种内择要译之，其第一期能如数于七八日内付到此间弟子手收，以应其刊印之期，固所幸也。若不能如数，或先交壹万字亦可。冈山君如未到塾，敢求函催。万一未来，则乞夫子或于馆政之暇代为草译，以应酬之如何？专此，敬请夫子大人福安。太师母、师母均此请安。

弟子孟卿谨禀　十二月八日由大同学校发

山本宪资料 C116。此札一纸，信封正面书“大阪东区谷町一丁目梅清处塾　山本梅崖夫子”，背面书“横滨居留地一百四十番　大同学校　康孟卿敬椷”。发信时间为 1898 年 12 月 8 日，即康有仪离开山本学塾抵达横滨的第二天。此时正在筹备创办《清议报》，而康有仪正是为从事《清议报》稿件的翻译和组稿工作而赴横滨的。此信函除包含康有为、梁启超在日本的活动信息外，主要为委托山本及其塾生代为翻译部分稿件。受康有仪的委托，山本宪私塾的学生为《清议报》翻译了不少文稿，山本宪本人还为报刊专门撰写了一些文章。由于《清议报》的译文大多不署译者名，因此哪些译文出自山本私塾学生之手，已很难一一确认。但也有一些署名的译文或文章，如《清议报》第二册有片冈鹤雄译《俄法同盟疑案》《极东之新木爱罗主义》，第三册有同为片冈鹤雄译《大阪朝日新闻廿四日至廿七日杂报》《东京日本报自廿三日至廿五日杂报》等，《清议报》第二、四、五册连载了山本宪《论东亚事宜》的论文，其中第二册署名“梅崖山本宪”，第四、第五册署名“梅生”。另外，信中提到的“日旬两报”，旬报指后来所创的《清议报》；而梁启超等本预定旬报外另创日报，后考虑到销路等原因，最终未创办。

---

① 井上君：梅清处塾塾生。山本宪资料 D－13《嘤嘤录》所载塾生名单中有井上富雄(明治八年十月五日生)、井上笃之(明治十六年十月生)之记载。其余不详。

② 湘根：即“箱根”，日本地名。下同。

③ 冈山：梅清处塾塾生，其余不详。

康有仪书札五十六（1898 年 12 月 11 日）

敬肃者、十日

来读、十一早接读、两纸俱下令 揣摩之至、即以

尊意走报、拟霁明后日印五百纸来、美感、吟立兑见焉

荟发、小林曾根诸君、书子笔拍明即学予别求兄以冀

有病情日来身欧忙、他日见之、尚者心言霁处此向报纸

窃拟十二月廿二发行、先於前一週内列印钉装、译文气柁

十五六字句者句有延。应译日本相日两报程目必任一道

尊意两定代求 用山启洋之、书子荟出垫时读报纸佐

夫子选定图生者心所女要领去育之年是之椎以兑無助由

夫子自使也、卓之子先、石眼五候、嗟草诸喜、荟此叙彼

夫子大人福安、布子盂郑谨启

太师母师母於吾百为名在慕之迨日向悲于回厝毛代请

寄布否宫祝赖焖为不俊、悒恨不能逵一点以伴行礼等

己矣　　十二月十一日婿下九行申

敬肃者，十日来谕，十一早接读。敝政府下令擒杀之事，即以尊意走报，据覆明后日即可归京矣。所嘱应见各要人，如谷公①及小林、曾根诸君，弟子辈稍暇即当分别求见，以冀有济。惟日来开局伊始，琐事颇忙，他日见之，当有以禀覆也。此间报纸定于十二月廿二日发行，先于前一周内刊印钉装。译文乞于十五六日内寄惠，幸勿有延。应译《日本》《朝日》两报，其种目如何，一遵尊意所定，乞代求冈山君译之。弟子前在塾时，日读报纸，经夫子选定硃笔图出者，已得其要领矣。商之卓如，亦极以为然，故由夫子自便选发也。卓如事忙，不暇函候，嘱笔请安。恭此，敬请夫子大人福安。

弟子孟卿谨禀

太师母、师母于五日为名古屋之游，日间想可回府，乞代请安。弟子四日出神往滨，颇为不便，恨不能迟一日以伴行，然今已矣。

十二月十一日灯下九时申

山本宪资料 C157。此札一纸，信封正面书“大阪东区谷町一丁目　梅清处塾　山本梅崖夫子”，背面书“横滨居留地一百四十番大同学校　康孟卿”。接山本宪告知清政府将派人擒杀流亡日本的维新派人士的消息后，康有为立即给康有仪复函(参见康有为书札六)，表示明后日即归东京。康有仪则与此函一起，将康有为的复函转送给了山本。此外，从此函中也可得知，山本宪向康有仪推荐了多名政界要人，希望康有仪与康梁等人前往相见。康有仪还在此函中透露了《清议报》的创刊号发行时间为 12 月 22 日，而该报最终创刊时间为 1898 年 12 月 23 日，似比预定时间推迟了一日。

① 谷公：当为山本宪建议求见的日本政治家之一。山本宪资料 C65 梁启超致山本宪书札中有：“所示诸君，惟胜伯近卫公已见。康先生则已并见副岛伯、曾根君，其余谷子求见而未得。外此诸公多未修谒。”胜伯当指胜海舟伯爵，近卫公指近卫笃麿公爵，副岛伯指副岛种臣伯爵，曾根君指曾根俊虎，谷子当与此函中的“谷公”为同一人物，极可能指贵族院议员谷干城。

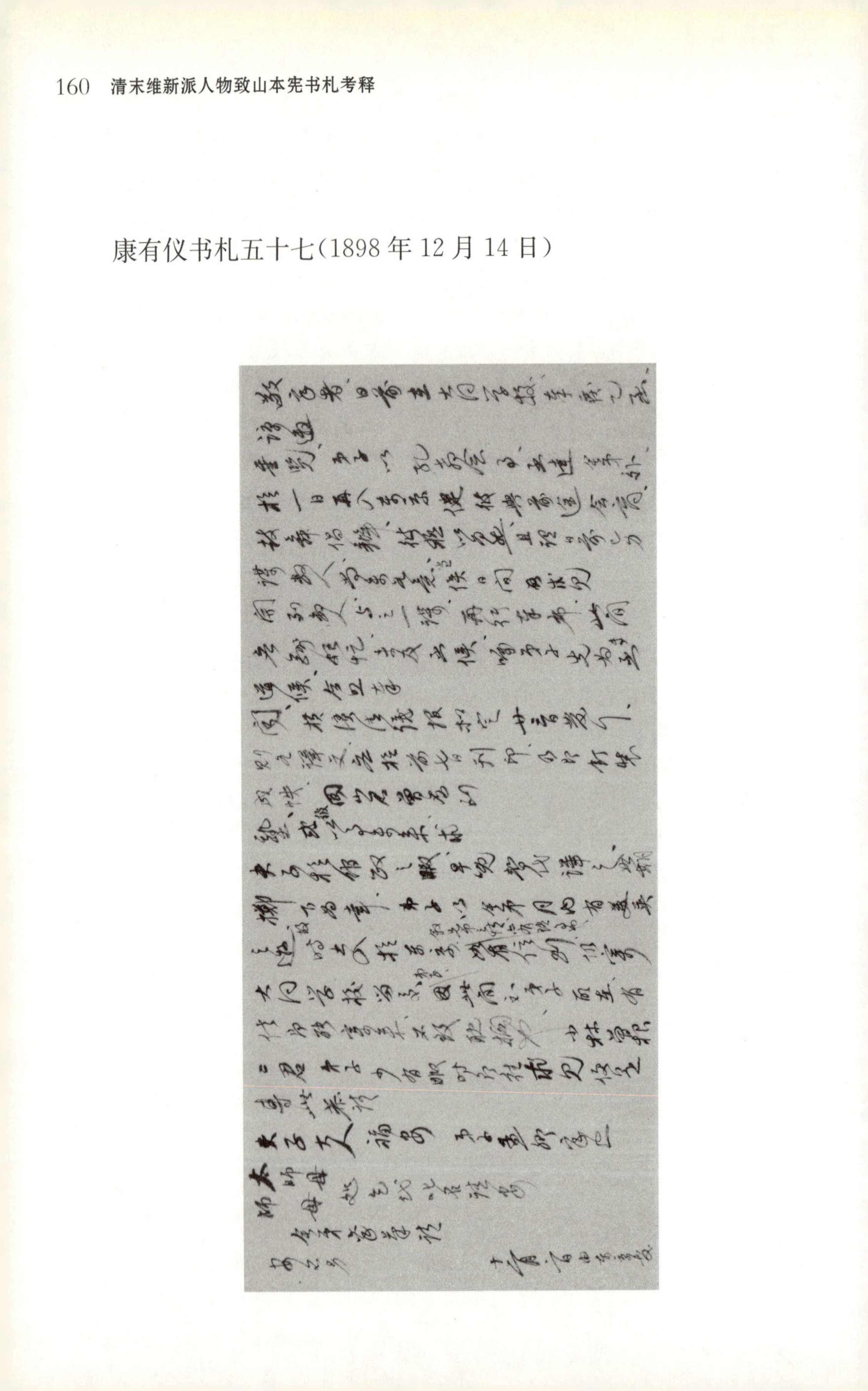

康有仪书札五十七（1898 年 12 月 14 日）

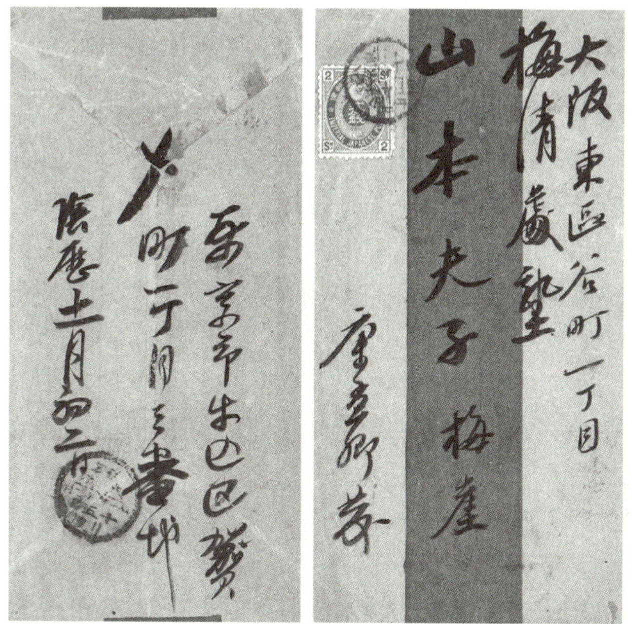

敬禀者，日前在大同学校，奉覆乙函，谅邀垂览。弟子以孔教会事，函达舍弟外，于一日再入东京，促彼与前途[①]会商。鼓舞倡办，彼极以为然。且谓日前已力谋数人，尚未如意，当俟日间求见开列数人，与之一谋，再行奉布。此间应酬颇忙，未及函候，嘱弟子先为专函道候，合照奉闻。横滨《清议报》拟定廿三日发行，则各译文，应于前七日刊印，乃即钉装成帙。冈山君曾否到塾？或彼以事未来，求夫子于馆政之暇，早晚暂代译之，如期掷下为幸。弟子以舍弟月内有美英之游，故时出入于东京，叙兄弟之情，亦有琐事也。如有信到，仍寄大同学校留交弟子，因此间知弟子所在，有信即能寄来，不致耽搁也。小林[②]、曾根[③]二君，弟子少有暇时，即往求见便是。专此，恭请夫子大人福安。

弟子孟卿禀上

太师母、师母处乞代叱名请安。舍弟禀笔请安，不另。

十二月二日[④]由东京发

---

① 前途：对方，有关双方中的另一方。

② 小林：康有仪书札五十六、五十七、六十一、六十二中也曾多次出现该姓，可能为同一人。是否为与山本有深交的小林樟雄，尚有待考证。

③ 曾根：曾根俊虎(1847—1910)，日本米泽藩(现山形县)人。江户时代末武士，明治时代政治家。幼名小太郎，号暗云，中国名曾啸云。官至海军大尉。作为军事间谍，同时以“兴亚会”创始人的身份，曾长期在中国从事间谍活动。与李鸿章、张之洞、孙中山等人均有交往。

④ 十二月二日：误，当为十二月十四日。参见按语。

按

山本宪资料 C192。此札一纸，信封正面书“大阪东区谷町一丁目　梅清处塾　山本夫子梅崖　康孟卿发”，背面书“东京市牛込区加贺町一町目三番地　阴历十一月初二日”。正面邮戳有“东京十二月十四日”等字样，与信封背面所书“阴历十一月初二日”相一致。据此，可知书信最后所署“十二月二日由东京发”有误。由此函可知，康有仪离开山本宪梅清处塾前往横滨后，因“舍弟月内有美英之游”而屡屡“出入于东京，叙兄弟之情”，但事实上康有为最终并未于“月内”离开日本，而是在 1899 年 3 月 22 日，在获得日本政府旅费资助下，从横滨乘“和泉丸”离开日本。康有仪在函中向山本宪汇报了与康有为在东京谋求创设“孔教会”的情况。在维新运动期间，康有为提出了孔教说，试图将传统的儒学改造成具有宗教色彩的孔教。1898 年 6 月，康有为在《请尊孔圣为国教立教部教会以孔子纪年而废淫祀折》称：“臣窃考孔子实为中国之教主，而非为学行高深之圣者也。……臣今所编撰，特发明孔子为改制教主，六经皆孔子所作，俾国人知教主，共尊信之。……乞明诏设立教部，令行省设立教会讲生，皆传祀孔子以配天，并行孔子祀年以崇国教。”[①]康有为在东京谋求创设孔教会的活动，似与山本宪也有一定的关联，康有为在东京为此求见的人物，有一些为山本宪所开列。另外，与上函不同，康有仪在此函中称《清议报》将在 12 月 23 日创刊。

① 《康有为政论集》，第 281－282 页。

康有仪书札五十八(1898 年 12 月 18 日)

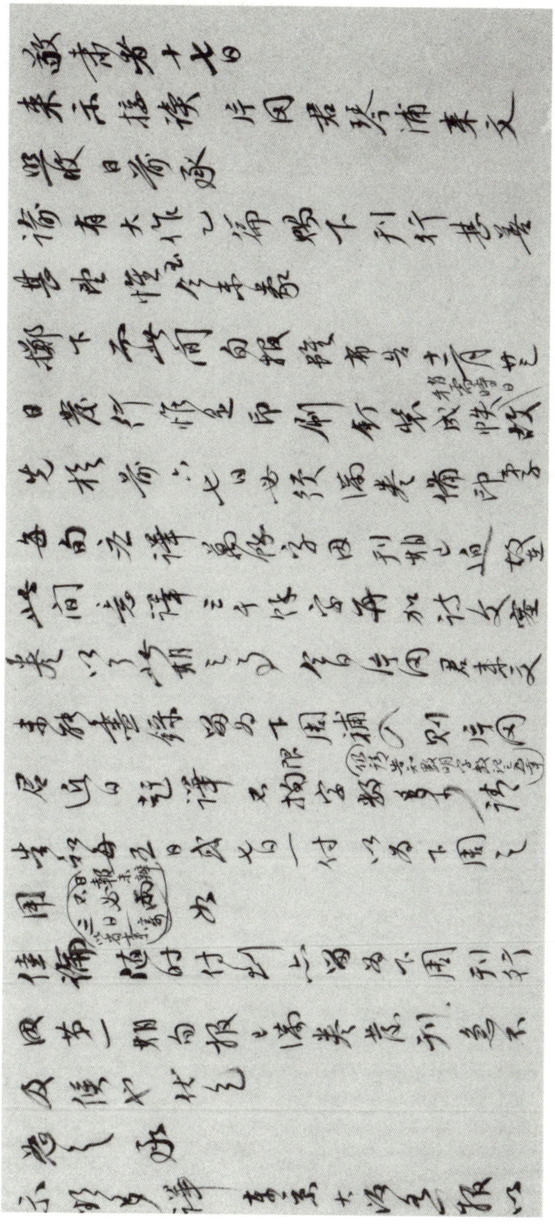

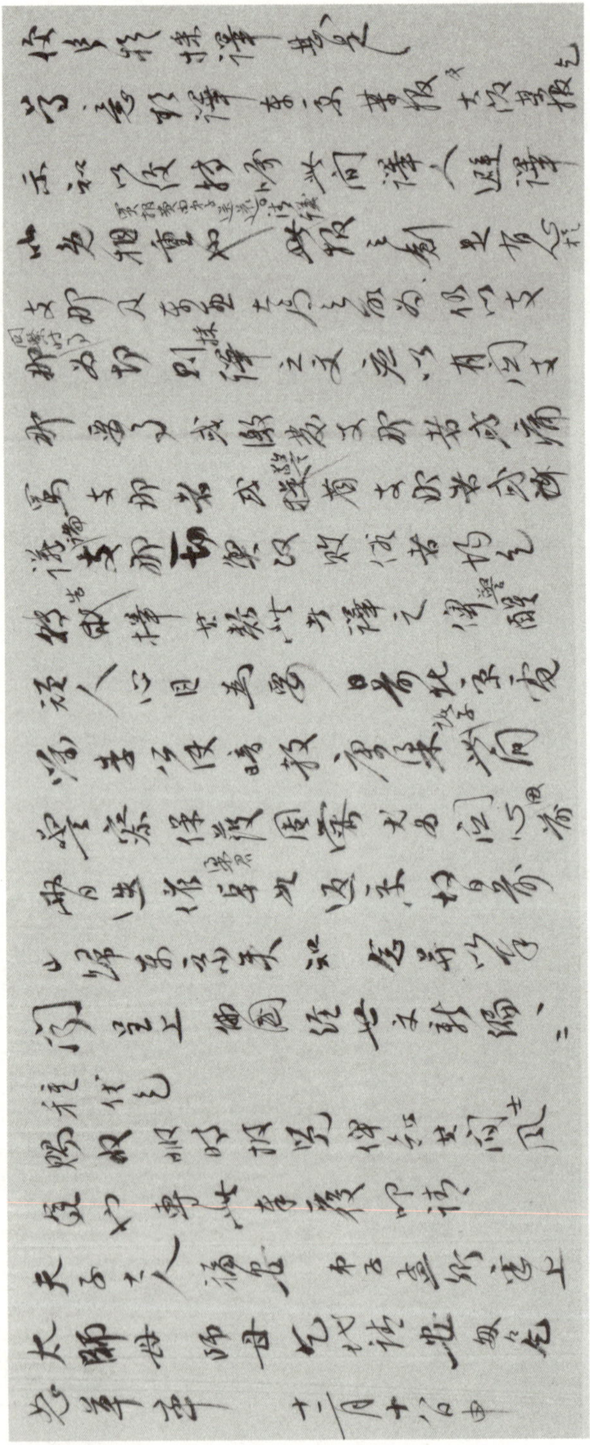

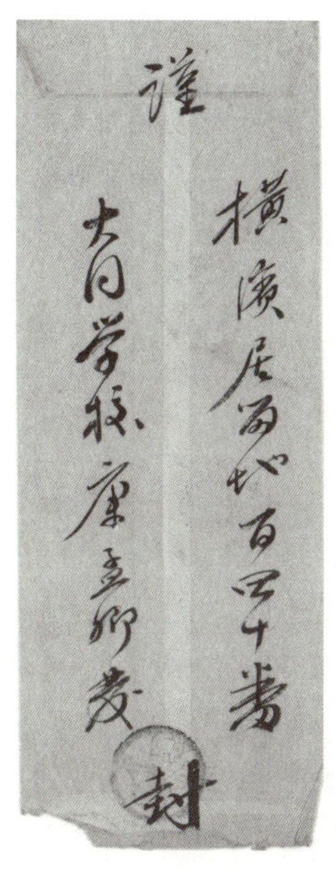

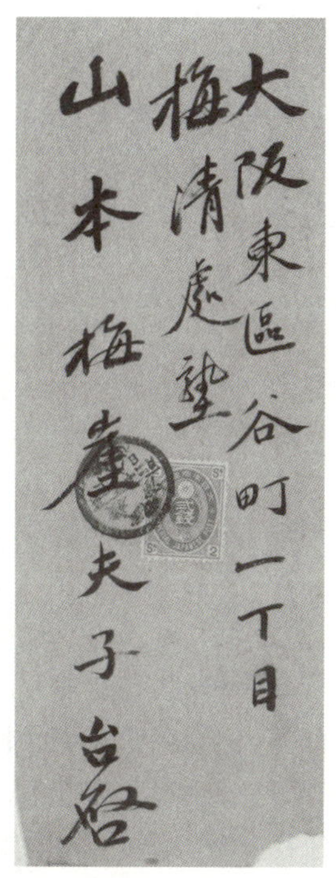

敬肃者，十七日来示接读，片冈君琴浦[①]来文照收。日前承谕，有大作乙篇赐下刊行，甚善甚望。惟至今未蒙掷下，而此间旬报虽布告十二月廿三日发行，惟是印刷钉装成帙稍需时日，故先于前六七日必须满卷备印。弟子每旬应译万余字，因刊期已迫，故在此间意译三千余字，再加诗文塞卷，以了此期之事。今日片冈君来文未能尽录，留为下周补入。则片冈君近日赶译，不限字数多少，(仍请告知数明字数记之为幸)请告知每五日或七日一付，以为下周之用。(日报未办，不必两三日一寄，以省事。)如佳论，随时付到，亦留为下周刊行。因第一期旬报已满卷发刊，急不及候也。伏乞恕之。承示欲多译东京大阪各一报，以便多于采译，甚是甚是。尊意欲译东京某报及大阪某报，乞示知，以便转嘱此间译人避译，以免相重也。(买报费由弟子送还。)《清议报》之创是有心于支那及东亚大局之所为，仍以支那关系时事为切。

---

① 片冈君琴浦：梅清处塾塾生。康有仪书札五十八、五十九、七十、七十五分别出现“片冈敏”“片冈”“片冈鹤雄”之人名。据山本宪资料 D-13《嘤嘤录》(明治三十二年)之塾生名单，片冈鹤雄生于明治八年四月十六日，本名敏，字求之，雅号闲来，备前国邑久郡朝日村人，可知片冈敏与片冈鹤雄为同一人物。另外，根据书札内容判断，片冈琴浦与片冈鹤雄为同一人物的可能性亦较大，“琴浦”也许是片冈鹤雄的另一雅号。曾为《清议报》翻译不少文章。另据《角川日本地名大辞典》，片冈鹤雄曾于明治四十三年于出生地邑久郡朝日村创立了名为“朝阳学舍”的学校。

则采译之文，应以有关支那要事，或激发支那者，或痛骂支那者，或警省支那者，或议论支那一切弊政败俗者，均乞转告，择其类此者译之，俾警醒顽人心目为要。日前北京电嘱李公使①暗杀康梁诸子，此间警察保护周密，尤为关心，因前两日迭催梁君卓如返京，故日前已归东京矣。知念，并以奉闻。呈上敝国《经世文新编》②一二种，伏乞赐收，暇时披览，俾知其间士风也。专此奉覆，叩请夫子大人福安。

弟子孟卿禀上

太师母、师母乞代请安。匆匆。乞恕草率。

十二月十八日申

山本宪资料C154。此札一纸，信封正面书“大阪东区谷町一丁目　梅清处塾　山本梅崖夫子台启”，背面书“横滨居留地百四十番大同学校　康孟卿发”。此函前部分主要为催促翻译稿件之内容，后部分提及“北京电嘱李公使暗杀康梁诸子”。有关暗杀康梁等人一事，1898年11月19日清廷下令：“知府衔道员刘学询、员外郎庆宽，著自备资斧，赴外洋内地游历，考察商务。”③名为考察，实为赴日行刺。12月5日，清廷密电驻日公使李盛铎：“闻康有为、梁启超、王照诸逆现在遁迹日本，有无其事？该逆等日久稽诛，虑有后患。如果实在日本，应即妥为设法，密速办理，总期不动声色，不露形迹，豫杜日人藉口，斯为妥善。果能得手，朝廷亦不惜重赏也。”④梁启超《戊戌政变记·政变近报》：“西后荣禄致电日本公使，令捕害康有为之事，已登各报。闻现又派有刺客八人，已到横滨及东京等处。其八人中有一陈姓，有一姓沈者，余人尚未能查确其姓氏云。”⑤1899年1月24日，日本外务大臣致电日本驻中国公使馆矢野文雄，称：“兹据风闻，现在上海寄寓之庆宽、刘学询等，近拟令伊等子弟前往日本，明则声言查看情形，暗则将康有为以及党人等，或行拏获，或行谋害。而现在东京之湖北省所派学生之提调张斯栒，亦奉张

① 李公使：李盛铎(1859—1934)，字义樵，号木斋，别号师子庵旧主人，江西省德化县(现在九江市)人。从1898年10月至1901年11月任清国驻日本公使馆公使。戊戌年间曾主张变法，与康有为关系甚密，后为荣禄亲信，康、梁等维新派人物流亡日本后，曾派人监视甚至伺机抓捕。

② 《经世文新编》：或指麦仲华所编《皇朝经世文新编》(21卷，1898年刊行)。

③ 茅海建：《从甲午到戊戌：康有为〈我史〉鉴注》，三联书店2009年版，第20页。

④ 《从甲午到戊戌：康有为〈我史〉鉴注》，第20页。

⑤ 《清议报》第五册。

之洞密嘱，事同前因云。我政府原以此事为谣传不足凭信，且凡于两国睦谊，迹似有碍之各项事由（即如康有为之寄寓我国等项），正在设法极力屏除之间。惟前开情事，维系的确，因而或至肇重要事端，我政府应不任责，请向总署将此确切声明为要。”①

① 日本外务省编：《日本外交文书》第三十二卷，第538页。

康有仪书札五十九（1898 年 12 月 30 日）

夫子大人函丈　獻歲開春　伏唯

萬福　誠心頃演相隔殊遠　且近有賤事纏身未遑登

壇叩頌　...　諸希鑒代之　前以累約持寄二役帶其二員

以作年敬　聊表寸衷也

　賞收為幸　頃梅廿兄　來擕尊造極妙　片肉君立體字藏歲

素有嘉趣佩至　弟之第三男謹文謹收為佳　極佳　徵教字

畫高古未合時眼　此次敬成　簽刪　三與舸封來為賦市古學謹

政治小説敬譯為難　惟因君當譯普通國語下等包家未讀如

幸蒙根君東考　敬歎之　弟亦有服即當往托如　幸此再頌

當安　弟正儀叩上　十二月卅日

受業康孟卿叩賀
夫子
師母二位大人年禧虔請
福安

門生孫康孟卿叩賀
太師母大人年禧虔請
福安

夫子大人函丈：

献岁[①]开春，伏维万福。诚以阪滨相隔颇远，且近有贱事羁身，未遑登坛叩贺，至歉至歉。谨肃红代之。前以买物转寄不便，薄具二员以作年敬，聊表寸衷，乞必赏收为幸。顷接廿九日来谕，敬悉种切。片冈[②]君在塾守岁，其志可嘉，钦佩无已。蒙寄第五号译文，谨收。文法极佳，微歉字面高古，未合时眼，此后敢求斧削一二，然后付来为慰。弟子学译政治小说，翻译为难。片冈君曾译《普通国语》下卷，如已毕事，请寄来读为幸。曾根君来，当敬款之。弟子有暇，即当往拜也。专此，再颂崇安。

弟子孟卿叩上　十二月三十日

受业康孟卿叩贺夫子、师母二位大人年禧，虔请福安。门生孙康孟卿叩贺太师母大人年禧，虔请福安。

按

山本宪资料C117。此札三纸，均为红色。信封正面书“大阪东区谷町一丁目梅清处塾　山本梅崖夫子”，背面书“日本横滨中国大同学校”，正面邮戳有“武藏横滨十二月三十日”字样。因逢元旦，康有仪首先向山本致以新年祝福，并另寄上金钱二圆作为年敬。赴横滨后不久的康有仪，除负责《清议报》日文译稿的组稿工作外，还亲自担任翻译，“学译政治小说”，并深感“翻译为难”。

---

① 献岁：旧历一月的别称。

② 片冈：梅清处塾塾生，即康有仪书札五十八、五十九、七十、七十五分别出现“片冈敏”“片冈鹤雄”“片冈君琴浦”。参见康有仪书札五十八注“片冈君琴浦”。

康有仪书札六十（1899年1月6日）

夫子大人函丈 敬禀者 隔夕日 曾肃具片红叩贺

年禧谅邀

赐览 献岁以来伏惟

动定吉祥 诸凡如意为祝 弟子叩别以来 学术日荒 无补时艰（来年正月后乃能来也）

悔如返塾 于莫学问有成 但此俟禄后能由粤来 有人来挤摩

与品可行 回忆 讲堂饫

教时切瞻依 怀望

静言颔钖 伊有持循耳

大成会地彼会共事甚佳特惜

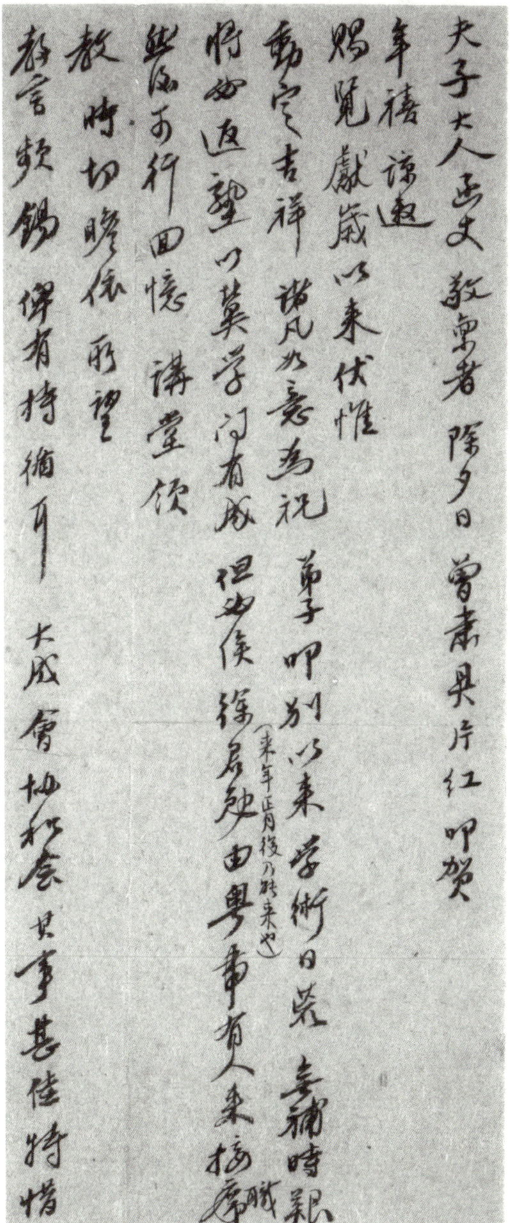

同志無多，未能張大其事以冀實行，全弟極為心耗無憐，待時機耳。今無下手處，為之悵然，想同情也。（近欲往見曾根俊虎君，此由弟子孫一信往紹乃可。求將此君住址示知，以便發信後訪。）第二期旬報昨經依期付上，冊末聲言大改則由

尊塾代派，未知無害否？如以為不便，則以當地之舊識者林代之。

示知，以便第三期旬報冊尾更正也。二期之第三期又來，工人閒坐（前來第五號洋文已收，經覆）

日俟文字為校排印，因此屆近譯無少，敢求轉知從速付來。如

大著之東亞事宜論亦請擇示，續刊第三期報內，專此叩請

禧安

太師母、師母兩位大人均此叩安

弟子孟卿敬上

夫子大人函丈：

敬禀者，除夕日曾肃具片红叩贺年禧，谅邀赐览。献岁以来，伏惟动定吉祥，诸凡如意为祝。弟子叩别以来，学术日荒，无补时艰，将必返塾，以冀学问有成。但必俟徐君勉由粤带有人来接职，（来年正月后乃能来也）然后可行。回忆讲堂领教，时切瞻依。所望教言频锡，俾有持循耳。大成会[①]、协和会[②]，其事甚佳，特惜同志无多，未能张大其事，以冀实行。舍弟极留心于此，惟待时机耳。今无下手处，（近欲往见曾根俊虎君，必由弟子飞一信往约乃可。求将此君住址示知，以便发信后访。）为之怅然。想同情也。第二期旬报昨经依期付上。册末声言大阪则由尊塾代派，未知妥否，如以为不便，则以当地之旧识书林代之，乞示知，以便第三期旬报册尾更正也。二期已毕，三期又来。工人闲坐，日催文字写校排印。冈山君近译多少，敢求转知从速付来。（前来第五号译文已收，经覆。）如大著之《东亚事宜论》[③]，亦请挥示，续刊第三期报内也。专此，叩请禧安。太师母、师母两位大人均此叩安。

弟子孟卿敬上

按

山本宪资料C118。此札二纸，均为红色。信封正面书“大阪市东区谷町一丁目梅清处塾　山本梅崖夫子台启，由日本横滨中国大同学校，康械”，正面邮戳有“武藏横滨（明治）二十二年一月六日”字样。康有仪在信中首先致以新年问候，并表达了将来若有人替代自己的工作，必将返回私塾继续学业。还提到寄上已发行的《清议报》第一、第二册，希望梅清处塾能成为《清议报》在大阪的代派处。据后来《清议报》卷末登载的“本馆各地代派处”，梅清处塾始终为《清议报》在大阪的代派处。《清议报》所连载的山本宪论文《论东亚事宜》，约五千字，认为方今宇内大事，犹战国七雄之时，俄国如秦

---

① 大成会：1889年，出狱后不久的山本宪在大阪著名汉学家藤泽南岳等人的配合下设立的儒教讲谈会，后因会员不多，资金缺乏，而停止活动。据1888年11月作成的《大成会则》，该会宗旨为：振兴圣道，整顿伦理，发展会员。主要活动计划有：定期举办面向大众的讲谈会，创办杂志以弘扬儒教气脉，开办学校以教导青年，著述或翻译儒学著作。

② 协和会：即“日清协和会”。1898年10月，山本宪从东京返回大阪后，作为发起人组织设立了以“扶植清国，保全东亚大局，加深日清两国人之交谊，以通彼此之气脉”为主旨的“日清协和会”。据《日清协和会趣意书·规约》所记，泉由次郎、鹿岛信成、山本宪、山田俊卿、牧山震太郎等5人任该会干事。后来，不仅梁启超曾致书山本宪表示祝贺和感谢，康有为（署名更生）也曾于1899年3月作《答山本宪君》，表达了对山本所作努力的感谢。

③ 《东亚事宜论》：即山本宪论文《论东亚事宜》，于《清议报》第二、第四、第五册连载。

国，英国如楚国，法国、德国、意大利、奥地利如赵国，美国如齐国，日清两国如韩国、魏国，其他国家则如战国时代其他小国，无关大势。并认为日本应该扶植清国，助其改革成功，这不仅是出于谋求贸易利益的需要，更重要的是两国同处东亚，当同心协力以共同抵抗俄国的扩张。

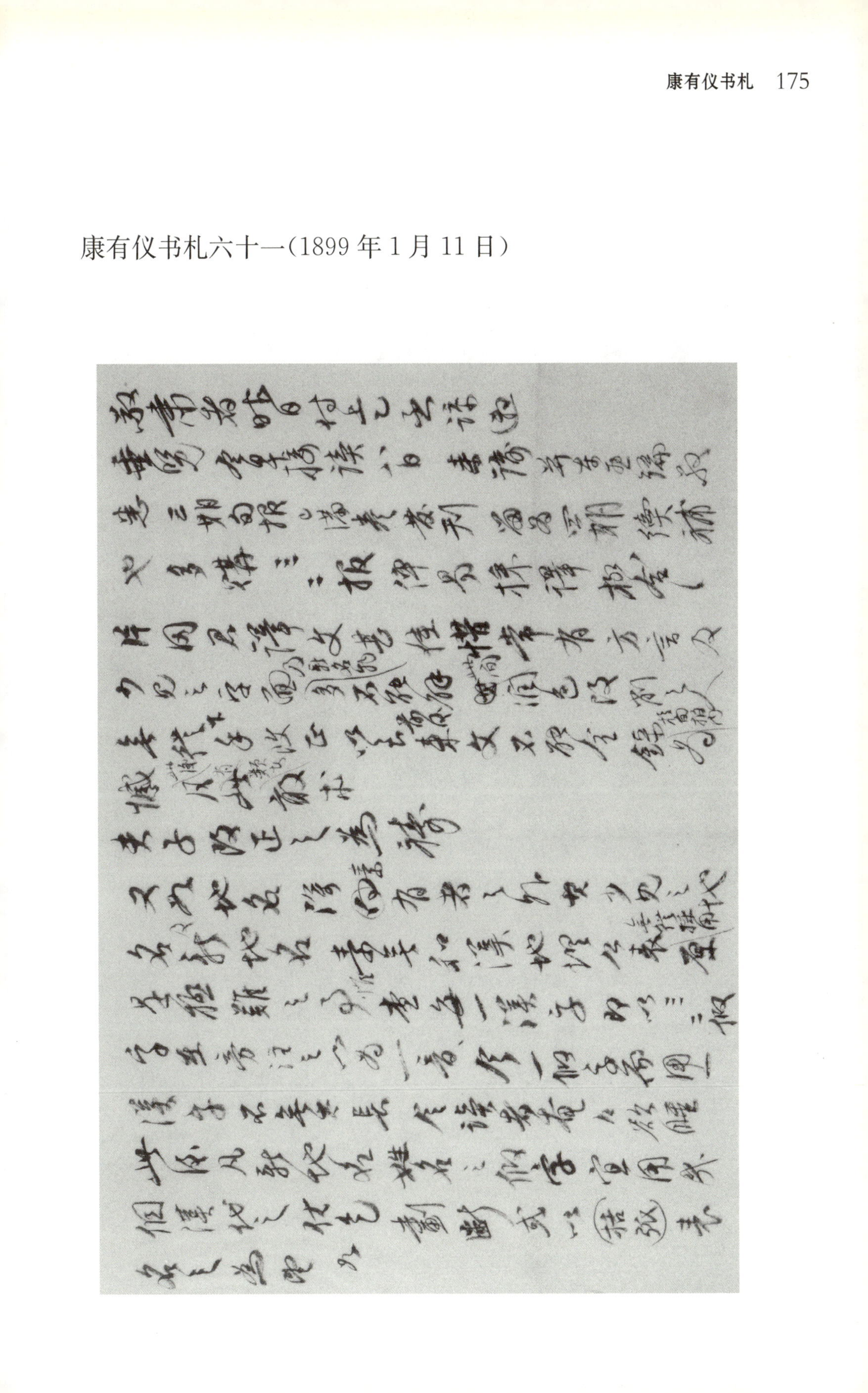

康有仪书札六十一(1899年1月11日)

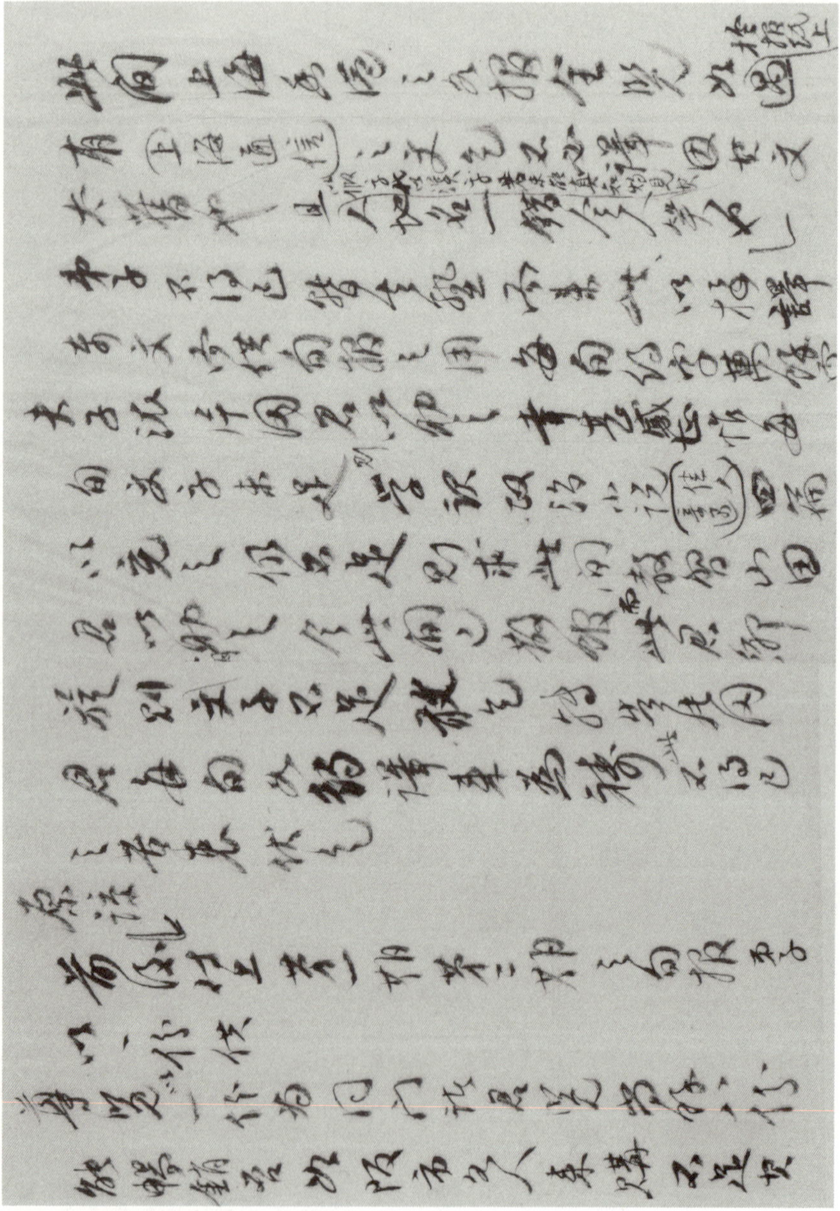

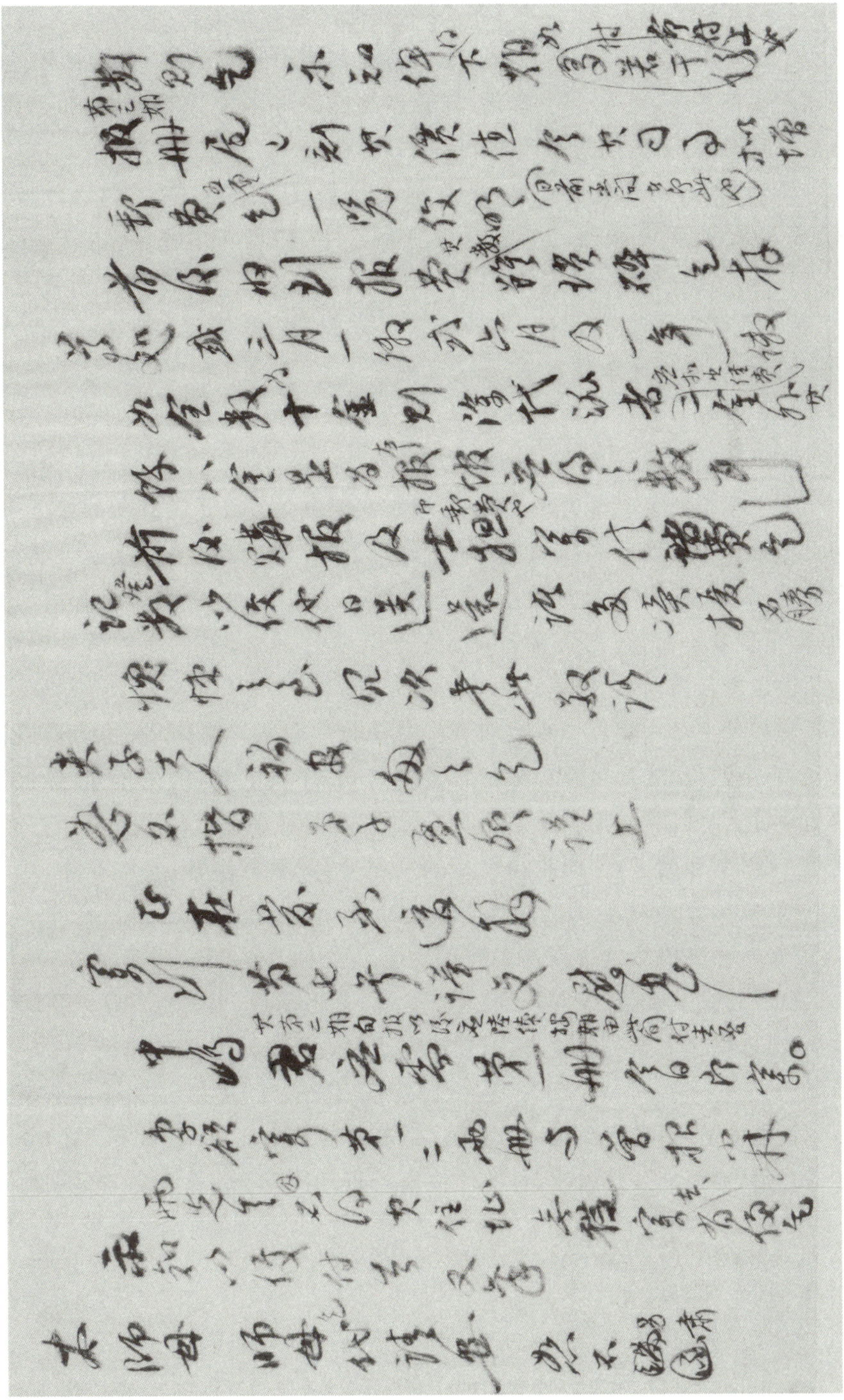

敬肃者，昨日付上乙函，谅邀垂览。今早接读八日来谕并《东亚论》[①]，敬悉。三期旬报已满卷发刊，留为四期续补也。多购三二报，俾易采译，极合极合。片冈君译文甚佳，惜常有方言及少见之字面及新名物，多不能解。此间润色改削之人，无从下手改正，以至前后来文不能全录于旬报内，为憾。此后凡有此类者，敢求夫子改正之为祷。

又如地名，除素有者之外，其少见之地名及新地名，素无和汉地理公表，无从采用，原是极难之事。惟查每一汉字，即以三二假字[②]在旁注之，以为一音。今一假字而用一汉字，不无太长，令读者奄奄欲睡。此后凡新地名、姓名之假字，宜用几个汉[③]代之，伏乞划断，或以（括弧）表名[④]之为望。如此间上海、香港之各报全览，如于报纸上遇有"上海通信"之文，乞不必译，因其文太旧也。且以假字代以汉字，若未能真知灼见，其人地名一错，令人笑也。

弟子不得已暂去塾而来此，以接译东文而供旬报之用。每旬约字万余，而夫子派片冈君以助之，幸甚感甚！惟每旬文字未足，则学译政治小说《佳人奇遇》四篇以充之，仍不足，则求此间教习山田君[⑤]以助之。今此间已散馆，而此君乡旋，则下期文字不足。敢乞转告片冈君，每旬如约译来为祷。此不得已之苦衷，伏乞原谅。

前后付上第一期第二期之旬报。弟子以一份供尊览，以一份为同门诸君览，尚余八份，能畅销否？如阪市各人来购，不足其数，则乞示知，俾得下期如命付上也。第三期报册尾已刻其价值，今其司事拟增邮费五厘，乞一览便明。（日前函问者，即此也。）前后收到报费，其数虽琐碎，乞存尊处，或三月一缴，或六月及一年一缴。如全数为十金，则除代派者应扣出经费二金外，其余八金是为本报馆应得之数耳。

前后购报及士担（即邮费也）寄信诸费，乞记登数，以便他日送还。诸多渎扰，不胜愧悚之至。冗次专此，敬请夫子大人福安。匆匆，乞恕不楷。

弟子孟卿谨上

正在发函，适接寄到第七号译文，慰甚慰甚。中岛君[⑥]应需第一册，今日即寄。（其第二期旬报以后，应陆续按期由此间付去否？）弟子欲寄第一二两

---

① 《东亚论》：山本宪论文《论东亚事宜》。参见康有仪书札六十。

② 假字：日文假名。

③ 汉：疑其后漏"字"一字。

④ 表名：疑"表明"之误。

⑤ 山田君：山田央，横滨大同学校日文教习。据山本宪资料 C124 显示，其为"中西牛郎之妻弟，是商人及君勉孝高等敦请者"。

⑥ 中岛君：康有仪书札二十二中称"中岛君掠荫"，可能为梅清处塾塾生。余不详。

册与曾根、小林[①]两先生，因不得其住址，无从寄去。有便乞示知，以便付去。又禀。太师母、师母乞代请安，恕不另肃。

山本宪资料C119。此札一纸，信封正面书“大阪市东区谷町一丁目梅清处塾　山本梅崖夫子　日本横滨中国大同学校”，背面书“孟卿谨封”。发信时间为1899年1月11日。此函主要为与山本连络翻译稿件注意事项、报费分派之内容。此外，还提到了康有仪本人“学译政治小说《佳人奇遇》”。众所周知，《佳人奇遇》为日本作家东海散士原著之政治小说，学界向来认为其翻译者为梁启超。以发现此康有仪书信为契机，笔者对此作了专门研究，并在日本中国现代史研究会年度总会(2012年3月)和早稻田大学古典籍研究所主办的“文化冲突与融合”国际学术研讨会(2013年2月)上，就《佳人奇遇》译者问题发表了见解。详细内容可参见本书“解题”中的“康有仪、梁启超与《佳人奇遇》”一节。

① 小林：康有仪书札五十六、五十七、六十一、六十二中也曾多次出现该姓，可能为同一人。是否为与山本有深交的小林樟雄，尚有待考证。

康有仪书札六十二（1899 年 1 月 20 日）

[illegible]

又如大宪君去年来及年底，大有恼人，亦在不可少之意。张君或未及读其忙也。东亚论侯篇求早脱稿，掷下以为第五册之用，至感至感。专此，奉请

箸安

弟子孟卿谨禀 正月十九灯下申

太师母、母师均此叩安。

再，字由日本梁甫君有之，译之东文，求速付来，若以太长之故不能多译，亦求早白。示知以便获宗早收。

[illegible]

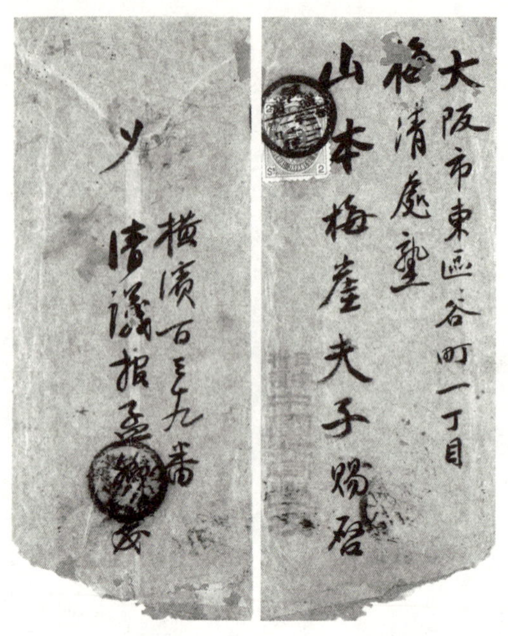

敬肃者，日前迭次奉接四函，当时以俗务匆匆，未及按次奉答，故统于十七日并行禀商，谅邀赐鉴。凡旬报之例，多是预备两期文字，然后敢刊行其上一报，则下一期之译文，设有外事不能速译，亦有以充卷，不至大迫也。前者弟子恐早译则文字太陈，故每期宁可赶译。而琴浦君[①]又未能如期付来，文字未足，亦未能全用，以是多忙。而字面为支那人少见者，及新名目与西权衡未经注明，无从比例。东西相隔，面问无从，虽有好文字，亦多割爱，故有禀商补金请来之说。恐琴浦君少有家政，不能远离，是以有商请他君可来之说也。琴浦君或他君能来固佳，如万不能来，则此后无文字以充卷。此间同志拟以计字酬金，其比例为译千字酬译费五十钱，月译东文四万字，而酬劳之费为二十元。拟以此恳求于夫子馆政之暇、著书之余，仗义为之。如蒙许诺，敢乞即译文字分三日一寄。现廿二日发行第四册之报，工人无事，即须译文排刊，其时颇速。今第五期报东文只字未译，则下期之忙可知，殊为抱闷。敢求卓夺示覆，以便办理，至幸至幸。弟子原不耐事，近以此等事纠缠，未能读书，大失初志，而又欲去不能，未知夫子其何以教我也。前示李某[②]贿令伊婿之事，经嘱舍弟戒备，函覆具感盛情。查谓外间讹传，乞置罢论可也。欧米之行，俟东省有深于西文之人来此伴行，然后可订定前往，现该人未到也。力微任重，支那人心已死，奈何奈何！十八日曾根先生赐访于学

① 琴浦君：梅清处塾塾生片冈鹤雄。参见前注“片冈”。

② 李某：当指1898年任驻日公使的李盛铎。参见康有仪书札五十八注“李公使”。

校，授以地学协会刊本，除之不可，留饭不纳，聚话一时而别。弟子拟廿三日往拜之，从约也。久以事纠缠，未入东京会见拜谒小林先生，期之他日可耳。忆临行各学长赠词赠诗，至今未暇答覆，其忙可愧。又如大定君①来书未及奉覆，大有"忆人正在不言中②"之意。诸君或未能谅其忙也。《东亚论》续篇求早脱稿掷下，以为第五册之用，至感至感！专此，恭请箸安。太师母、母师均此叩安。

弟子孟卿谨禀　正月十九灯下申

再禀者，日来琴浦君有已译之东文，求速付来。若以太苦之故，不能多译，必求早日示知，以便预索卓如、孝高③等文字，因第五册确未有文字，甚可虑也。译文以多采议论之文为可用，凡人、地、船等名目多者最可厌，此为人所熟知，或一时误用多少汉字代其假字，岂不令人可笑？如日本、支那，汉字各二，而假字或四个五个不等，不能因假字之四五个而入以汉字四五字也。此非指名字音之轻重，应入汉字多少，以括弧（　）之或以名之。又如西人之权衡，必注名④日本之数目比例之，乃从此以比例，而易以清国比例，字面方能用之，否则虽有佳文，知之不真，未敢用也。想亦以为然。

按

山本宪资料 C120。此札二纸，信封正面书"大阪市东区谷町一丁目梅清处塾　山本梅崖夫子赐启"，背面书"横滨百三十九番清议报　孟卿发"，正面邮戳有"武藏横滨　（明治）卅二年一月二十日"字样。此函主要向山本宪催促翻译稿件，并与山本协商有无从梅清处塾中派一人赴横滨专门从事《清议报》稿件翻译的可能。此外，还对译稿酬金标准、译稿中人名地名的处理方式等作了较具体的说明。至于书信中所提到的"李某贿令伊婿之事"，后来经查"谓外间讹传"，但书信中无具体说明，未详其具体所指。

---

① 大定君：或为梅清处塾塾生。未详。

② 忆人正在不言中：袁枚《随园诗话》："碧沙窗下启缄封，尺纸从头彻底空。应是仙郎怀别恨，忆人全在不言中。"

③ 孝高：罗普（1876—1949），字熙明，号孝高，广东省顺德人。康有为弟子。1897 年赴日，曾留学东京专门学校。《清议报》在横滨创刊后，协助梁启超从事编辑工作。曾化名"羽衣女士"，在《新民丛报》等发表诗歌和小说。

④ 注名：疑"注明"之误。

康有仪书札六十三(1899 年 1 月 26 日)

敬覆者、廿三日付上一禀、傍晚随以事入東京、廿二日尊
賜手諭、已為同人拆閱、提出東亞續篇稿附
原函寄入東京、而弟子廿四日晚直接讀、此函復由東京
寄來、已每五日始行接續、以致遲久、幸覆愧悚不堪、伏乞
恕之諒之、同人接函、敬聆我
夫子志在扶救東亞大局、且為我國之憂、咸感
盛意、弟子再三稱道我
夫子久為東亞憂、且以救世自命、衆皆欽佩、囑代道
謝、已日前之所請、既同人有是約、明之不足以酬
大君子之勞、然既有至微之意、且師弟名數已訂、無妨道實、乃
夫子於士大夫之氣最深、不言是物、且樂為伏義、夫何敢當、
設使每旬文字未足、今弟子乌敢瀆求、悵何如也、加以歲暮
叶蘭學校各人皆散、無人助譯、而弟子事狀甚職、每旬需譯東
文數及万字、方能滿卷、好前恳讀請、加有廿二三日之禀、不得已也、昨接

片冈君寄惠第九号译文、约二千字、而排列工人错误甚多、要以之之、再四思维、用敢忽略哉
夫子于圣政及著述之条、速将讹谬改正等文字早日
掷给、并求转令琴浦君从速译就、陆续付刊、至幸至幸、
因廿七八日必需全文交印刷之、即更有请者、此间报纸
误为支那官长拒绝、今则多数支那各地皆（基）督堂、代派推广、
嘱来第五册应列之东亚债篇、内有攻击（排斥）耶教数语、恐不
便于该教之徒、（此数句）删后不允代派、毋致乞钱
夫子酌量删去、亦知照以刊行为仰、临禀不胜悚惶之至、此请
夫子大人崇安
太师母、师母均此请安　　弟子[illegible]谨禀
清议报（敬治）每本（册）价拾五钱。另邮费五角。阅全年（则）价银四圆。
若本报收入此数。则八折收成。[illegible]闻合以筹阅

敬禀者,廿三日付上一禀,傍晚随以事入东京,廿二日辱赐手谕,已为同人拆阅,提出《东亚》续篇,旋将原函寄入东京,而弟子廿四晚返横滨,此函复由东京寄来,至廿五日始行接读,以故迟迟奉覆,愧悚不堪,伏乞恕之谅之。同人接函,敬聆我夫子志在扶救东亚大局,且为我国之忧,咸感盛意。弟子再三称道我夫子久为东亚忧,且以救世自命,众皆钦佩,嘱代道谢。至日前之所请,既同人有是约,明明琐琐不足以酬大君子之劳。然既有是微意,且师弟至亲,无妨道实。乃夫子于士大夫之气最深,不言是物,且乐为仗义,夫何敢当?设使每旬文字未足,令弟子无敢渎求,怅何如也?加以岁暮,此间学校各人暂散,无人助译,而弟子来就此职,每旬需译东文几及万字,方能满卷,故前后渎请,加有廿二三日之禀,不得已也。昨接片冈君寄惠第九号译文,约三千字,而排刊工人,催请甚急,弟子无以应之,再四思维,用敢恳求我夫子于塾政及著述之余,速将维新政党等文字早日掷给,并求转乞琴浦君,从速译就,陆续付到,至幸至幸。因廿七八日,必需全文交其印刷也。抑更有请者,此间报纸,俱为支那官长拒绝,今则多赖支那各地基督教堂代派推广。赐来第五册应刊之《东亚》续篇,内有排斥耶教数语,恐不便于该教之徒,此后不允代派,敢乞我夫子酌量删去此数句,示知然后刊行为叩。临禀不胜悚惶之至。此请夫子大人崇安。太师母、师母均此请安。

弟子孟卿谨禀

《清议报》散沽,每册价拾五钱,另邮费五厘,阅全年则价银四圆。若本馆收入此数,则八折收成。承问合以禀闻。

按

山本宪资料C121。此札一纸,信封正面书"大阪市东区谷町一丁目梅清处塾　山本梅崖夫子赐阅",背面书"日本横滨中国大同学校　谨封",正面邮戳有"武藏横滨　(明治)卅二年一月二十六日"等字样。此函主要内容仍为催促译稿,同时也附带提到由于《清议报》主要由各地基督教堂代派,而预备登载的山本宪论文中"有排斥耶教数语,恐不便于该教之徒,此后不允代派",因此请删去相关数句。

康有仪书札六十四(1899 年 1 月 28 日)

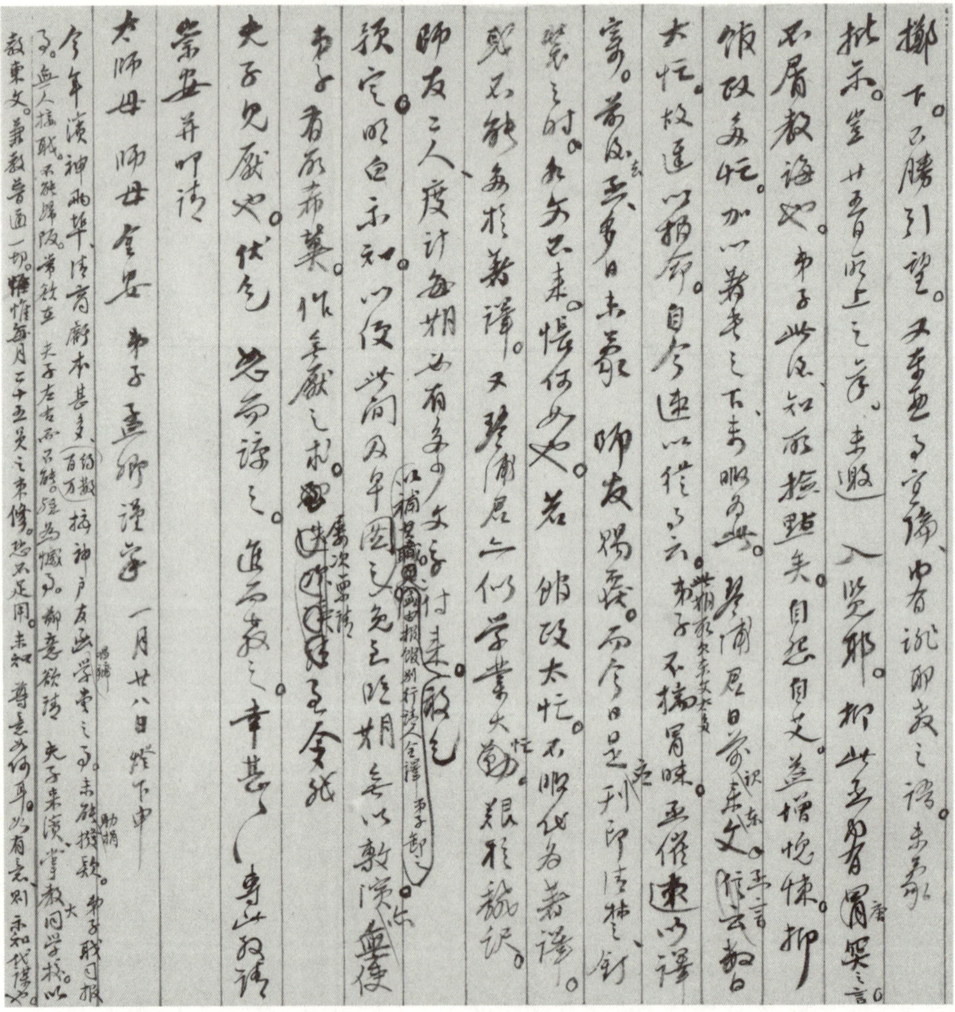

夫子大人侍下：

敬禀者，廿二日来谕，因事往返东京，迟至廿五日始覆，谅邀鉴谅。弟子久侍门墙，素稔我夫子以东亚为忧，以救世为念。此间创报，亦同此意。弟子职司其事，不得已也(无暇读书之故)。接译东文一事，幸蒙琴浦君不较译费，仗义代劳，文字佳矣。惟其中时有新名目及方言，未经注明，多不敢用。而阪滨相隔，函问为难，故欲稍添译费，请之来滨。如其不能来也，则请别派一同门而来(琴君或同门来，此弟子意，由弟子送金)。再不得已，又欲以微金求乞手译寄惠。此报馆主人之微意也。弟子既就其职，则每期应用东文十一二三篇，是弟子之责任。惟此间岁暮，学校休暇，求译为难，亦不可长也。而日在冗次，不能读书，又非来学之本意也。同人牵之来助，无如何耳。日前因报主买文酬金之意，而又自恃久受栽培，师弟至亲，无妨实告，故将前意渎禀。发函后，翻读廿二日钧谕，曰“东亚大局，形势日危，寄惠著译，聊以裨补清国文化于万一，不敢豫约酬金以从事”云。大义煌煌，为之起敬。惟前示许于著译三者，择一二以报，至今未见掷下，不胜引望。又《东亚事宜论》，内有诽耶教之语，未蒙批示，岂廿五日所上之禀，未邀入览耶？抑此函内有唐突之言，不屑教诲也？弟子此后知所检点矣。自怨自艾，益增愧悚。抑馆政多忙，加以著书之下，未暇为此。琴浦君日前译来东文，函言“数日大忙，故迟以报命，自今速以从事”云。此期所欠东文太多，弟子不揣冒昧，函催速以译寄。前后去函，多日未蒙师友赐覆，而今日是应刊印清楚钉装之时，各文不来，怅何如也！若馆政太忙，不暇代为著译，或不能多于著译，又琴浦君亦似学业大忙，艰于翻译，师友二人，度计每期必有多少文字付来，或由报馆别行请人全译，弟子卸之，敢乞预定，明白示知，以便此间及早图之，以补其职，免至临期无以敷演，亦无使弟子有所希冀，作无厌之求。屡次禀请，至令我夫子见厌也。伏乞恕而谅之，进而教之，幸甚幸甚！专此，敬请崇安，并叩请太师母、师母金安。

弟子孟卿谨禀　一月廿八日灯下申

今年滨神两埠，清商亏本甚多(约数百万)。接神户友函，唱办学堂之事，未能助捐拨款。弟子职司报事，无人接职，不能归阪，常欲在夫子左右而不能，殊为憾事。鄙意欲请夫子来滨，掌教大同学校，以教东文，兼教普通一切。惟每月二十五员之束修，恐不足用，未知尊意如何耳。如有意，则示知代谋也。

山本宪资料 C122。此札一纸，信封正面书“大阪东区谷町一丁目梅清

处塾　山本梅崖夫子赐启”，背面书“日本横滨中国大同学校　一月廿八日　孟卿手寄”，正面邮戳有“武藏横滨　（明治）卅二年一月二十九日”等字样。此函仍为催稿函，但在最后还提到了邀请山本宪赴横滨掌教大同学校的设想。对此，山本宪曾在自著年谱《梅崖先生年谱》中称：“客岁冬，康孟卿之横滨，发行《清议报》，请予助笔。广东人捐资创大同学校于横滨，教育清人，通过孟卿请予前往任监督。予不可弃塾他往，故辞。”[①]有关邀请山本宪赴横滨掌教大同学校一事，此后的康有仪书札数通及康有为书札五等也有较详细的内容，可作参考。

① 《梅崖先生年谱》，第32页。

康有仪书札六十五(1899年1月30日)

夫子大人函丈：

敬禀者，连日上禀，冒渎甚多，伏乞宽恕。弟子本意就学于夫子，今为同人邀来帮忙，不得已也。而又不胜其任，延累贤师益友，分任其劳，感愧无已。然至今尚无人接职(粤省尚无人到)，弟子以事关大局之故，未忍舍此归塾，不能无抱憾矣。因日前来谕，有云“在神清商子弟尚多，宜设一学校，以养育人材，如其事成，每日可往教之”云云。弟子接谕后，大感盛意，即飞约在神同志，然韩、吴、陈诸子[①]，一往篮那村，一往伊势，各习蚕务，余入东京习政治学。豚儿[②]早已归香港(因二三两女出阁之故)。在神友人来信，谓“变政后，加以近年商务大亏，无力提倡”云云，是则设神学校，决不能急成矣。此间大同学校开创时，系延山田夬君教东文，(每日自早八时教至十二时，晚上七时教至九时，一日用工六个时。此间供膳，月送束修二十五圆。)年送束修三百圆。弟子受恩深重，不欲遽离函丈，欲授意舍弟及卓如，提倡此间商人敦请夫子来此督学。惟是束修太廉，于心不安，且太师母年高，须迎同师母移家来此乃可。然又恐所入不敷所出，再四思维，使其略增束修，则撰译三二种要书，以授顽蒙诸生，使其开智有益，则编书之酬，应得百十，统约年得四百圆之谱。(此是弟子私意)不知移家来此，此数果足敷演否耳？太师母年老，又在塾诸生日多，不知夫子能舍塾而来就此席否？果能惠然，则请酌量示知，俾得力谋。此事果谐，则足慰弟子自私之愿，然亦此间同人之福也。至代弟子译著一事，如塾政太忙，加以著书无暇，则舍译，而每旬寄维新后事迹及政党事迹三二页可也。琴浦君近日译文大佳，惟接其前后来翰，知其以译事尽瘁，弟子心甚不安。(该译费下日付去，乞交。)若每旬译至万字，不能读书，则舍却之，由报馆别觅译生何如？抑或从权暂译，如夫子将来能来滨，则同门有志者亦能来此从学也。付覆琴浦君乙函，乞代致之。专此，敬请崇安。太师母、师母均此请安。

弟子孟卿禀　一月三十日

---

① 韩、吴、陈诸子：明治三十一年(1898)10月8日兵库县知事大森钟一致日本外务大臣的报告中称：“……广东省番禺县人韩少孔(三十三年)、同省新会县人陈衮臣(三十七年)二人，本月二日乘本船来到神户，尔来居住在位于本市海岸通二丁目的称作广业公所的广东人集会所。据彼等自称，二人在国内均有巨万财产，为视察本邦文物而渡来我国。”10月18日又称：“……韩少孔为《东亚报》记者韩昙首之侄，在国内时曾任湖南巡抚所设立的时务学堂教师，梁启超在清国政变前赴北京后，代替梁任堂长。陈衮臣与梁启超为同县人，在国内时亦为某学堂教师，为康有为之门下生。”(日本亚洲历史资料中心所藏《各国内政关系杂纂/支那之部/革命当关系》第一卷)韩、陈可能指上述韩少孔和陈衮臣。吴所指不详。

② 豚儿：指康有仪之子康同文。康有仪书札五十三：“而二三女早经许字，年且长(一二十年，一十八年)，未遇事，既经亲家催请过门，今遭故，正遣同文回广东料理家慈安居，及为二女置办荆钗布裙，为之遣送。”

中岛岩[1]君，应阅《清议报》，此后由此间按期送去，是弟子酬他的。尊处尚应多付几份，乞示补寄。

山本宪资料C123。此札一纸，信封正面书“大阪市东区谷町一丁目梅清处塾　山本梅崖夫子赐启”，背面书“横滨百四十番　一月三十日灯下　孟卿手发”。此函主要为邀请山本宪前往横滨任大同学校督学之内容，并开列了大致的待遇标准、工作时间和内容等。此外，书信中所提到的在神户设立清商子弟学校一事，当指设立“神户华侨同文学校”。此校在神户华商及梁启超等人的倡导下，于1899年5月着手创办，1900年3月校舍落成开学，由犬养毅任名誉校长。该校虽屡经改名，但一直持续至今，现为神户中华同文学校。

---

① 中岛岩：康有仪书札六十六、七十七中也出现此人名，当为与山本宪相识者或其门人，具体未详。

康有仪书札六十六（1899 年 2 月 3 日）

夫子夫人惠鉴：敬肃者，日前接奉来谕，自知唐突，愧不可言。弟子亦已人也。久蒙教养，诚以返塾为喜。（敬颂[illegible]）私自为谋，并为大局计，故试为此举。而来谕以不忍去塾而来广，且人款不足以供使用。寄神户之有学也，（欲）每日捐资弟事出以教之云云。忻此厚爱，举以规去就，屡[illegible]。其感因不胜，而愧亦滋甚矣。弟子之心，终不能已矣。即将来谕寄示长年、荣述夫子之为人，嘱令互商，该校值理，必禀其来修。俟我夫子移家塾而来，不足自捐太多。该接[illegible]弟霞亟，备知其诚。亦以商人之款（之故），弟子以师弟之说，用敢将其原函付览，并将[illegible]路商人之函以备查核，备察其微衷焉。该值理集议，以夫子仗义，将一二弟子来编之分校，拟每月统送来修膳金若干十四元，一年共百四十元（[illegible]），嘱函知长年，亦当代述。弟子查此间商人远虑及东神商人之富厚，而学校经费无多，所以[illegible]未免顾误。即以该报一节，弟子亦以其志可嘉也。用是不除愧值，专函而来。然夫子平日以[illegible]为爱，以培植後进为念。夫培植人材，何分内外。况来年安[illegible]、允贵邦人入学（今年贵邦人来学者众，一切谢之），想亦当有以

惟兩扶之也。前此屢屢微歎，悲不足以供支銷。已再五長年、必求
其厚。俟其少值增高安富、再行備束致請。再者，弟子李今年（李孝嘉）
延請山田夬園先生（中西牛郎之高弟也，兼通英文）至此習東文。每日早八時上學，十二時退學。
晚七時上學，九時退學。日計六小時。七日一休。暑假六休。年送三百圓。學校
聘有從先生為師人。除明漢西文外，其外東文者，僅二十人。微即政安以來
人心復死。則東年夫子來此掌教。必可為得其人也。私計（來年）講求安
其章程。想我夫子除出學者授之外。再出學外設立一塾。想必有
同門從遊。或學成之。貴卿人（周風）來學者。或當有朋日著者。當停以金錢
以助補創者之事也。弟子通籌者此。先生等（敢布其區區）尊意如何
夫子熟裁之。本甚之。請讀報（擬）元旦日暫歇一期。十二月再報也
代懇。翠湄只此常代識此一期。則有上一期之文字。下期不至太甚太迫
矣。弟子擬送中島岩只清議報一份。俟彼清閱。不費分錢。而彼家乞
不受。是否可行。此後俟由此間付去如何。乞示遵為。專此敬請
崇安 並叩
太祖母 師母 福安 弟子孟卿謹肅 西二月三日

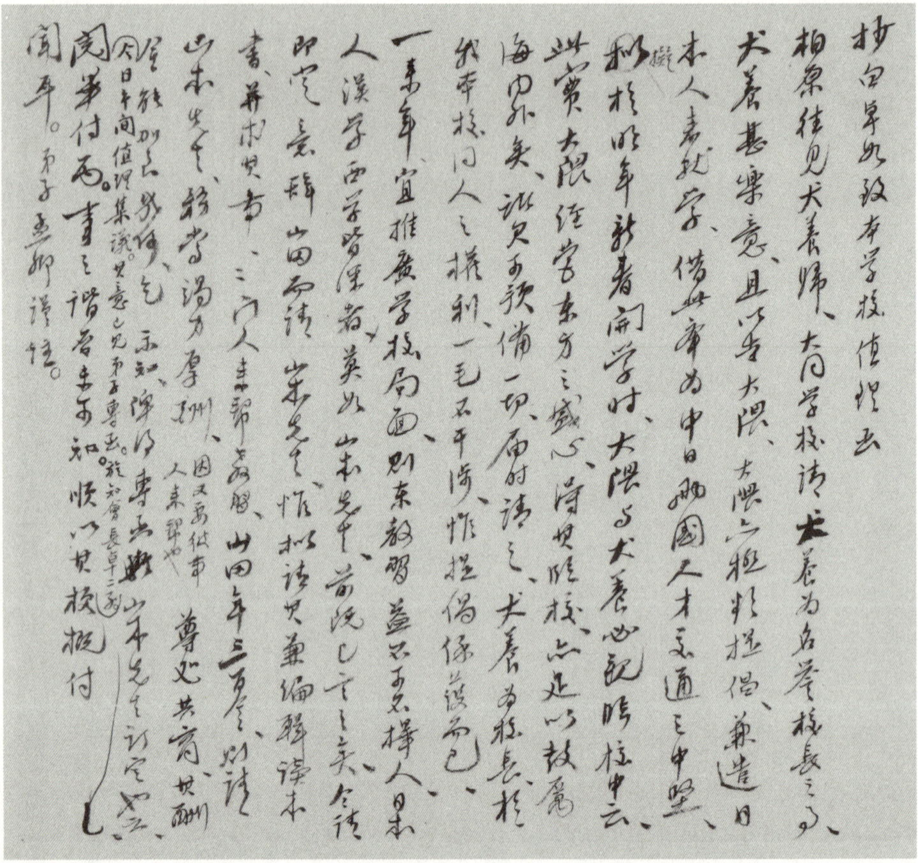
抄白岩致本学校值理云
柏原往见犬养归，大同学校请犬养为名誉校长之事，
犬养甚乐意，且以告大隈，大隈亦极赞提倡，兼遣日
本人来就学，借此俾为中日两国人才交通之中坚，
拟于明年新春开学时，大隈与犬养必亲临校中云。
此实大隈经营东方之盛心，借其临校，亦足以鼓厉
海内外矣。望兄可预备一切，届时请之。犬养为校长，于
我本校同人之权利一毛不干涉，惟提倡保护而已。
一来年宜推广学校局面，则东教习益不可不择人，日本
人汉学西学皆深者，莫如山本先生，前既已言之矣，今请
即定意聘山田两位。山本先生惟拟请其兼编辑读本
书，并求其为二三人来邦教习，山田年三百元，则请
尊处共商其酬（因又无他事人来邦也）
山本先生，务当竭力厚酬，
至能加之，则更佳也。未知，请作专函致山本先生订定之。（大日本商值理集议。其意已见弟子专函。就知会长卓如）
阅并付为。专此谨告，来年知，怅以其校概付
闻耳。弟子孟卿谨上。

夫子大人函丈：

敬禀者，日前接奉来谕，自知屑亵，愧不可言。弟子亦亡人[①]也，久蒙教养，报称未能，诚以返塾无日，私自为谋，并为大局计，故试为此举。而来谕以不忍去塾而来滨，且入款不足以供他用，宁神户之有学也，愿每日捐资乘车出以教之云云。似此义举，以视去禀琐求，其感固不胜，而愧亦滋甚矣。弟子之心，终不能已矣。即将来谕寄示长、卓[②]，恭述夫子之为人，嘱令函商该校值理，必厚其束修，使我夫子移家塾而来，不至自捐太多。顷接舍弟覆函，备知其诚。亦以商人之款之故，弟子以师弟至亲，用敢将其原函付览，并抄白卓致商人之函以备查。愿俯察其微衷焉。顷值理集议，求夫子仗义，携一二弟子来编书分校，拟每月统送束修膳金共五十圆，一年共酬六百圆也。嘱函知长、卓，可否代延。弟子查此间商人，远不如在神商人之富厚。神户学校未易遽成，而此间学校经费无多，所酬未免琐渎。即如清报一节，弟子亦以其志可嘉也，用是不除贱值，卖身而来，亦视为自己应办之事也。我夫子平日以东亚大局为忧，以培植后进为念，夫培植人材，何分内外？况来年变章，允贵邦人来学。（今年贵邦人来学甚众，一切谢之。）想亦当有以怜而扶之也。前此区区微款，恐不足以供支销，已再函长、卓，必求其厚。俟其与值理函商妥当，再行备柬敦请。再者，弟子查今年本学校延请山田夬先生（中西牛郎[③]之妻弟也，是商人及君勉、孝高等敦请者）在此教习东文，每日早八时上学，十二时退学，晚七时上学，九时退学，日计六小时，七日一休，暑暇亦休，年送三百圆。学校虽有诸生百余人，除习汉西文外，其习东文者，仅二十余人。敝邦政变以来，人心复死，则来年夫子来此掌教，必可多得其人也。私计来年虽略变其章程，想我夫子除在学教授之余，再在学外设立一塾，想必有同门从游，或当地之贵邦人闻风来学者。或尚有暇日著书，当傍得金钱以沾补酬应之费也。弟子通筹若此，敢布其区区，惟我夫子熟裁之，幸甚幸甚！《清议报》虽拟元旦日暂歇一期，正月十一再报。乞代恳琴浦君仍照常代译此一期，则有上一期之文字，下期不至太苦太迫矣。弟子拟送中岛岩君《清议报》一份，供彼清览，不费金钱，乃彼客气不受，是不可解。此后仍由此间付去如何？乞示遵办。专此，敬请崇安，并叩太祖母、师母福安。

弟子孟卿敬禀　西二月三日

---

① 亡人：通“妄人”。无知妄为之人。

② 长、卓：康有为和梁启超的字长素、卓如之省略。

③ 中西牛郎：号苏山，肥后人。宗教思想家。《清议报》第三册“寄书”栏有《论战法之变》等署名中西牛郎之论说。

抄白卓如致本学校值理函：

柏原往见犬养归，大同学校请犬养为名誉校长之事，犬养甚乐意，且已告大隈，大隈亦极欲提倡，兼遣日本人来就学，借此庠为中日两国人才交通之中坚，拟于明年新春开学时，大隈与犬养必亲临校中云。此实大隈经营东方之盛心，得其临校，亦足以鼓励海内外矣。诸君可预备一切，届时请之。犬养为校长，于我本校同人之权利，一毛不干涉，惟提倡保护而已。来年，宜推广学校局面，则东教习益不可不择人。日本人汉学、西学皆深者，莫如山本先生，前既已言之矣。今请即定意辞山田而请山本先生。惟拟请其兼编辑读本书，并求其带一二门人来帮教习，山田年三百金，则请山本先生，务当竭力厚酬（因又要彼带人来帮也）。尊处共商，其酬金能加至几何？乞示知。俾得专函与山本先生订定也云。

今日午间值理集议，其意见已见弟子专函。旋知会长、卓二子。阅毕付炳。事之谐否未可知，顺以其梗概付闻耳。弟子孟卿谨注。

山本宪资料 C124。此札二纸，其中一纸为梁启超致大同学校值理之函，康有仪将此函转寄给了山本宪。信封正面书“大阪东区谷町一丁目梅清处塾　山本梅崖夫子亲启　弟子孟卿手缄”，背面书“横滨大同学校　二月三日”。此函主要为邀请山本宪前往横滨任大同学校督学之内容，还抄录了梁启超致大同学校值理的信函，同时还随信转寄了康有为致康有仪的信函（参见康有为书札五）。从所抄录梁启超致大同学校值理的信函可知，在康、梁的竭力推荐下，大同学校理事商定“每月统送束修膳金共五十圆，一年共酬六百圆也”，与原教习山田夬“年送三百金”相比，其报酬不可谓不厚。

康有仪书札六十七(1899 年 2 月 9 日)

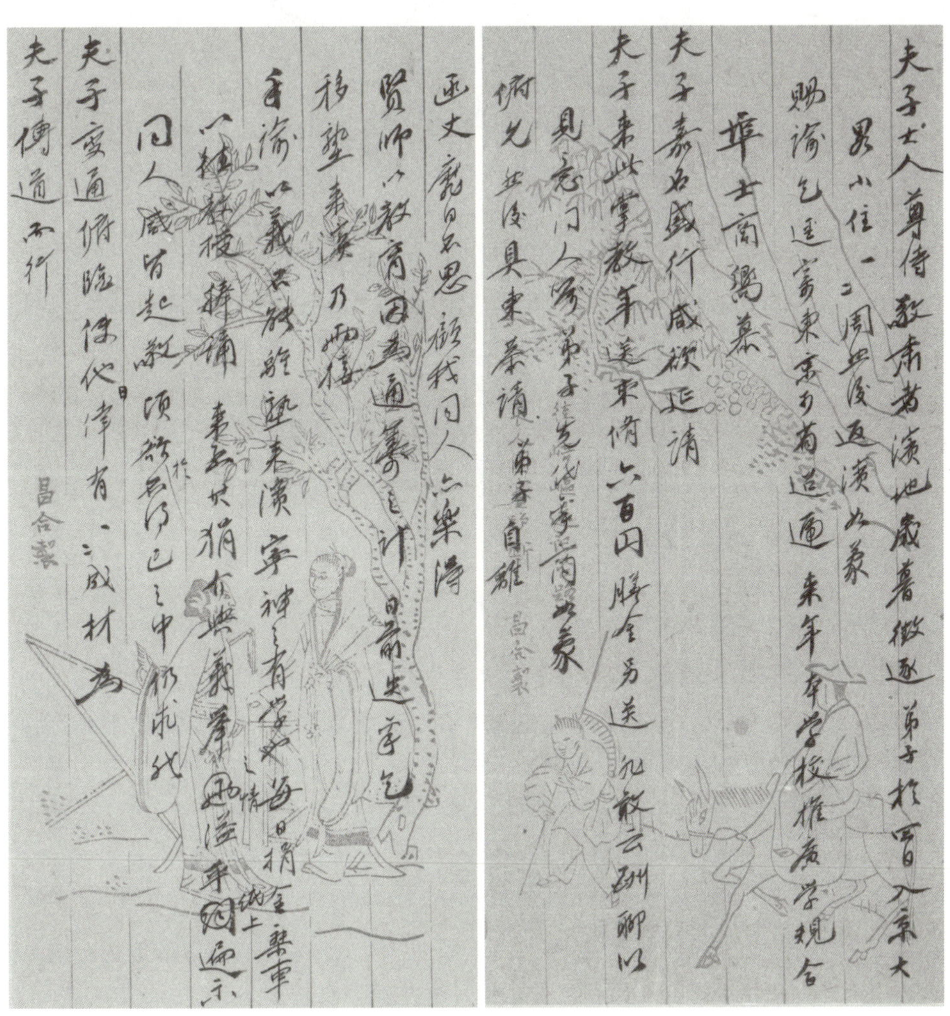

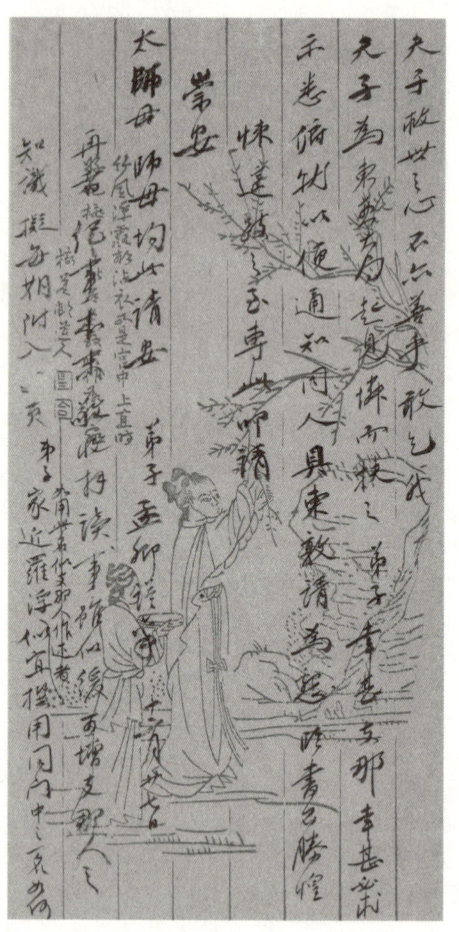

夫子大人尊侍：

敬肃者，滨地岁暮征逐，弟子于四日入京，大略小住一二周，然后返滨。如蒙赐谕，乞迳寄东京，可省迢递。来年本学校推广学规，合埠士商向慕夫子嘉名盛行，咸欲延请夫子来此掌教，年送束脩六百圆，膳金另送，非敢云酬，聊以见意。同人嘱弟子先代禀商，如蒙俯允，然后具柬恭请。弟子自离函丈，靡日不思。顾我同人，亦乐得贤师以教育。因为通筹之计，日前迭禀乞移塾来滨，乃两接手谕，以义不能离塾来滨，宁神之有学也，每日捐金乘车以往教授。捧诵来函，其狷介与义举之情溢乎纸上。遍示同人，咸皆起敬。顷欲于不得已之中，仍求我夫子变通俯临，使他日倖有一二成材，为夫子传道，而行夫子救世之心，不亦善乎？敢乞我夫子为东亚大局起见，怜而扶之，弟子幸甚，支那幸甚。必求示悉俯就，以便通知同人具柬敦请为恳。临书不胜惶悚遥跂之至。专此，叩请崇安。太师母、师母均此请安。

弟子孟卿谨禀　十二月廿七日

再者,《纪事本末》敬收拜读,事虽似缓,可增支那人之知识,拟每期附入一二页。弟子家近罗浮,如用此名,似支那人作述者,似宜撰用同门中之一名,如何?

山本宪资料 C125。此札三纸,信封正面书“大阪东区谷町一丁目梅清处塾　山本梅崖夫子赐启”,背面书“东京牛込区鹤卷町四十番康孟卿”,正面邮戳文字难以辨认,背面邮戳有“大阪卅二年二月九日”字样。此信发于旧历岁末。从此函看,邀请山本宪前往任教一事,校方虽表示愿提供优厚待遇,山本还是表示“以义不能离塾来滨”。尽管如此,康有仪在信函中还是再三请求山本能为东亚大局考虑,变通俯临。函中所提到的《纪事本末》,或为山本宪之作品。康有仪提议将此作品在《清议报》中连载,每期一二页,并建议改笔名“罗浮”。查《清议报》,未见此作品。另外,也可能指青山延光(1807—1871)所著《国史纪事本末》。该书明治九年(1876)刻本有李鸿章序文,黄遵宪在撰写《日本国志》时也多有引用,可见此书在当时关心日本的中国知识阶层中影响较大。

康有仪书札六十八(1899年2月27日)

夫子大人函丈：

敬禀者，前后来谕恭读，知我夫子不能舍塾来滨学校，同人大以不得贤师来此教育，至为憾事。知若在神户教育，则反为捐金(出入车费)助之，至感盛意，谋之他日，必如尊志云云。示问前次文稿末段何止，容俟查覆。现因接各处寄书，有欲先刊者，不与之争也。则大作下期补刊，而亦下期禀覆续作可矣。弟子自到东京，偶被风寒，纠病半月，除踏雪三二日(出于浅草[①]登塔)，未有出门，以故至爱知友未及访谒为憾。东京盘桓二十日，为舍弟他日欧米之游。然广东西文生尚未到，大略二月乃能来伴行也。弟子今以事返横滨，拟就学校[②]算学、几何之职。俗事大忙，无暇读书，未知何日再可归塾，思之怅然，亦冀诸异日耳。(同人往布哇[③]、南洋[④]各处倡办学堂，故无才如弟子亦为人用。)昨日由京付呈写真一幅，谅邀赐鉴。貌癯神衰，当亦见其一班[⑤]，不得意耳。阴历正月初六日嘱商人代弟子寄上译费十五圆，未知已寄到否？未见示及为念。如未收到，乞示知追查也。专此，谨请福安。太师母、师母乞代请安。

弟子孟卿禀上　阴历正月十八日由横滨付

按

山本宪资料 C126。此札一纸，信封正面书“大阪市东区谷町一丁目梅清处塾　山本梅崖夫子赐启”，背面书“横滨百四十番大同学校　康械”，正面邮戳文字较难辨认，仅可见“二十七日”字样，发信时间当为阳历 2 月 27 日，即信中所署日期阴历正月十八日。函中所提到的“同人往布哇、南洋各处倡办学堂”，康有为于 1898 年阴历十二月二十七日致山本宪书札(康有为书札八)中也称：“今已令人分到布哇南洋分行鼓励开学，而以此间为总汇。”受康有为派遣前往南洋者当为徐勤，此事在康有仪书札七十六(山本宪资料 C131)中也有提及。

---

① 浅草：地名，位于东京台东区，有浅草寺等观光景点。

② 学校：横滨大同学校。

③ 布哇：指夏威夷。

④ 南洋：明、清时期对东南亚一带的称呼，包括马来群岛、菲律宾群岛、印度尼西亚群岛等地。

⑤ 班：通“斑”。

康有仪书札六十九（1899 年 3 月 2 日）

敬肃者。弟子前在东京、于阳府

初旬由东京信托滨商汇上译费

十五円、久未奉覆。以为

夫子有事、未眼数者也。续接前后

来谕。此未豪　示及。心窃疑之。顷

神户上大阪之役、此间请商拒丈

医横滨查问前此五囷。你村人皆返

南上。令接

永村壹君书。再延芝丈别让往此海。

他日乃归。横滨　令補寄译费

十五円。伏乞

书收的爱珍爱为塱。

此间之聘肓译人将

来病爰放译。不敢重劳琴君也。

又廿营在京祝寄呈同人西京

一幅。渌寄将各名寄。揵

赤新事门到、除画问逍查之外令

補寄寔人写真一帧。代忙

堂未为明。如今寄上之译费、又

写真珈俱收到何乞

永认为明。覆示何文渍此大旧

间前作由佰处掦笔、谨拗之

电等此萦裙

夫子大人需鉴　弟子孟卵译秉

太师母御母龙代誌为

肓官发

敬肃者，弟子前在东京，于阳二月初十日由东京信托滨商汇上译费十五圆。久未奉覆，以为夫子有事，未暇裁答也。续接前后来谕，亦未蒙示及，心窃疑之。顷返横滨，查问前此十五圆，系该清商因有人返神户入大阪之便，此间清商托其带上。今接示，知未收到。再查其人则已往上海，他日乃归横滨。（此数应由弟子追回）今补寄译费十五圆，伏乞查收，酌交琴君为望。（弟子去阪时留下译费十圆，在后复寄上译费十五圆，另买邮便纸银贰圆，谅必入数。顺为提及。）此间已聘有译人，将来病愈能译，不敢重劳琴君[①]也。又廿六日在京亲寄呈同人写真一幅，后寄姓名单一纸去，接示知未收到。除由此间追查之外，今补寄众人写真一幅，伏乞赏收为盼。如果今寄上之译费及写真两俱收到，仍乞示知为盼。覆示仍交滨地大同学校可收。承问前作由何处搁笔，另纸谨抄呈电。专此，恭请夫子大人崇安。太师母、师母乞代请安。

弟子孟卿谨肃　三月二日发

山本宪资料 C135。此札一纸，未见信封。此函主要涉及邮寄翻译稿费及维新派人士集体合影等内容。尤其是康有为等人的合影相片“众人写真”，现仍保存在山本宪资料中，合影中除康有为外，尚有梁启超、王照、康有仪等共 17 人，当为康有为离开日本前于东京拍摄，极为珍贵。

---

① 琴君：片冈琴浦。参见康有仪书札五十八注“片冈君琴浦”。

康有仪书札七十（1899 年 3 月 7 日）

敬肃者。三月三十日（及昨日来函）均悉。前款及贱像已蒙赐收为感。承问译报一事。是否止译此间创办报社时。原议开旬日两报。後因鄙国多者劳官禁止购读。难通商名埠、及粗另九上海者。而不准运入沪上。各报社前之代事售者。六今不能代派。旬报此開。惟有此著办理。而日报、以此之故。不敢举行矣。各别抵有旬报、而无日报。故用率文参多。前译只任父聘定古城贞吉为本馆译报。開办时古城贞因事在乡。今则搁着□写东京。英又信来此极不免。所因君伏译之

勞。大略即請書撮只為之也。前函云、此間已

有譯人、惟因病未（未成譯。）愈。如病愈可著序國君之

勞。亦即弟君任父之言也。既弟只已得其人。敢請

告知序因君罷譯（今只白報。所用東書。請不必代譯也。）為幸。陽十二月二十五日付上

之銀（數）式差錯。陽三月四日列上之數。是弟子因

事、一時誤悮。伏乞

諒之。諸款備在拂付金、旅費、報費、共銀（尾數）拾九

圓。~~拾七圓~~（清單一紙。）兩附此為清結。前次備轉序因君

代勞。愧感無已。乞代道謝。專此敬請

夫子大人崇安 弟子孟卿謹禀 三月廿日 敬覆

太師母 師母均叩福安不另。

吳園蔭楨君

西十二月十五日至西一月十五日　支一月住屋銀十三圓

一月十五日至二月十五日　支二月住屋銀十三圓

二月十五日至三月十五日　支三月住屋銀十三圓

支正月、二月、三月報費銀二圓四十九錢，作二圓五十錢

支郵費銀五十錢

支蔭楨君來回車旅費共十圓

以上應支出銀五十二圓

前領三次共計銀三十五元　內除年款二元已由[illegible]收　實計[illegible]

除計之外，今酬上銀[illegible]

[illegible]收代為支結為幸

陽二月七日　[illegible]

敬肃者，三月二十一日来谕接读，前后片示，及昨日来示，均悉。知前款及贱像[①]已蒙赐收为慰。承问译报一事，是否止译云云。此间创办报社时，原议开旬日两报。后因敝国各省劣官禁止购读，虽通商各埠，及租界如上海者，亦不准将此报运入。沪上各报社前之代寄售《清议报》者，亦今不允代派。然旬报已开，惟有照旧办理。而日报以此之故，销流必少，不敢举行矣。今则只有旬报，而无日报，故所用东文无多。前梁君任父聘定古城贞吉[②]为本馆译报，开办时，古城君因事在乡，今则携眷寄寓东京。梁君信来，谓此后可免片冈君代译之劳，大略即请古城君为之也。前函云，此间已有译人，惟因病未愈未能译，如病愈可省片冈君之劳，亦即梁君任父之言也。既梁君已得其人，敢请告知片冈君罢译为幸。（今只旬报，所用东文甚少，请不必代译也。）阳十二月二十五日付上之银数不差错，阳三月四日列上之数，是弟子因事，一时谬误，伏乞谅之。诸敬备应拂修金旅费报费尾数共银拾九圆，清单一纸，敢求代为清结。前后备辱片冈君代劳，愧感无已，乞代道谢。专此，敬请夫子大人崇安。太师母、师母均叩福安，不另。

弟子孟卿谨禀　三月七日敬覆

片冈鹤雄君

西十二月十六日至西一月十五日　支一月修金银十三圆

一月十六日至二月十五日　支二月修金银十三圆

二月十六日至三月十五日　支三月修金银十三圆

支正月二月三月报费银二圆四十九钱，作二圆五十钱

支邮费银五十钱

支鹤雄君来回车旅费共十圆

以上应支出银五十二圆

前后三次共交银三十五圆（内除年敬二圆，乞必赐收，实交去艮[③]三十三圆）。除交之外，今酬上银一十九圆，乞查收代为支结为幸。阳三月七日核算。

山本宪资料C127。此札三纸，信封正面书“大阪东区谷町一丁目梅清

① 贱像：山本宪关系资料中含康有仪相片一枚，但此函所指之康有仪相片当与此不同。参见康有仪书札八十之注“小照一枚”。

② 古城贞吉：号坦堂，汉学者。明治三十年（1897）至上海，担任《时务报》日语翻译，同时也为《农学报》提供翻译稿件。归国后曾任东洋大学教授等。著有《支那文学史》等。

③ 艮：当作“银”。

处塾　山本梅崖夫子赐启”，背面书“横滨百四十番大同学校　孟卿手槭”，正面邮戳有“武藏横滨卅二年三月八日”字样。清议报馆因聘请了古城贞吉为专职日文翻译，加之原先预定创办的日报，因估计销路不畅而未创办，所需译文稿件并不多，最终辞去了山本宪私塾的片冈鹤雄，并结清了应支付的翻译酬金。

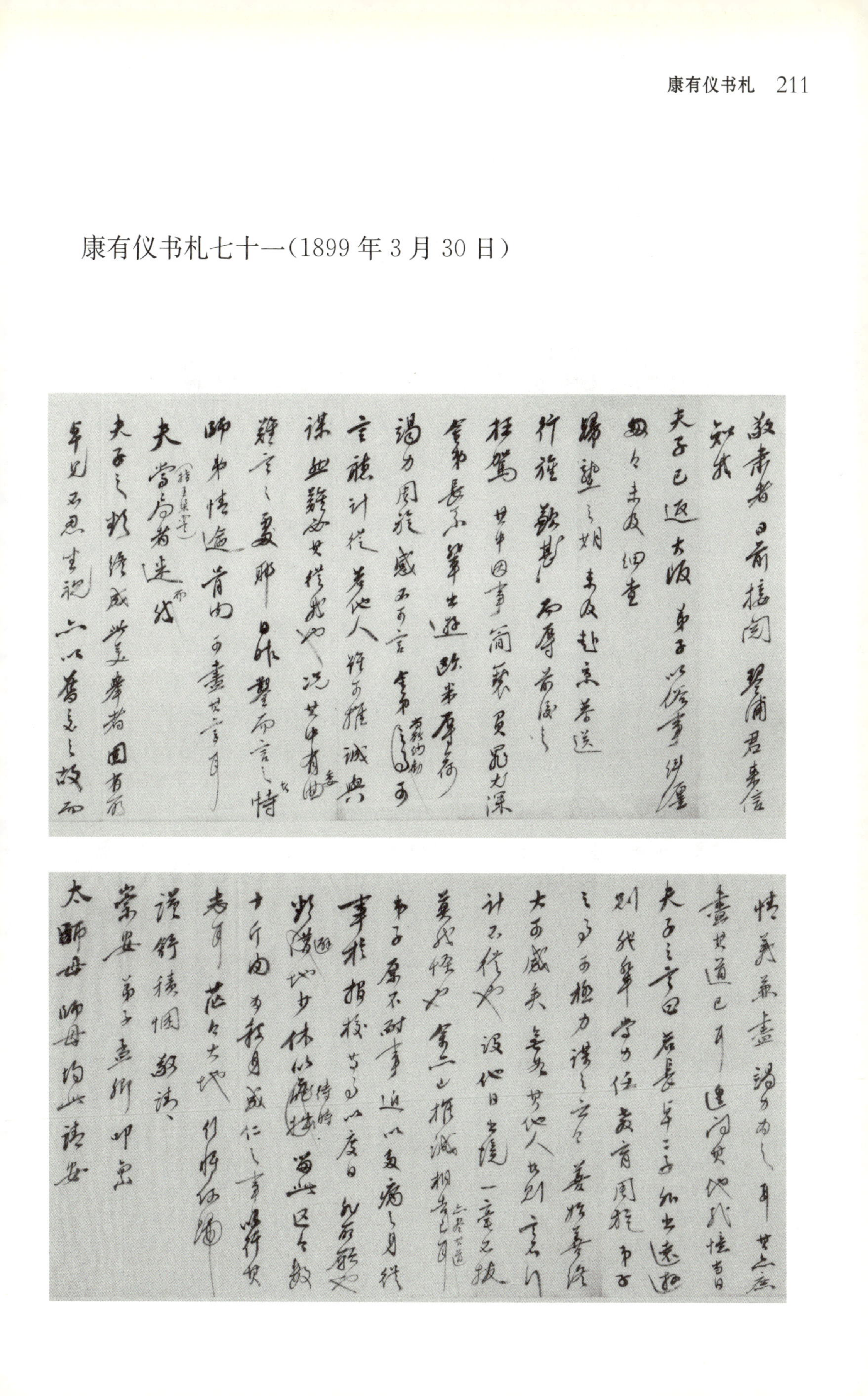

康有仪书札七十一(1899 年 3 月 30 日)

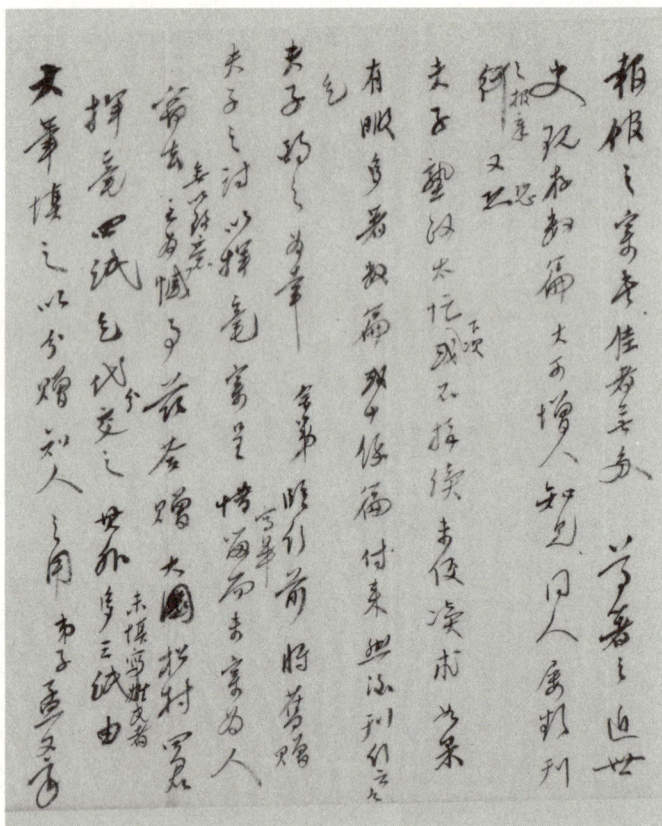

敬肃者，日前接阅琴浦[1]君来信，知我夫子已返大阪。弟子以俗事纠缠，匆匆未及细查归塾之期，未及赴京恭送行旌，歉甚歉甚。而辱前后之枉驾，其中因事简亵，负罪尤深。舍弟长素辈出游欧米，辱荷竭力周旋，感不可言。舍弟尚能纳劝，可言听计从，若他人[2]虽可推诚与谋，然难必其从我也，况其中有委曲难言之处耶？日昨凿而言之者，恃师弟情逾骨肉，可尽其言耳。夫当局者迷（指王、梁[3]而言），而我夫子之欲终成此美举者，固有所卓见，不忍坐视。亦以旧交之故，而情义兼尽，竭力为之耳。其亦庶尽其道已耳，遑问其他哉？忆当日夫子之言，曰“若长、卓二子外出远游，则我辈当力任教育周旋，弟子之事可极力谋之”云云。善始善终，大可感矣。无如其他人者，则言不行计不从也。设他日出境，一毫不拔，莫我怪也。余亦已推诚相告，亦尽其道已耳。弟子原不耐事，近以多病之身，从事于报校等事以度日，非所愿

① 琴浦：梅清处塾塾生片冈鹤雄。

② 他人：此处当指梁启超和王照。

③ 王、梁：王照和梁启超。

也。欲避地少休以待时，留此区区数十斤肉，为杀身成仁之事，以行其志耳。茫茫大地，行将何归？谨舒积悃。敬请崇安。

太师母、师母均此请安。

弟子孟卿叩禀

报馆之寄书，佳者无多。尊箸之《近世史》，现存数篇，大可增人知见，同人屡欲刊之报章，又恐夫子塾政太忙，下次或不接续，未便渎求。如果有暇，多著数篇或十余篇付来，然后刊行云云。乞夫子酌之为幸。舍弟临行前，将旧赠夫子之诗以挥毫寄呈，惜写毕留而未寄，为人窃去，无以致意，至为憾事。兹答赠大园[①]、松村[②]四君挥毫四纸，乞代分交之。其外多三纸(未填写姓氏者)，由大笔填之，以分赠知人之用。弟子孟又禀。

按

山本宪资料 C128。此札一纸，信封正面书"大阪市东区谷町一丁目梅清处塾　山本梅崖夫子"，背面书"横滨居留地百四十番大同学校　康孟卿手发"。正面邮戳有"武藏横滨　卅二年三月三十日"字样。此函主要涉及了山本宪在康有为、梁启超、王照等人是否离开日本问题上所作的努力。据《梅崖先生年谱》记载，日本外务当局考虑到康有为、梁启超、王照等人长期滞留日本在外交上的影响，通过外务省书记官楢原陈政委托山本宪说服三人离开日本。山本宪本以"穷鸟入怀，猎夫不忍杀之"加以拒绝，但此事通过康有仪转达给三人后，三人在感谢山本的同时表示愿意离开日本。后来，康有为从日本外务当局领取旅费 15 000 元离开日本，而梁启超和王照则以旅费少等理由停留日本[③]。另据犬养毅于 1898 年 12 月 28 日致柏原文太郎信件："康有为之事，明日与伊藤侯相议，伊藤侯当会转告青木。其要点是：康有为备翻译同往外国，而王照与梁启超则留在日本；旅费七千日圆。上述内容估计可谈妥，请酌情办理。"同日，犬养又致信大隈称："昨日伊藤侯突然来旅店访问，其目的乃是为商议康有为一事。相议之结果，仅将康有为一人遣送外国，送其七千日圆左右旅费。但伊藤侯之意是这笔费用应通过我们有志者之手赠与。此事伊藤侯将会尽快通知青木外务大臣。此事乃青木所托。至于让梁启超留在日本以增长学问之事，晚生也表示赞同。近日康有

---

① 大园：山本宪资料 D－11《丁酉日记》中，有相同之梅清处塾塾生姓名，当为塾生。

② 松村：同上资料中，有相同之梅清处塾塾生姓名，当为塾生。

③ 《梅崖先生年谱》，第 31－32 页。

为谒见阁下时，请酌情将此事相告。”[①]

选择停留日本的王照，于1900年3月25日致函日本外务省，表示今后不需接受日本政府的资助和保护。其函称：“外务省诸位大人殿阁下：照自客秋蒙友人拔救入境以来，贵国怜护备至，救其三死，感戴之情，何可言喻！今康君已赴他洲，照驽下之质，坐食于此，万难自安。照乃无志之夫，在北京时，专以调和两宫为务，得罪之由，亦不过因保荐康广仁、梁启超为顾问官耳。及来贵国，照亦从未指责西太后之短，故北京亦无刺照之意，今请贵国以后不必资给保护。照为一渔一樵，皆天皇与诸公之德也。且照无声无臭，必不碍两国交谊，所有感戴辞谢之情，谨此上闻。伏乞察谅。高山忠照顿首。”[②]

---

① 永井算巳：《清末における在日康梁派の政治動静(その1)》，《信州大学人文科学論集》(1)，1962年12月，第4页。此文也收入《中国近代政治史論叢》，[日]汲古书院1983年版。

② 《日本外交文书》第三十二卷，第544页。

康有仪书札七十二(1899 年 4 月 2 日)

敬肃者，三月三十一日来谕于四月一日谨收拜读，恭聆一切。自舍弟出游后，小航[①]、卓如即除东道主一切之招呼，且商请出游，现尚未邀允许，故渐[②]留此读书度日，亦其志也。弟子预知其事，故日前自接到罢论之信，即行飞告。及所赐之序，弟子亦什袭藏之，未有寄他。又如今日来谕，其中一切盛意，且俟他日有其事，然后飞告，欲省事也。虽迟或不得其游费，然我夫子亦自尽其道已耳。专此，谨覆代谢。敬请崇安。太师母、师母均此请安。

弟子孟卿谨肃

按

山本宪资料C129。此札一纸，信封正面书"大阪市东区谷町一丁目梅清处塾　山本梅崖夫子"，背面书"横滨居留地百四十番大同学校　康孟卿上"。正面邮戳有"武藏横滨　卅二年四月二日"字样。康有为自1898年10月19日在宫崎寅藏等人的护送下乘河内丸离开香港赴日本，经神户抵达东京的时间是10月25日。在日本停留约五个月后，于1899年3月22日，在获得日本政府旅费资助下，由横滨乘"和泉丸"赴加拿大。康有仪此函发于康有为离开日本后不久。函中还提及了拒绝日本政府的建议仍停留在日本的梁启超和王照的近况，称"留此读书度日"。有关梁启超读书，罗孝高《任公轶事》有如下记载："己亥春，康南海先生赴加拿大后，任公约罗孝高普同往箱根读书，寓塔之泽环翠楼，以去冬曾侍南海先生同游处于此。……时任公欲读日本书，而患不谙假名，以孝高本深通中国文法者，而今又已能日文，当可融会两者求得捷径，因相研索，订有若干通例，使初习日文径以中国文法颠倒读之，十可通其八九，因著有《和文汉读法》行世。虽未美备，然学者得此，亦可粗读日本书，其收效颇大。"[③]

① 小航：王照(1859—1933)，字小航，河北宁河县(今属天津)人。戊戌政变后流亡日本。

② 渐：疑"暂"之误。

③ 《梁任公先生年谱长编(初稿)》，第80-81页。

康有仪书札七十三（1899 年 4 月 23 日）

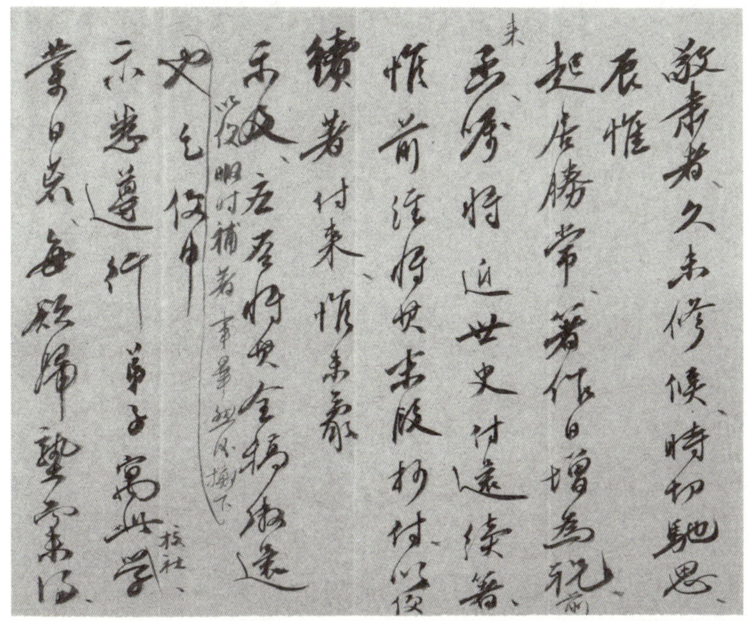

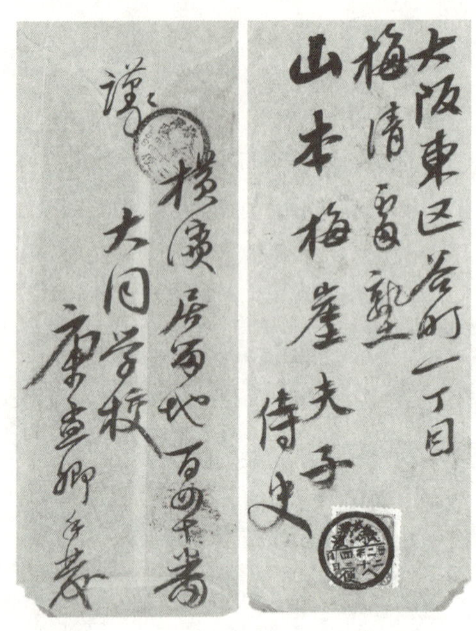

大阪東区谷町一丁目
梅清處塾
山本梅崖夫子
侍史

謹
横濱居留地百四十番
大同学校
康孟卿手發

敬肃者，久未修候，时切驰思，辰惟起居胜常，箸作日增为祝。前来函，嘱将《近世史》付还续箸。惟前经将其末段抄付，以便续著付来。惟未蒙示及，应否将其全稿缴还，以便暇时补著，事毕然后掷下也。乞便中示悉遵行。弟子寓此校社，学业日荒，每欲归塾而未得，念之怅然。弟子幸列门墙，前蒙各学长大修同门录，谬以弟子贱名居首，弟子无学，愧不敢当。此后藉此名录，直可通信，可求益友。不知应如何努力向学，以报高厚于万一耳。专此报臆。敬请夫子大人崇安。并叩太师母、师母两位大人福安。

弟子康孟卿谨禀

按

山本宪资料 C130。此札一纸，信封正面书“大阪东区谷町一丁目梅清处塾　山本梅崖夫子侍史”，背面书“横滨居留地百四十番大同学校　康孟卿手发”。正面邮戳有“武藏横滨　卅二年四月二十三日”字样。函中提到梅清处塾所修同门录中，“谬以弟子贱名居首”。查作成于明治三十二年(1899)仲春的私塾同门录《嘤嘤录》，列最前者为“康孟卿，咸丰八年生，原籍清国广东省南海县，现住横滨市居留地一四〇大同学校，现职教习兼清议报记者”。另外，有作成年月未详(约 1901 年前后)的同门录《嘤嘤录》，其中有“康孟卿，咸丰八年出生，本名有仪，字羽子，原籍清国广东省南海县，现住香港中环水车馆对面雅生暎相馆”。

康有仪书札七十四(1899 年 5 月 4 日)

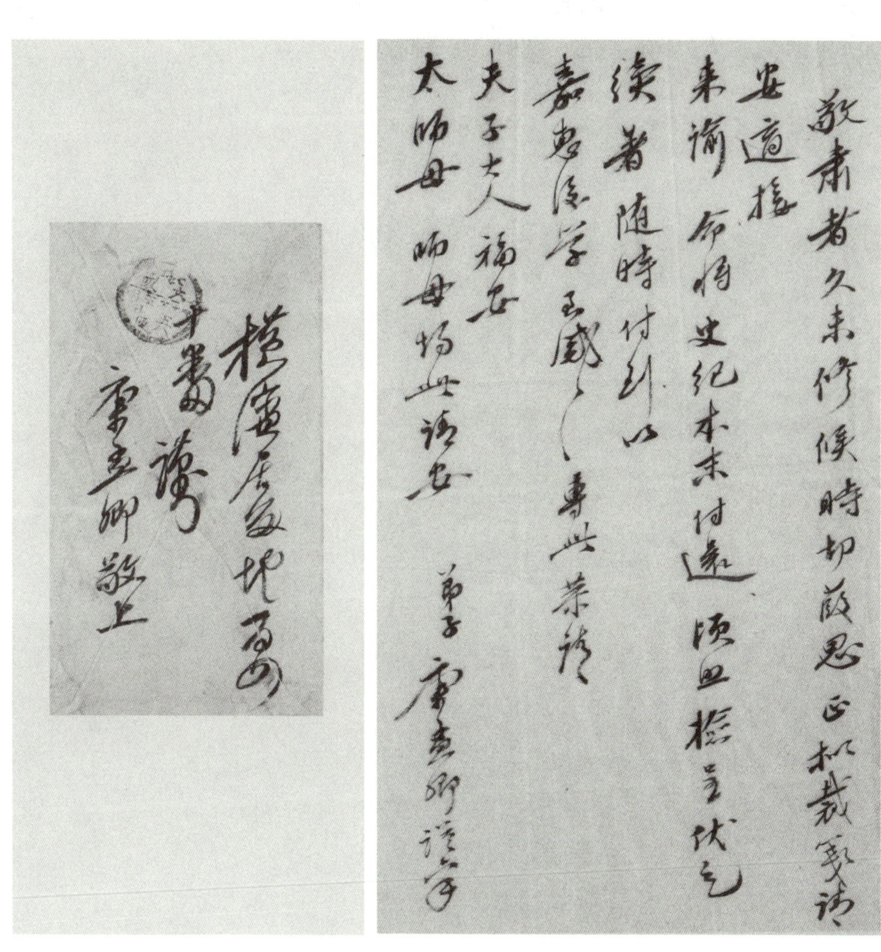

康孟卿敬上

敬肃者，久未修候，時切葭思，正擬裁箋請
安，適接
来諭，命將史紀本末付還，須回檳呈，伏乞
續著隨時付郵，以
嘉惠後學，至感至感。專此恭請
夫子大人福安
太師母、師母均此請安
弟子康孟卿謹字

敬肃者，久未修候，时切葭思。正拟裁笺请安，适接来谕，命将《史纪本末》[1]付还。顷照检呈，伏乞续著随时付到，以嘉惠后学，至感至感！专此，恭请夫子大人福安。太师母、师母均此请安。

弟子康孟卿谨禀

山本宪资料C155。此札一纸，信封正面书“大阪市东区谷町一丁目梅清处塾　山本梅崖夫子侍史”，背面书“横滨居留地百四十番　康孟卿敬上”，正面邮戳有“横滨　五月四日”等字样。

---

① 《史纪本末》：似为山本宪作品，但在《山本宪关系资料目录》中未见此书。

康有仪书札七十五(1899 年 5 月 24 日)

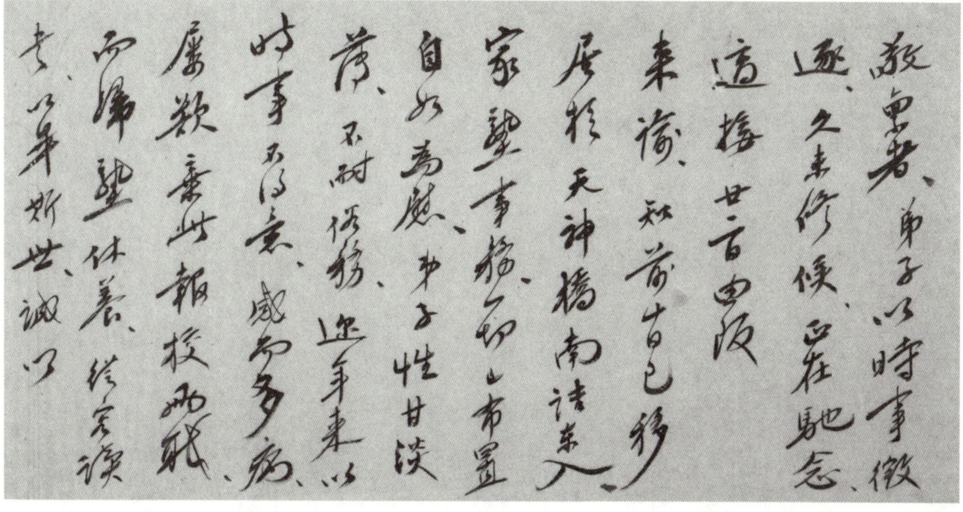

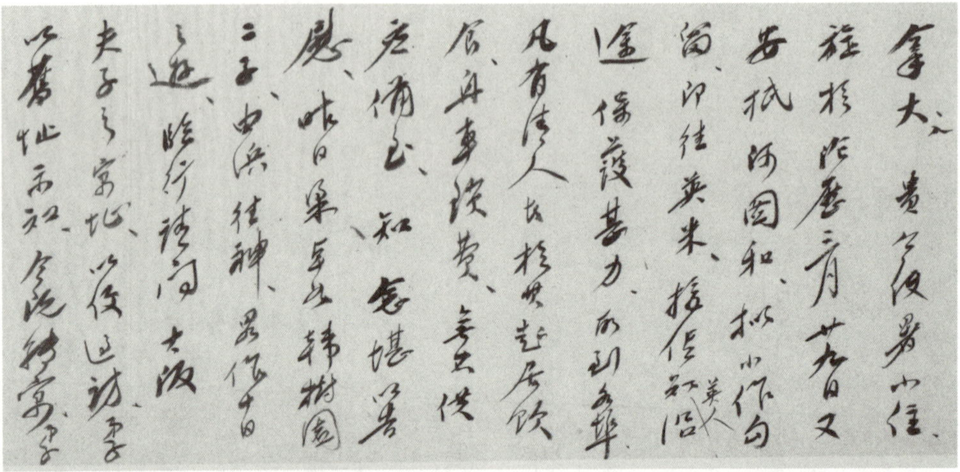

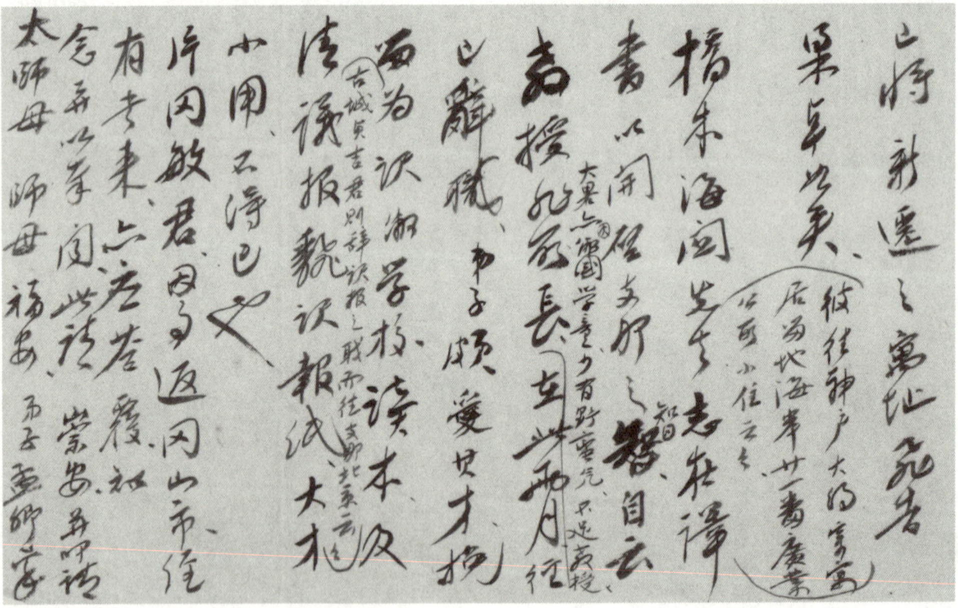

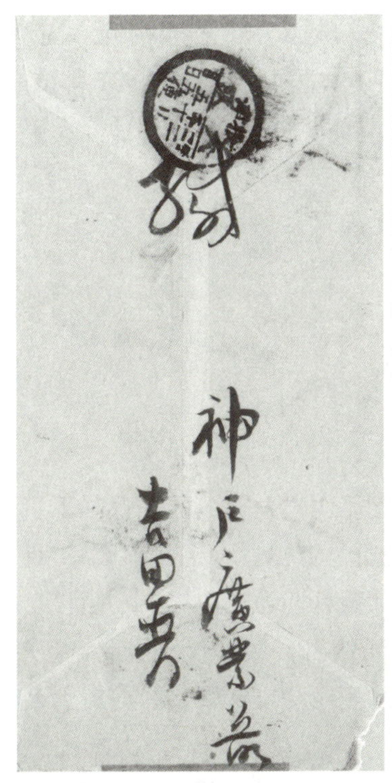

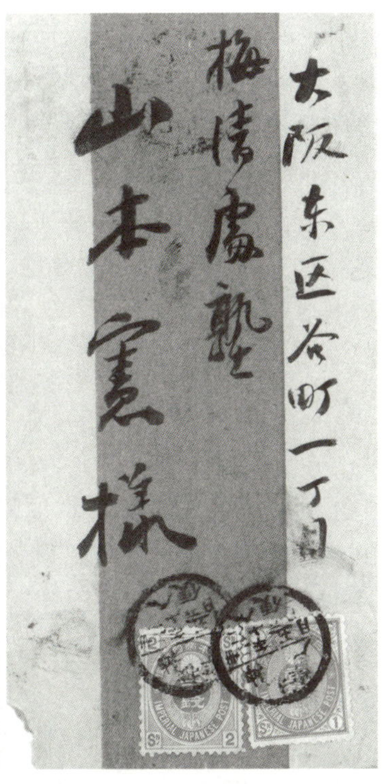

敬禀者，弟子以时事征逐，久未修候，正在驰念，适接廿二日由阪来谕，知前十日已移居于天神桥南诘东入，家塾事务，一切已布置自如为慰。弟子性甘淡薄，不耐俗务，迩年来以时事不得意，感而多病，屡欲弃此报校两职而归塾修养，从容读书，以毕斯世。诚以旧居虽近城外，得养气①最多，惟邻近之马厩，炭气②不少，且深夜不宁，无以养神。今既移居，且为夫子贺，即弟子亦画策早日归塾矣。但行囊羞涩，遽行无以久持，必俟粤东汇款到来，然后敢行也。舍弟长素，蒙贵当局厚给游费，加以保护甚周，久已安抵加拿大，入贵公使署小住，旋于阴历三月廿九日又安抵阿图和③，拟小作勾留，即往英米。接信知英人沿途保护甚力，所到各埠，凡有清人者，于其起居饮食、舟车琐费，无不供应备至，知念堪以告慰。昨日梁卓如、韩树园④二子，由浜⑤往神，略作十日之游，临行请问大阪夫子之寓址，以便过访。弟子以旧址示知，今既转寓，弟子已将新迁之寓址飞告梁卓如矣。（彼往神户大约寄寓居留地

---

① 养气：氧气。

② 炭气：二氧化碳。

③ 阿图和：即加拿大首都渥太华。

④ 韩树园：韩文举，字树园，广东番禺人。曾任神户《东亚报》撰稿人。

⑤ 浜：当作“滨”。

海岸廿一番广业公所小住云云。)桥本海关先生志在译书,以开启支那之智,自云教授非所长,大略亦因敝国学童少有野蛮气,不足教授,在此两月,径已辞职。弟子颇爱其才,挽留为译敝学校读本,及《清议报》翻译报纸,(古城贞吉君则辞译报之职而往支那北京云云)大才小用,不得已也。片冈敏君,因事返冈山市,径有书来,亦应答覆。知念并以奉闻。此请崇安。并叩请太师母、师母福安。

弟子孟卿禀

山本宪资料 C66。此札二纸,信封正面书"大阪东区谷町一丁目　梅清处塾　山本宪样",背面书"神户广业公所　吉田晋",正面邮戳有"神户　卅二年五月二十五日"等字样,大阪到达邮戳日期为"五月二十五日"。吉田晋为梁启超的日本名,而从书信内容看,显然出自康有仪。因此,可认为山本宪错装了信封。而山本宪资料 C67,书信内容出自梁启超,信封署名却为康有仪,其信封正面书"大阪天神桥南诘东入　梅清处塾　山本梅崖夫子侍史",背面书"横滨居留地百四十番大同学校　康孟卿",正面邮戳有"武藏横滨　卅二年五月二十四日"等字样,大阪到达邮戳日期同为"五月二十五日"。从大阪到达邮戳时间看,二函于同日收到。据此,可初步断定山本宪于同一日阅读此二函后装错了信封。此函提及康有为离开日本后的行踪,从中可知抵达加拿大后曾暂住日本使署。《康南海先生年谱续编》对康有为离开横滨后的行程有如下记载:"二月十一日,由横滨乘和泉丸渡太平洋,廿七日抵加拿大域多利亚埠。三月四日,乘船赴湾高华。二十六日,乘汽车过落机山顶。大雪封山,光明照映。译者请名之,因名曰太平顶。月杪,至加都城阿图和。四月一日英总督冕度侯爵约谯会,爵夫人特约女画师瑯杜为先君画像。十二日,放洋赴欧。二十二日,至伦敦,馆于前海军部尚书柏丽斯子爵家。"[1]

---

① 《康南海先生年谱续编》,第1页。

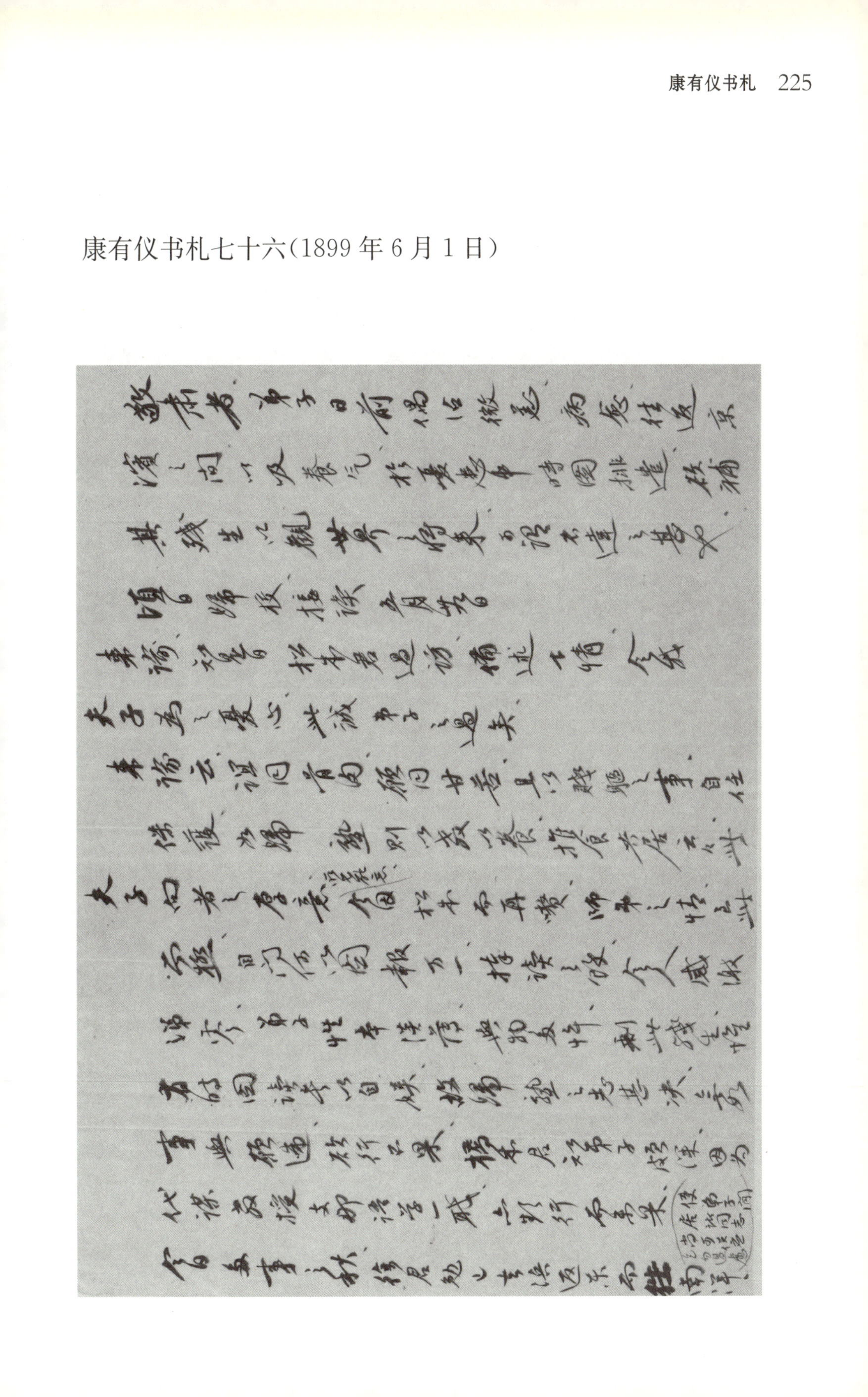

康有仪书札七十六(1899年6月1日)

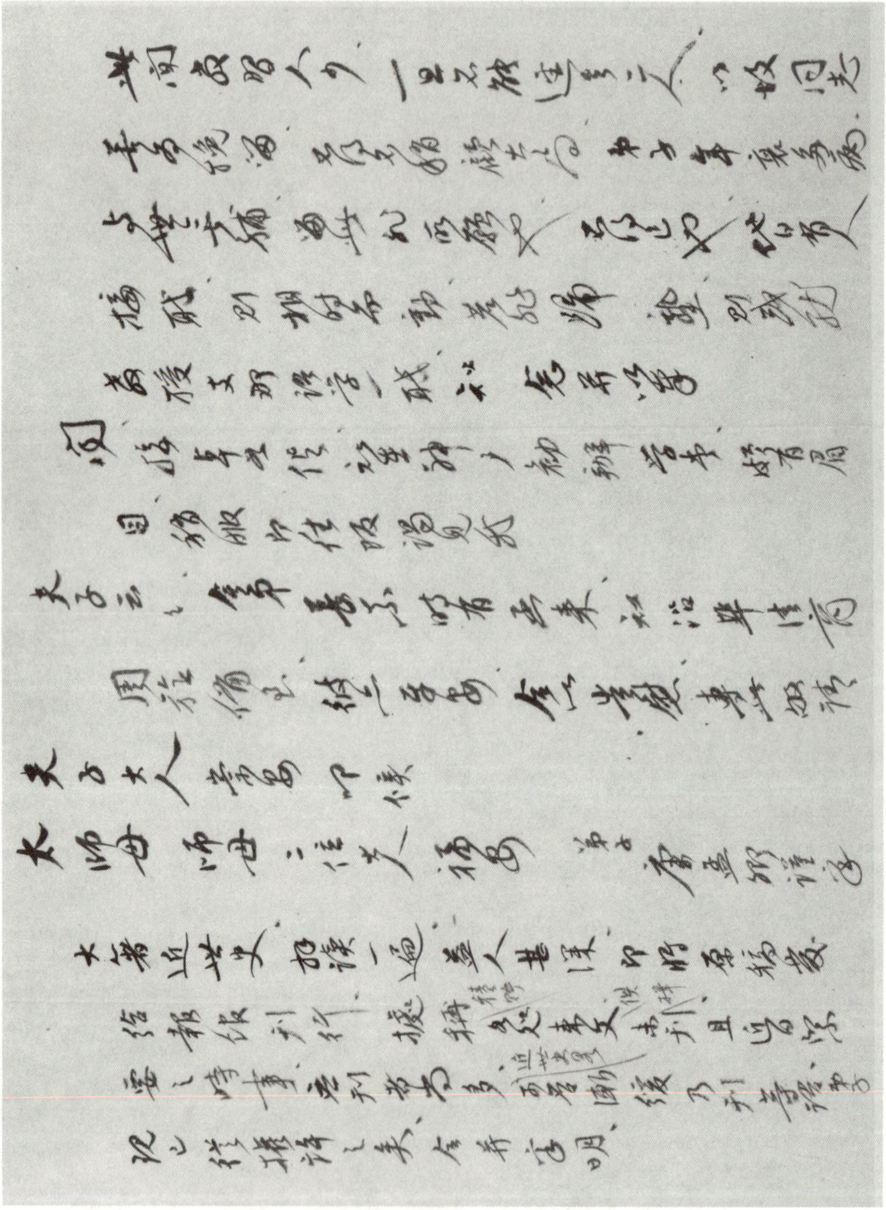

敬肃者，弟子日前偶沾微恙，病愈，往返京滨之间，以吸养气，于忧患中时图排遣，欲补其残生以观世界之将来，可谓不达之甚也。顷日归校，接读五月廿九日来谕，知是日松本君[①]过访，备述下情，令我夫子为之忧心，此诚弟子之过矣。来谕云，谊同骨肉，愿同甘苦，且以贱躯之事，自任保护，如归塾则以教以养，推食共居云云。此夫子向者之厚意所不能忘，今因松本而再赍。师弟之情，至此而极，自问何以图报万一，捧读之余，令人感激涕零。弟子性本淡薄，与物多忤，剩此残生，惟有时图读书以自娱，故归塾之志甚决。无如事与愿违，欲行不果。桥本君[②]知弟子颇深，因为代谋教授支那语学一职，亦欲行而未果。（使弟子闲居，诸同志尚可供应，乞勿过虑。）今日多事之秋，徐君勉已去浜[③]返东而往南洋，此间教习人少，一旦不能径去二人，以故同志苦为挽留，不得不稍顾大局。弟子年衰多病，与世无补，留此非所愿也，不得已也。他日有人接职，则相时而动，若非归塾，则或就教授支那语学一职。知念并以奉闻。接卓如信，知在神户劝办学堂，颇有眉目，稍暇即往阪谒见我夫子云云。舍弟长素时有函来，知沿埠清商周旋备至，彼亦平安，合以告慰。专此，敬请夫子大人崇安。叩候太师母、师母二位大人福安。

弟子康孟卿谨禀

大箸《近世史》，拜读一遍，益人甚深，即将原稿发给报馆刊行。据称积贮各处来文，俱未择刊，且近日紧要之时事，应刊者尚多，《近世史》略可否渐[④]缓乃刊等语。弟子现已从权许之矣。合并禀明。

山本宪资料 C131。此札二纸，信封正面书“大阪天神桥南诘东入　梅清处塾　山本梅崖夫子侍史”，背面书“横滨居留地百四十番大同学校　康孟卿敬上”，正面邮戳有“武藏横滨　卅二年六月一日”字样。正面所写梅清处塾地址为 1899 年 5 月 10 日所迁新址。因康有仪曾屡次表示尽可能辞去横滨的工作，返回大阪梅清处塾继续学业，山本宪表示康有仪“谊同骨肉”，若归塾愿同甘共苦，“以教以养，推食共居”。这使康有仪大为感动，表示“归塾之志甚决”，只是因《清议报》报馆和大同学校人手有限，难以脱身。

① 松本君：或为梅清处塾塾生，未详。
② 桥本君：指桥本海关。参见康有仪书札一注“桥本”。
③ 浜：当作“滨”。
④ 渐：疑“暂”之误。

康有仪书札七十七（1899年9月2日）

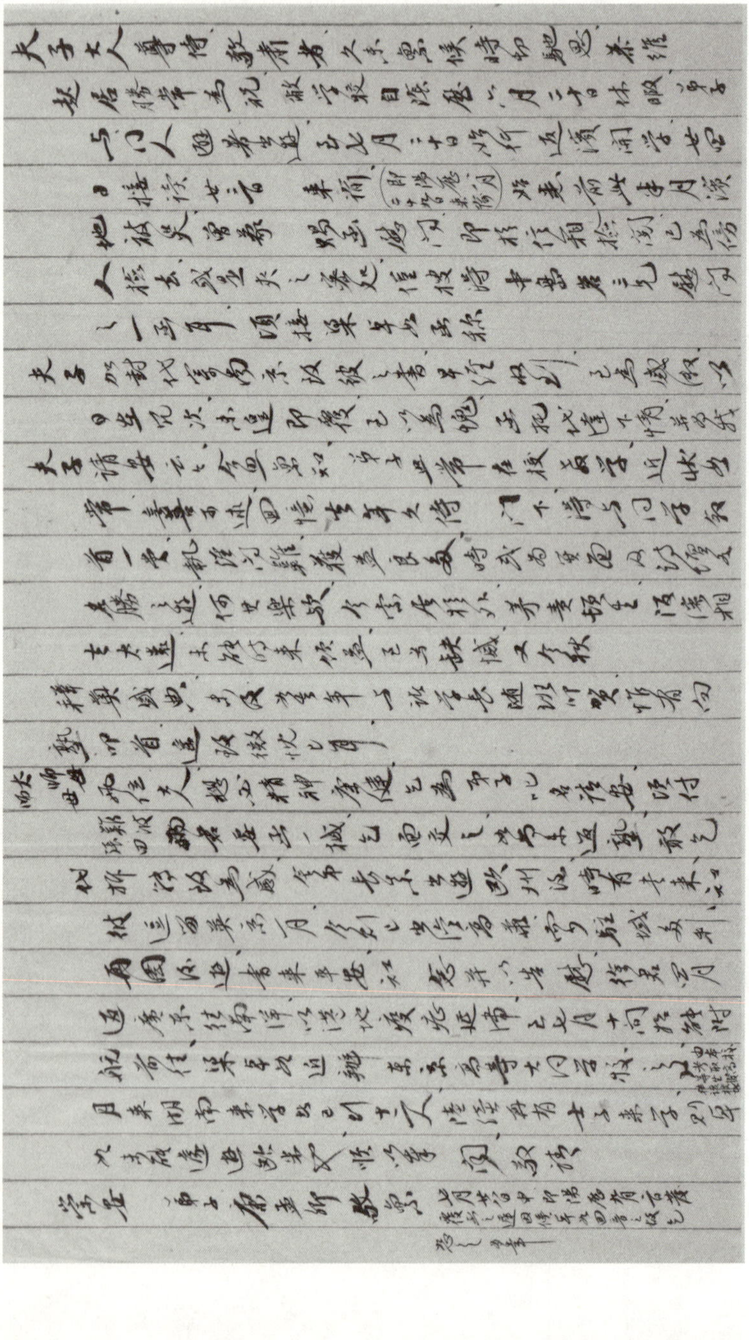

夫子大人尊侍：

敬肃者，久未禀候，时切驰思，恭维起居胜常为祝。敝学校自阴历六月二十日休暇，弟子与同人避暑出游，至七月二十日始行返滨开学。廿四日接读廿三日来谕(即阳历八月二十九日来谕)，始悉前此半月滨地被灾，曾蒙赐函慰问，即于信箱捡阅，已为傍人捡去，或是夹之密处，仅搜得中岛岩三兄慰问之一函耳。顷接梁卓如函称，夫子加封代寄南京致彼之书，早经收到，至为感激，以日在冗次，未遑即覆，至以为愧，函托代达下情，并为我夫子请安云云。合照禀知。弟子照常在校教学，近状如常，无善可述。回忆去年久侍门下，得与同学叙首一堂，执经问难，获益良多。时或为箕面及诗坛各名胜之游，何其乐欤！今索居于外，茅责[①]顿生，阪滨相去太远，未能时来领益，至为缺憾。又今秋释奠盛典，未及如去年与诸学长随班叩贺，惟有向塾叩首，遥致微忱已耳。太师母、师母两位大人，想必精神康健，乞为弟子叱名请安。顷付难波、张田[②]两君要函一椷，乞面交之。如尚未返塾，敢乞代拆转致为感。舍弟长素出游欧州后，时有书来，知彼逗留英京一月，今则已出温高华[③]，而少驻域多利[④]，再图后游。书来平安，知念并以告慰。徐君[⑤]四月返广东往南洋，以港地疫症延滞，至七月十间始能附航前往。梁卓如近办东京高等大同学校之事(由本校考取高等生拨往该校者)，月来湖南来学者已到十二人，陆续再有士子来学，则卓如未能遽游欧米也。顺以奉闻。敬请崇安。

弟子康孟卿敬禀

七月廿八日申　即阳历九月二日发

覆函之迟，因候卓如回音之故，乞恕之为幸。

山本宪资料C132。此札一纸，信封正面书“大阪天神桥南诘东入　梅清处塾　山本梅崖夫子侍史　至急”，背面书“横滨旧居留地百四十番大同学校　康孟卿敬椷”，背面邮戳有“武藏横滨　卅二年九月三日”字样。此函

① 责：疑“塞”之误。

② 张田：张田量一，梅清处塾塾生。山本宪资料D-11《明治丙申日记》有“九月二十六日，张田量一入门”之记载。

③ 温高华：加拿大城市温哥华。

④ 域多利：加拿大城市维多利亚。

⑤ 徐君：指徐勤。

透露了康有为和徐勤分别于3月和4月离开日本后的大致行踪。此外，还提及了梁启超创办的东京高等大同学校。该校于1899年8月由梁启超创办于东京小石川，由柏原文太郎任校长。冯自由《任公先生事略》："是年夏（己亥），复得华商曾卓轩、郑席儒等之助，创高等大同学校于东京，湘、粤学生从之者三十余人。"[①]《东京高等大同学校公启》[②]一文就设立此校的必要性有如下论述："今者大同学校之设，有不容缓者，盖四端焉：横滨学校，开设既已经年，生徒精进，成就者不少，而地方有限，教师有限，未能多分班数，故当设高等学校，使高才生以次递升，则教者不致太劳，而学者亦易获益，此高等学校必宜设者一也。神户及南洋、美洲各埠，学校相继踵设，其规模与横滨略同，一二年后，卒业生徒，皆当递进，不可无一校以容之，此高等学校之必宜设者之二也。政变以后，内地新设之学校，多就停废，其中生徒，志士不少，半途弃置，殊可悼叹。今宜设一总区，选其英才，俾得卒业，此高等学校之必宜设者之三也。内地俊秀子弟，怀奇才，抱远志，自备资斧，游学海外者，不乏其人。此辈大率皆已通中国学问，及寻常普通学者，必有专门高等学校，乃能助其大成，此高等学校之必宜设者之四也。"此文末尾署名为："发起人郑清璠、吴廷奎、曾纪标、曾纪杰、卢瑞棠、林文澧、郑观光、谢焕辰、鲍芳昭、杨萃奎、郑文晃、方文辉等同启"。1901年，该校改名为东亚商业学校，1902年由于经营困难，改由清驻日公使蔡均接办，并改名为清华学校。

① 《梁任公先生年谱长编（初稿）》，第85页。

② 《清议报》第二十三册。

康有仪书札七十八（1899 年 10 月 28 日）

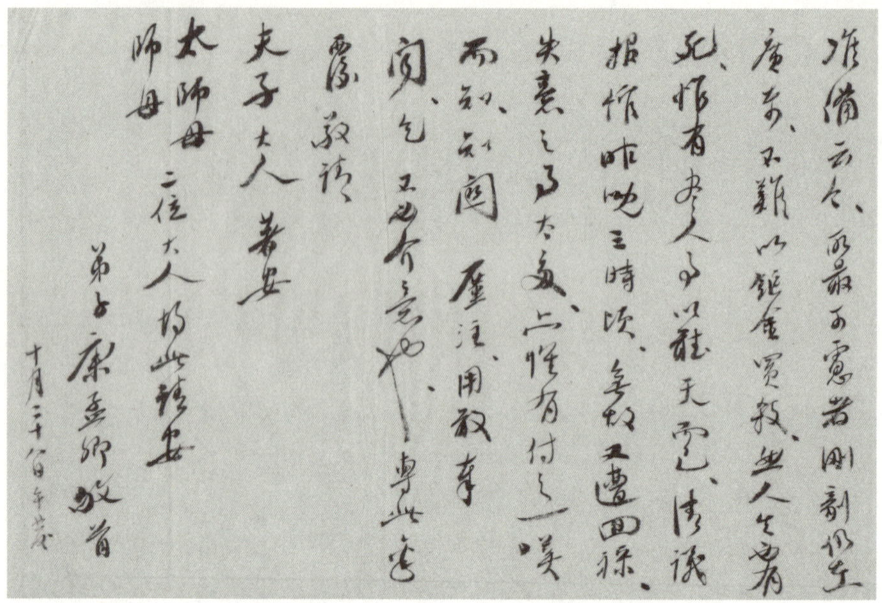
准备云云、所最可虑者刚毅仍在
广东、不难以钜金买杀、然人生必有
死、惟有尽人事以听天而已、清议
报馆昨晚三时顷、无故又遭回禄、
失意之事太多、亦惟有付之一叹
而知、知关厪注、用敢奉
闻、乞不必为奇也、专此、并
露敬请
夫子大人　万安
太师母
师母　二位大人均此请安
弟子康孟卿敬首
十月二十八日午前

敬肃者，久未修禀奉候，罪甚罪甚。迩想起居胜常，伏望顺时自爱为慰。今早接读二十七日来谕，垂询舍弟长素行止，诸蒙厪念，感不可言。舍弟出游欧米，虽无事可办，然以豺狼当道，归国甚险，未敢言旋。月前母病，病愈已电报平安，其后一接再接急电，命即言旋。以是束装而返，到滨面晤，始悉为匪人伪电所欺，已无可如何，亦已决意由原船返港一见母氏也。此次回来所乘之英船，其船主承地方警署之命，保护甚至。（将到滨时，船主命其入其房，不准外人来见。）弟子与同人等以该轮船经沪（上海）不便，恐有虚惊，欲即转换他轮，直赴香港。其时赴港之船适无，又以登陆不便（一为此间警署所阻，一为刺客多人阴伺），船亦移时动轮，舍弟亦惟有顺受，握别而去。是日此间查有刺客下船阴尾之，又传闻重贿船主及厨子之事。同人等赶赴神户，因决意商请舍弟移致[①]河内丸轮船，直赴香港，已于日前启行。（幸赖有贵国知人伴行）因此间不容登陆之故，已即电嘱香港知人，求英保护。昨晚旋接港电，已经准备云云。所最可虑者，刚毅[②]仍在广东，不难以钜金买杀。然人生必有死，惟有尽人事以听天而已。《清议报》馆昨晚三时顷，无故又遭回禄[③]，失意之事太多，亦惟有付之一叹而知[④]。知关厪注，用敢奉闻，乞不

---

① 移致："移至"之误。

② 刚毅：满人。曾历任山西巡抚、江苏巡抚、军机大臣等职。强烈反对维新变法，受慈禧太后重用。

③ 回禄：火神名。引申为火灾。

④ 而知：疑"而已"之误。

必介意也。专此禀覆，敬请夫子大人著安。太师母、师母二位大人均此请安。

弟子康孟卿敬首 十月二十八日午发

按

山本宪资料 C133。此札一纸，信封正面书“大阪天神桥南诘东入 梅清处塾 山本梅崖夫子侍史”，背面书“横滨居留地百四十番大同学校 康孟卿”，背面邮戳有“武藏横滨 卅二年十月二十八日”字样。此函较详细地记录了 1899 年 10 月康有为自美洲东归途径日本后返回香港的经过，并称康有为此次东归乃“为匪人伪电所欺”，还提到了横滨《清议报》馆无故遭火灾被烧毁。对康有为此次途经日本返港及报馆被烧事件，《南海康先生年谱续篇》有如下记载：“九月，劳太夫人在香港患病。先君由加拿大假道日本归港。日本政府受满清政府之托，对先君将有不利。前内务大臣品川弥二郎子爵，以死力争与其舅山县有朋侯相，始免于难。抵神户时，派警官接护，送至马关。……二十二日，过横滨，匪徒纵火《清议报》馆，存稿被毁。二十四日至马关，泊船二日，即李鸿章议和立约遇刺地也，伤怀久之。抵港后，清廷正拟废德宗立大阿哥，悬金五十万购先君头，特命李鸿章督粤缉捕戊戌党人。”[①]另外，康有为在马关停留时，曾写诗句：“碧海沈沈岛屿环，万家灯火夹青山。有人遥指旌旗处，千古伤心是马关。”表达了触景所生伤怀之情。

---

① 《南海康先生年谱续篇》，第 2 - 3 页，《康南海先生遗著汇刊》(廿二)。

康有仪书札七十九（1900 年 1 月 4 日）

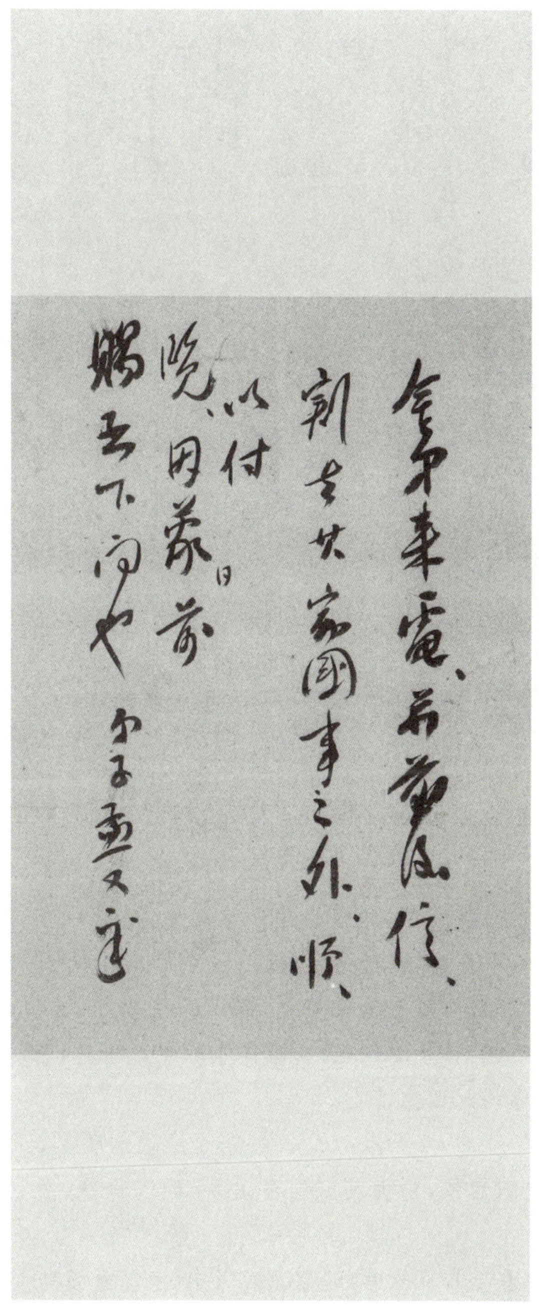

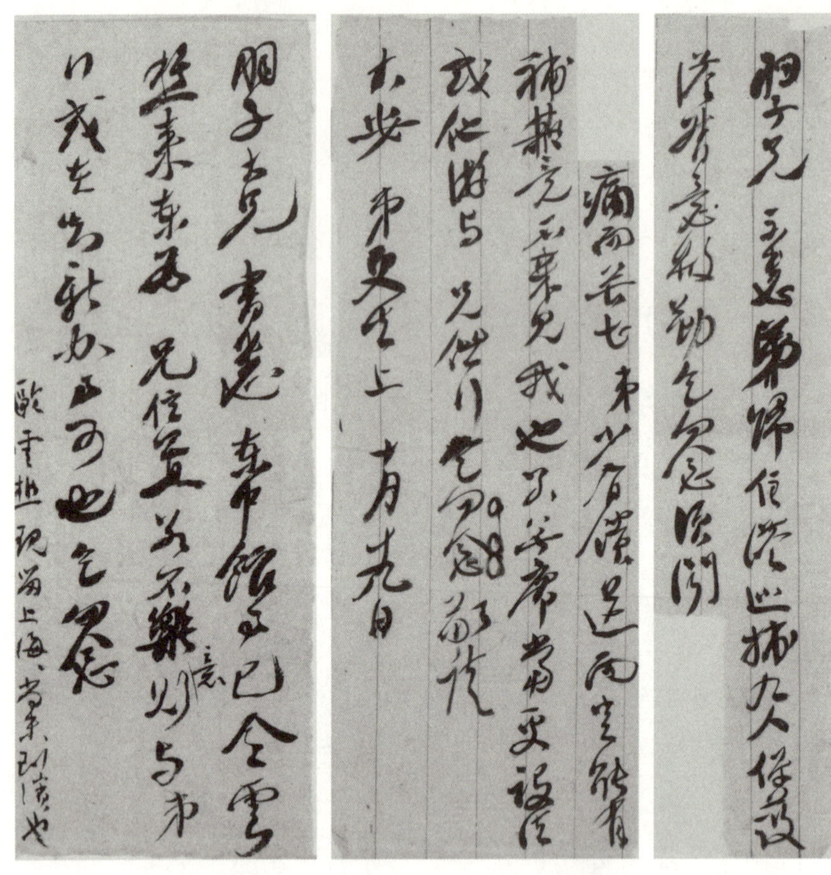

敬肃者，去腊三十日谨呈一函，恭贺年禧，外付一金以为年敬[1]，聊表寸衷，谅邀赐收。（顺将证书付览）弟子于本校之席，业已辞职，满拟归塾读书，以养晦求益，正在束装就道，适接舍弟长素来电，催返广东，未便却之。（舍弟出游在迩，或有事面商，或与同游，故不得不归。）而事与愿违，惟有心存向往而已。查明日有法国汽船前往香港，现定今晚登轮，倚装匆促，不及亲来叩辞，一俟到港后，其行止如何，再行禀闻也。专此报臆，不尽欲言。敬请崇安。太师母、师母均此致意请安。

弟子康孟卿敬上　阳历正月初四日

舍弟来电并前后信，割去其家国事之外，顺以付览，因蒙日前赐函下问也。弟子孟又禀。

羽子兄：示悉。弟归住港，巡捕九人保护，港督意殷勤，乞勿念。顺闻。

病而苦甚。弟少有馈送，而足能有补。某竟不来见我也。若无席，当更

① 年敬：年礼，年末所赠礼物或礼金。

设法或他游，与兄偕行，乞勿念。敬请大安。弟更生上。十月十九日

羽子大兄，书悉。东中[①]馆事，已令云樵[②]来东为兄位置。若不乐意，则与弟行，或在知新[③]办事可也。乞勿念。欧云樵现留上海，尚未到滨也。

按

山本宪资料C153。此札六纸，其中三纸为康有为致康有仪函，康有仪将此转寄给了山本宪。信封正面书“大阪天神桥南诘东入　梅清处塾　山本梅崖夫子侍史”，背面书“横滨元居留地百四十番　大同学校　康孟卿”。此函为康有仪离开横滨前往香港前致山本宪的最后信函。据此函，康有仪本打算辞去《清议报》的工作，返回大阪梅清处塾继续随山本宪学习，“正在束装就道，适接舍弟长素来电，催返广东，未便却之”，最终选择了回国。而康有仪所担任的工作，则按康有为的安排，由欧矩甲从国内前来接替。

---

① 东中：日本国内。

② 云樵：欧矩甲（1870—1911），字云樵，广东省归善县人。康有为主要弟子之一。1897年参与《知新报》《时务报》的刊行工作。后任湖南时务学堂教员。康有仪从横滨回国后赴日，接替康有仪参与《清议报》刊行事务。

③ 知新：指《知新报》。参见康有仪书札二十一注“《知新报》”。

康有仪书札八十(1900年1月25日)

敬肅者、弟子陰曆臘月五日由濱歸國、路
行前、謹具五金以為年敬、旋即將貨券付上諒敗（區區不成敬意聯表于寅男）
賞收、弟子早經十日曾安抵香港、面晤長素無恙、誠
以料理出進南洋之事、未發具稟請、安日間將
同出進故以率開一俟到南洋後情形如何、再行
稟報此前稟請議報費、統收寄去、然不能全收者、
六住聽其便、不敢以此果我
夫子代掃此敬乞　諒之、弟子山信飭清議報道部

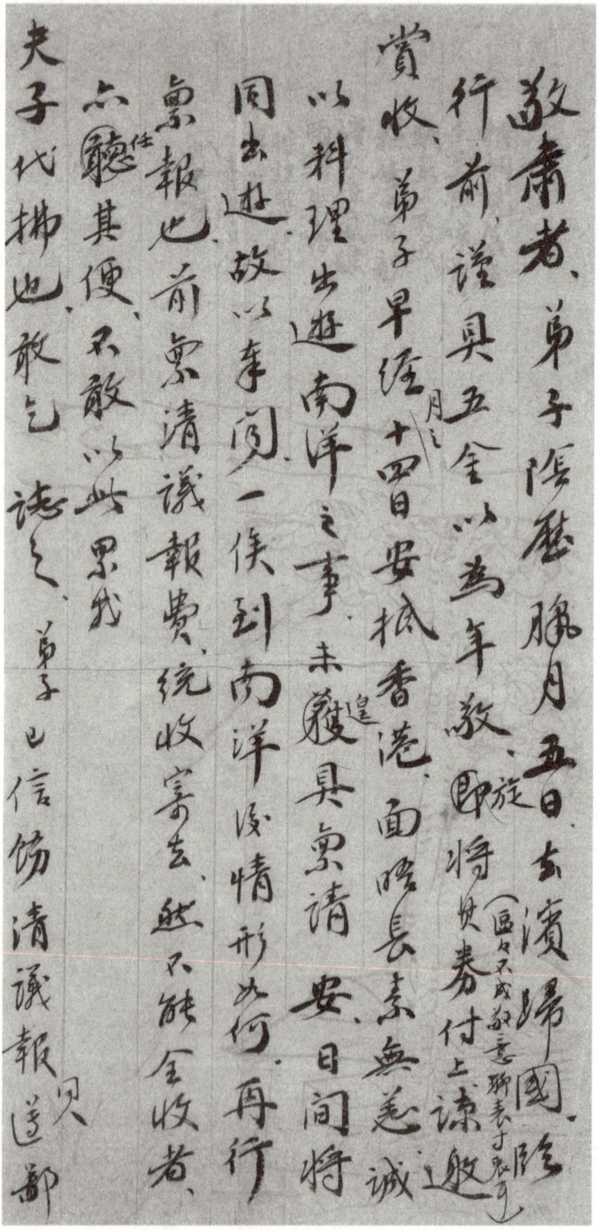

意鋪理矣。現小寓香港，他日出遊異地，流連靡
定。回憶在汲時久侍
門墻，執經問難，與諸學長旦夕講究古今時局，何
其樂耶！未卜何時再逢其會耳。思之黯然。謹呈
上小照一枚，孫孫無所長，而又深爲之喜。想
夫子當能洞見其善衷也。專此謹肅敬請
崇安
太師母 師母二位大人均此請安
弟子康孟卿寫
西曆十二月廿五日由港寄

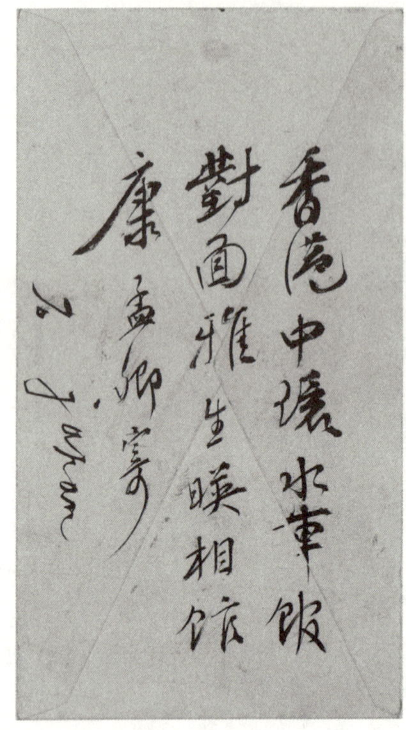

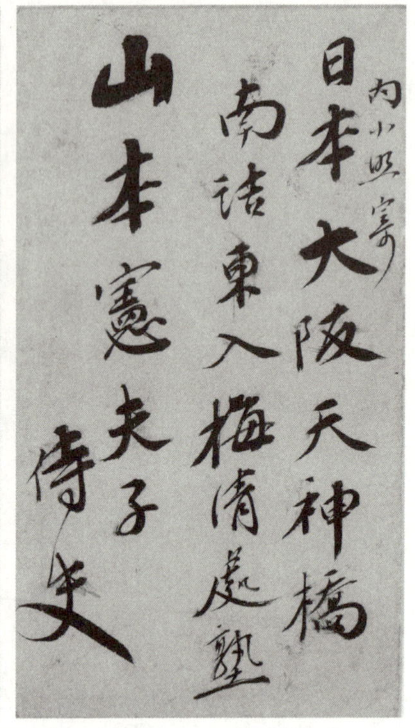

敬肃者，弟子阴历腊月五日去滨归国，临行前谨具五金，以为年敬，旋将其券付上，谅邀赏收。（区区不成敬意，聊表寸衷耳。）弟子早经月之十四日安抵香港，面晤长素无恙，诚以料理出游南洋之事，未遑具禀请安。日间将同出游，故以奉闻。一俟到南洋后情形如何，再行禀报也。前禀《清议报》费，统收寄去，然不能全收者，亦任其便，不敢以此累我夫子代拂也，敢乞志之。弟子已信饬《清议报》同人遵鄙意办理矣。现小寓香港，他日出游异地，流连靡定。回忆在阪时，久侍门墙，执经问难，与诸学长旦夕讲求古今时局，何其乐耶！未卜何时再逢其会耳，思之黯然。谨呈上小照一枚，碌碌无所长，而又强为之喜，想夫子当能洞见其苦衷也。专此谨禀。敬请崇安。太师母、师母二位大人均此请安。

弟子康孟卿禀　阴历十二月廿五日由港发

按

山本宪资料C193。此札二纸，信封正面书“内小照　寄日本大阪天神桥南诘东入梅清处塾　山本宪夫子侍史”，背面书“香港中环水车馆对面雅生暎相馆　康孟卿寄　TO JAPAN”。无邮戳。此函为康有仪离开横滨抵达香港后不久的信函，表示已与康有为见面，并打算不久后将与康有为一起前往南洋。随此函一同寄给山本的"小照一枚"，现存于高知市立自由民权纪念馆中（山本宪资料 C4），其背面有康有仪所书"弟子康孟卿原名有仪敬赠　光绪二十五年腊月摄于香港"。

康有为在 1899 年 10 月从美洲东归途径日本返回香港后，"清廷正拟废德宗立大阿哥，悬金五十万购先君（康有为）头，特命李鸿章督粤缉捕戊戌党人……适邱菽园自星加坡汇赠千金，并邀往南洋避难，乃于十二月廿七日偕梁铁君、汤觉顿等乘船离港"[①]。而据康有仪书札七十九可知，康有仪本想辞去《清议报》的工作回到大阪的梅清处塾继续随山本宪学习，"正在束装就道，适接舍弟长素来电，催返广东，未便却之"，而不得不离开日本归国。归国后立即"面晤长素"，并"料理出游南洋之事"，打算与康有为一同出游南洋。但是，在康有为离开香港前往南洋时，康有仪并没有一同前往，而是化名李愚山，北上经上海、烟台、天津，于 1900 年阴历二月五日至北京[②]。后因北京戒备甚严而出游三江二湖，最终因唐才常举义失败政府遍捕党人，而于八月前往南洋。

① 《南海康先生年谱续篇》，第 3 页，《康南海先生遗著汇刊》（廿二）。
② 参见康有仪书札八十一。

康有仪书札八十一(1900 年 3 月 22 日)

夫子大人函丈：敬禀者，去臘弟子由滇歸國，謹肅一函，到香港後復由邱菽園君處呈安禀一椷（小照一紙），諒皆賜收。時事可悲，自此會弟南遊，弟子亦作北上，於月之廿八日解纜，今正月初中十八日到[illegible]，廿四日到天津（改用李焜山名，一見國聞報安藤君），沿途小作句留，於二月五日安抵都門，滿擬進留小住，冀有所裨，以慰向年之志，無如辦黨之餘波未息，人不言新，且知人者多（[illegible]），不便久駐，擬不日亦將南下，再瞻門墻。留殘喘以為他日地步也。舞南遯北，乏善可陳，辜負裁育深恩，惟有引咎自責而已。遥想同儕日盛，講道弗衰。太師母、師母納福金安，康乞代道候。專此謹肅，敬請崇安，敘促乞恕不莊，并請閱畢付丙，不足為外人道也。弟子孟卿敬上

陽曆三月二十二日 支那北京城寄

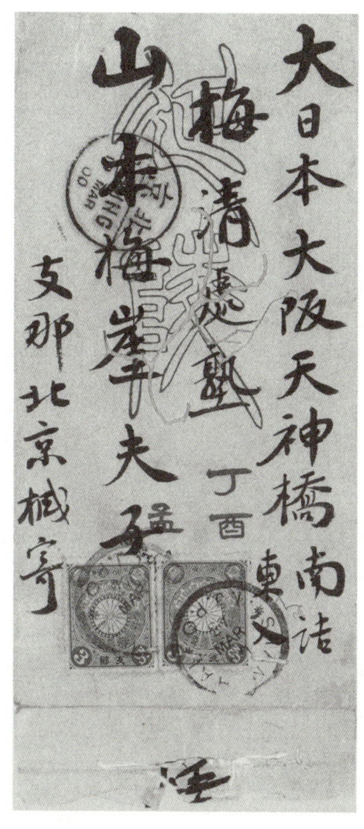

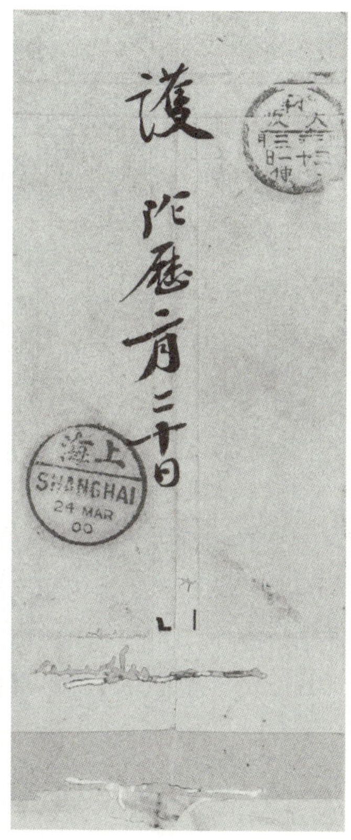

夫子大人函丈：

敬禀者，去腊弟子由滨归国，谨肃一函，到香港后复由守屋道君[①]带呈安禀一椷，小照一纸[②]，谅皆赐收。时事可悲，自此舍弟南游，弟子亦作北上，于月之廿八日解缆，今正四日到申，十八日到燕台[③]，廿四日到天津，(改用李愚山名，一见《国闻报》安藤君[④])沿途小作勾留，于二月五日安抵都门。满拟逗留小住，冀有所售，以慰向平之志。无如办党之余波未息，人不言新，且知人尚多，不便久驻。(道遇古城[⑤]、猷原[⑥]诸君于东交民巷，似不识弟子面。二

① 守屋道君：日杂货贸易商人，1899 年为扩展销路人香港从事贸易，后在天津、大连、旅顺等地开设分店。

② 小照一纸：当指山本宪资料中的康有仪相片。参见康有仪书札八十。

③ 燕台：山东烟台之别称。非常用，但在清末时或可见。如 1893 年由烟台成文信书坊刊行的《燕台成文信记书目录》，此处“燕台”即为一例。

④ 安藤君：指担任《国闻报》日语翻译的安藤虎雄。

⑤ 古城：指古城贞吉。参见前注。

⑥ 猷原：“猷”当为“楢”之误，指楢原陈政(1862—1900)。明治时代外务官，初在驻日本清国公使馆习汉语，后曾来华随俞樾学习。甲午战争后谈判时曾任翻译，后任日本驻北京公使馆翻译官、书记官等职。

月十六晚拜古城君于贵公使馆而不遇。太省事也，乞无庸函达矣。）拟不日亦将南下，再恋门墙，留残喘以为他日地步也。奔南逐北，乏善可陈，辜负教育深恩，惟有引咎自责而已。迩想同侪日盛，讲道弗衰。太师母、师母纳福安康，乞代道候。专此谨肃，敬请崇安。匆促乞恕不庄。并请阅毕付丙，不足为外人道也。

弟子孟卿敬上　阴历二月二十日由支那北京械寄

按

山本宪资料C134。此札一纸，信封正面书“大日本大阪天神桥南诘东入　梅清处塾　山本梅崖夫子　支那北京械寄”，背面书“阴历二月二十日”，背面二邮戳分别有“上海 SHANGHAI　24MAR　00”和“大阪　卅三年三月三十一日”字样。此函为康有仪离开横滨归国后给山本宪的第二封信函，较详细透露了归国以来的行踪：化名李愚山，北上经上海、烟台、天津，阴历二月五日至北京。并称不日将南下。康有仪此行，当与联合维新党人有关。

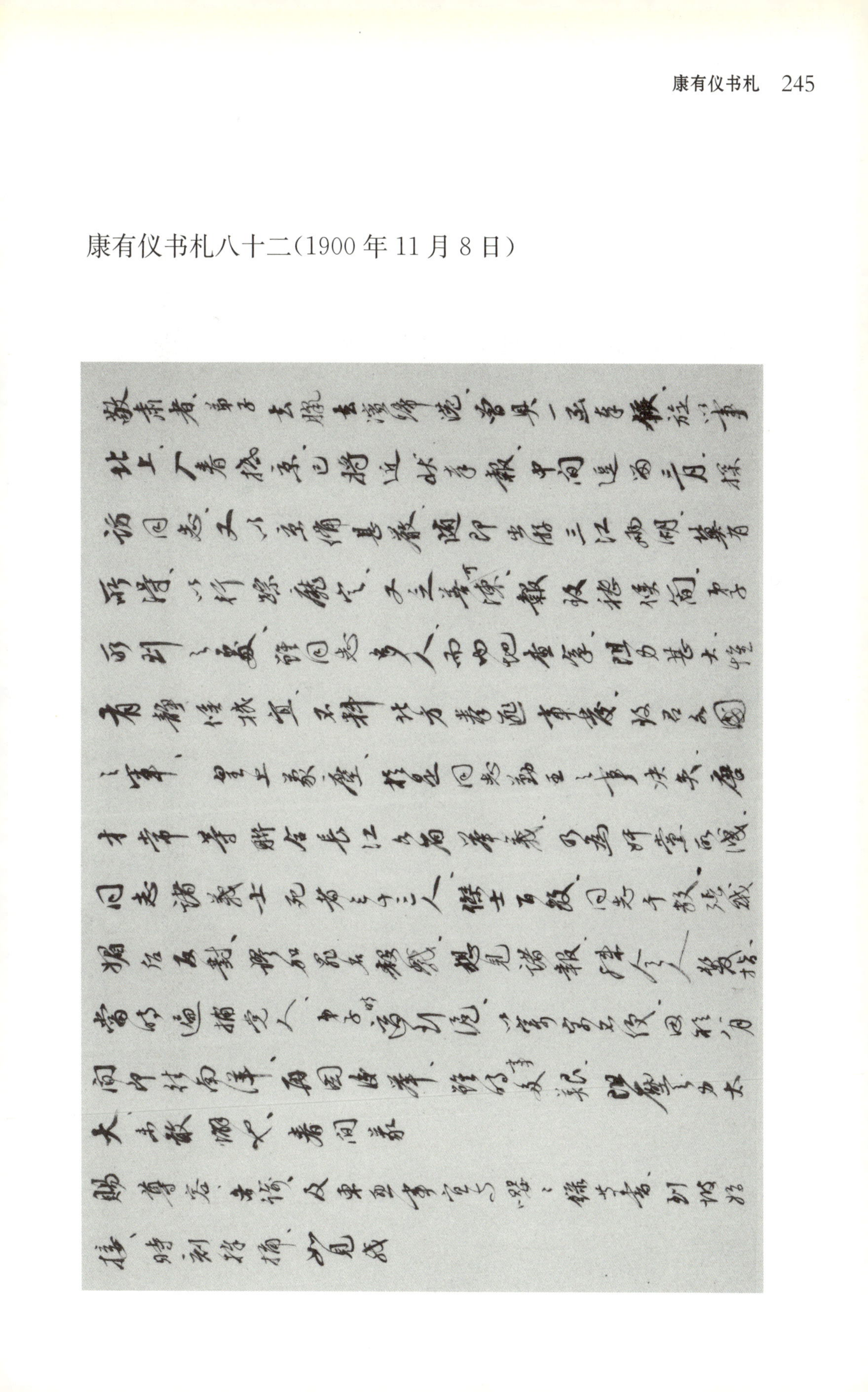

康有仪书札八十二（1900 年 11 月 8 日）

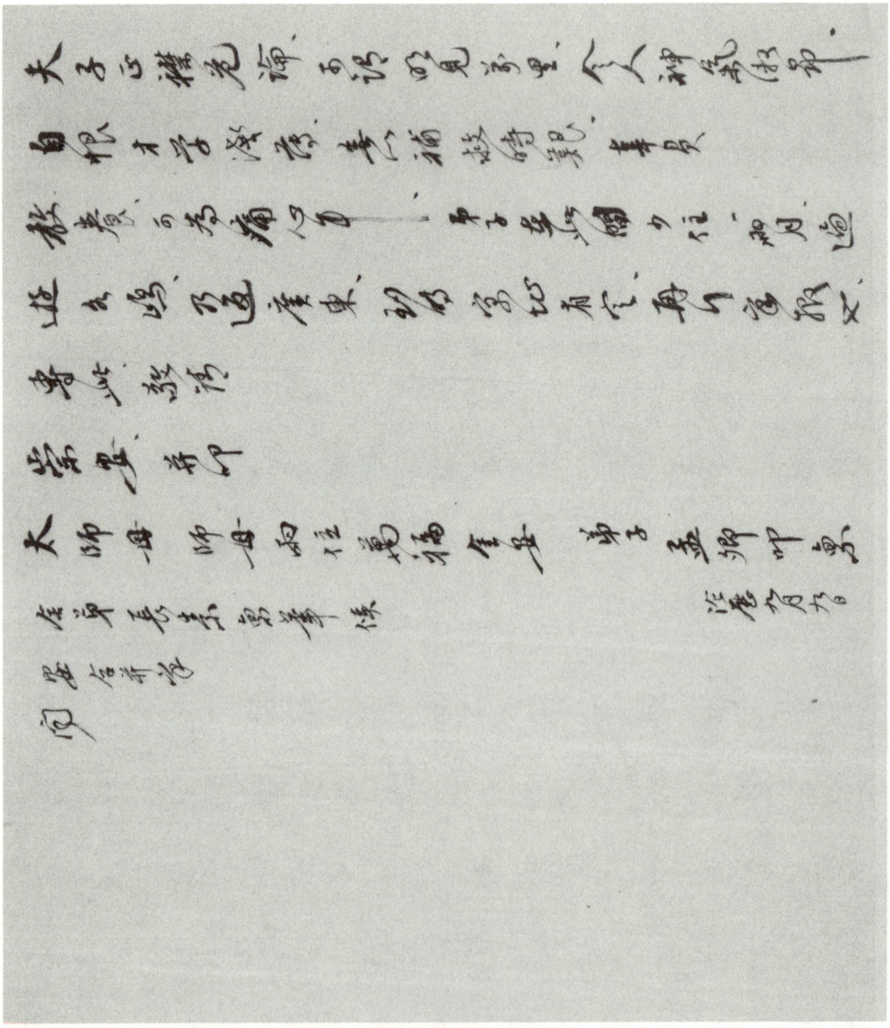

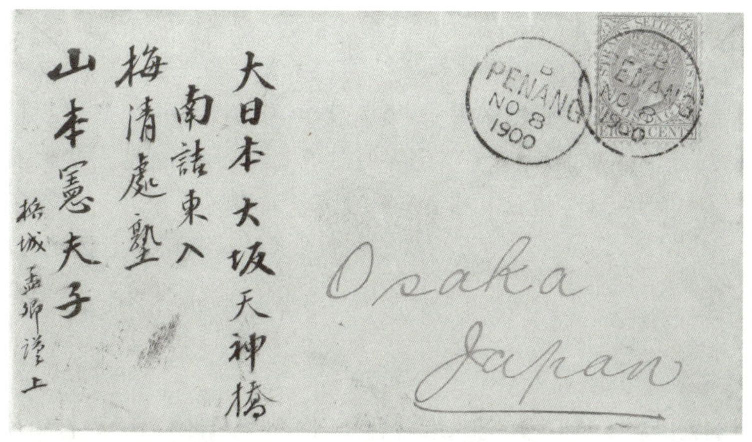

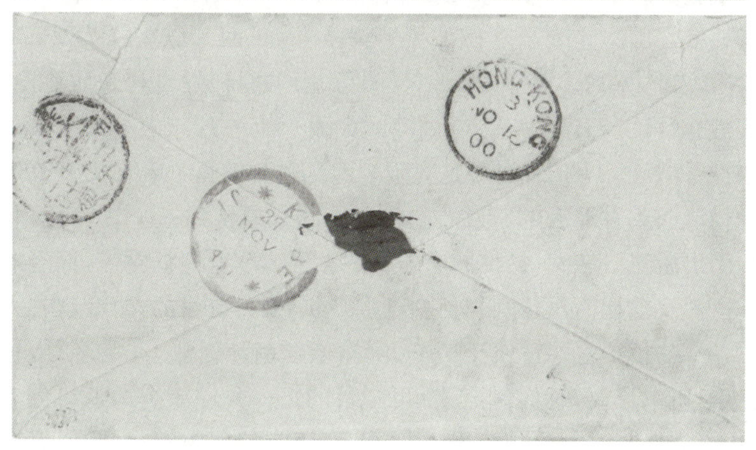

敬肃者，弟子去腊去滨归港，曾具一函奉候。旋以事北上，入春抵京，已将近状奉报。中间逗留三月，探访同志，又以京备甚严，随即出游三江两湖[①]，冀有所得。以行踪靡定，又乏善可陈，致嵇[②]候简。弟子所到之处，虽同志多人，而内地查拿，阻力甚大，惟有静候机宜。不料北方拳匪事发，致召各国之军，皇上蒙尘，于是同志勤王之事决矣。唐才常[③]等联合长江各省举义，乃为奸党所泄，同志诸义士死者三十三人，杰士百数，同志千数。张贼[④]媚后反对，谬加罪名杀戮，想见诸报，殊令人发指。当时遍捕党人，弟子时适到沪，以寄寓不便，因于八月间即往南洋，再图后举。虽时事多艰，阻压之力

---

① 三江两湖：指江苏、江西、浙江、湖北、湖南一带。

② 嵇："稽"之误。稽，延迟。

③ 唐才常：1867—1900年，字伯平，湖南浏阳人。清末政治活动家。曾任长沙时务学堂教习。戊戌政变后，赴日本、南洋活动，1899年冬回沪后创"自立会"，并组建"自立军"，自任总司令，于汉口策划自立军起义，事泄被捕就义。有《唐才常集》。

④ 张贼：指湖广总督张之洞。

太大，未敢懈也。春间蒙赐尊容[①]、各谕及《东亚事宜》[②]与《嘤嘤录》[③]等书，到坡[④]始接，时刻捧捅[⑤]，如见我夫子正襟危论，可谓明见万里，令人神气激昂。自恨才学浅薄，无以补救时艰，辜负教养，可为痛心耳。弟子在此间[⑥]少住一两月，遍游各岛，乃返广东。到时寓址有定，再行禀报也。专此，敬请崇安。并叩太师母、师母两位万福金安。舍弟长素禀笔候安。合并禀闻。

弟子孟卿叩禀　阴历九月九日

按

山本宪资料 C156。此札二纸，信封正面书"大日本大阪天神桥南诘东入梅清处塾　山本宪夫子　槟城孟卿谨上"。正面邮戳字样为"PENANG NO 8"，可知此信 1900 年 11 月 8 日（阴历九月九日）发自马来西亚槟榔屿。背面邮戳有"HONGKONG NO 18"和"大阪　十一月二十七日"等字样，可知此信经香港后 11 月 27 日寄达大阪。此函主要披露了康有仪于 1900 年 1 月离开横滨回到香港后的行踪：先北上入北京逗留约三个月，后因北京戒备甚严而出游三江二湖，最终因唐才常举义失败政府遍捕党人，而于八月前往南洋。此次前往南洋，除躲避政府追捕外是否另有目的，康有仪本人后来在致梁鼎芬的信中曾称："仪于庚子九月，亲往南洋讨帐，守候半月，目击其师徒党羽，昕夕聚议，时刻讨论。"[⑦]可知目的之一是向康有为追讨债务。另外，据山本宪资料 D－13 之《嘤嘤录》所载，康有仪回香港后，曾一度居住于香港中环街市附近维盛茶叶店内。

---

① 尊容：山本宪照片。

② 东亚事宜：山本宪著《论东亚事宜》。参见康有仪书札六十。

③ 《嘤嘤录》：山本宪创于 1899 年，记录门人姓名、住址、职业等。停刊年不详。现存 1899 年 2 册、1900 年 7 册、1901 年 2 册，另有刊年不明者 2 册。

④ 坡：新加坡。

⑤ 捧捅："捧诵"之误。

⑥ 此间：从信封邮戳文字可知，发此信时康有仪在马来西亚槟榔屿。

⑦ 康有仪：《致节公先生函》，孔祥吉：《晚清史探微》，第 222 页。

梁启超书札

梁启超书札一（1898 年 10 月 29 日）

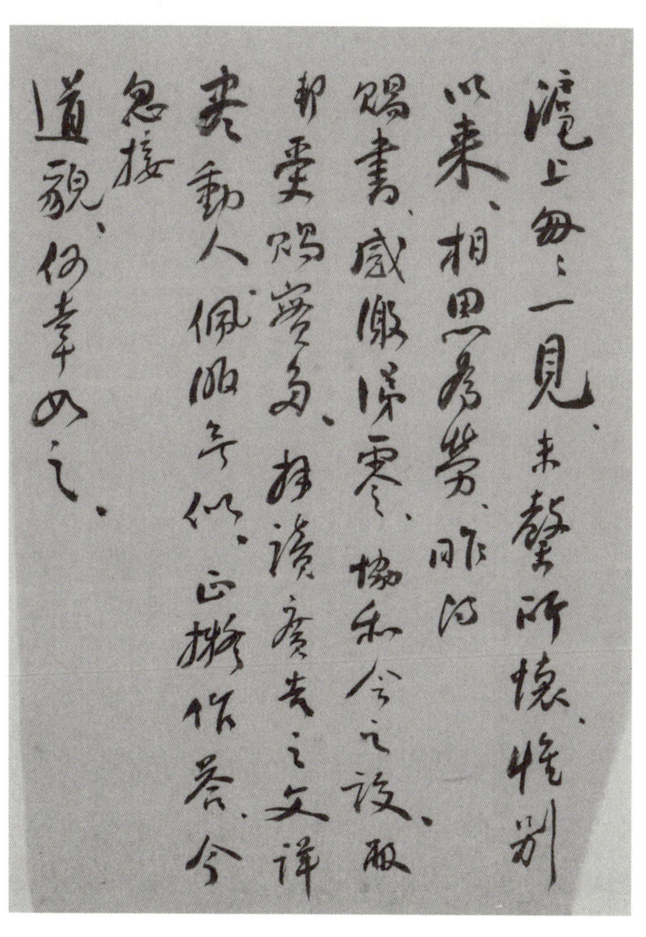

滬上匆匆一見，未罄所懷，悵別以來，相思爲勞。昨得賜書，感激涕零。協和會之設，敢[illegible]蒙賜寄[illegible]，拜讀廣告之文，詳[illegible]動人，佩服無似。正擬作答，今忽接道貌，何幸如之。

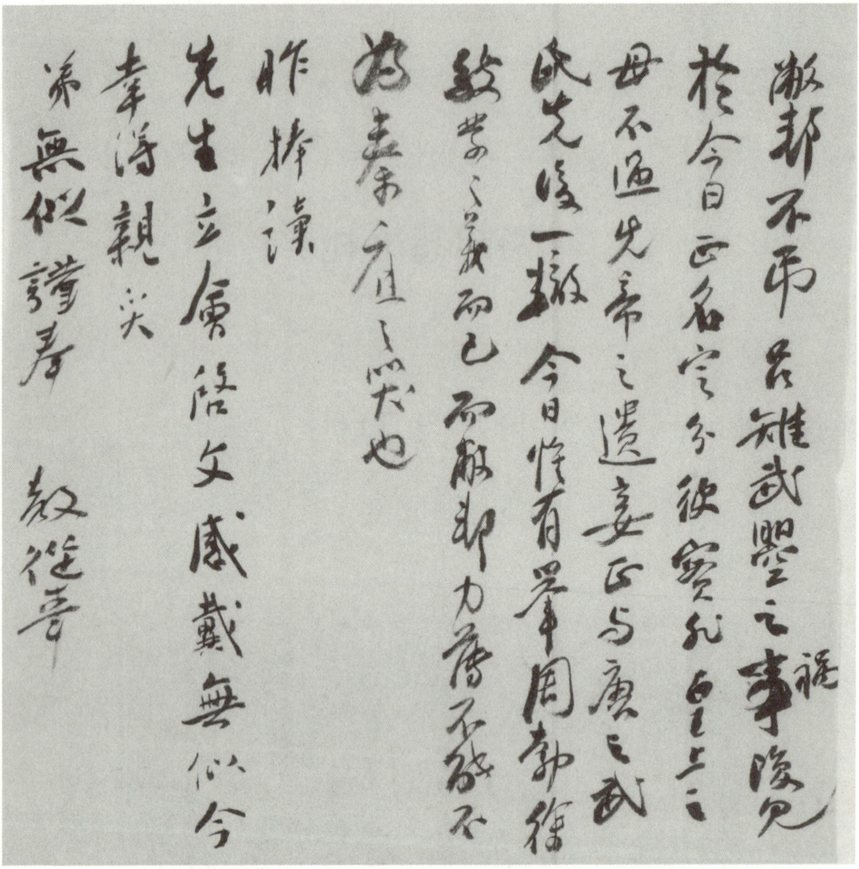
敝邦不弔呂雉武曌之禍復見
於今日正名定分彼實非皇上之
母不過先帝之遺妾正與唐之武
氏先後一轍今日惟有舉周勃徐
敬業之義而已而敝邦力薄不能不
為秦庭之哭也
昨捧讀
先生立會啟文感戴無似今
幸得親炙
弟無似謹奉
教從事

沪上匆匆一见，未罄所怀，惟别以来，相思为劳。昨得赐书，感激涕零。协和会①之设，敝邦受赐实多，拜读广告之文，详尽动人，佩服无似。正拟作答，今忽接道貌，何幸如之！敝邦不吊，吕雉、武曌之祸，复见于今日。正名定分，彼实非皇上之母，不过先帝之遗妾，正与唐之武氏先后一辙。今日惟有举周勃②、徐敬业③之义而已。而敝邦力薄，不能不为秦庭之哭也。昨捧读先生立会启文，感戴无似。今幸得亲炙，弟无似④，谨奉教从事。

---

① 协和会：日清协和会。参见康有仪书札六十注“协和会”。

② 周勃：(？—前169年)，西汉将领，官至丞相。刘邦死后，吕后专权。吕后死后，周勃与陈平等合谋铲除吕氏势力。

③ 徐敬业：(？—684年)，唐代将军、官吏，官至眉州刺史。唐高宗李治死后，李显即位，为唐中宗。后武则天废唐中宗立睿宗，临朝称制。684年，徐于扬州以匡扶中宗复辟为由起兵，但被武则天派遣军队镇压，最终为部下所杀。

④ 无似：不肖。

按

山本宪资料C64。此札二纸，未见信封。有山本宪手书“与梁启超之笔谈”字样，可见此资料为梁启超逃亡至日本后首次与山本宪相见时的笔谈记录。据《梅崖先生年谱》：“（明治三十一年）十月下旬，有康长素、王少云、梁任父至东京之报。二十九日，与康孟卿如东京，与三人相见。十一月四日，归家。”可知二人相见并进行笔谈当在梁启超1898年10月21日抵达东京后不久的10月29日。梁启超与山本宪相识是山本宪游历中国时的1897年10月30日，即恰好一年之前，地点在上海。据山本宪《燕山楚水纪游》记载：“十月三十日，晴。辰上牌，舟达沪。晚，古城子邀饮于聚丰园。会者梁子（启超，字卓如，一字任父，新会县人，为《时务报》主笔。将赴长沙中西学堂聘。年未壮，文名甚高）、祝子（秉纲，字心渊，江苏元和人）、戴子（兆悌）、汪子（贻年）、李子（一琴）、汪子（颂谷）也。楼宇壮大，划房九十云。邻房有拇战者，有歌舞者，妓歌清远，与乐器亘辨，不似本邦妓歌，与乐器背驰。亥牌辞归馆。”[①]古城指古城贞吉，时任《时务报》翻译。此次相见，因参加者人数较多，估计二人间交流并不多。但“年未壮”而“文名甚高”的梁启超已在山本宪心中留下较深刻的印象。

从此笔谈记录中可以看出，梁启超首先对山本宪通过设立“日清协和会”等方式援助逃亡日本的维新变法派人物表示了感谢，同时表明希望得到日本政府的援助，“举周勃、徐敬业之义”，卷土重来，推翻以慈禧太后为中心的守旧派政府的统治。另外，此笔谈记录中对慈禧太后的评价及其与光绪皇帝的关系，与梁启超《论戊戌八月之变乃废立而非训政》一文[②]，多有相似之处。

① 《梅崖先生年谱》，第11页。
② 《清议报》第一册，第12页。

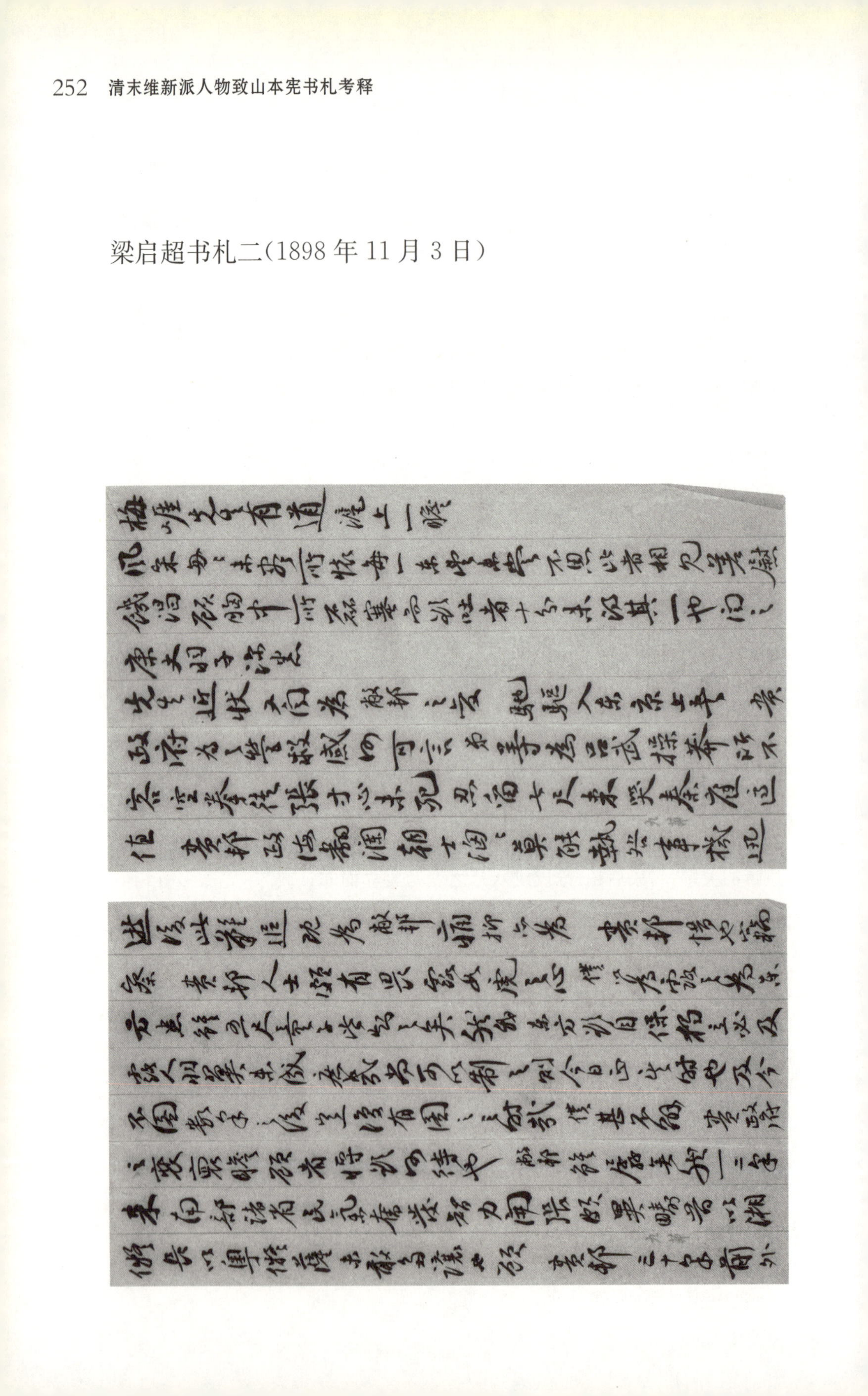

梁启超书札二(1898年11月3日)

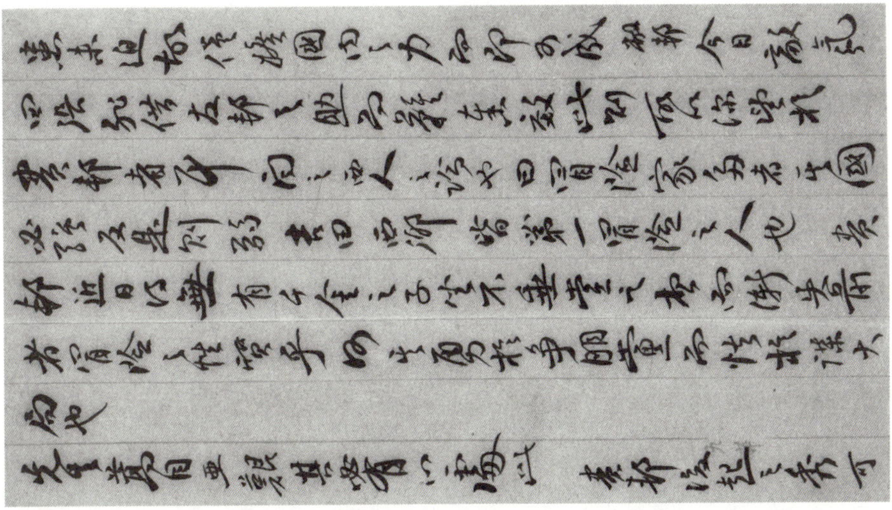

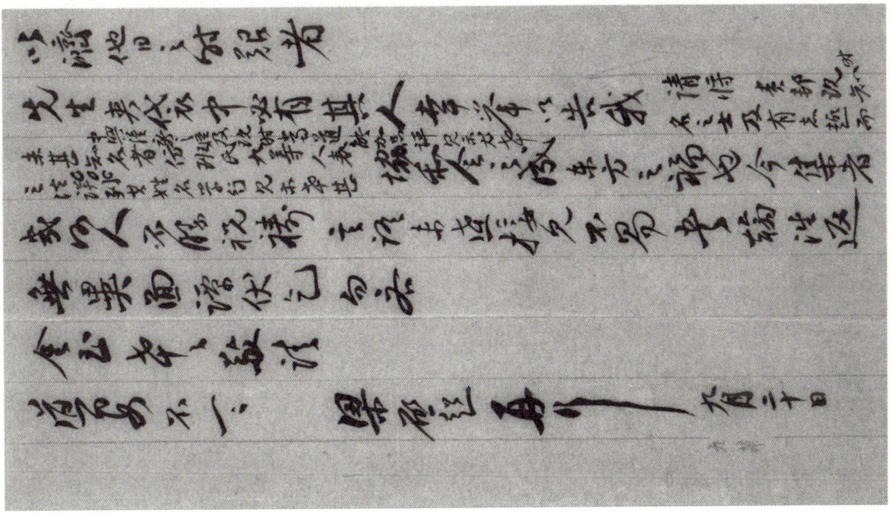

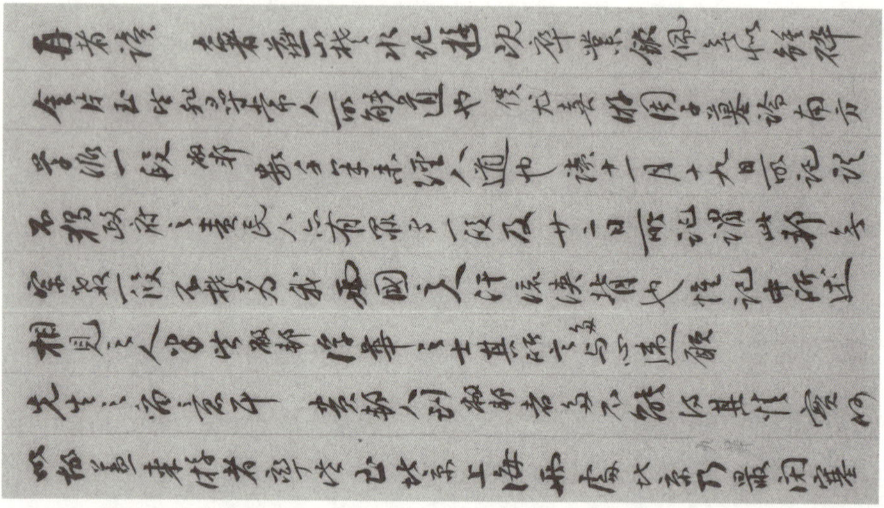

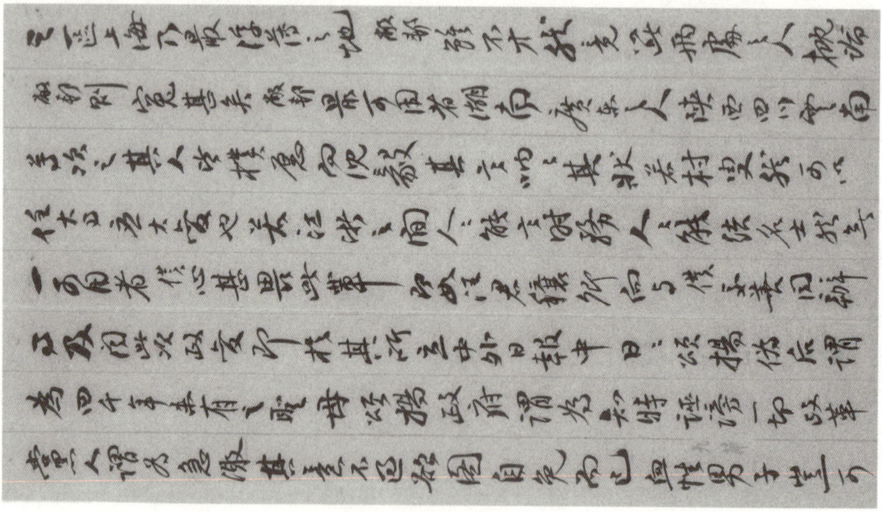

如是彼等尋常日日崇論，而其何以不行，則歸咎於當道顧忌，
無冒死以爭於當道者，甚之時務不足為輸果譯乎？是江浙
人之性質也。僕非好為嘵嘵，顧以
先生碩學深在堅見者為敝邦人才，即在此輩中來，竟為亞洲
大陸蓋於稱一二之

超夫手

九華

梅崖先生有道：

沪上一瞻风采，匆匆未尽所怀，每一东望，未尝不思。比者相见，差慰饥渴，顾胸中所磊塞而欲吐者，十分未得其一也。闻之康丈羽子，深悉先生近状。又闻为敝邦之变驰驱入东京，上书贵政府为之营救，感何可言！弟等为吕、武、操、莽[①]所不容，空拳徒张，寸心未死，忍留七尺，来哭秦庭。适值贵邦政海翻澜，朝士汹汹，莫能执咎，事机迅逝，后此难追。既为敝邦痛，抑亦为贵邦惜也。窃察贵邦人士颇有畏露如虎之心，仆以为露之为东方患，虽五尺童子皆知之矣。然我东方欲自保独立，必及露人羽翼未成，庶几尚可以制之，则今日正其时也。及今不图，数年之后，岂复有图之之时哉？仆甚不解，贵政府之褎褎瞻顾者，将欲何待也？敝邦虽孱矣，然一二年来南部诸省民气奋发，智力开张，颇异畴昔。以湘儗长[②]，以粤儗萨[③]，未敢多让也。顾贵邦三十年前外患未迫，故仅扩国内之力而即可成。敝邦今日敌氛四张，非借友邦之助而难奏效。此则所以深望于贵邦者耳。闻之西人之论也，曰冒险家多者，其国必强，反是则弱。吉田[④]、西乡[⑤]皆第一冒险之人也。贵邦近日得无有"千金之子，坐不垂堂"之想而渐失前者冒险之性质乎？何其勇于争朋党[⑥]而怯于谋大局也！先生蒿目亚艰，其必有以处此。贵邦后起之秀，可以济他日之时艰者，先生夹袋中必有其人，幸举以告我。(请将贵邦现时知名之士及有志趣而未甚知名者，仿班氏九等人表之法，详列其姓名、学行见示，幸甚！中兴维新之臣及现时当道，能加品评见示，尤幸。)协和会之成，东方之福也。今集者几何人？不胜祝祷。言语未达，接见不易，书翰往返，无异面谭。伏乞勿吝金玉，幸幸。敬请道安。不一一。

梁启超再拜　九月二十日

再者，读大箸《燕山楚水纪游》，既卒业，钦佩无似。虽碎金片玉，皆非寻

---

① 吕武操莽：西汉吕后、唐武则天、东汉曹操、西汉王莽。"吕、武"指西太后；"操、莽"指贼臣。

② 长：日本长州藩，现山口县一带。

③ 萨：日本萨摩藩，现鹿儿岛县一带。日本江户时代末期，为推翻幕府统治，萨摩藩与长州藩曾组成"萨长同盟"。

④ 吉田：吉田松荫，1830 年出生于日本山口县，江户时代末期政治家、教育家、改革家。因鼓吹武力讨伐幕府，并制定刺杀幕府老中计划，被捕入狱并于 1859 年被处死，年仅 29 岁。其思想对幕末倒幕运动产生重大影响。

⑤ 西乡：西乡隆盛(1828—1877)，通称吉之助，号南洲。萨摩藩出身。日本幕末明治初期武士、军人、政治家。慕末致力于倒幕运动，明治维新后鼓吹对外扩张。后因坚持"征韩论"遭反对，辞职回到鹿儿岛。最终因发动武装叛乱，兵败而死。

⑥ 争朋党：指日本自由党和进步党之党争。《梅崖先生年谱》明治三十一年十一月条载："时自由进步二党争讧阋墙，至东亚大局之事，则弃而不复顾矣。"

常人所能道也。仆尤喜游周子墓[①]论南方学派一段,敝邦数千年未经人道也。读十一月十九日所记,谓"不独政府之责,民人亦有罪焉"[②]一段,及廿二日所记谓"此邦无宗教"[③]一段,不禁为我两国之人汗流浃背也。惟记中所述相见之人半皆敝邦浮华之士,其所言多与心违,愿先生之留意耳。贵邦人到敝邦者,多不能得其情实。何以故?盖来游者率皆至北京、上海两处,北京乃最闭塞之区,上海乃最浮薄之地。敝邦虽不才,然竟以此两处之人概论敝邦,则冤甚矣。敝邦最可用者,湖南、广东之人,陕西、四川、云南等次之。其人皆朴愿而沈毅,其言呐呐,其状若村叟,然可以任大事、应大变也。若江浙之间,人人能言时务,人人能结名士,然无一可用者。仆心甚畏此辈。即如汪君穰卿,向与仆交善同办事,及闻此次政变,即于其所立《中外日报》中,日日颂扬伪后,谓为四千年未有之圣母,颂扬政府,谓为知时,诬谤一切政革党人,谓为急激,其意不过欲图自免而已。血性男子,岂可如是?彼等寻常日日发论,问其何以不行,则归咎于当道,顾曾无冒死以争于当道者。其言时务,不过为稻粱谋耳。是江浙人之性质也。仆非好为哓哓,顾以先生硕望所在,恐见者以为敝邦人才即在此辈,未免为亚洲大陆羞。故辄一言之。超又顿首。

山本宪资料C72。此札七纸,均红色。信封仅书"山本宪先生道启",无邮戳,可知此函当由他人转交。函中所署时间"九月二十日",当为阴历,即

① 周子墓:北宋哲学家周敦颐(1017—1073)之墓,位于湖南省道县境内濂溪边。山本宪于1897年11月3日游历此地。其游记《燕山楚水纪游》对此有如下记载:"(十一月三日)下阜,循邱沿湖而行,过二三村,遇溪,则濂溪也,周茂叔所家焉。溪发源庐山,茂叔取故里之号名之云。溪小水浅,牛马粪成堆。地景至凡,不足寓目。然地虽凡乎,因周子而传。天下胜境不遇其人而不传者何限,可叹夫。越溪而往,周子墓在焉。依小邱,石墉环绕,老树荟蔚。门匾曰'濂溪夫子庙'。"

② 《燕山楚水纪游》有如下记述:"十一月十九日,晴,冷甚。甲午战役后所定订款,有各埠置邦人租界之目。然汉口、上海、天津等租界迁延至今未定,是岂独政府之责,民人亦有罪焉。且邦人不来住,租界虽成,犹不成也。且如苏州,战役后以邦人之手开埠,而邦人住者不过十人,而一半苏纶纱厂所佣,领事馆殆苦无事。至沿江各埠,芜湖有二人,汉口有七八人,武昌有一人耳。何必以租界未成,独责之政府耶?"

③ 《燕山楚水纪游》有如下记载:"此国谓无宗教亦可。彼称儒之人,葬祭托之道士与僧。托道士与僧,以营葬祭,不可谓崇奉儒道也。科举课经义,固不过为羽仪。孔庙行释奠,古来典礼,不能辄废耳。到处孔庙,宇庑倾败,荆棘没阶,不知修营芟除。乃行释奠于坏宇蒙草之中,可以征证矣。而道士沙门,服垢衣,戴敝巾,寺观颓圮狼藉,夷然视以为常。顾上下皆崇淫祠。淫祠从道与佛来,然亦非尊道与佛而然也。皆好谈神仙,亦不必信道士也。而清帝奉喇嘛,非以喇嘛教化国民也。是以儒道佛皆有名而无实。其稍惹人心者,为耶教。而西人狡狯,传道之术,莫所不至。清人滔滔陷溺。呜呼,可畏矣。"

阳历1898年11月3日。据《梅崖先生年谱》,山本宪为援助康、梁等人,曾分别于1898年9月27日至10月5日、10月下旬至11月4日、1899年3月14日三次赴东京。如前所述,山本在第二次赴东京期间的10月29日,与抵达日本不久的梁启超、王照、康有为在东京相见,并留下了与梁启超的笔谈记录。此函作于10月29日与山本在东京相见之后。

此函前部分,梁启超表露了对日本政府忙于党争而未能出手相救的不满,同时希望山本宪提供有可能给予援助的相关人士的名单,将"贵邦现时知名之士及有志趣而未甚知名者"的姓名、学行等相告。另外,函中所提到的"又闻为敝邦之变驰驱入东京,上书贵政府为之营求",当指政变发生后不久的9月27日山本第一次前往东京。此次前往东京期间,山本经人介绍求见了时任总理大臣的大隈重信,并于回大阪后的10月7日和10月17日二次上书大隈,希望日本政府营救维新变法派人物。拙文《山本宪致大隈重信之书札》[①]曾对山本致大隈的二通书札进行解读和分析,可供参考。

在信函后部分,梁启超在谈了阅读山本宪《燕山楚水纪游》之感想后,表示"北京乃最闭塞之区,上海乃最浮薄之地",均不能代表中国,并认为"敝邦最可用者,湖南、广东之人,陕西、四川、云南等次之",至于江浙之人,虽"人人能言时务,人人能结名士,然无一可用者"。梁启超此言有失公允,不得不令人认为其出此言是为了此后对汪康年进行攻击作铺垫。汪康年与梁启超的恩怨关系广为人之,在此不再赘述。而梁启超在给外人山本宪的信件中如此长篇累牍地罗列汪康年的罪状,其目的也许是因担心汪康年在给山本宪的信中攻击维新派,而希望山本不要相信汪康年之言论,因此可视为康梁在日本所进行的"舆论战"的一部分。这一点,从抵日不久王照致康有仪的书信中也可得到印证。在信函中,王照希望通过康有仪向山本宪说明:事变后大肆攻击康梁等人的梁鼎芬、张之洞是"忘君固宠、趋炎附势之小人",原《时务报》经理汪康年也时有信至日本攻击维新派,此人是"图利之小人"。王照在涉及汪康年时称:"又《时务报》为汪康年所盘据,自今年奉旨改作官报之后,其《时务报》之款(数万金)皆为汪康年吞骗迨尽。(又攻击梁卓如)汪康年藉此款以开昌言、中外等各报,骗款以置买产业,可谓无耻图利之小人,不足道也。近汪常有信到日本,攻击我辈,日本人不甚分辨黑白,请即与山本先生明白言之,勿为此辈所欺,使之洞悉其情弊为要。"[②]而汪康年致山本之信件之内容究竟如何,可参照本书的汪康年书札。

---

① 原题为《山本憲の大隈重信に宛てた書簡》,刊载于[日]《大阪民众史研究》第68号,2013年。

② 参见王照书札一。

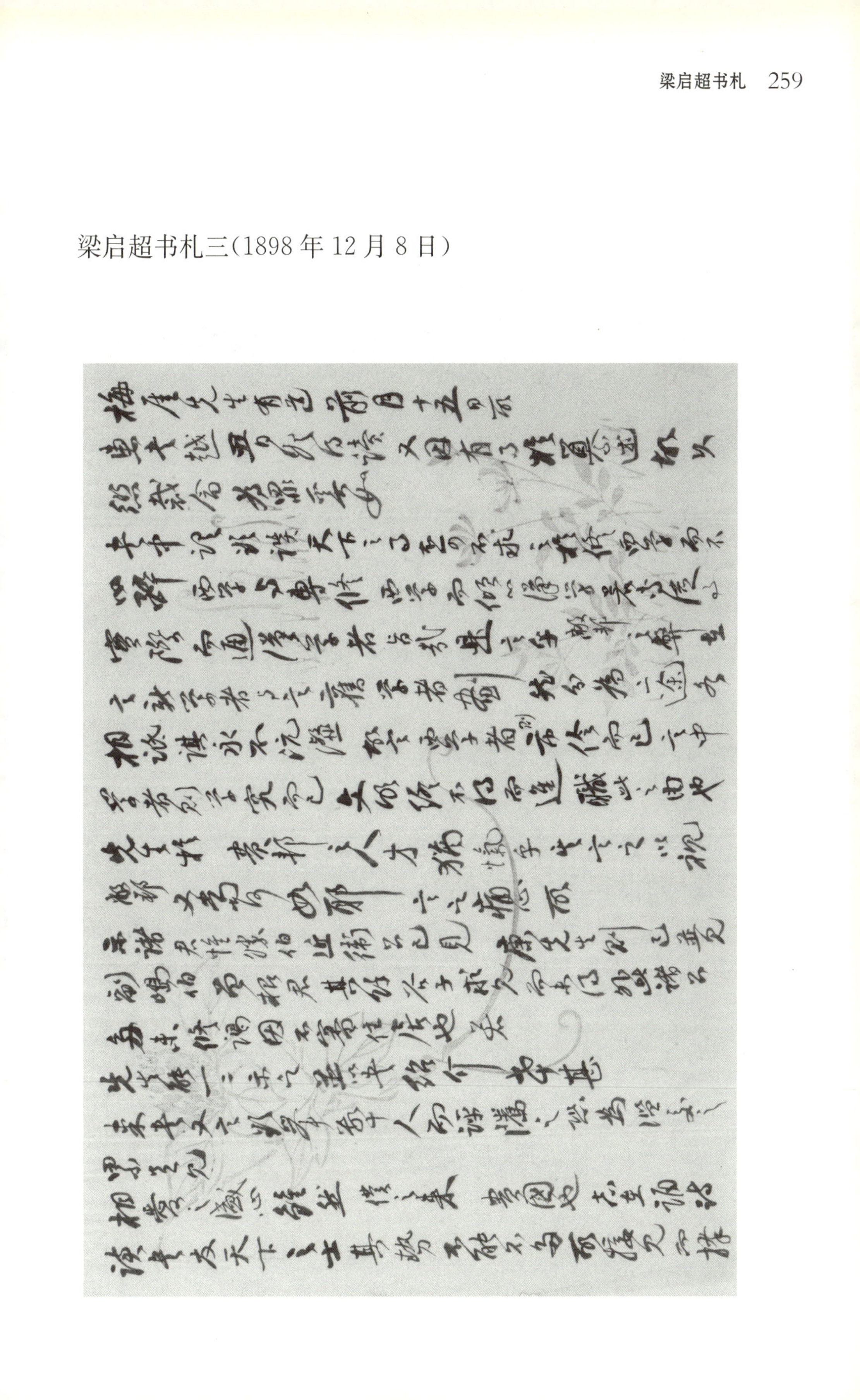

梁启超书札三(1898 年 12 月 8 日)

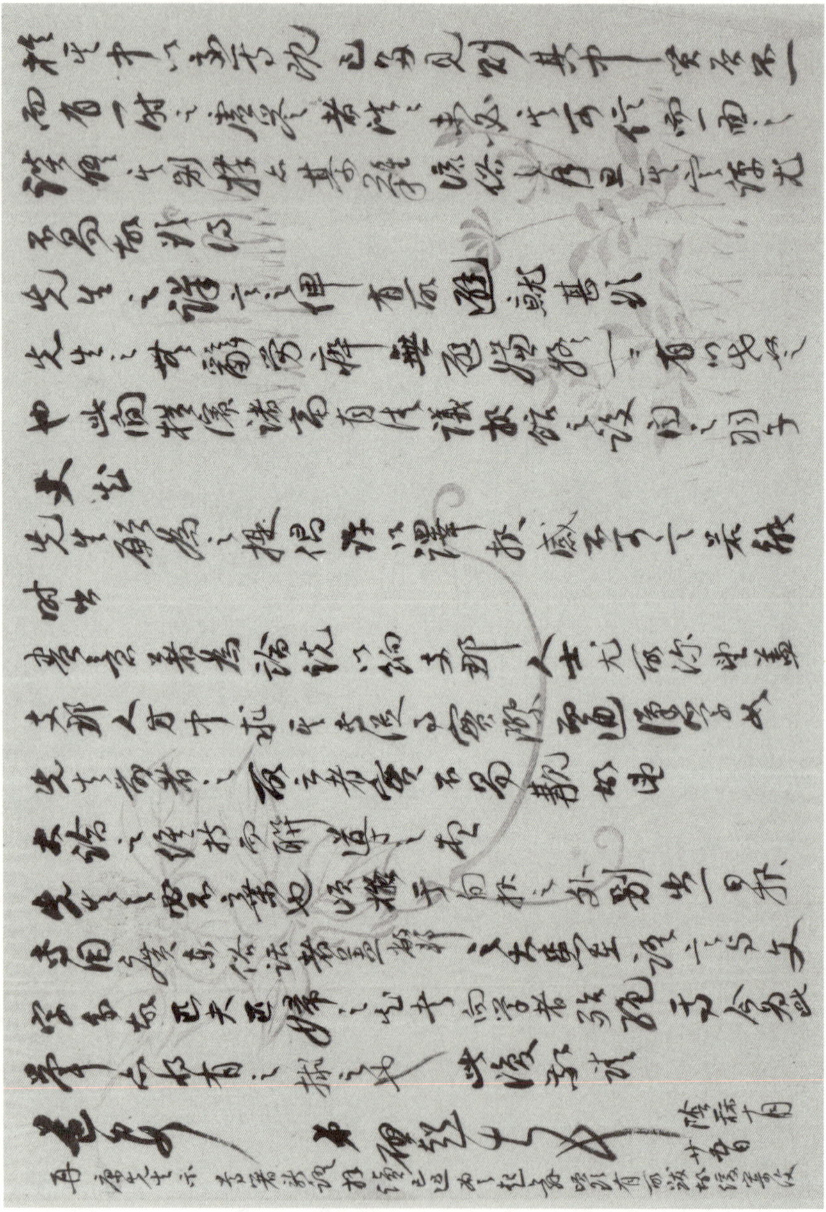

梅崖先生有道：

前月十五日所惠书，越五日始得读，又因有事于纂述，故久愆裁答，为罪奚如。书中谓欲谈天下事，不可不求之于修西学而不心醉西学，与专修西学而倾心汉学，若专从事实际而通汉学者。旨哉是言乎！敝邦之弊，在言新学者与言旧学者划然分为二途，各相诋諆，永不沆瀣。故言西学者则市侩而已，言中学者则学究而已。文明终不得而进，职此之由也。先生于贵邦之人才犹忾乎。其言之以视敝邦，又当何如耶？言之痛心。所示诸君，惟胜伯[①]、近卫公[②]已见，康先生则已并见副岛伯[③]、曾根君[④]，其余谷子[⑤]求见而未得。外此诸公多未修谒，因不审住居也。若先生能一一示之，并以书绍介，幸甚！来书又言，欲举数十人而评骘之，恐为滥交之累，足见相爱之盛心。虽然仆之来贵国也，志在诵诗读书友天下之士，其势不能不多所接见，而择于其中以交焉。既已多见，则其中贤否不一，而有一时之虚誉者，往往未必其可信，而一面之谈晤，其别择亦綦难，流俗之月旦，其定评尤不易。故欲得先生之详言之，俾有所避就。甚欲先生之无辞劳瘁，无避嫌疑，一一有以教之也。此间横滨诸富，有《清议报》馆之设，闻之羽子丈，知先生愿为之提倡，许以译报，感不可言。若能时出贵意，著为论说，以饷支那人士，尤所深望。盖支那人才中，求其专从事实际而通汉学，如先生前者之所云者，实不易觏。故望大论之，维持而联导之，想先生之必不弃也。顷拟于旬报之外，别出一日报，

---

① 胜伯：胜海舟(1823—1899)，出生于江户，通称麟太郎，号海舟。正二位勋一等伯爵，江户时代末期至明治时代初期武士、政治家。

② 近卫公：近卫笃麿(1863—1904)，出生于京都，明治时代政治家，公爵。作为“亚洲主义者”主张所谓的“东亚保全论”，并于1898年倡导设立东亚同文会。历任学习院院长、贵族院议长、枢密顾问官等。与康有为、梁启超、王照等均有接触。

③ 副岛伯：副岛种臣(1828—1905)，日本幕府末期及明治时代的政治家，伯爵。出生于佐贺藩，本姓枝吉，号苍海。早年参加藩政改革和尊攘运动。明治维新后，任政府参与、参议，参与起草《政体书》。1871年转入外务省，1871—1873年任外务大臣，任内曾就桦太岛即库页岛国境问题与俄交涉。1872年12月19日，日皇颁布敕书命外务大臣副岛种臣来华换约并庆贺同治帝亲政并大婚。1873年2月28日，日政府任命副岛种臣以特命全权大使身份来华，4月9日抵达天津，后入北京。在觐见清帝时拒不行跪拜礼。实行国权外交，“征韩论”事件后下野，与板垣退助等提倡设立民选议院。后任宫内省侍讲、枢密顾问官、枢密院副议长等职。1876年曾来中国漫游，1878年回国。擅长汉诗、书法，与中国高官、驻日使节、中国文人多有诗文往还。

④ 曾根君：曾根俊虎(1847—1910)，号暗云，中国名曾啸云，出生于米沢藩。海军大尉，曾倡导设立兴亚会，并以“兴亚家”的身份，长期在中国从事谍报活动。著有《清国漫游志》《清国近世乱志》等。

⑤ 谷子：未详，或指贵族院议员谷干城。谷干城(1837—1911)，陆军军人、政治家，出生于土佐藩。明治初参加西南战争。后历任陆军士官学校校长、学习院院长、第一次伊藤博文内阁农商务相等职。

专用广东俗话者。盖敝邦之大患在语言与文字分，故匹夫匹妇之知书向学者殆绝焉。今为此举，亦将有之救之也。此复。敬请道安。

弟启超顿首　阴历十月廿五日

再，康先生示，尊箸新语，拜读已过，为之起舞，顷欲有所跋，故缓寄信。

按

山本宪资料 C65。此札二纸，信封正面书“大阪东区谷町一丁目　梅清处塾　山本宪先生殿”，背面书“横滨百四十番　大同学校　吉田晋”，另“吉田晋”三字旁有山本宪所书“梁启超变名”数字，正面邮戳有“武藏横滨卅一年十二月八日”等字样。有关梁启超之日本名“吉田晋”，罗普《任公逸事》有如下记载：“戊戌后吾党之亡命日本者，辄改取一日本姓名，以避内地耳目。康南海先生曾有榎（或作夏）木森之称，任公因读吉田松荫之书，慕其为人，因自署‘吉田晋’，其与内地知交通函多用此。其长女思顺时年尚稚，以入日本小学校，亦改称吉田静子。”[①]

此函中，梁启超首先对山本来函中所阐述的有关西学与汉学之关系的看法给予高度评价，并认为中国的弊端“在言西学者与言旧学者划然分为二途”。其次，梁启超在上一信函中曾希望山本宪提供有可能给予援助的相关人士的名单，从此函可知，山本宪提供了胜海舟伯爵、近卫笃麿公爵、副岛种臣伯爵、曾根俊虎、谷干城（谷子）等人物的名单，这五人中，除谷干城“求见而未得”外，其余四人均已见过，而山本所建议的以上五人之外的人物，则因地址不详而未见。此外，梁启超在此函中还提到了除《清议报》外，还打算用广东方言创办一份日报，只是这一设想后来并没有实现。

① 《梁任公先生年谱长编》，第 81 页。

梁启超书札四（1899 年 5 月 25 日）

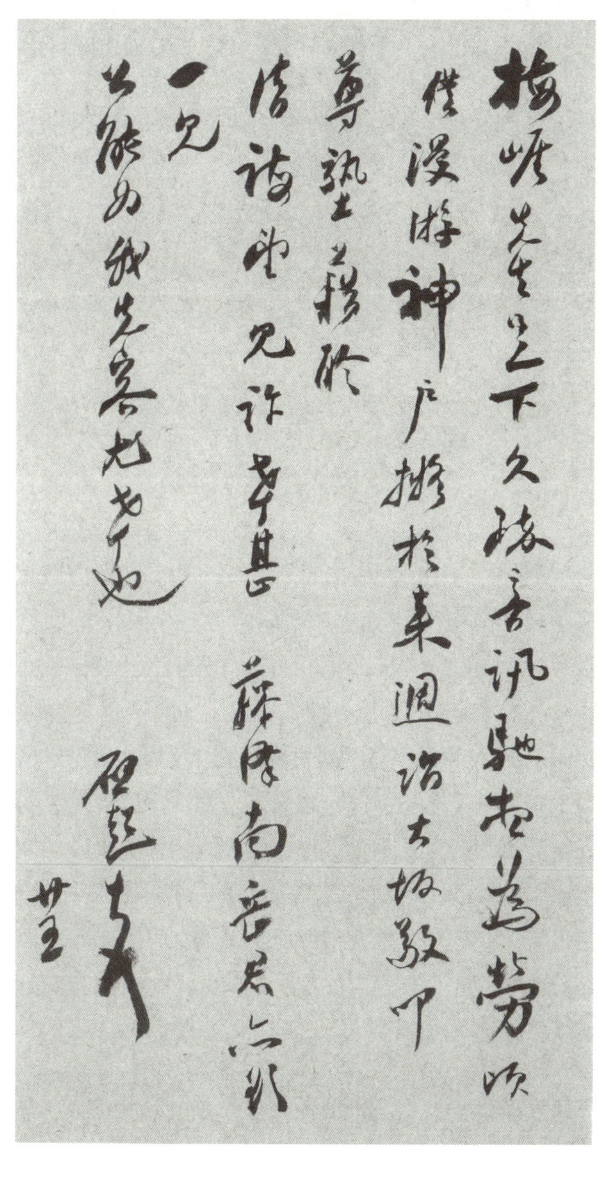

梅崖先生足下：久疏音訊，馳想爲勞。頃僕漫遊神戶，擬於來週詣大坂，敬叩尊塾，並擬於清談。聞兄許某甚　藤澤南嶽君亦欲一見，若能爲我先容，尤妙也。

啓超頓首　廿五

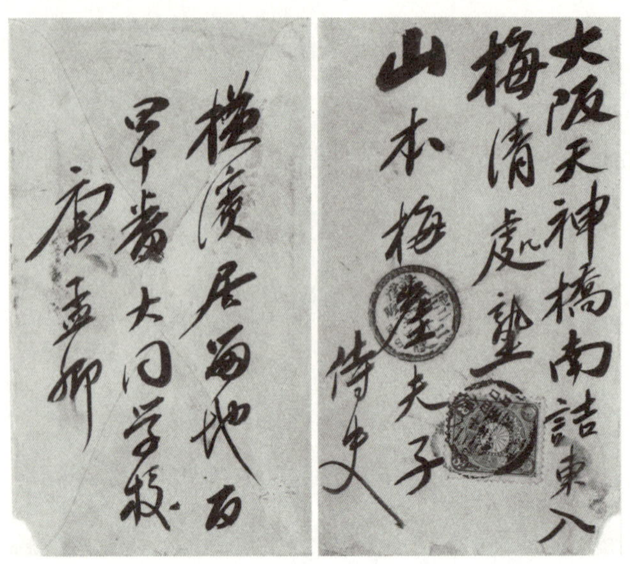

梅崖先生足下：

久疏音讯，驰想为劳。顷仆漫游神户，拟于来周诣大坂敬叩尊塾，藉聆清诲，望见许，幸甚！藤泽南岳[①]君亦欲一见，公能为我先容，尤幸也。

启超顿首　廿五

按

山本宪资料 C67。此札一纸，信封正面书“大阪天神桥南诘东入　梅清处塾　山本梅崖夫子侍史”，背面书“横滨居留地百四十番大同学校　康孟卿”，正面邮戳有“武藏横滨　卅二年五月二十四日”等字样。信封署名与信件内容不一致。如康有仪书札七十五按语所述，此函信封与康有仪书札七十五错换。此函信封当为：正面书“大阪东区谷町一丁目　梅清处塾　山本宪样”，背面书“神户广业公所　吉田晋”，正面邮戳字样为“神户　卅二年五月二十五日”。可知此函于 1898 年 5 月 25 日发自神户。康有仪书札七十五（1899 年 5 月 24 日发）记载：“昨日梁卓如、韩树园二子，由滨往神，略作十日之游，临行请问大阪夫子之寓址，以便过访。弟子以旧址告知，今既转寓，弟子已将新迁之寓址飞告梁卓如矣。（彼往神户大约寄寓居留地海岸廿

---

① 藤泽南岳：汉学家藤泽东畡之长子，1842 年出生于赞岐国。日本近代知名汉学家。名恒，字君成，号南岳。长年经营其父在大阪创设的汉学塾泊园书院，与山本宪多有交流。卒于 1920 年。

一番广业公所小住云云。)”由此可知,梁启超是在韩文举(字树园)的陪同下,于5月23日从横滨前往神户的。另外,据同年5月25日和29日兵库县知事大森钟的报告可知,梁启超在神户期间,除会见神户华商促其出资创设华侨学校外,还于5月28日在位于神户山手通六丁目的中华会馆进行了演讲,听讲著有神户华商等二百余人①。梁启超希望在结束在神户的活动后,在返回横滨时途经大阪,与大阪汉学家山本宪和藤泽南岳相见。

① 《各国内政关系杂纂·支那之部·革命党关系》第一卷,日本外务省外交史料馆藏,编号1-6-1-4-2-1-001。

梁启超书札五（1899 年 6 月 3 日）

梅崖先生有道　昨上一書想達　僕本擬明日午
前來坂　嗣為邦人宴會苦留至下午乃能
行　擬在坂小住一日夜　能聆
清誨也　屢承　橋本君傳
貴意詢向旅況何如　相愛之深　令人生感　僕不敢
不以實告　僕自前旅費尚足以自支　僅能持一月
内有米洲之行　頗苦川資遠乏耳
先生相待殷殷　如骨肉　況屢荷　存問　不敢自

祕敬以奉聞惟若出於　貴政府之餽贈則有所
不敢受矣
先生之同志惠而好我於義有取庶可拜嘉
耳一切容俟面晤詳談敬此
起居
南岳先生
啟超頓首　三日

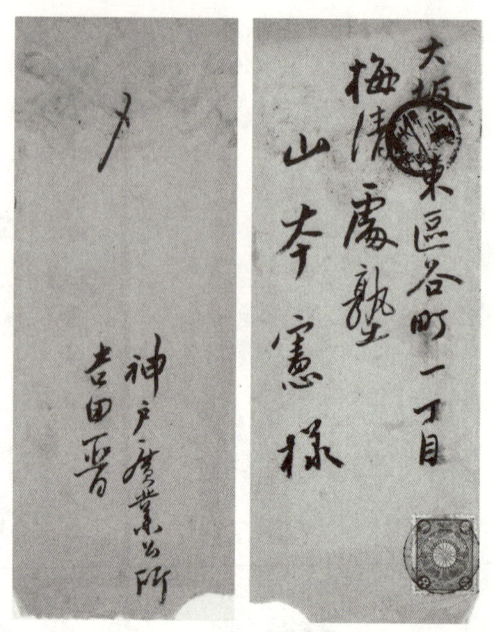

梅崖先生有道：

昨上一书，想达。仆本拟明日午前来坂，嗣为邦人宴会苦留，至下午乃能行。拟在坂小住一日夜，饱聆清诲也。屡承桥本①君传贵意，询问旅况何如，相爱之深，令人生感。仆不敢不以实告，仆目前旅费尚足以自支，惟欲于一月内有米洲②之行，颇苦川赀匮乏耳。先生相待殷殷如骨肉，既屡蒙存问，故不敢自秘，敬以奉闻。惟若出于贵政府之馈赠，则有所不敢受，若先生之同志惠而好我，于义有取，庶可拜赐耳。一切容俟面晤详谈。敬承起居。

南岳先生均此。

启超顿首　三日

山本宪资料C68。此札二纸，信封正面书“大阪东区谷町一丁目　梅清处塾　山本宪样”，背面书“神户广业公所　吉田晋”，正面邮戳有“大阪　卅二年六月三日”字样。

此函为梁启超离开神户前所作。函中梁启超提到了自身的经济状况：

---

① 桥本：当指桥本海关。

② 米洲：美洲。

虽目前旅费尚足，但一月内美洲之行旅费却甚不足。并表示愿意接受山本宪及其同志的个人资助。梁启超在 1898 年 10 月到日本后，经济上受到了日本政府的资助。光绪二十四年十月二十七日《与蕙仙书》记载："在此一切起居饮食，皆日本国家所供给，未尝自用一钱，间有用者，惟做衣服数件，买书数种耳。行囊存银尚多，因家中目前敷用，故未寄来，今既大人愁穷，故日间即当先汇四百圆归也。"①但此函中，梁启超表示"若出于贵政府之馈赠，则有所不敢受"。另外，有关康梁等人离开日本及旅费问题，可参见康有仪书札七十一之按语。

① 《梁任公先生年谱长编(初稿)》，第 78 页。

梁启超书札六(1899 年 6 月 17 日)

梅崖仁兄先生：

过大阪，获承清诲，并忝盛谯，欣幸无已。惜行色匆匆，未尽所怀，深歉然耳。前惠赐读大箸新序，其发端数卷论支那春秋战国间情事者，弟深喜之。惜未克细读，今将远行，不能待出版之期。望将此数卷命人写一副本见赠，不胜大愿。此布。敬请箸安。春日[①]、角谷[②]诸君并希致意。

弟启超顿首　六月十七日

山本宪资料 C69。此札一纸，信封正面书“大阪市天神桥南诘东入　梅清处塾　山本宪样”，背面书“小石川表町百〇九番　吉田晋”，正面邮戳有“武藏东京小石川　卅二年六月十七日”等字样。此函为梁启超 6 月 4 日在大阪与山本相见后不久所发。所提及的山本宪之“大箸”，据“其发端数卷论支那春秋战国间情事”这一记载判断，很可能指山本所著的《汉土史》。《梅崖先生年谱》1895 年 11 月记有“是岁著汉土史，越岁未成”，1899 年春记有“重新着手著汉土史”，1901 年 9 月记有“汉土史至前汉脱稿”[③]。然此书最终似未刊行，现存山本宪资料中也未见此书稿。

① 春日：未详。山本宪资料其他信函中也未见此人名。

② 角谷：角谷大三郎。参见康有仪书札五十四注“角谷君”。

③ 《梅崖先生年谱》，第 30、32、33 页。

梁启超书札七(1899 年 9 月 4 日)

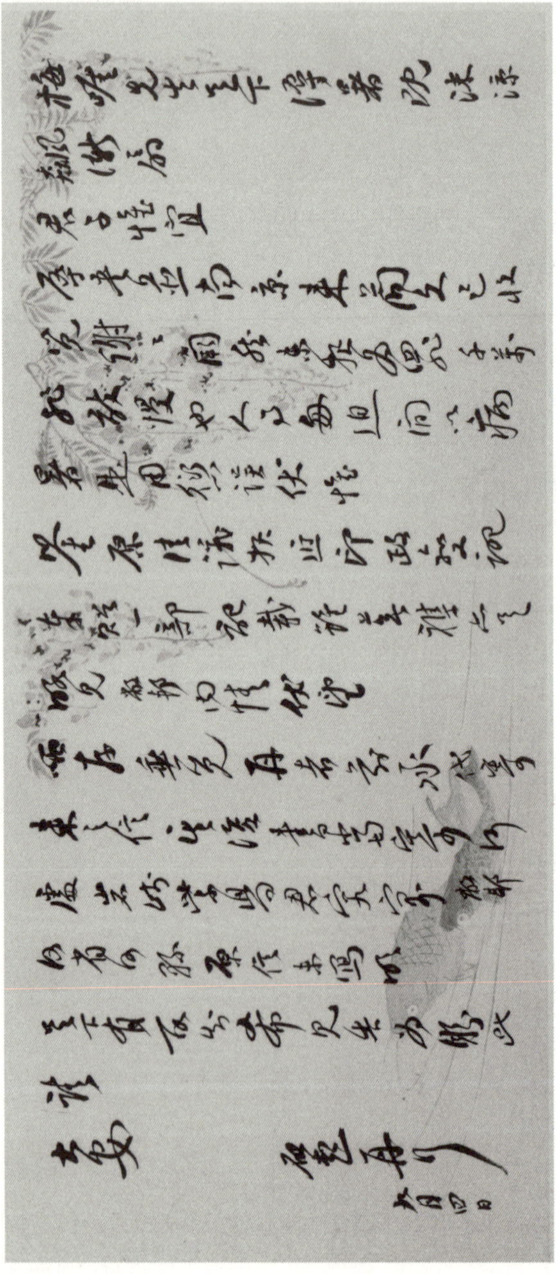

梅崖先生足下：

溽暑既沫，凉飙渐扇，君子惟宜。辱书并南京来简，久已收览，谢谢。阙然未报为罪。千万非敢慢也，人事匆迫，间以病暑，是用愆误，伏惟鉴原。《清议报》近印《政变记》，奉赠一部，记载虽芜杂，亦足略见敝邦内情，伏望哂存垂览。再者，前承代寄来之信，其复书当寄何处，岩崎紫鼎[①]君究寓敝邦何省何县，原信未写明，足下有所知，希见告为盼。此请大安。

启超再拜。九月四日

按

山本宪资料C70。此札一纸，信封正面书"大阪天神桥南诘东入　梅清处塾　山本宪样"，背面书"东京牛込区东吾轩町三十五番地　吉田晋"，正面邮戳有"武藏东京牛込　卅二年九月四日"等字样。

函中所提到赠送给山本宪的《政变记》指梁启超所著《戊戌政变记》。此文先在《清议报》第一册至第十册连载。而函中所提到的，当为《清议报》馆所刊行的单行本。

① 岩崎紫鼎：未详。据此信函，此时当寓居中国。

梁启超书札八（1901 年 11 月 17 日）

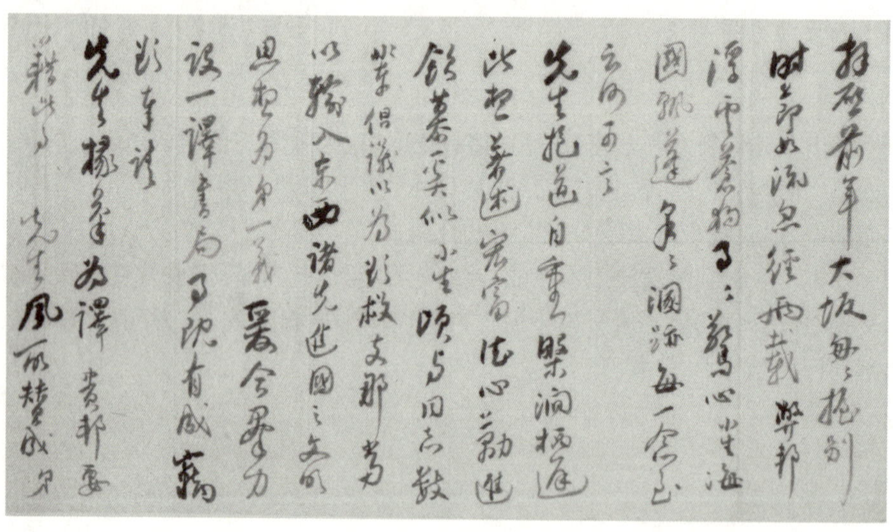

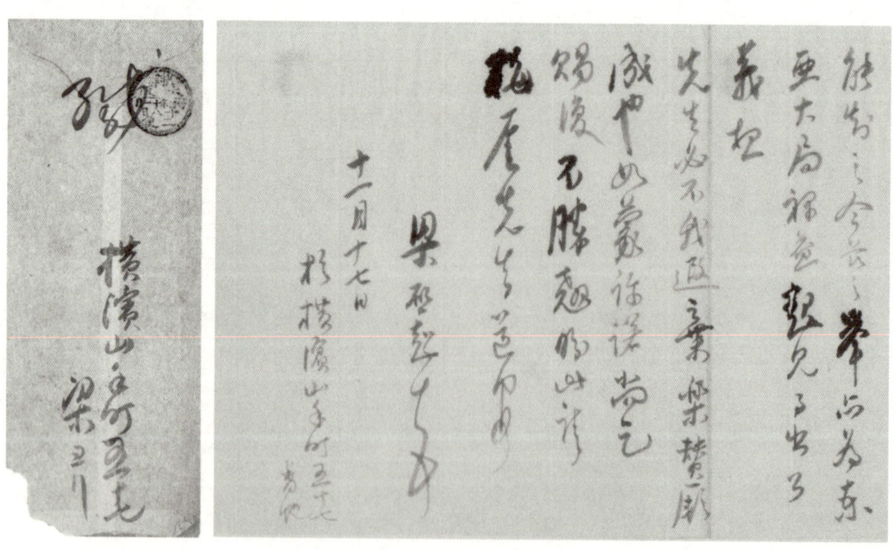

拜启：前年大坂匆匆握别，时节如流，匆经两载。弊邦浮云苍狗，事事惊心。小生海国飘蓬，年年溷迹，每一念至，云何可言？先生抱道自重，槃涧栖迟，比想著述宏富，德心励进，钦慕奚似。小生顷与同志数辈倡议，以为欲救支那，当以输入东西诸先进国之文明思想为第一义。爰今尽力设一译书局，事既有成，窃欲奉请先生椽笔为译贵邦要籍。此事先生夙所赞成，弟能知之。今兹之举，亦为东亚大局裨益起见，事出公义。想先生必不我遐弃，乐赞厥成也。如蒙许诺，尚乞赐复，不胜翘盼。此请梅崖先生道安。

梁启超顿首

十一月十七日于横滨山手町五十七番地

山本宪资料 C71。此札一纸，信封正面书“大阪天神桥南诘东入　梅清处塾　山本宪殿”，背面书“横滨山手町五十七梁ヨリ[①]”，正面邮戳有“卅四年十一月十七日”等字样。

梁启超在函中所提及的“译书局”，当指 1901 年末梁启超等人在上海开办的广智书局。《梁任公先生年谱长编》：“是年（光绪二十七年）先生始号饮冰子。同年开办广智书局于上海。”[②]该书局翻译出版了大量介绍西方新学术、新思想的著作，且多译自日文书籍，所译书籍主要有《英国宪法史》《埃及近代史》《俄罗斯史》《世界近代史》等。梁启超此函邀请山本宪为书局翻译书稿。据《梅崖先生年谱》记载：“（1901 年）十一月，梁启超嘱翻译《政治泛论》。”[③]此书为美国威尔逊原著，1895 年由高田早苗翻译成日文在日本刊行。山本宪最终是否译成此书，不得而知。查现存威尔逊原著《政治泛论》汉译本，系于 1903 年由上海商务印书馆出版，但未注译者。

① “ヨリ”为日文假名，意为“发自”。

② 《梁任公先生年谱长编（初稿）》，第 136 页。

③ 《梅崖先生年谱》，第 33 页。

康有为书札

康有为书札一(1898 年 7 月 19 日)

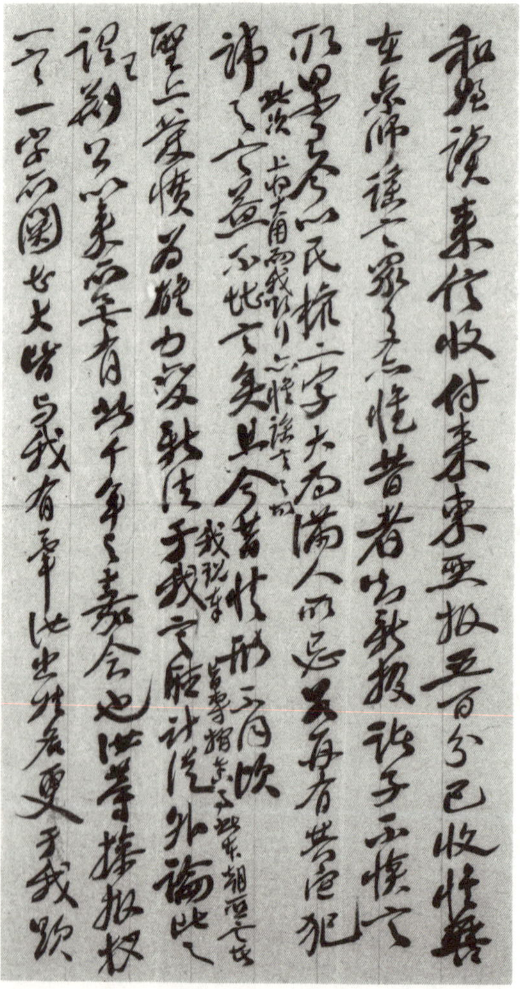

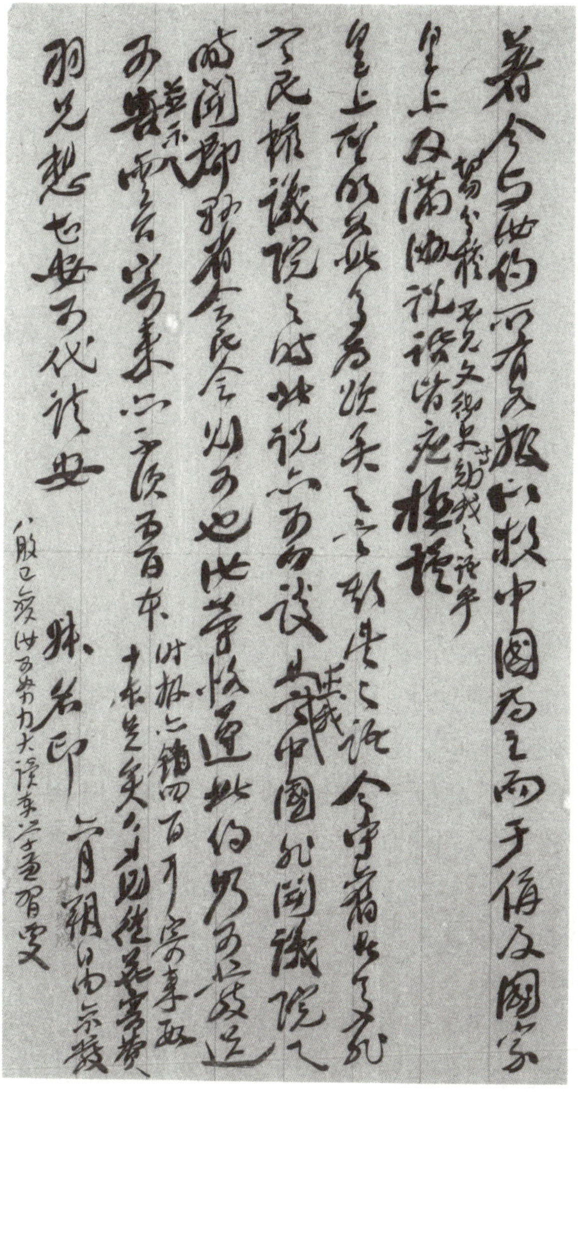

和侄①：

读来信，收付来《东亚报》五百分，已收。惟吾在京师，谣言众多。亦惟昔者《知新报》诸子不慎言所累，至今以民权二字大为满人所忌。若再有其它犯讳之言，益不堪言矣。（此次上将大用，而我欲行，亦惟谣言之故。）且今昔情形不同，顷圣上发奋为雄，力变新法，于我言听计从。（我现奉旨专折奏事，此本朝所无者。）外论比之谓王荆公②以来所无有，此千年之嘉会也。汝等操报权，一言一字所关甚大，皆与我有牵。汝出姓名，更于我显著。今与汝约，所有各报，以救中国为主，而于偁及国家、皇上及满洲，说话皆应极谨。（且勿分种，不见文御史等劾我之语乎？）皇上圣明如此，多为颂美之言、期望之语。今守旧者多，非言民权议院之时，此说亦可勿谈。且述我言中国非开议院之时，开郡县省会民会则可也。汝等恪遵此约，乃可发送。可并示云台。寄来亦不须五百本。（时报亦销四百耳。寄来数十本足矣。多则徒花寄费。）羽兄③想甚安，可代请安。

叔名印　六月朔日由京发

八股已废，汝可努力大读东学，兼习西文。

山本宪资料C218。此札二纸，均红色。未见信封。为康有为致康有仪之子康同和信函。康同和此时在神户《东亚报》社任职。

康有为作此函时，维新运动正进行得如火如荼，"顷圣上发奋为雄，力变新法，于我言听计从"，康受到了光绪皇帝的破格重用，甚至"奉旨专折奏事"。从此函中可以看出康有为当时非常兴奋，但又不得不格外谨慎。因此，康有为以曾因"《知新报》诸子不慎言所累，至今以民权二字大为满人所忌"为例，指出神户《东亚报》所刊文章，"一言一字所关甚大，皆与我有牵"，告诫不得犯类似错误，并希望在言及国家、皇上及满洲等内容时应极谨慎，多言对皇上的"颂美之言、期望之语"。查《知新报》第二十一册，有徐勤《〈孟子大义述〉自序》一文，该文崇扬孟子的"君轻民贵"思想，并将其比附为西方民权思想，认为中国古代圣贤和美国华盛顿之所以为后世尊重，都是由于其"官天下而为民"。徐勤在文章中指出：孟子"为民"，因而成为"天下之士"

① 和侄：康有仪之子康同和。参见康有仪书札五十四注"同和"。

② 王荆公：王安石（1021—1086），字介甫，晚号半山，世称王荆公。北宋政治家、文学家。

③ 羽兄：康有仪，字羽子。

"古今之士",孟子"重民仁天下"的思想,乃为"孟子大义"。他还把资产阶级民主思想与"民本"思想相连系,希望统治者能像华盛顿那样"变民主而为民",使天下变为"君民之世",而"非君之世也"[①]。

函中还称"今守旧者多,非言民权议院之时",这与康有为在戊戌维新期间的部分言论相一致。康有为在《答人论议院书》中称:"今日之议院,言民权者,是助守旧者以自亡其国者也。夫君犹父也,民犹子也,中国之民,皆如童幼婴孩,问一家之中,婴孩十数,不由父母专主之,而使童孩婴孩自主之,自学之,能成学否乎?必不能也。敬告足下一言,中国惟以君权治天下而已。"[②]孔祥吉据此及相关史料分析后指出:"当前流行的关于康有为在百日维新期间,曾大声疾呼,要求开国会,设议院,实行君主立宪的论断缺乏史实依据。"[③]汤志钧则根据康有为代阔普通武拟上《请定立宪开国会折》(收入《戊戌奏稿》)以及《日本变政考》《康南海自编年谱》中的相关内容进行分析,认为:"《戊戌奏稿》中代阔普通武所上之折,讲'三权鼎力',要求改变专制政体,是和《日本变政考》一致的;但要求'立行宪法,大开国会,以庶政与国民共之',则与《日本变政考》有出入。《戊戌奏稿》印于政变之后,存有疑点,倒是《康南海自编年谱》所说:'内阁学士阔普通武尝上疏请开议院,上本欲用之。吾于《日本变政考》中,力发议院为泰西第一政,而今守旧盈朝,万不可行。上然之。'与《日本变政考》的思想相近。尽管如此,'百日维新',康有为还是吁请'立宪法,设议院'的,我们还不能因为代阔普通武所上之折有问题,不能因为其对国家议院'未可先开'的妥协,而对其立宪法、开国会的根本主张发生怀疑。"[④]

此函为康有为致族亲康同和之信札,文字虽不多,但较真实反映了康有为的思想观点,对了解康有为当时的思想状况具有重要史料价值。从此函康有为之言论观之,他主张此时不言民权、议院,主要是为了减小守旧派的阻力,与《康南海自编年谱》中的相关记述及汤志钧对此问题的主张是相一致的。

---

① 徐勤:《〈孟子大义述〉自序》,《知新报》第二十一册,光绪二十三年(1897)五月十一日。

② 孔祥吉:《戊戌维新运动新探》,湖南人民出版社1988年版,第62页。

③ 《戊戌维新运动新探》,第52页。

④ 汤志钧:《戊戌变法史》,上海社会科学院出版社2015年版,第308-310页。

康有为书札二（1898年10月29日）

大禍敝國 以武擅權致廢
皇上我
皇上英明神武銳意變法以救
黎民 僕過承 知遇 特蒙保薦
國家垂密 詔求救
貴國之與敝國為唇齒之邦
兄弟唇齒之情
貴國士民仗義以救之
敝國亦然 亦有遺憂東亞
士為當唯
先生有所教
貴國同教同政同俗同種同文

在地球萬國未有也 貴國之欲
安與歐洲獨立 已俄人吞併于
貴國亦不能立 則大局搖動歸地
東矣 能保亞東實賴千年
之義俠文學而並立之以抗歐洲
康祈 皇上與中國並扶亞東大局
教俗也
先生東方義士慷慨高節大俠
經學尊崇孔教 孔教義大義
惶恐感 貴國之士義聯合志
義之夫 上之義動 貴政府下
之設法入輔幫闕
先生俱義 感激萬分

天祸敝国，吕、武擅权，致废皇上。我皇上英明神武，锐意变法，以救生民。仆过蒙知遇，毗赞维新，承奉密诏，求救贵国。贵国与敝国为诸夏之邦，兄弟唇齿，惟贵国士民仗义，何以救之。敝国国小，然亦有忧东亚大局者，唯先生有所教。贵国同教、同政、同俗、同种、同文，在地球万国未有若贵国之亲者也。然且敝国若亡，俄人吞并，于贵国亦不能立，则人民、教俗扫地尽矣。非徒亡大东，实并数千年之教治文学而并亡之。故此举非惟废我皇上，亡我中国，并扫我大东教俗也。先生东方义士，慷慨高节，尤深经学，尊崇孔教，哀我大变，惟激属贵国之士，或联合志义之夫，上之感动贵政府，下之设法入敝国京师。闻先生倡议，感激万分。

按

山本宪资料 C95。此札一纸，未见信封。如梁启超书札一之按语所述，山本宪于 1898 年 10 月 29 日在东京见了康、梁等人，并与梁启超进行了笔谈。康有为所留下的这一文字，也并非书信。从其内容和所用纸张判断，也当为 1898 年 10 月 29 日与山本宪初次见面时的笔谈记录。

康、梁抵达日本后不久，便开始通过各种途径寻求日本政府的帮助，希望依靠日本政府的力量使光绪皇帝复权。梁启超在与山本宪的笔谈中称："今日惟有举周勃、徐敬业之义而已。而敝邦力薄，不能不为秦庭之哭也。"（梁启超书札一）在 10 月 26 日梁启超与王照共同署名致大限重信的信中亦称："大患既迫于外，则亦不能不借友邦之力以抵御之，此启超所以不能不为秦庭之哭，呼将伯之助，而深有望于同州、同文、同种之大日本也。"[①]康有为在与山本宪的此次笔谈中，除对山本宪联合同志并呼吁政府支援维新变法派所作的努力表示感谢外，认为日本与中国"同教、同政、同俗、同种、同文"，中国若亡，日本也将遭俄国吞并，表露了希望日本政府出手相救的愿望。

---

① 梁启超、王照：《致大限重信书》，《各国内政关系杂纂》所收《清人梁启超、王照　大隈伯ニ上ルノ书并滋贺参与官卜梁启超卜ノ笔谈》，日本外交史料馆档案，编号 500282－500309。

康有为书札三（1898 年 10 月）

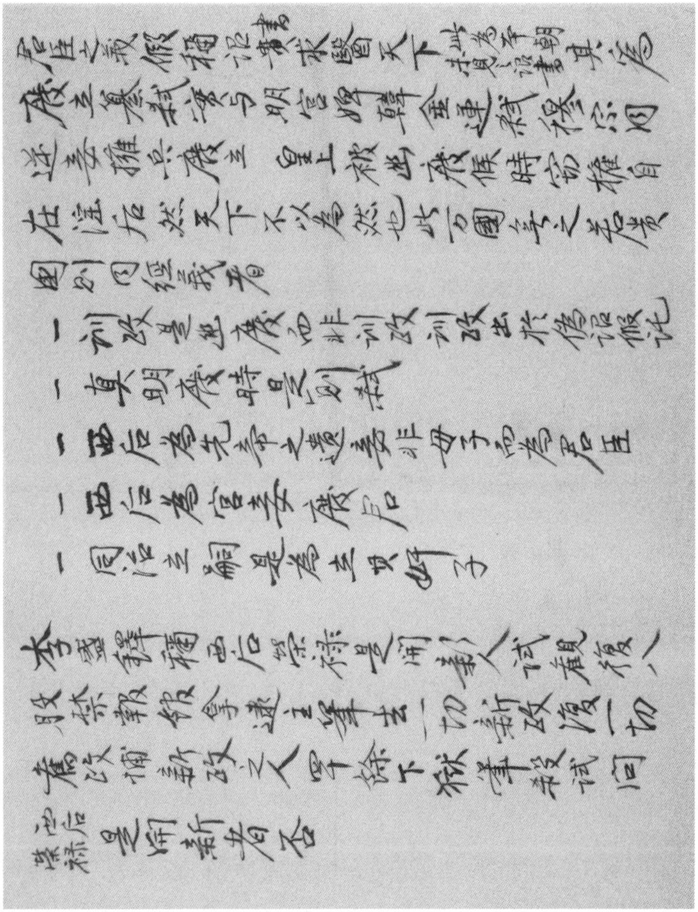

各国言公法、宪法，敝国之公法、宪法，以五经大义为主，此与贵邦千年共之者也。君臣父子夫妇三纲之义，悬于天壤。以经义言，《易》言“妇道无成”①，《书》言“牝鸡之晨，为家之索”②，《礼》言“夫死从子”③，《春秋》言“妇人无外事”④。故经义妇人不得临朝，其临朝皆悖义理。即有大事，君薨听于冢宰而已⑤。前之临朝，出于行权，然已不合大义。若夫皇上临政二十四年，已三十，英明神武，变法自强，安有请训政之理？此次训政之诏⑥，出于西后。

① 妇道无成：《周易·坤》：“阴虽有美，含之以从王事，弗敢成也。地道也，妻道也，臣道也。地道无成。”

② 牝鸡之晨，为家之索：《尚书·牧誓》：“古人有言曰：牝鸡无晨。牝鸡之晨，惟家之索。”

③ 夫死从子：《礼记·郊特牲》：“妇人从人者也。幼从父兄，嫁从夫，夫死从子。”

④ 妇人无外事：《春秋谷梁传》僖公九年：“毋使妇人与国事。”

⑤ 君薨听于冢宰而已：《论语·宪问》：“君薨，百官总己以听于冢宰三年。”

⑥ 训政之诏：1898年9月21日，慈禧太后假借光绪帝名义，发布吁请太后训政的诏书，宣布临朝训政。

既幽皇上之后，伪托诏书，与王莽[①]、曹丕[②]、刘裕[③]纂位时之禅位文同，无人以为出于本人者。此次实是庆立纂位[④]，非训政也。皇上上继文宗显皇帝，以经义律例，嫡后慈安太后乃得为母，天子不以妾母为母，即民间于妾母亦无丁忧之例。西后于同治则为生母，于今上则为先帝之遗妾耳。（《春秋》之义，文姜[⑤]淫乱，不与庄公[⑥]念母。即使生母，尚有唐废武氏[⑦]之例在。）道光尚有太妃[⑧]，其体正同。即无母子之分，即正君臣之义。假称诏书，求医天下。（此为本朝未见之诏书）其为废立纂弑，实与明宫婢韩金莲弑穆宗[⑨]同。逆妾拥兵废立，皇上被幽废，候时窃权。自在淫后。然天下不以为然也，此万国无之。若贵国，则同经义者。

一、训政是幽废，而非训政。训政出于伪诏假托。

一、真明废时是则弑。

一、西后为先帝之遗妾，非母子而为君臣。

一、西后为宫妾废君。

一、同治立嗣，是为立其奸子。

李盛铎[⑩]称西后、荣禄是开新人，试观复八股，禁报馆，拿逮主笔，去一切新政，复一切旧政，捕新政之人四十余下狱笔杀，试问西后、荣禄是开新者否？

山本宪资料C96。此札二纸，附有山本宪所书“康有为”三字纸片，可知

① 王莽：前45—公元23年，字巨君。公元8年逼迫孺子婴禅让，代替汉朝建立新朝。

② 曹丕：187—226年，字子桓。公元220年逼迫汉献帝禅让，代替东汉建立曹魏政权。

③ 刘裕：363—422年，字德舆。公元420年，废东晋恭帝，自立为帝，代替东晋建立宋朝，南朝开始。

④ 庆立纂位：“庆”，当作“废”。“纂”，当作“篡”。下“纂弑”同。

⑤ 文姜：生年不详，卒于公元前673年，姜姓，名不详，齐僖公之女，齐襄公异母妹，鲁桓公夫人。与齐襄公乱伦被鲁桓公得知，齐襄公令彭生杀鲁桓公。富有才华，故被称为“文”。

⑥ 庄公：前706—前662年，鲁桓公与文姜之子，公元前693年承鲁桓公为鲁国国君。《春秋左氏传》：“庄公元年三月，夫人孙于齐。不称姜氏，绝不为亲，礼也。”

⑦ 唐废武氏：705年，女帝武则天病笃，宰相张柬之等发动兵变，迫使其退位，唐中宗李显复位，国号恢复为“唐”，史称“神龙革命”。

⑧ 道光尚有太妃：太妃指孝静成皇后（1812—1855），博尔济吉特氏，咸丰帝养母。道光时，博尔济吉特氏虽被封为皇贵妃，但未被封为皇后。咸丰即位后，封养母博尔济吉特氏为皇考康慈皇贵太妃，依照皇太后规格奉养。

⑨ 明宫婢韩金莲弑穆宗：《明史・列传第二・后妃》：“（嘉靖）二十一年，宫婢杨金英等谋弑逆，帝赖后救得免，乃进后父泰和伯锐爵为侯。”因宫女张金莲向皇后通报，嘉靖帝幸免于难。“韩金莲”当为“杨金英”之误。

⑩ 李盛铎：参见康有仪书札五十八注“李公使”。

此文出自康有为之手。作成时间未详,但从内容判断,当在抵达日本后不久的10月末至11月。大部分篇幅用于指责慈禧太后,认为光绪帝与慈禧并非母子关系,而是君臣关系,因此慈禧太后的此次训政"是幽废,而非训政,训政出于伪诏假托"。此文章虽出自康有为之手,但观其字体,与康有为的笔迹有较大不同。另外,山本宪资料C164,内容与此文相同,但笔迹似出自康有仪。可以推测,康有为的这一文章,很可能由多人抄写多份,分别送给了当时在日本所见的相关人士,以作舆论宣传。

日本国会图书馆宪政资料室所藏的《宗方小太郎文书》中,存有一页内容与上述康有为的文章非常接近的笔谈记录,虽未记笔谈者,但从其笔迹看,笔谈一方当为康有为。另据《宗方小太郎日记》记载,宗方于1898年10月25日和31日两次在东京见过康有为[①]。因此,这一笔谈记录或为二人东京相见时所留下。《日本外交文书》所收录的康有为所作的《奉诏求救文》[②],系日本驻上海总领事代理小田切于1898年12月致外务次官的报告中所抄录的内容,长达三千余字,其中如"《春秋》之义,文姜淫乱,庄公不与念母……"等,有大量引经据典指责慈禧太后的措辞,与本书札内容似有一定的关联。此外,梁启超在《论戊戌八月之变乃废立而非训政》[③]一文中亦称:"《书》言'牝鸡无晨。牝鸡之晨,为家之索'。《礼》言'夫死从子',又言'妇人不与外事'。《春秋》因文姜之淫而不与庄公之念母。然则母后临朝,为经义所不容,有明证矣。"行文与康有为此文多有相似之处。

康梁流亡日本后对慈禧太后的批判,招致了部分日本人的反感。如汉学家内藤湖南认为:"(康有为)其人才力有余而识量不足,缺乏沉重之态。又志欲共济一世,而必以学义异同,喜自我标榜,与人辩驳。"并认为梁启超"在上海时,所论著有恃才自炫之风,东渡后颇有损抑。然在敝邦,仿近日士人急躁风气,且太过自我辩解,攻击西太后动辄涉于猥琐,适见其为人不高而已"。[④] 在日华商孙淦也认为:"(康有为)近来日著论说,一味蛮骂,又印康工部求故文,分送各处,见者轻之,想亦无能为矣。"[⑤]

---

① 大里浩秋:《宗方小太郎日记——明治三十一三十一年》,[日]《人文学研究所报》(44),2010年12月,第66-67页。

② 《日本外交文书》第三十一卷第一册,第739-741页。

③ 《清议报》第一册,第12页。

④ 内藤湖南:《燕山楚水》,《内藤湖南全集》第二卷,筑摩书房,1971年,第104页。

⑤ 《汪康年师友书札》第二册,第1451页。

康有为书札四(1898 年 11 月 12 日)

梅崖先生执事：

倾倒有道久矣，得见道貌，而喜慰无似。警保不知大君子，乃过为谨慎，致令不能久亲雅教，憾甚。忽承手教，述政党源委，读之心开目明。而于足下，慷慨冒难，救民之志，致累下犴狴①，为之叹惜。协会之事，合两邦之好，以全东亚之局，在执事而已。大坂中志士何如？唤起国论，以众志举大业，不胜侧望。志士何人，望随时见教。东中笃守圣学者人士有几，亦望开示。今兹国变，非徒亡国，并且亡教。若合汉学诸君子为会以主持之，或有成也。敬谒②兴居。

有为再拜　九月廿九日

山本宪资料 C97。此札二纸，均红色。信封正面仅书“山本先生大启”，无邮戳，可知此函或由他人转交。信函最后所署“九月廿九日”当为阴历，即阳历 1898 年 11 月 12 日。从内容看，此函很明显是 10 月 29 日康有为在东京与山本宪面见后所作。函中“协会”指“日清协和会”。从此函可以看出，康有为对山本宪等人在大阪结成的此“协会”非常关心，希望山本能将“志士”(会员)何人、日本国内“笃守圣学者人士有几”分别相告。该会于 1898 年 10 月山本宪从东京返回大阪后，联络泉由次郎、加岛信成、山田俊卿、牧山震太郎等人发起成立。山本宪对有关该会的成立及活动有如下记载：“十月十五日，归阪立一会，称日清协和会。(十一月)七日，予与山田俊卿、泉由次郎、加岛信成③等，设筵于备一亭，议日清协和会之事，与会者众多。”④该会主旨为：“日清两国人士，联络亲睦，彼此声气相通，以期扶植清国，保全东亚大局；音信往来，藉通消息，凡一切举动，彼此必以情况相告；拟两国往来，如买卖等事，应得便利之道，宜两相关照；讨究时事，宜以实力行之，以助清国革新之举；诸会如有关系两国情事者，与通气脉；此会与政府无干涉；既为会友，当互相保护，若被匪类陷害，吾侪当死力报之。”⑤此会虽告成立，但维持的时间不久，所做的实质性工作似乎也不多。尽管如此，康有为对此还是

① 下犴狴：指山本宪因“大阪事件”获罪下狱。1885 年，山本参与大井宪太郎等自由党左派所策划的“大阪事件”，起草檄文《告朝鲜自主檄》，以“外患罪”入狱。1889 年因颁布宪法而被恩赦释放。

② 谒：“谒问”之略。

③ 《清议报》第二册《日清协和会章程》中作鹿岛信成，此处“加岛信成”正确。

④ 《梅崖先生年谱》，第 31 页。

⑤ 《日清协和会旨趣》，《清议报》第二册，第 18 页。

给予了很高的评价。在 1899 年 3 月所作的《答山本宪君》一诗中，康有为称："高士山本子，遗经抱嚣嚣。吾兄从之游，陈义不可翘。慷慨哀吾难，奔走集其僚。哀我北首望，瀛台囚神尧。齐桓能救卫，我欲赋黍苗。渊明咏荆轲，我闻风萧萧。感子蹈海情，痛我风雨翛。"[①]表达了对山本所作努力的感谢。众所周知，康有为与众多日本政要、文人学者等有密切交往，通过包括此函在内的致山本宪书札不难发现，康有为亡命日本初期与山本宪有过种种直接或间接的关系。

① 更生：《答山本宪君》，《清议报》第七册。

康有为书札五（1898 年 11 月 25 日）

示悉十余日矣。荫农[1]尚未付款耶。弟前书所云，皆邝[2]面告弟者，想是确(不必闻勉[3]前说)。惟算一层，是略说(云十余)，未有指明。弟大概言之耳。弟即函报馆寄款上，以便兄入。(如何办法，由兄自酌。至正译人，确另请。亦邝言。若未明，可函问荫农。)和[4]尚必须还东，可谓谬极，今日发电再止之。此上羽子兄。

青木森　十月十二日

第一面飞函出。荫农开来人名甚善，敬谢。山本先生代候。所云有入手者，是东人多不信皇上英明，无救之心，至是乃明耳。然所见人，亦攻藩阀，甚闻又变矣。终日内变，何暇及外事。今日阅报，见英人占舟山，则英已动手属确，若非救我上，则割长江。然英人先动，殆亦为救上起耶。支那已作亡国论，总是不好消息。或者果应兄十月之说耶？且与电约日外部之说合，不为救上，何事用兵中国海，而约诸国耶？若占利权，则固其所。山本先生极笃实，将来若还国，必须奉请者也。

山本宪资料C98。此札一纸，未见信封。为康有为逃亡至日本不久致康有仪之信函，后由康有仪转交山本宪。所署“十月十二日”当为阴历，即阳历1898年11月25日。所署“青木森”为康有为在日本所用的化名。此外康有为曾用过的化名尚有榎木森、夏木森、青木森坚等。此函内容虽因省略较多而有许多较难理解之处，但大致为：一，有关款项往来之说明；二，希望康有仪前来横滨，从事《清议报》翻译等工作；三，对日本政府忙于国内党争而无暇顾及外事，未能出手营救光绪皇帝的不满；四，提及阅报得知的英人占舟山等内容；五，希望转达对山本宪的问候。

---

① 荫农：当指陈和泽。参见康有仪书札五十三注“陈荫农”。

② 邝：当指在日华商邝汝磐。曾与冯镜如等共同出资创建横滨大同学校，由康有为派徐勤等人主持学校事务。

③ 勉：当指徐勤。参见康有仪书札三十二注“徐君勉”。

④ 和：所指何人，未详。或指康有仪之子“康同和”。

康有为书札六(1898 年 12 月)

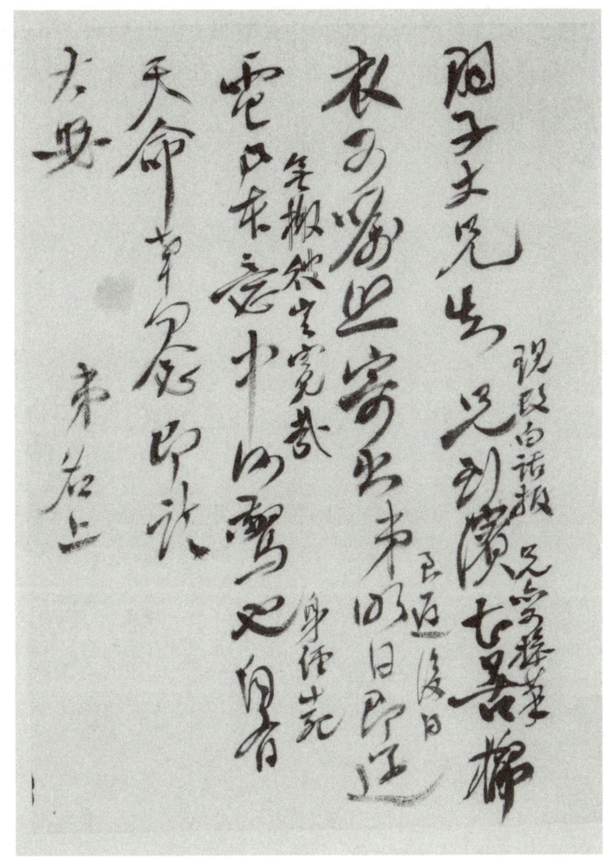

羽子大兄:

知兄到滨,甚善。(现改白话报,兄亦可操笔。)棉衣可嘱照寄出。弟明日(至迟后日)即还。电山本(无檄,彼定闻兄哉):意中,何惊也。(身经十死)自有天命。希勿念。即请大安。

弟名上

按

山本宪资料C157。此札一纸，为康有为致康有仪函，康有仪于1898年12月11日致函（参照康有仪书札五十六）山本时一并将此函转寄给了山本。1898年12月10日，山本宪致函康有仪告知清政府将派人擒杀流亡日本的维新派人士，康有仪将此消息告知康梁等人后，康有为给康有仪回复了此函。康有为作此函时正滞留箱根，表示明日（至迟后日）即返回东京。从函中"（身经十死）自有天命"等文字看，逃脱清廷追捕流亡日本的康有为，此时似大有置生死于度外的气概。

康有为书札七(1899 年 2 月 3 日)

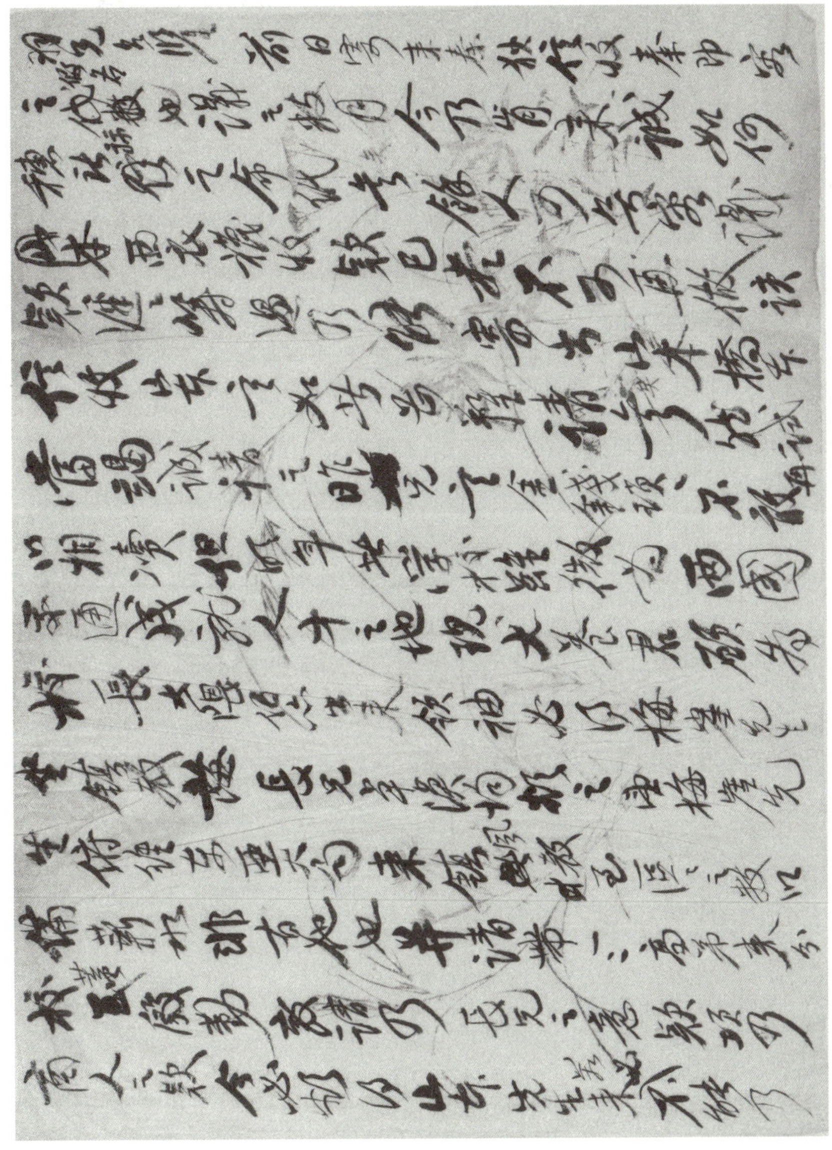

羽兄台鉴：

前日寄来秦狄信收。秦即容之假名也，议之数月，今乃肯来，诚如何穗[①]所算之命纸矣。余人可无容议。西衣袜收，款已尽，不可再做。该款迟迟筹过，乃能寄出。山本、桥本信收。山本言如此，甚难请矣。然试当竭诚请之。昨兄言金钱琐琐，不敢再以相渎。但明年此学校虽微，为两国交通成就人才之地，现犬养君[②]愿为校长，大隈伯[③]亦出来领袖，必得梅崖先生坐镇教诲。长兄[④]、卓涣[⑤]均欲之望梅崖先生俯维东亚大局，来镇风教。至区区之数，以备薪水，非有他也。并请带一二高弟来分校。盖殷勤敦请，乃长兄之意。款项乃商人之款，今必欲得山本先生。若来，必不能乃……

按

山本宪资料C101。此札一纸，未见信封。为康有为致康有仪之信函，后由康有仪转交山本宪。主要为希望山本宪前往横滨任大同学校监督之内容。康有仪书札六十六(1899年2月3日)有："顷接舍弟覆函，备知其诚。亦以商人之款之故，弟子以师弟至亲，用敢将其原函付览。""舍弟覆函"当指此函，康有仪为转达康有为的诚意，故将此函"原函付览"。此函仅存前半部分，后半部分估计当时康有仪未转寄给山本宪。此外，函中称"犬养君愿为校长"，当指犬养毅愿任大同学校名誉校长一事，而校长则为徐勤。据冯自由《戊戌后孙康二派之关系》："徐勤在康徒中，反对与总理合作最力，自是与总理、少白等日益疏远。横滨大同学校会客室帖有'孙文到不接待'之字条，适总理到访见之，遂向徐诘责，徐否认为己所为。有教员陈荫农直认已作不讳，因与总理驳论激烈，相持不下。校董冯镜如闻之，乃到校极力劝解始止。事后，各校董多不直徐、陈所为，有数人提议辞职。学校基础为之动摇。犬养以学校解散为可惜，特亲莅横滨，邀请各校董维持现状，且愿任名誉校长，以之提挈。"[⑥]

---

① 何穗：何廷光，生卒年不详，字穗田，广东香山人。商人。同情维新运动，支持革命志士。

② 犬养君：犬养毅(1855—1932)，日本明治、大正、昭和时代政治家，第二十九任(1931.12—1932.5)首相。曾兼任横滨大同学校名誉校长。

③ 大隈伯：大隈重信(1883—1922)，日本明治、大正时代政治家，早稻田大学前身东京专门学校创始人，第八任(1898.6—1898.11)和第十七任(1914.4—1916.10)内阁总理大臣。

④ 长兄：指康有仪。

⑤ 卓涣：从前后内容判断，当指梁启超。梁启超曾亲自致函大同学校值理，建议力请山本宪前来任教。参见康有仪书札六十六。

⑥ 冯自由：《革命逸史》初集，第50页。

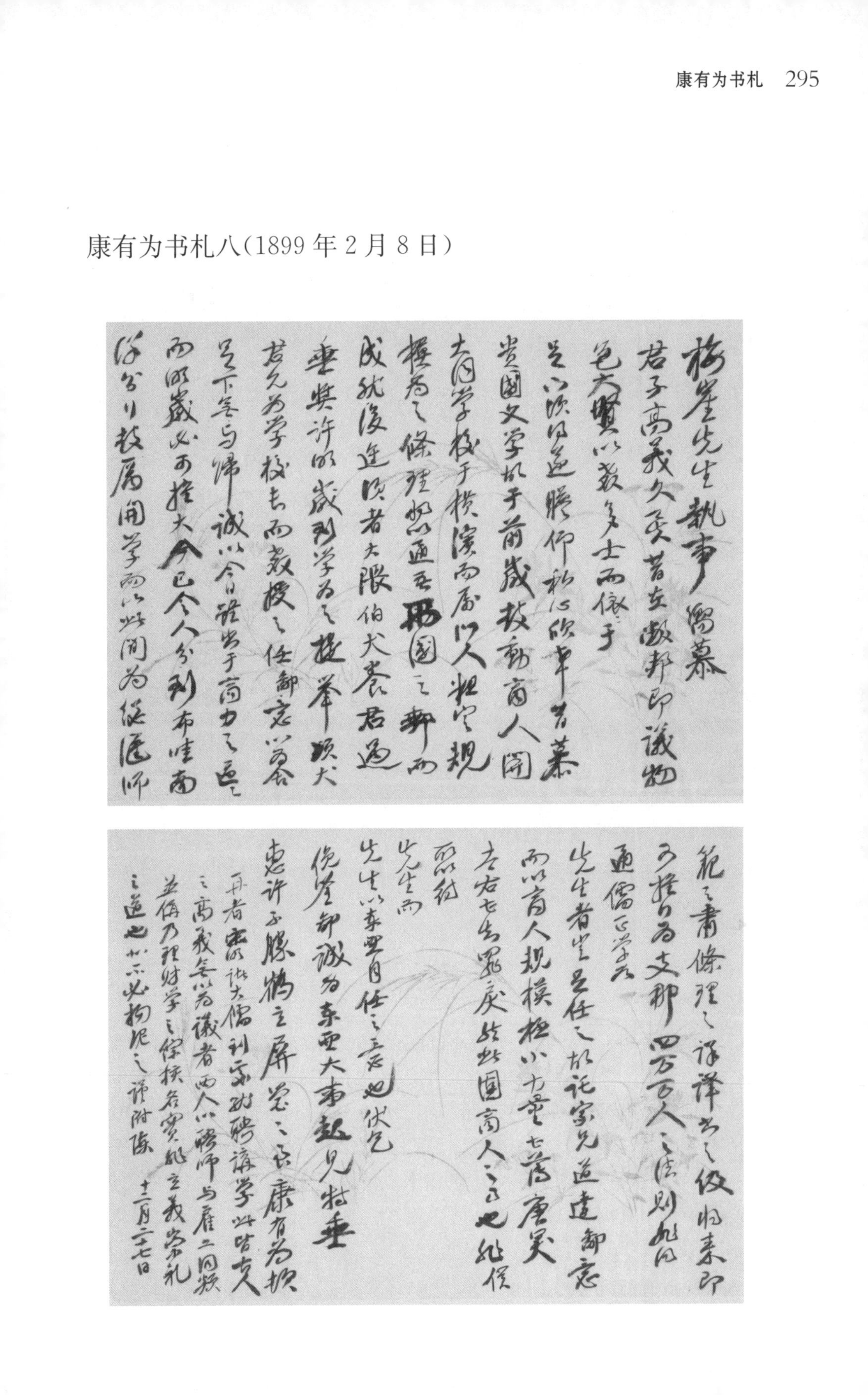

康有为书札八（1899 年 2 月 8 日）

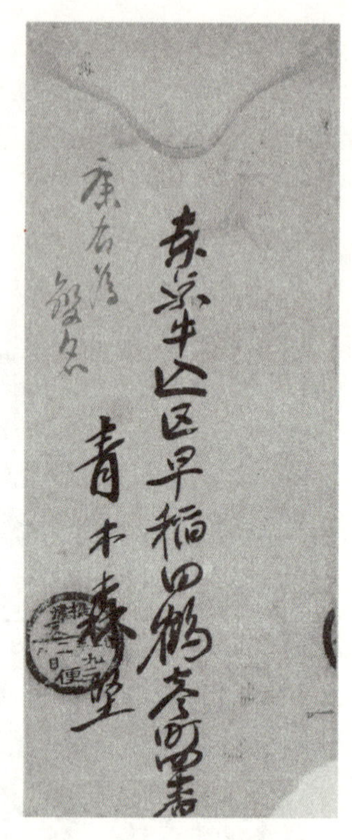

梅崖先生执事：

向慕君子高义久矣。昔在敝邦，即议物色大贤，以教多士，而依依于足下。顷得遂瞻仰，私心欣幸。昔慕贵国文学，故于前岁鼓动商人，开大同学校于横滨，而属门人粗定规模，为之条理，将以通吾两国之邮，而成就后进。顷者大隈伯、犬养君过垂奖许，明岁到学为之提举。顷犬君允为学校长，而教授之任，鄙意以为舍足下无与归。诚以今日虽出于商力之区区，而明岁必可推大，今已令人分到布哇[1]、南洋分行鼓励开学，而以此间为总汇。师范之肃，条理之详，译书之级，将来即可推行为支那四万万人之法则，非得通儒正学。如先生者，定足任之。故托家兄道达鄙意，而以商人规模极小，力量甚薄，唐突左右，甚知罪戾。然此固商人之事也，非仆所以待先生。而先生以东亚自任之意也，伏乞俯鉴鄙诚，为东亚大事起见，特垂惠许，不胜鹤立屏营之至。

康有为顿

再者，宋明诸大儒，到处就聘讲学，此皆古人之高义，无以为议者。西人以聘师与雇工同类，并偁乃理财学之综核名实，非立义崇礼之道也。似不必拘泥之。谨附陈。

十二月二十七日

按

山本宪资料C94。此札二纸，信封正面书“大阪东区谷町一丁目梅清处塾　山本梅崖　殿”，背面书“东京牛込区早稻田鹤卷町四十番　青木森坚”，正面邮戳有“武藏东京牛込卅二年二月八日”字样。康有为逃亡至日本后在东京的居住地址曾数次更换。《康南海自编年谱》有“九月十二日至日本，居东京已三月，岁末书于牛込区四十二番之明夷阁”之记载。“明夷阁”当为康有为对其寓所自命名之称呼。而“牛込区四十二番”当为从“牛込区

① 布哇：夏威夷旧称。

早稻田鹤卷町四十番”移居后之地址。此函主要为说服山本宪前往横滨任大同学校监督之内容。邀请山本前往大同学校任教，最早为康有仪之建议。康有仪书札六十五："弟子受恩深重，不欲遽离函丈，欲授意舍弟及卓如，提倡此间商人敦请夫子来此督学。”此前已通过康有仪与山本宪作多次沟通，由于山本考虑到难以放弃梅清处塾的经营，故一再拒绝。在此背景下，康有为才亲自发此函进行说服，但最终山本宪还是未接受邀请前往横滨任教。相关内容，参见康有仪书札六十四至六十八。

王照书札

王照书札一(1898年10月)

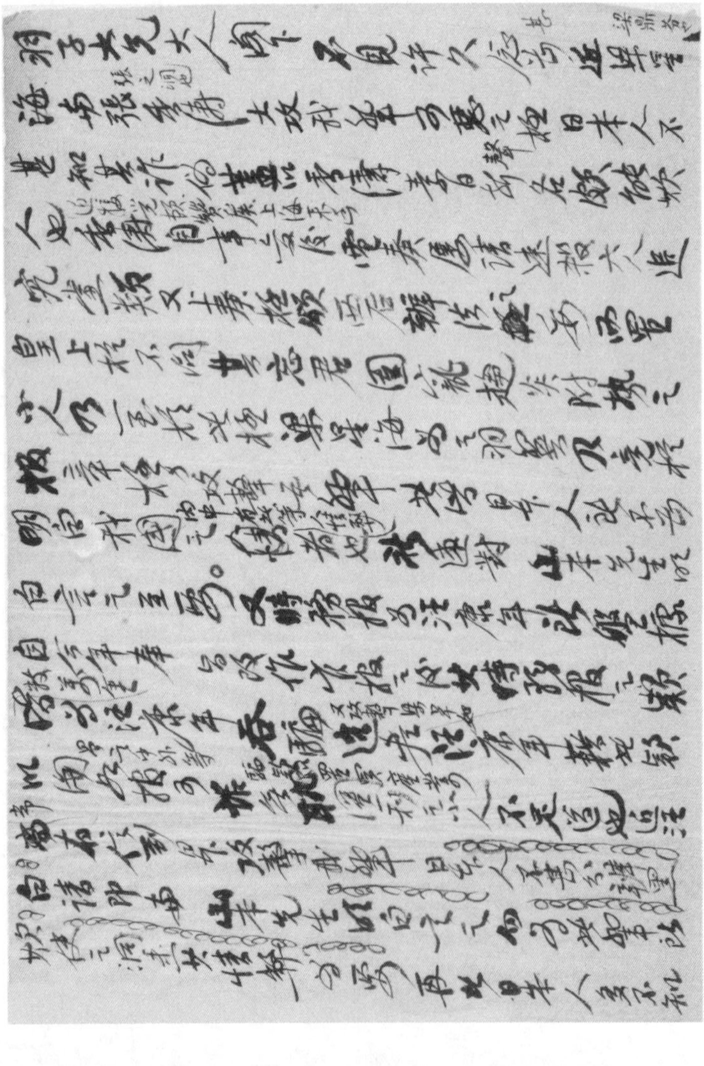

當日事之情形每表弟以求死不知初二日[illegible]
日密詔（明降上諭）催出京辦報其時不能不速出京
初五出京初六事發弟在路上何從而知到（烟台）
煙台尚不知也及到上海英人派艦保護（來之）乃
知京中之變於是以（皇上）密詔求救之言說[illegible]
四方奔走求救到日本本將往各國（昨日聞之）英人
有電到聯約德美日以救皇上消息極佳惟
日本與我國同種同洲唇齒輔車欲救我國
當於此時速申大義（倘）西后篡廢并無母子之
分（今上既非親生又非正嫡不能為母）乃先帝之宮妾耳以宮妾而廢皇上大逆無
道皇上今年維新之政方行而衰謬之老臣不知新
政之益乃環泣而求之於西后太監李聯英等

被皇上廷杖[illegible]皇上數之六日夜譖於西后
皆謂皇上將廢之西后信之乃與榮祿謀廢（榮祿李聯英）
皇上今年天津閱兵之議蓋將行廢立矣（故有）皇上
[illegible]西后臨逼日夜不堪乃與諸臣[illegible]弟設人密
求救西后知之故有初六之事速行廢立
皇上出現皇上幽廢瀛台求粥不得求鄉蔬
不得珍妃冬月猶單衣[illegible]（皇上）一有反則
該國等劉[illegible]與大兵以救我國皇上之
不及矣若能救我皇上當速動[illegible]
后奪我國於俄日本大為不利今日當
以速救我皇上速行新政[illegible]山本先生
督將之幸照請

大安

照 叩

[illegible]

羽子大兄阁下：

不见许久，念甚。近梁星海（梁鼎芬也）与张香涛（张之洞也）大攻我辈，可恶之极。日本人不甚知其诈伪，盖以香涛素日声名，颇能欺人也。近接觉顿[①]、赞侯[②]上海来函，香涛自事变后，电奏屡请速杀六人、追究党类，又上奏极颂西后办法之妥，而置皇上于不问，其忘君固宠、趋炎附势之小人，乃一至于此极。梁星海为之羽翼，竟于报章极力攻击吾辈，此皆日本人所不甚明白我国之内中有此等人情弊者也。祈速对山本先生明白言之至要。又《时务报》为汪康年所盘据，自今年奉旨改作官报之后，其《时务报》之款数万金，皆为汪康年吞骗迨尽。（又攻击梁卓如）汪康年藉此款以开《昌言》《中外》等各报，骗款以置买产业，可谓无耻图利之小人，不足道也。近汪常有信到日本，攻击我辈，日本人不甚分辨黑白。请即与山本先生明白言之，勿为此辈所欺，使之洞悉其情弊为要。再者，日本人多不知当日事变情形，每责弟以不死，不知初二日初三日密诏及明降上谕，催出京办报，其时不能不速为出京，初五出京，初六事发，弟在路上，何从而知？到烟台尚不知也。及到上海，英人派舰保护来言，乃知京中之变，于是始明皇上密诏求救之意。现当四方奔走求救，到日本将往各国。顷闻（昨日闻之）英人有电到，联约德、美、日以救皇上，消息极佳。惟日本与我国同种同洲，唇齿辅车，欲救我国，当于此时速倡大义。西后篡废，并无母子之分，今上既非亲生，又非正嫡，不能为母，乃先帝之宫妾耳。以宫妾而废皇上，大逆无道。皇上今年维新之政方行，而衰谬之老臣不知新政之益，乃环泣而求之于西后太监李联英[③]。此人前被皇上廷杖，恐皇上杀之，亦日夜谮于西后，谓皇上将废之。西后信之，乃与荣禄谋废（荣禄素媚李联英）。皇上故有今年天津阅兵之议，盖将行废立矣。皇上为西后所逼，日夜不堪，乃密诏交弟。诸人在外求救，西后知之，故有八月初六之事，速行废皇上也。现皇上幽废瀛台，求粥不得，求鸡茸不得，珍妃冬月犹单衣。诚恐皇上万一有变，则诸国争割，虽欲兴大兵以救我（敝国）皇上，亦不及矣。若欲救我皇上，当速动勿迟。西后输国于俄，日本大为不利，今日当以速救我皇上，行新政为主。祈与山本先生多发明之，幸甚！至要至要。此请大安。

照顿首　若嘱书

---

① 觉顿：汤觉顿（1878—1916），原名睿，字觉顿，广东番禺人。1894年入康有为万木草堂。

② 赞侯：龙朝翊（1871—1922），又名龙焕纶，号赞侯，广西临桂人。光绪辛卯举人，光绪戊戌进士。康有为门人。

③ 李联英：当为"李莲英"之误。

按

山本宪资料C109。此札二纸，未见信封。此函为王照致康有仪之函，作成时间未详，但从内容看当在戊戌政变发生后不久。而王照在书信末尾自己的署名之后，添加了“若嘱书”三字，结合书信内容判断，此书信很可能受康有为嘱托而写。在此函中，王照（或康有为之意）主要希望通过康有仪向山本宪说明以下数点：事变后大肆攻击康梁等人的梁鼎芬、张之洞是“忘君固宠、趋炎附势之小人”，原《时务报》经理汪康年也时有信至日本攻击维新派，此人是“图利之小人”；自己未被捕处死是因为受“催出京办报”之密诏而离京，至上海后才得知事变发生；现皇上被幽废瀛台，处境危险，“日本与我国同种同洲，唇齿辅车，欲救我国，当于此时速倡大义”。

据王照晚年回忆，政变发生后，“南海于八月初四日，先得杨锐传密旨避去，梁氏初七日出京。余初九日出京，十一日黎明至塘沽登日本大岛兵舰，见梁氏在舰中，问知已在舰中度两夜。又候十六日，该舰始奉到日本政府回电，已派他舰换防，准大岛归国。九月一日，接防之舰至大沽口外，大岛鸣炮起椗，两舰相遇，停一小时遂启行”①。可见王照是在阳历9月24日出京，26日登上大岛舰，10月15日从天津出发前往日本的。王照这一回忆内容的可信性可从当时任东亚同文会干事的井上雅二的日记获得旁证。井上日记称：“9月24日（八月初九日）……王照逃到我们的住处。半夜，将王照托付给山田良政，即去天津。”②另据日本驻北京公使馆代理公使林权助于10月2日致外务大臣报告：“国事犯罪人梁启超及王照二人，现已乘入大岛舰。然于清国领海将二人转移至商船已不可能，且此事又须保密，故希望令此舰返航日本，并迅速派替代军舰来天津。”③由此可见，此信函中所称的“初五出京”等内容，当指康有为，而非王照本人。

此外，函中称梁鼎芬、张之洞大肆攻击维新派人物，当主要指梁鼎芬所撰的《康有为事实》。据日本外交史料馆保存的资料④，梁鼎芬在该文中列举了三十二条“事实”，认为“康有为平日议论，专以散君局、废君权为本意，以平等为要旨，康有为之教，尤有邪淫奇谬不可思议者；康有为赴试京师，因不中举人，遂寅缘在朝大官，求得富贵”等。梁鼎芬，广东番禺人，与广东南海出身的康有为原也算是同乡，二人甚至一度成为至交。然自康有为出版《新

---

① 王照：《复江翊云兼谢丁文江书》，《中国近代史资料丛刊·戊戌变法》第二册，第574页。

② 《井上雅二日记》，转引自汤志钧《乘桴新获》，第348页。

③ 日本亚洲历史资料中心资料，编号C11081012700。

④ 《各国内政关系杂纂》，日本外务省外交史料馆资料，编号1-6-1-4-2-2-001。

学伪经考》《孔子改制考》等著作宣扬孔子改制之后，二人关系开始疏远，后来甚至势同水火。梁鼎芬深得张之洞赏识，张之洞在任两广总督时开始邀梁入幕，并聘梁为肇庆端溪书院山长，此后两人几乎形影不离，梁成了张之洞的得力助手。张之洞调任湖广总督后，邀梁任两湖书院主讲。1900 年，康有为暗中联络张之洞麾下之唐才常自立军起义，梁鼎芬极力劝说张进行镇压。而康有为与张之洞的关系，也经历了两人无话不谈至最终决裂的转变。对此，茅海建在《戊戌变法的另面——〈张之洞档案〉阅读笔记》一书中有非常详细的研究，可供参照。鉴于梁鼎芬与康有为之间极度恶化的关系，康有仪曾于 1904 年作密札《致节公先生函》告发康有为[1]。

---

① 参见孔祥吉《晚清史探微》，第 201－226 页。

王照书札二(1898 年 11 月)

[illegible]

一謂辦事急激
皇上今年變法行新政早知西后有廢立之謀蓋
自革侍郎長麟於二妃被黜及杖時已早蓄廢
立之謀矣皇上英明洞達通外國之故太后忌之使榮
祿為直隸總督統三軍且聯三軍將於天津閱兵
時即行廢立矣皇上四月廿八召見某即決意改革
以日行新政為事蓋不行新政亦必廢立與其廢
立而無以自示天下不若力行改革而皇上之聖明天
下知之也故謂改革為辦事急激者皆未知情形者
也

一謂其用陰險手段
皇上照某各奏某譚之老臣皆皇上之聖明無所謂用
陰險手段也

一謂圖富貴
自行新政以來江標王照譚劉林楊皆得四品卿
吳懋鼎徐建寅端方得三品卿人人以為其必得高官
矣而自行新政來不升一階求富貴者如是耶

一謂某不死

初二日上諭僅令出上海辦官報，初四晚起行，初六乃有變，時在船上，何從知之？初九抵上海，遇英人派船保護，乃知北京發生之事，何從死耶？且上諭出外國求救，更須奔走四方，豈能遽死哉。

一謂不得兵權而辦事

皇上召見袁世凱，而榮祿即調直隸之兵五千以制袁，而事變即發。皇上之兵權為榮祿所持，若不辦事，兵權亦不可得矣。

雜錄密諭

朕惟時局艱難，非變法不能救中國，非去守舊衰謬之大臣而用通達英勇之士不能變法。而皇太后聖意不以為然，朕屢次幾諫，太后更怒。今朕位幾不保，汝康有為、楊銳、林旭、譚嗣同、劉光第等可與諸同志妥速密籌，設法相救。朕十分焦灼，不勝企望之至。特諭。

朕命汝督辦官報，實有萬不得已之苦衷，非楮墨所能罄也。汝可迅速前往上海，或出外國，以圖補救之策。汝之忠誠，朕所深知，其愛惜身體，善自調衛，將來更效馳驅，共建大業，朕有厚望焉。特諭。

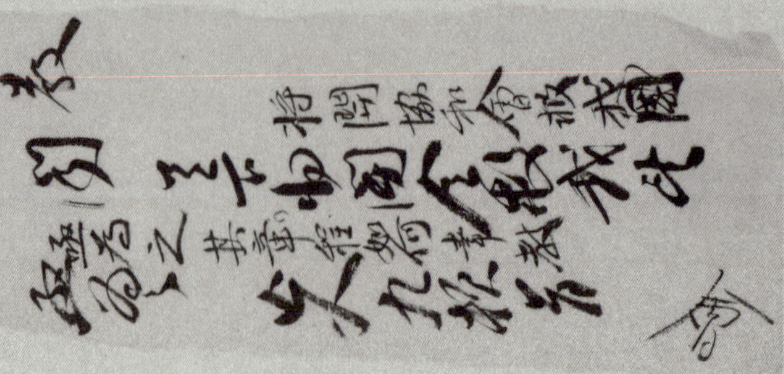

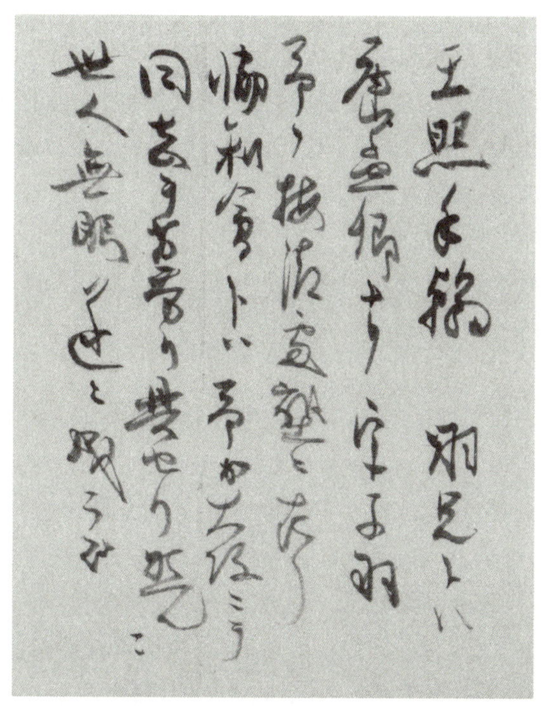

羽兄足下：

来书已悉，即与邝君[①]商妥，候汇款到，即来可也。兹有辨变政事数端，请代向山本先生说知明白为要。此请大安。照顿首。

一、谓办事急激

皇上今年变法行新政，早知西后有废立之谋，盖自革侍郎长麟、打二妃、杀寇良材时，已早蓄废立之谋矣。皇上英明，深通外国之故，太后忌之，使荣禄为直隶总督，统袁、董、聂三军，议于天津阅兵时即行废立矣。皇上四月廿八召见某，即决意改革，以日行新政为事。盖不行新政，亦必废立，与其废立而无以白于天下，不若力行改革。而皇上之圣明天下知之也。故谓改革之办事急激者，实未知情形者也。

一、谓某用阴险手段

皇上黜革各衰谬之老臣，皆皇上之圣明，无所谓用阴险手段也。

一、谓图富贵

自行新政以来，江标、王照、谭、刘、林、杨皆得四品卿，吴懋鼎、徐建寅、端方得三品卿，人人以为某必得高官矣，而自行新政来，不升一阶。求富贵

① 邝君：指在日华商邝汝磐。参见康有为书札四注“邝”。

者，乃如是耶。

一、谓某不死

初二日上谕，催令出上海办官报，初四晚起行，初六乃有变。时在船上，何从知之。初九抵上海，遇英人派船保护，乃知北京废立之事，何从死耶？且上谕出外国求救，更须奔走四方，岂能遽死哉？

一、谓不待兵权而办事

皇上召见袁世凯，而荣禄即调聂士成五千兵以制袁，而事变即发，皇上之兵权为荣禄所持，若不办事，兵权亦不可得矣。

谨录密谕：

朕惟时局艰难，非变法不能救中国，非去守旧衰谬之大臣而用通达英勇之士，不能变法。而皇太后圣意不以为然，朕屡次几谏，太后更怒，今朕位几不保。康有为、杨锐、林旭、谭嗣同、刘光第等，可与诸同志妥速密筹，设法相救。朕十分焦灼，不胜企望之至。特谕。

朕命汝督办官报，有万不得已之苦衷，非楮墨所能罄也。汝可迅速前往上海或出外国，以图补救之策。汝之忠诚忧国，朕所深知。其爱惜身体，善自摄卫，将来更效驰驱，共建大业，朕有厚望焉。特谕。

大叔[①]说此间有棉衣寄大阪，抑或待来乃穿，请覆云云。专此又禀。侄照上。

现又将古城贞吉来谈笔记付呈。

闻足下将开会救我（将开协和会救我国），望亟为之。其章程如何，幸教。亡人九顿首

按

山本宪资料C104。此札二纸，一纸为王照致山本宪函，另一纸为“古城贞吉来谈笔记”，并附有山本宪所书：“王照手翰。羽兄为康孟卿，字子羽[②]，在予梅清处塾。协和会为予于大阪集同志所创，然世人无眼，终无成。”[③]未见信封。从内容分析，此函当为王照受康有为授意而写。发信时间未详，但

① 大叔：当指康有为。

② 子羽：此处有误，当作“羽子”。

③ 原文为日文，著者译。

根据内容判断，当为康有仪赴横滨前的11月中下旬。主要仍为希望康有仪向山本宪说明的有关戊戌政变的内容，还抄录了政变发生前光绪帝的二道密诏。有关此二道密诏，向存若干疑问，而且学界多认为康有为篡改了密诏。据梁启超回忆称："先生当国变将作时，曾两次奉朱笔密诏。第一次乃七月二十九日，由四品卿衔军机章京杨锐传出者。第二次乃八月初二日由四品卿衔军机章京林旭传出者。两诏启超皆获恭读。其第一诏由杨锐之子于宣统二年诣都察院呈缴，宣付史馆。其第二诏末数语云：'尔爱惜身体善自保卫，他日再效驰驱，共兴大业，朕有厚望焉。'"①

光绪帝七月二十九日的密诏，据茅海建研究，赵炳麟在《光绪大事汇鉴》所录的内容当是最可信的原始文本。其全文如下："近来仰窥皇太后圣意，不愿将法尽变，并不欲将此辈荒谬昏庸之大臣罢黜，而用通达英勇之人令其议政，以为恐失人心。虽经朕屡次降旨整饬，而并且随时有几谏之事，但圣意坚定，终恐无济于事。即如十九日之朱谕，皇太后已以为过重，故不得不徐图之，此近来之实在为难之情形也。朕岂不知中国积弱不振，至于阽危，皆由此辈所误；但必欲朕一旦痛切降旨，将旧法尽变，而尽黜此辈昏庸之人，则朕之权力实有未足。果使如此，则朕位不保，何况其他？今朕问汝：可有何良策，俾旧法可以全变，将老谬昏庸之大臣尽行罢黜，而登进通达英勇之人，令其议政，使中国转危为安，化弱为强，而又不致有拂圣意？尔其与林旭、刘光第、谭嗣同及诸同志妥速筹商，密缮封奏，由军机大臣代递，候朕熟思，再行办理。朕实不胜十分焦急翘盼之至。特谕。"②由此可知，光绪帝原来的谕旨与上述王照所抄录的所谓"密诏"相去甚远，尤其是位于杨锐等四人前的"康有为"之名及"设法相救"数字，系重大改动，学界普遍认为此为康有为所篡改。此外，康有为在戊戌政变后所公布的光绪帝"密诏"，尚有其他多种版本。据茅海建研究，主要有：一、光绪二十四年九月初五日（1898年10月19日）上海《新闻报》所刊为："朕惟时局艰难，非变法不能救中国，非去守旧衰谬之大臣不能变法，而太后不以为然。朕屡次几谏，太后更怒。今朕位几不保，汝可与杨锐、刘光第、谭嗣同、林旭诸同志妥速密筹，设法相救。朕十分焦灼，不胜企望之至。特谕。"康有为由此将自己定为受诏之人而"奉诏救主"。二、明治三十一年十月二十五日（1898年10月25日）《台湾日日新报》所刊，将"汝可与杨锐、刘光第、谭嗣同、林旭诸同志"，改为"汝可与谭嗣同、林旭、杨锐、刘光第诸同志"，即将谭嗣同、林旭放在前面。三、十一月

① 《康有为遗稿·万木草堂诗集》，第92页。
② 《从甲午到戊戌：康有为〈我史〉鉴注》，第735－736页。

初九日，日本外务省收到驻上海代理领事小田切万寿之助抄送康有为的《奉诏求救文》中所抄录的密诏，在“非去守旧衰谬之大臣”后，又添加“而用通达英勇之士”。此外还有数种版本，文字大同小异[①]。与以上诸版本相比，王照在此函中所抄录的“密诏”，除杨锐等人的排列顺序有所变化外，在最前面直接使用了“康有为”三字。此外，如将“太后不以为然”改为“皇太后圣意不以为然”等，其他文字略有出入。

光绪帝的第二道密诏，即梁启超所称“八月初二日由四品卿衔军机章京林旭传出者”，也有多个版本。如上海《新闻报》于九月初五日刊出康有为所公布的第二道密诏：“朕今命汝督办官报，实有不得已之苦衷，非楮墨所能罄也。汝可速出外，不可迟延。汝一片忠爱热肠，朕所深悉。其爱惜身体，善自调摄，将来更效驰驱，朕有厚望焉。特谕。”而九月十一日《台湾日日新报》所刊第二道密诏，在“将来更效驰驱”一语后，又添加了“共建大业”一语[②]。将上述内容于王照在此函中所抄录的“密诏”相比较，虽大意相同，但文字多有出入，可视作经康有为改动后的另一版本。

---

① 《从甲午到戊戌：康有为〈我史〉鉴注》，第737页。

② 《从甲午到戊戌：康有为〈我史〉鉴注》，第735－739页。

王照书札三(1900 年 2 月 13 日)

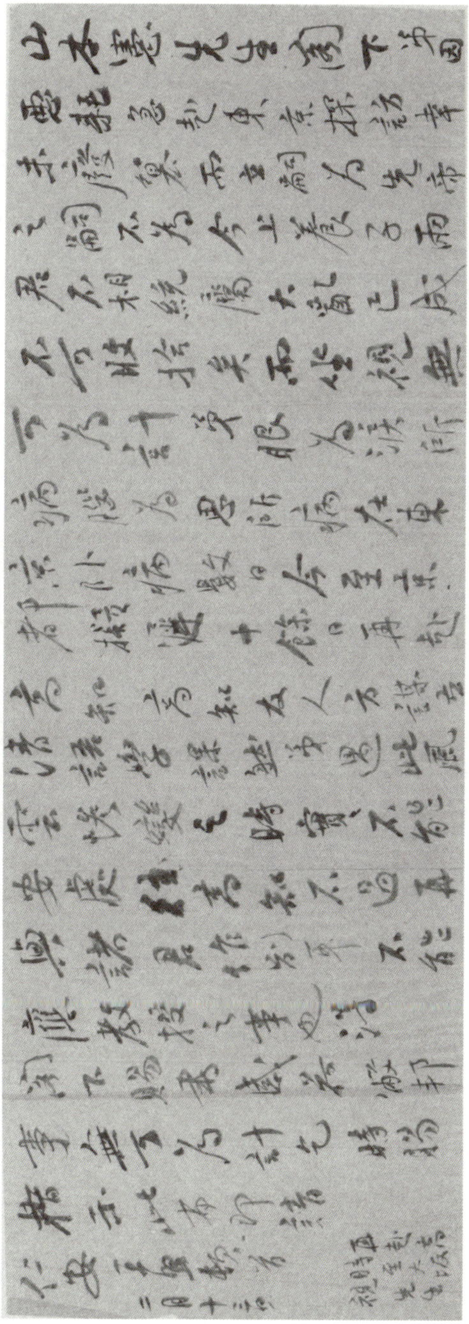

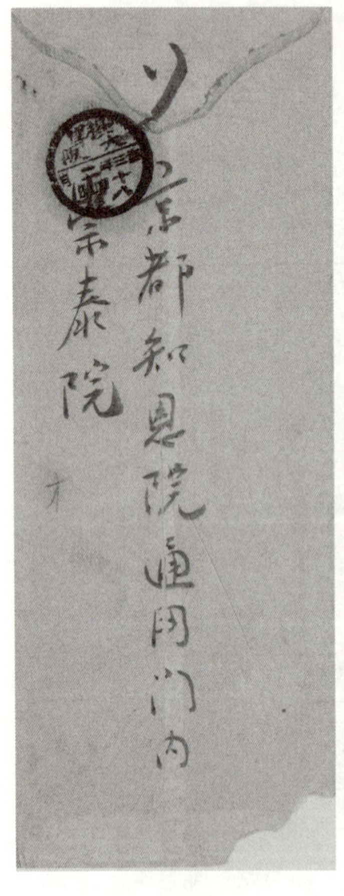
京都知恩院通用門内
宗泰院

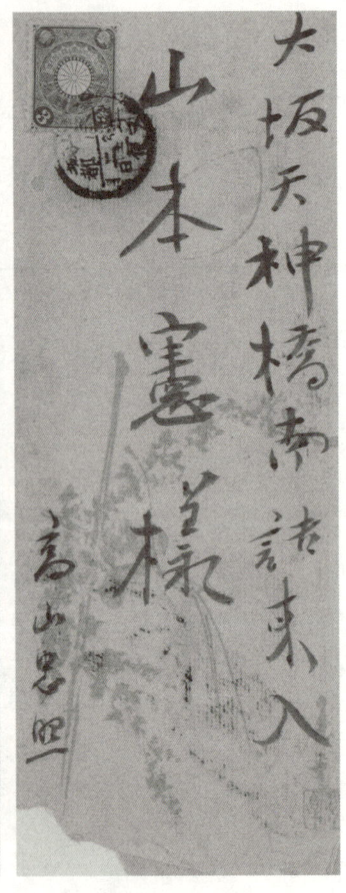
大坂天神橋南詰東入
山本憲様

山本宪先生阁下：

弟因恶耗，急赴东京探访，幸未废纂，而立嗣为先帝之嗣，不为今上养子，两君不相统属，大乱已成，不可收拾矣。而坐视无可为计。弟眼为泪所病，脑为思所病，在东京卧病数日，今至京都，拟迟十余日再赴高知。高知友人方谋立清语学课，然弟遇此风云惨变之时，实不能安处往高知，不过再与诸君作别耳，不能应教授之事也。得阁下赐书，感荷。敝邦事无可为计，乞时赐指示。此布。即请仁安。

王照顿首　二月十三日

再赴高时，至大阪视先生。

山本宪资料 C105。此札一纸，信封正面书“大坂天神桥南诘东入　山本梅崖样　高山忠照”，背面书“京都知恩院通开门内　崇泰院”，正面邮戳有“京都卅三年二月十三日”字样。“高山忠照”为王照在日本所用的化名。函中所谓“立嗣”，当指 1900 年 1 月 24 日清廷以光绪帝名义颁诏，立端王载漪之子溥儁为“大阿哥”(皇储)，以便取代光绪，史称“己亥建储”。此外，王照在函中还称自己“迟十余日再赴高知”，而且其目的并非去接受高知友人邀请担任汉语学校的教员，而是与诸君作别。对王照赴高知的经过及其在高知与当地文人交流的情况，吉尾宽《变法派人士日本亡命中的一片段》[①]一文中有较详细的论述，可作参照。至于其“不能应教授之事”之理由，从其“与诸君作别”一言看，可知王照此时已决定离开日本。王照于 1900 年 5 月离开日本回国。对回国前后的情况，王照在 1901 年 7 月致近卫笃麿的信函中有如下记述：“自明治三十二年拜别芝颜，台驾壮游欧美，照遂作潜返敝邦之计。明治三十三年五月，始以僧装入山东，而适遇拳匪之乱，北省糜烂，照云游南北各省，秋杪至天津。”[②]

① 《高知市立自由民权纪念馆纪要》第 18 期，2010 年 10 月。

② 《近代中日关系源流・晚清中国名人致近卫笃磨书简》，第 185 页。

王照书札四（1900年3月25日）

長素仁兄先生大人如晤，暌隔一年，翹盼鯤鵬變化，而未測方略所在也。宮廷益危，遂聽寰海義聲，尤於南洋有深禱焉。保室立會，謗為歛財入私囊者紛紛皆是。弟每謂勤王非令外人洞知之事，局外不諒局中苦心，生此疑議。夫為公私，必久而後定。今之疑議者，盡徐觀之，闖者首肯而息其議不少焉。弟自送別後，轉轉一年，不能縷數。

十金之費，寸步不能行，皆小猾之布置也，然窄思兄實未有嫉弟之心。弟之成敗，決非與兄之成敗相反。兄雖一時為摑小猾而輕弟欺弟，回思在北京時，弟排眾議而護兄，且至七月末，兄猶促弟萬小猾。是時兄堂真如逆堂所云之勢力，而弟附今之裁，不過重兄之志氣而已。幾何時而兄豈忘之哉。今弟計窮何故。陽曆四月二十日前，遂由郵保寄金百圓，此百圓所顏重，如四月二十五口前不至，則弟亦永無兄之時矣。伏望三思，以後自有明白之日，今弟亦不言也。伏望珍重萬古。

陽曆三月三十五日

愚弟王照頓首

青錢並交山本憲君

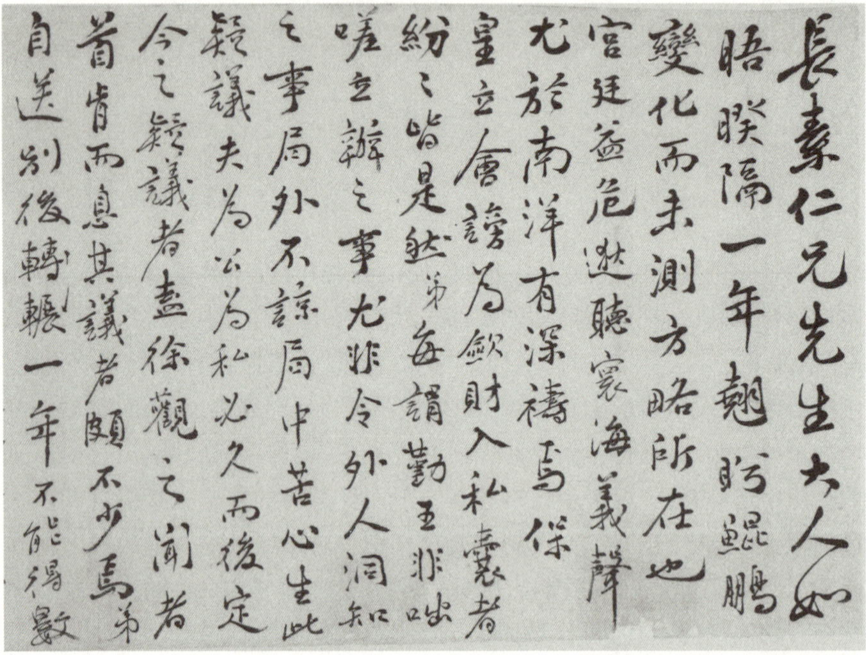

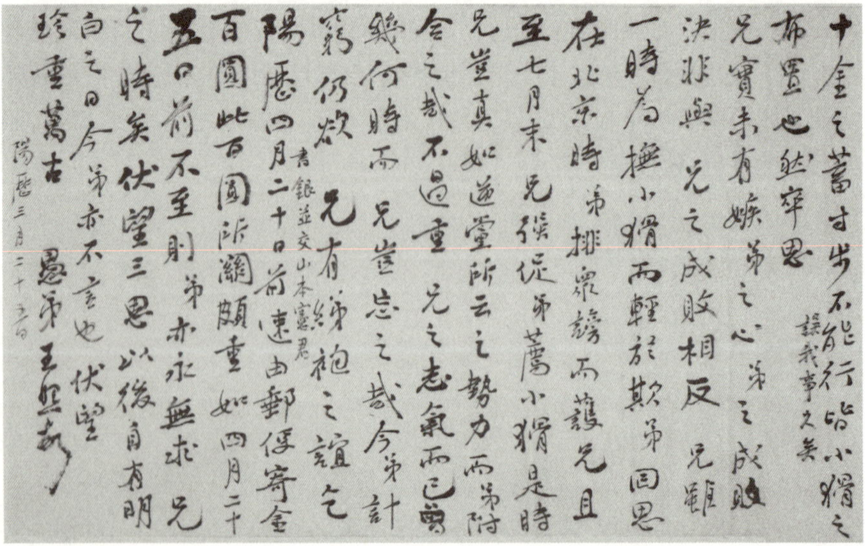

长素仁兄先生大人如晤：

暌隔一年，翘盼鲲鹏变化，而未测方略所在也。宫廷益危，逖听寰海义声，尤于南洋有深祷焉。保皇立会，谤为敛财入私囊者，纷纷皆是。然弟每谓勤王，非咄嗟立办之事，尤非令外人洞知之事，局外不谅局中苦心，生此疑议。夫为公为私，必久而后定，今之疑议者，盍徐观之？闻者首肯而息其议者，颇不少焉。弟自送别后，辗转一年，不能得数十金之蓄，寸步不能行（误我事久矣），皆小猾[1]之布置也。然卒思兄实未有嫉弟之心，弟之成败，决非与兄之成败相反，兄虽一时为抚小猾而轻于欺弟。回思在北京时，弟排众谤而护兄，且至七月末兄强促弟荐小猾，是时兄岂真如逆党所云之势力而弟附合之哉？不过重兄之志气而已。曾几何时，而兄岂忘之哉？今弟计穷，仍欲兄有绨袍之谊，乞阳历四月二十日前速由邮便寄金百圆。（书银并交山本宪君）此百圆所关颇重，如四月二十五日前不至，则弟亦永无求兄之时矣。伏望三思，以后自有明白之日，今弟亦不言也。伏望珍重万古。

愚弟王照顿首　阳历三月二十五日

山本宪资料 C108。此札一纸，未见信封。为王照致康有为之信函，至于为何此函后来为山本宪所保存，未见任何说明，可能是后来由康有仪或康有为本人转给了山本宪。从内容判断，发信时间当为 1900 年 3 月 25 日。王照此时正在高知（参见书札六），可知此函当发自高知。王照在此函中称："弟自送别后，辗转一年，不能得数十金之蓄，寸步不能行，皆小猾之布置也。""送别"当指送别康有为离开横滨前往加拿大。王照《送南海先生东渡美洲》云："客邸围炉共拨灰，萧条松竹与寒梅。难忘羲驭挥戈返，具有鹏图跋浪开。阴雾蔽天空北望，酸风掠地自西来。乘槎此去看飙举，不作渐离击筑哀。"[2]而"小猾"又所指何人？从书信中"七月末兄强促弟荐小猾"这一内容看，当为 1898 年 9 月王照在康有为授意下所奏荐数人中之一人。据王照称，当时光绪帝拟开懋勤殿，用顾问官十人，康有为授意王照和徐致靖奏荐，结果"照荐六人，首梁启超；徐（致靖）荐四人，首康有为"[3]。王照和徐致靖所荐者，现虽无法分别一一确定，但被推荐者当主要为康有为、康广仁、梁启

① 小猾：未详。疑指梁启超。

② 《雪泥一印》，第 6 页。

③ 《中国近代史资料丛刊·戊戌变法》第四册，第 332 页。

超、黄遵宪、麦孟华、宋伯鲁等人。这些人中，当时在日本者仅有梁启超和麦孟华。另据后来《申报》报道："尝闻东人士之言，谓王照只身东来，孤立无助，不得已依附于梁，而又为梁所倾轧，艰难困苦几至不能安居，乃于庚子之秋言旋故国。是王虽始为梁之党，而后已非梁之党矣。且其居心亦与梁迥异，故王不可与梁同年而语，而其末路之知非悔过，亦当为世人所共谅也。"[①]此报道称王照"只身东来"，"庚子之秋言旋故国"，虽与事实有出入，但"为梁所倾轧，艰难困苦几至不能安居"等语，与此函中"不能得数十金之蓄，寸步不能行，皆小猾之布置也"这一描述，意思非常接近。由此，可以推断此札中的"小猾"指梁启超的可能性较大。

戊戌政变后，王照与梁启超在日本人的保护下，一同乘坐大岛舰逃亡日本，数日后康有为也抵达日本。抵日当初，王照与康梁的关系尚还密切，但后来关系急剧恶化，王照甚至在与日本人犬养毅的笔谈中公然告发康有为篡改光绪帝诏书。在此状况下，王照大约于与康有为分手一年后的 1900 年 3 月向康有为请求资金援助，按常理推断似乎难以理解。王照在潜返回国前夕经济拮据，并因此不得不前往高知筹措经费(参照王照书札六按语)。王照写此信时，距其计划回国时间仅一月余，且自称"不能得数十金之蓄"，因此不能不怀疑是因为缺乏回国旅费而向康有为强行索取金钱百圆，且声言"如四月二十五日前不至，则弟亦永无求兄之时矣。伏望三思，以后自有明白之日。今弟亦不言也"，似有要挟之语气。康有为最终是否按王照要求汇款，限于史料，目前不得而知。而从王照回国约三年后向清政府自首，并称康梁为"逆党"等情况看，王照发此函后未与康有为有过任何联系的可能性较大。

至于王照与康梁关系恶化的原因，冯自由在《革命逸史》中曾有如下回忆："总理派少白偕平山至康寓访谒，康、梁出见，在座有王照、徐勤、梁铁君三人。少白乃痛言满清政治种种腐败，非推翻改造无以救中国，请康改弦易辙，共同实行革命大业。康答曰：'今上圣明，必有复辟之一日。余受恩深重，无论如何不能忘记，惟有鞠躬尽瘁，力谋起兵勤王，脱其禁锢瀛台之厄，其他非余所知，只知冬裘夏葛而已。'少白反复辩论三句钟，康宗旨仍不少变。谈论间，王照忽语座客，谓'我自到东京以来，一切行动皆不得自由；说话有人监视，来往书信亦被拆阅检查，请诸君评评是何道理'等语。康大怒，立使梁铁君强牵之去，并告少白谓：'此乃疯人，不值得与之计较。'少白疑王别有冤抑，乃嘱平山伺机引王外出，免为康所羁禁，平山从之。果于数日后

① 《论王照具呈自首事》，《申报》光绪三十年三月二十三日，第 1 版。

窥康师徒外出，径携王至犬养寓所，王遂笔述其出京一切经过及康所称衣带诏之诈伪，洋洋数千言，与康事后纪述多不相符。由是康作伪之真相尽为日人所知。康以为少白故恶作剧，因而迁怒及于革命党，而两派更无融合之望矣。王照任职礼部主事，尝上书请清帝出洋游历，先往日本，以次继往欧美各国。折为礼部堂官阻隔不上。王面斥其违旨，堂官始为代奏。清帝怒尚书怀塔布、许应骙、侍郎堃岫、徐会沣、溥颐颋、曾广汉等六人壅塞言路，令褫其职，嘉王照不畏强御，赏给四品京堂，王以是名动一时。康到东后，深虞王举发其假托衣带诏之秘密，故严重监视，不许私自见客。王不能堪，因与吵闹多次。康友梁铁君精于技击，康特使之强制王之行动。王赖平山之助，得脱离康之约束，遂遍向日本当道陈诉所苦。日政府以康王水火，虑生事端，乃给康以旅费九千元，令其克日离境。康之远游加拿大，实以此故。”①

① 《革命逸史》初集，第48－50页。

王照书札五(1900 年 4 月 7 日)

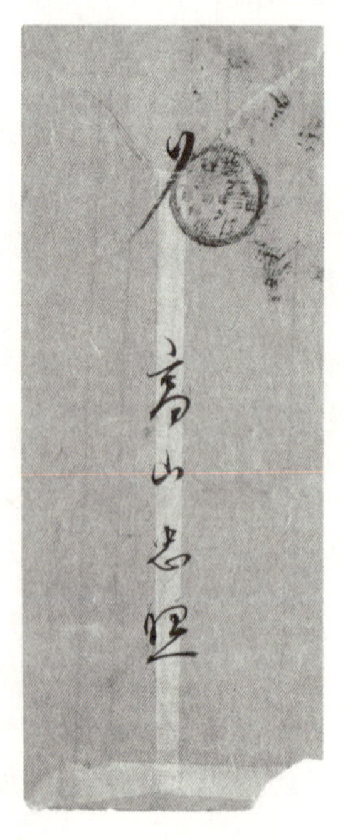

梅崖先生台览：

两接手示，愧悔何及。角兄[①]无他，小弟当即谢罪。近日遇田宫之春[②]者，其登汽船时，弟尚未起，故未托问候之意。立嗣论劳神已多，今更乞代寄京都崛川通绫小路下ル田中方孟春湖[③]六十本，下余者以覆瓿可也。此恳。即请道安。照顿首。土州[④]文风之盛可惊，此间多师友也。佐川村[⑤]有孔庙，岩村[⑥]开小博览会，于此月中旬。

按

山本宪资料C106。此札一纸，信封正面书“大坂天神桥南诘东入　山本梅崖样”，背面书“高山忠照”，正面邮戳有“土佐高知卅三年四月七日”。此函为王照第二次赴高知期间所作。在高知期间，王照与多位当地文人进行了交流，其中包括高知著名诗人三浦一干、汉学家田中璞堂、阳明学家丁野远影等[⑦]。此外，王照还对当地佐川村的孔庙、岩村即将举办的小博览会也表示出了兴趣。此外，王照托山本宪代寄给孟春湖的“六十本”，或为预定于1900年内由京都友人刊行的诗集《雪泥一印》。

① 角兄：未详。

② 田宫之春：《梅崖先生年谱》多处有“请田宫之春治”之语，可知其为医生。其余未详。

③ 孟春湖：未详。

④ 土州：日本土佐国之别称，现高知县。

⑤ 佐川村：旧村名，现高知县高冈郡佐川町。

⑥ 岩村：旧村名，现高知县南国市东南一带。

⑦ 吉尾宽：《变法派人士日本亡命中的一片段》，《高知市立自由民权纪念馆纪要》第18期，2010年，第20页。

王照书札六(1900 年 5 月 28 日)

山本先生如晤：弟自京都接手示後，日日游東西山水，又越大阪而返高知，久未致書，歉歉。之羽子被難之事，久知其虛，可放心也。此問近佳。小弟王照頓首

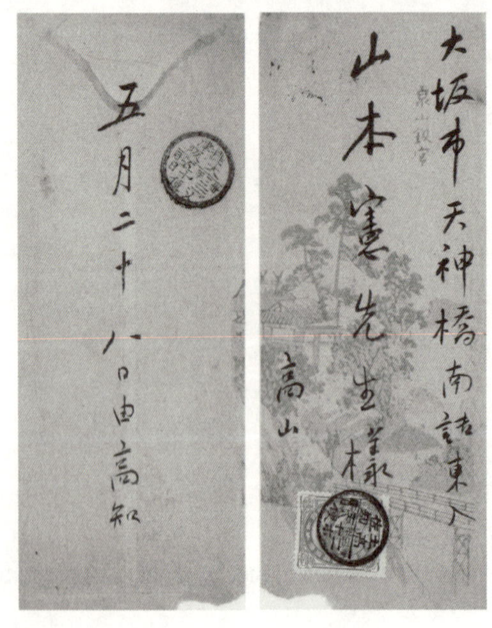

五月二十八日由高知

大坂市天神橋南詰東入
山本憲先生様
高山

山本先生如晤：

弟自京都接手示后，日日游东西山水，又越大阪而返高知。久未致书，歉歉。羽子[①]被难之事，久知其虚，可放心也。此问近佳。

小弟王照顿首

山本宪资料C107。此札一纸，信封正面书"大坂天神桥南诘东入　山本梅崖先生样　高山"，背面书"五月二十八日由高知"，正面邮戳有"土佐高知卅三年五月二十八日"。王照潜返中国的时间，当在1900年5月中旬。王照《行脚山东记》："庚子阴历四月二十一日，过威海，至烟台口……投日本人所设之旅馆。"[②]据此，王照潜返抵达烟台的时间为1900年5月19日。另据日本外交史料馆史料《亡命清国人渡清报告》："外务大臣子爵青木周藏殿：为视察清国国情，土阳新闻社特派记者冨田幸次郎上月从当地出发，转道京阪至门司，据称已于同月十八、九日前后搭乘'仙台丸'从该地出帆渡清。另外，还探得曾接受土阳新闻社援助的清国亡命者王照（化名高山忠照），于京阪地区与冨田会合，扮装成日本人后同船渡清。特此报告。明治三十三年六月十四日。高知县知事渡边融。"[③]从5月19日抵达烟台的时间推算，王照乘船离开日本的时间当在5月18日。那么，5月28日发自高知的这一信函，又该作如何解释呢？据记载，王照曾二次入高知。第一次入高知的时间为1899年12月29日[④]，停留约一个月后，因突闻"立皇嗣之变"而于阴历十二月二十八日（1900年1月28日）离开高知[⑤]；1900年3月18日（阴历二月十八日），王照再入高知[⑥]，停留约20天后于4月9日离开高知前往京都[⑦]。此后，无论是《雪泥一印》，还是高知当地的《土阳新闻》，均未提及王照再入高知。鉴于王照此次回国属秘密潜返，为避免暴露行踪，制造他仍在日本的假象，可能在潜返前写好此信，交高知友人将此函从当地发出。

至于王照二次赴高知的目的，除观光及与当地文人交流外，可能还与筹

① 羽子：康有仪，字羽子。

② 《小航文存》，第47页。

③ 《各国内政关系杂纂/支那之部/革命党关系》第一卷，日本外务省外交史料馆资料，编号1-6-1-4-2-1-001。

④ 《雪泥一印》，第20页。

⑤ 《雪泥一印》，第23页。

⑥ 《雪泥一印》，第25页。

⑦ 《王照出发》，《土阳新闻》明治三十三年四月八日。

措回国旅费有关。关于王照在高知的活动，当地政府曾向外务大臣子爵青木周藏作如下报告："清国人王照（一名高山英照）于三十二年十二月廿九日来县，现尚宿于高知本町国久龟治旅店。来县之目的，表面虽为土佐观光，其实乃因本邦流寓以来在京知名人士所资助的生活费一部分被他人所用，以致穷迫之极，于是向众议院议长片冈健吾哀诉，结果得到片冈所写的致土阳新闻社及其他人物的介绍信，故而来县。当地有志者怜于其为亡命客，介绍当地人请其挥毫作画，使其从中获取报酬以资生活。本人因未熟练掌握日语，故大多用笔谈与来访者交流，除表示感谢之意外，无可疑言行。据云滞留本县时间约二个月。特此报告。"[①]由此可见，王照是在生活困窘的情况下，经片冈健吾介绍前往高知的，其主要目的是通过给人题诗作画获取报酬。

① 《各国内政关系杂纂/支那之部/革命党关系》第一卷，日本外务省外交史料馆资料，编号1-6-1-4-2-1-001。

徐勤书札

徐勤书札（1898 年 9 月 30 日）

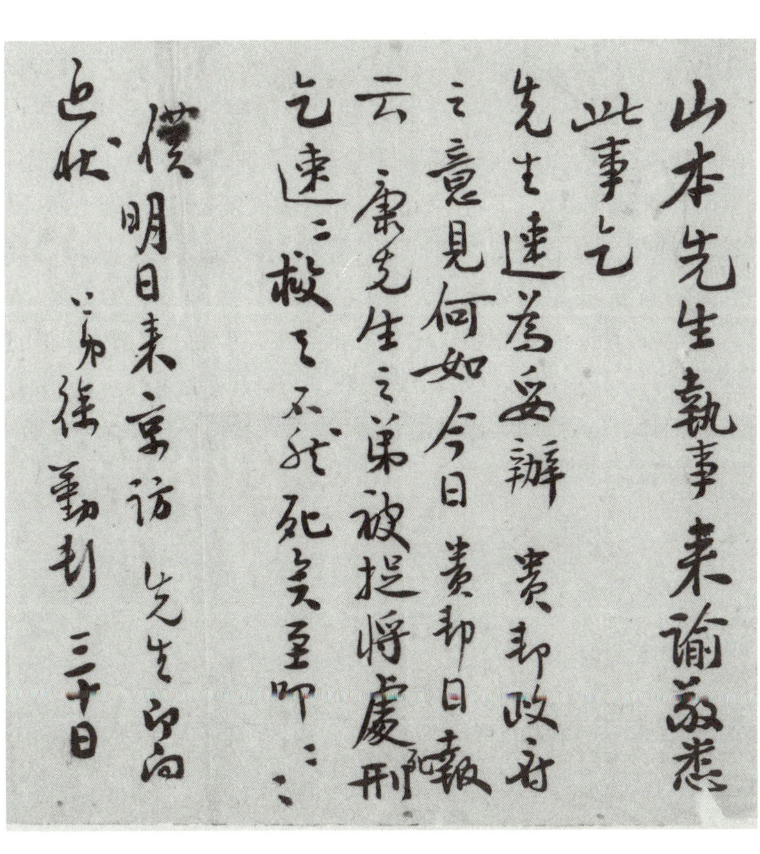

山本先生執事 來諭敬悉

此事乞

先生速為妥辦 貴邦政府

之意見何如今日 貴邦日報

云 康先生之弟被提將處刑

乞速速救救不然死矣至叩至叩

僕明日來京訪 先生面

談 匆匆 徐勤頓 三十日

山本先生执事：

来谕敬悉，此事乞先生速为妥办。贵邦政府之意见何如？今日贵邦日报云康先生之弟被捉将处死刑，乞速速救之，不然死矣。至叩至叩。仆明日来京，访先生，即问近况。

弟徐勤顿首　三十日

按

山本宪资料 C110。未见信封。此函当作于 1898 年 9 月 30 日。此函中，徐勤呼吁山本宪设法营救康广仁，而康广仁其实已在 9 月 28 日被处死，只是徐尚未得知此消息而已。此时，山本宪为设法营救维新派人士正在东京，函中“仆明日来京”当指徐勤从横滨前往东京面见山本。

另外，徐勤此时在日本的身份为横滨大同学校校长。有关徐勤赴日以及创办大同学校的经过，冯自由在《革命逸史》中曾有如下回忆：“丁酉冬，横滨侨商邝汝磐、冯镜如等在中华会馆发起组织学校，以教育华侨子弟，欲由祖国延聘新学之士为教师，以此就商于总理。总理以兴中会缺乏文士，乃荐梁启超充任，并代定名曰‘中西学校’。邝汝磐持总理介绍函赴上海，谒康有为于旅次。康以梁启超方主持《时务报》笔政，荐徐勤承乏，并助以陈默庵、汤觉顿、陈荫农等，皆康门优秀也。又谓‘中西’二字不雅，特为更名‘大同’，亲书‘大同学校’四字门额为赠。徐勤既抵日本，初与总理、少白时相过从，互讨论时政得失。迨戊戌（一八九八）夏秋间，清帝光绪锐行新政，康有为骤获显要，以帝师自居，徐勤等皆弹冠相庆，虑为革命党株连，有碍仕版，遂渐与总理少白疏远，而两党门户之见，从此日深。”[1]

① 《革命逸史》初集，第 48 页。

汪康年书札

汪康年书札一(1897 年 11 月 22 日)

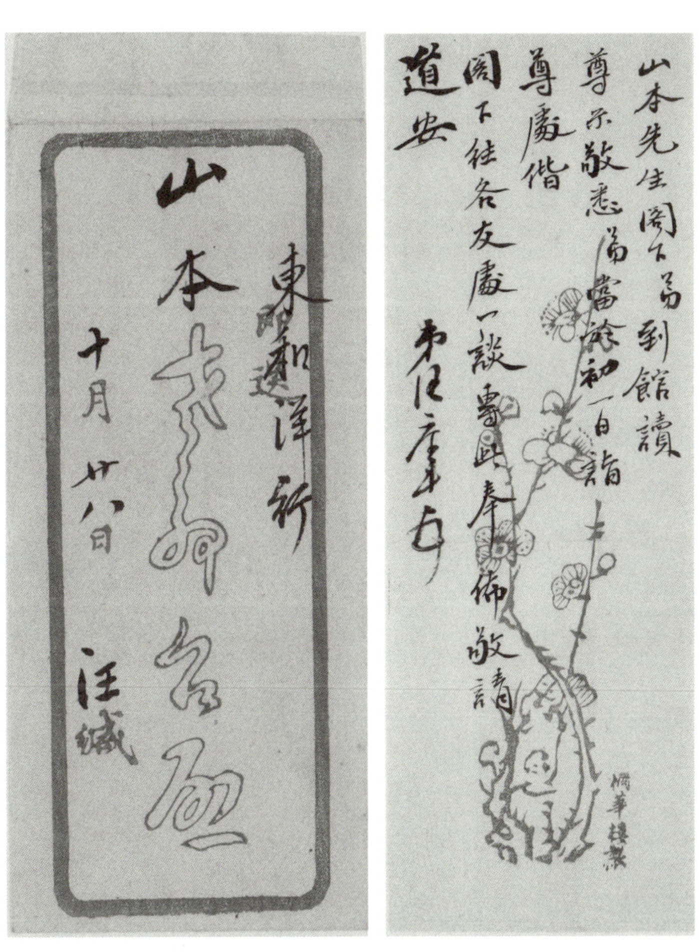

山本先生台啟
東和洋行 即送
十月廿八日 汪緘

山本先生閣下：昨到館，讀
尊示，敬悉。弟當於初一日詣
尊處，偕
閣下往各友處一談。專此奉佈，敬請
道安。
弟汪康年上

山本先生阁下：

弟到馆[①]读尊示，敬悉。弟当于初一日诣尊处[②]，偕阁下往各友处一谈。专此奉布。敬请道安。

弟汪康年顿首

山本宪资料 C73。此札一纸，信封正面书“即送东和洋行　山本老爷台启　十月廿八日　汪緘”。作成时间当为阳历 1897 年 11 月 22 日。1897 年冬，山本宪游历中国，至上海后于 11 月 16 日、18 日、24 日、25 日、26 日与汪康年多次相见。汪康年在此函中所约“偕阁下往各友处一谈”，指 11 月 24 日（初一日）陪同山本宪拜访张謇和叶瀚，并到《时务报》社见了汪大钧、曾广钧、田其田、古城贞吉等人。还曾拜访汤寿潜，但因汤不在而未得相见[③]。

---

① 馆：当指汪康年任经理的时务报馆。

② 尊处：指山本宪在上海的入住旅馆“东和洋行”。《燕山楚水纪游》卷一第 30 页有“至上海码头，则已炷灯。直至铁马桥东和洋行投宿”，卷二第 3 页有“余所寓东和洋行，在米租界虹口铁马桥西，楼前一渠，可以通苏杭及镇江松江等处”等记载。

③ 《燕山楚水纪游》卷二，第 37－41 页。

汪康年书札二（1898 年 1 月）

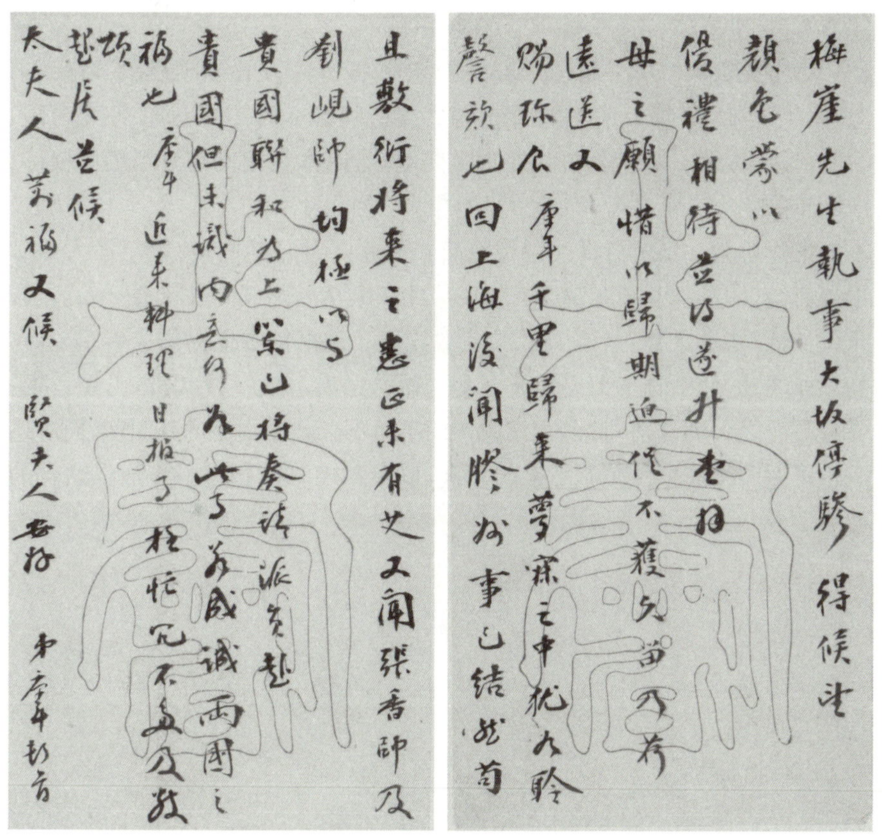

梅崖先生執事：大坂停驂，得候從
顏，每蒙以
優禮相待，並得遂升堂拜
母之願，惜以歸期迫促，不獲久留，乃荷
遠送，又
賜珍品。康年千里歸來，夢寐之中，猶如聆
謦欬也。回上海後，聞膠州事已結，然苟
且敷衍，將來之患，近來有艾。又聞張香帥及
劉峴帥均極以
貴國聯和爲上，榮山將奏請派員赴
貴國，但未識內意何如。此事若成，誠兩國之
福也。康年近來料理日報，事極忙冗，不多及。敬
頌
起居。並候
太夫人萬福。又候
賢夫人安好。
弟康年頓首

梅崖先生执事：

大坂停骖[①]，得候望颜色，蒙以优礼相待，并得遂升堂拜母之愿。惜以归期迫促，不获久留。乃荷远送，又赐珍食。康年千里归来，梦寐之中，犹如聆謦欬也。回上海后，闻胶州事[②]已结。然苟且敷衍，将来之患，正未有艾。又闻张香帅[③]及刘岘帅[④]均极以与贵国联和为上策，已将奏请派员赴贵国，但未识内意何如。此事若成，诚两国之福也。康年近来料理日报，事极忙冗。不多及。敬颂起居。并候太夫人万福。又候贤夫人安好。

弟康年顿首

山本宪资料 C75。此札二纸，信封正面书“请转交山本梅崖殿”，背面书“汪康年”。1898 年 1 月，汪康年与曾广铨访问日本，2 日抵达东京，15 日入大阪，18 日从神户乘船回国。在大阪期间，与山本宪相见并受到热情招待。汪康年的此次日本之行，除考察日本报业、会见日本友人外，似乎与加盟日本亚细亚协会并谋求与日人结盟有直接关系。赴日期间，汪康年加入了日本兴亚会，即日本亚细亚协会。吴以棨致汪康年函称：“闻兴亚会已入公名，条例如何，能示大概否？”[⑤]高凤歧在致汪康年的书信中也称：“执事东游，自为东亚要计，彼中贤士大夫怀此久矣。得吾国有心人一鼓其机，当更奋发。惜吾政府之不动耳。”[⑥]此函为汪康年回国后不久致山本宪的感谢信，同时还表示了对胶州湾事件交涉结果的不满，以及对中日两国进一步加强联合的愿望。

① 大坂停骖：指 1898 年 1 月汪康年访问东京后，于 1 月 15 日入大阪并与山本宪相见。

② 胶州事：胶州湾事件。1897 年 11 月，德国以两名传教士被杀害为借口，派军舰强行登陆并占领胶州湾。

③ 张香帅：湖广总督张之洞，号香涛。

④ 刘岘帅：两江总督刘坤一，字岘庄。

⑤ 《汪康年师友书札》第一册，第 294 页。

⑥ 《汪康年师友书札》第二册，第 1598 页。

汪康年书札三(1898 年 2 月 5 日)

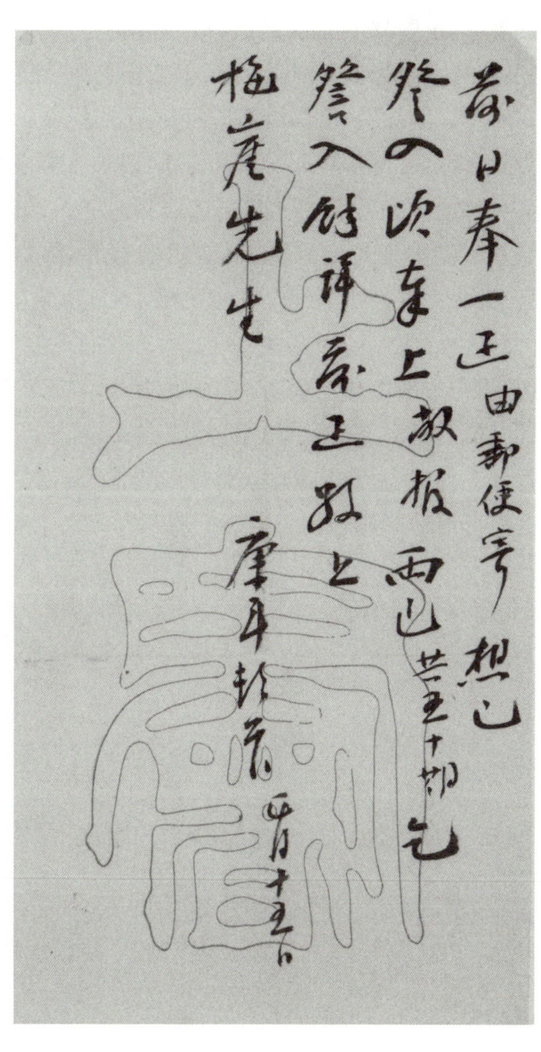

前日奉一函，由邮便寄，想已察入。顷奉上敝报[1]两包共五十期，乞察入。余详前函。敬上梅崖先生。

康年顿首　正月十五日

按

山本宪资料C74。此札一纸，信封正面书“敬祈饬交大阪东区谷町一町目　山本梅崖先生样　西历二月七日”，背面书“书另交下期船寄上　因西村已行也　汪康年”。正面邮戳无法判读，背面邮戳有“大阪　卅一年二月十五日”字样。发信时间当为1898年2月5日(正月十五日)。接汪康年回国后不久及此2月5日信函后，山本给汪康年复函：“客日大驾东游，适留大阪，光顾蓬蒿，弟荷荣殊大。但草卒失款待，最非迎长者之意，弟负罪亦大。然幸不以弟不敏，归帆后，屡辱手教音问，又惠赐《时务报》，隆意殷殷，弟实不知所报。而弟方草贵国观光纪行文，不即裁书奉答，弟负罪于是乎益大矣。万在所阔略，幸甚幸甚。所草纪行文才脱稿，不日将奉呈左右，仰正教。嵇、汪二君语学大进，可刮目，请为安意。近日新闻报俄人益猖獗之事，东亚形势日迫，真可闷闷。敝国伊藤博文方为相，此人心术可知耳，何得有强人意之事。前四日议员公选始毕，反抗内阁者数占大半，顾伊藤为相不得久欤。代伊藤内阁者不可知为何人。然至支持东亚形势，比之伊藤必有可见者矣。时下为世道自重是荷，兹请文安，万祈炳鉴。弟山本宪顿首。三月十八日。”[2]

---

① 敝报：《时务报》。

② 《汪康年师友书札》第四册，第3295页。

汪康年书札四(1898 年 6 月 8 日)

敬啓者 佐澤先生來帶到
手書並
惠賜印泥一匣具見吾二人心心相印永矢勿諠不同鴻
爪雪泥迹成陳跡已也領謝謝 今乘 王君惕齋東游
之便託其帶呈杭州龍井雨前茶二瓶聊以伴函敬祈
哂納不敢希古人如水之交聊俟吾
兄一嘗異鄉清味如見故人也前承
惠寄譯件已登敝報六十一冊其于敝館增光曷已併此鳴
謝此上
梅崖先生
汪康年頓首 四月十九
附佐澤先生信乞轉交

敬启者,佐泽[①]先生来,带到手书并惠赐印泥一匣。具见吾二人心心相印,永矢勿喧,不同鸿爪雪泥,徒成陈迹已也。领谢领谢。今乘王君惕斋[②]东游之便,托其带呈杭州龙井雨前茶二瓶,聊以伴函,敬祈哂纳。不敢希古人如水之交,聊使吾兄一尝异乡清味,如见故人也。前承惠寄译件,已登敝报六十一册,其于敝馆增光曷已。并此鸣谢。此上梅崖先生。

弟汪康年顿首　四月廿日

附佐泽先生信,乞转交。

按

山本宪资料 C76。此札二纸,信封正面书"外茶叶二瓶　敬祈饬交大阪谷町一丁目　山本梅崖先生(印甫)宪台启　康年谨托　四月廿一日"。此函系托在日华商王惕斋带往,为对山本以下来函的复函:"前数日所赐《时务报》,昨日到达,接手感荷无已。今日适读《朝日新闻》,摘译一二页,载在别开,以呈左右。自今之后,读诸新报有所得,摘译奉上,是期非敢谓酬厚谊,聊表鄙衷尔。此请文安,万祈炳鉴。弟山本宪顿首。明治三十一年三月廿三日。"[③]查《时务报》第六十一册,载有山本宪所翻译的《朝鲜辞俄国陆军教习及度支部顾问官本末》。此外,《农学丛书》(第三册)、《清议报》(第二、第四、第六册)等也载有山本宪的译文或论文。

---

① 佐泽:未详。

② 王君惕斋:王仁乾(1839—1911),字惕斋,浙江慈溪人。1870 年前后赴日,1877 年于东京筑地入船町开办经营书籍、文具、药材的商店"凌云阁"。与日人文士大河内辉声、冈千仞,及赴日考察官员张謇、罗振玉、胡景桂等均有交往。

③ 《汪康年师友书札》第四册,第 3296 页。

汪康年书札五(1898 年 7 月 28 日)

槐庐先生阁下：奉
书敬悉。
尊著《燕山楚水游记》四部已收到，除拜领一部
外，余三部即遵
嘱分致叶浩吾、汤蛰仙、梁卓如三君矣。捧诵
大著，佩服
从者于行役之时，探风问俗，随地留意，实为不
负此行。书中于敝邦政治，颇致慨叹之意，凡敝
式微之故，尤能洞见症结，言之凿凿，本末周
士流阅读，宗国沦丧之不忍见，悚然汗下，惭愧交
并。至于兴亚之意，篇中东联合之思，时时流
露于言间，则尤足见
先生志事所在，不仅以笔墨雅饬追踪古人
已也。敝邦近事，无复可言，前月法人忽然翻
三十余年之成案，要索宁波人庄中所置之义
塚，甬人大愤，聚众与争，罢市五日，近虽已开
市，而此事尚未了结。法人要挟已成惯技，此次
竟为阛阓中人所挫，忠义之气，尚留于市井，
可慨也。已此敬问
起居，伏维
为道自重

弟汪康年手上

大著记张季直修撰及余所谓其实伊同住友人有
吸食者，此事似系误会矣。

梅崖先生阁下：

奉书敬悉。尊著《燕山楚水游记》[①]四部亦收到。除拜领一部外，余三部即遵嘱分致叶浩吾[②]、汤蛰仙[③]、梁卓如[④]三君矣。捧诵大著，觉从者于行役之时，采风问俗，随地留意，寔为不负此行。书中于敝邦政治颓废之原、孔教式微之故，尤能洞见瘕结，言之确凿。弟忝属士流，关怀宗国，读之不觉悚然汗下，惭愧交并。至于兴亚之念，中东[⑤]联合之思，时时流露于言间，则尤足见先生志事所在，不仅以笔墨雅饬追踪古人已也。敝邦近事无复可言。前月法人忽欲翻二十余年之成案，索宁波人在申所置之义冢。宁人大怒，聚众与争，罢市五日。近虽已开市，而此事尚未了结。外人要挟已成惯技，此次忽为阛阓中人所挫，忠义之气仅留于市井，可愧也已。敬问起居，伏维为道自重。

弟汪康年顿首

大著记张季直[⑥]修撰吸食洋烟，其实伊同住友人有吸食者。此事似系误会。又及。

按

山本宪资料 C77。此札三纸，信封正面书"寄日本大阪谷町一町目山本宪殿　阴历六月初十日缄"，背面书"上海汪穰卿缄"。背面邮戳有"大阪卅一年八月三日"等字样。此函主要为阅读山本宪游记《燕山楚水纪游》后的感想。所及"宁人大怒，聚众与争"，当指 1898 年 7 月在上海法国租界发生的宁波籍民众与法国人之间的大规模冲突事件。而"张季直修撰吸食洋烟"，即指山本宪在游记中有关张謇房中有鸦片器之内容。1898 年 11 月 24 日，汪康年陪同山本拜访张謇，山本在游记中除记录了与张謇交谈的内容外，还附记了"见诱访张子(名謇，字季直，通州人，甲午状元，今家居)，

---

① 《燕山楚水游记》：指山本宪 1897 年游历中国时的游记《燕山楚水纪游》，1898 年 7 月由印刷所上野松龙舍以非卖品形式印行。

② 叶浩吾：叶瀚(1861—1936)，字浩吾，浙江省仁和县人，清末维新派思想家。1897 年与汪康年等在上海创刊《蒙学报》，1902 年作为发起人与蔡元培、章太炎等在上海设立中国教育会。1897 年曾在上海与山本宪相见。著有《尊圣论》《墨子大全》等。

③ 汤蛰仙：汤寿潜(1856—1917)，字蛰仙，浙江省山阴县人，清末民初实业家、思想家。著有《危言》，提出淘汰冗员、改革科举、开设学校、开发矿山、建设铁道、强化海防等一系列改革措施。

④ 梁卓如：梁启超，字卓如。时任汪康年任经理的《时务报》主笔。

⑤ 中东：中国和日本。

⑥ 张季直：张謇，字季直。

房中具鸦片器"之内容[1]。汪康年在此函中认为"此事似系误会",房中有鸦片具是因为"同住友人有吸食者",并非张謇吸食鸦片。接汪康年此函后,山本宪复函表示:"张先生家鸦片具之事,奉承来命,鄙著将再刊,再刊必除削。"[2]

① 《燕山楚水纪游》下卷,第 37 页。
② 《汪康年师友书札》第四册,第 3297 页。

汪康年书札六(1898年10月3日)

梅崖先生阁下：昨奉
手书，承以敝国政事变更
垂念，鄙人感荷之至。敝国今岁改革一切，颇有除
旧更新气象，实皆康君有为一人所为，顾求治未
免太急，康君又不能容人，凡此已不协于众，必驱之而后
快，以致酿此奇祸。敝国
皇上已废，
太后垂帘，维新诸政已废，
俱不行。康君只身南下，抵申后即为英兵轮援去，闻
已至香港。其门人梁卓如行踪已不知若何。康君之弟广仁
及参预新政之杨锐、林旭、谭嗣同、刘光第又杨深秀均已奉
旨处决矣。去事未远，遽遭冤祸，深可悼痛。此外幸未株
连。风闻当轴巨公已私召俄兵保护京城，而英公使亦电召印
度兵到天津，听令两雄相角，其不以敝国北方为战场也几希。
书至此，悲愤殆绝。想
先生亦当同此浩叹也。敬问
起居。
汪康年拜

梅崖先生阁下：

昨奉手书，承以敝国朝事变更，垂念鄙人，感荷之至。敝国今岁改革，一切颇有除旧更新气象，实皆康君有为一人所为。顾求治未免太急，康君又不能容人，凡与己不协者，必驱之而后快，以致酿此奇祸。敝国皇上已奉太后垂帘，维新诸政已奉诏不行。康君只身南下，抵申后即为英兵轮接去，闻已至香港。其门人梁卓如行踪已不知若何。康君之弟广仁及参预新政之杨锐、林旭、谭嗣同、刘光第又杨深秀，则已奉旨处决矣。志事未遂，遽遭冤祸，深可惨痛。此外幸未株连。风闻当轴巨公已私召俄兵保护京城，而英公使亦电召印度兵到天津听令。两雄相角，其不以敝国北方为战场也几希。书至此，悲愤欲绝。想先生亦当同此浩叹也。敬问起居。

汪康年顿首

山本宪资料C78。此札二纸，信封正面书"日本大阪谷町一丁目山本宪殿　上海昌言报馆缄　八月十八日"，背面无文字，背面邮戳有"大阪卅一年十月十七日"等字样。得知发生戊戌政变后，山本宪即于9月26日致函："北京来电云，贵朝廷变故，岂止贵国安危，可谓东亚大事矣。如闻汪君穰卿亦被逮捕，未知信否？关心甚。因此转书问安否，请赐回音。谨请贵馆诸先生道安。"[①]汪康年在此复函中，阐述了对政变的看法："求治未免太急，康君又不能容人，凡与己不协者，必驱之而后快，以致酿此奇祸。"《时务报》改为官办时，汪康年拒绝了康有为交出报馆的要求，加之与康梁交恶之关系，给官方留下了汪并非康梁同党的印象，加上张之洞等人的保护，使他在戊戌政变后免遭逮捕，逃过一劫。汪康年此函中对康有为的评价，较真实地反映了政变发生不久其对康有为及其所推进的维新运动遭受挫折的看法。此外，汪康年对政变的看法，还可参见汪康年书札七、八。

① 《汪康年师友书札》第四册，第3297页。

汪康年书札七（1898 年 10 月 21 日）

梅崖先生閣下：八月十七日曾寄一緘，亮日內必可達
覽。昨又奉
手示，敬諗一切。蒙
殷殷以鄙人為念，感何可言。敝國朝事變遷，實出意外。
自康梁遠颺後，譚嗣同等六人即行伏法，以外亦株
連大員數人，近又新奉　上諭查封報館及學會
等事，士民智識益以錮蔽，維新其無日矣。
從者熱腸冷眼，方以唇亡之危代為憂慮，同志諸人均
深懷激顧，假柯無日，僨厥何時，搔首問天，益增悲
惆。餘不贅，肅復，敬問
起居
弟汪康年手肅

梅崖先生阁下：

八月十七日曾奉一缄，亮日内必可达览。昨又奉手示，敬谂一切。蒙殷殷以鄙人为念，感何可言！敝国朝事变迁，实出意外。自康梁远飏后，谭嗣同等六人即行伏法，此外亦株连大员数人。近又新奉上谕，查封报馆及学会等事。生民智识益以锢蔽，维新其无日矣。从者热肠冷眼，方以唇亡之危，代为忧虑。同志诸人均深愤激。顾假柯无日，偿愿何时？搔首问天，益增悲恫。余不赘。肃复。敬问起居。

弟汪康年顿首

按

山本宪资料C79。此札二纸，信封正面书"日本大阪谷町一丁目山本梅崖先生　上海昌言报馆缄　九月初七"，背面邮戳有"大阪卅一年十月三十一日"。山本宪在9月26日致函汪康年后，因未收到复函，故又于10月13日给汪康年致信："汪先生阁下　向者接北京政变之报，窃虑执事安否。直寄信昌言报以问之，未接复书。然依新闻所报，详悉执事安泰，慰甚慰甚。窃惟北京政变，实为贵国近日大事。继以各国兵入京，贵国从此滋多事。将如何生变，注目东亚大局者所痛忧不措也。弟不敏，私思欲入贵国，附随贵国大家骥尾，竭尽驽钝，从事贵国革新者日久矣。但未获旅资，旷日弥久，神空骋魂徒逝耳。及接近日多故之报，益不堪技痒，日西望咨嗟，幸见怜察，敬请道安。弟山本宪顿首。十月十三日。"[①]汪康年此函，为对山本10月13日来函的回复。

---

① 《汪康年师友书札》第四册，第3298页。

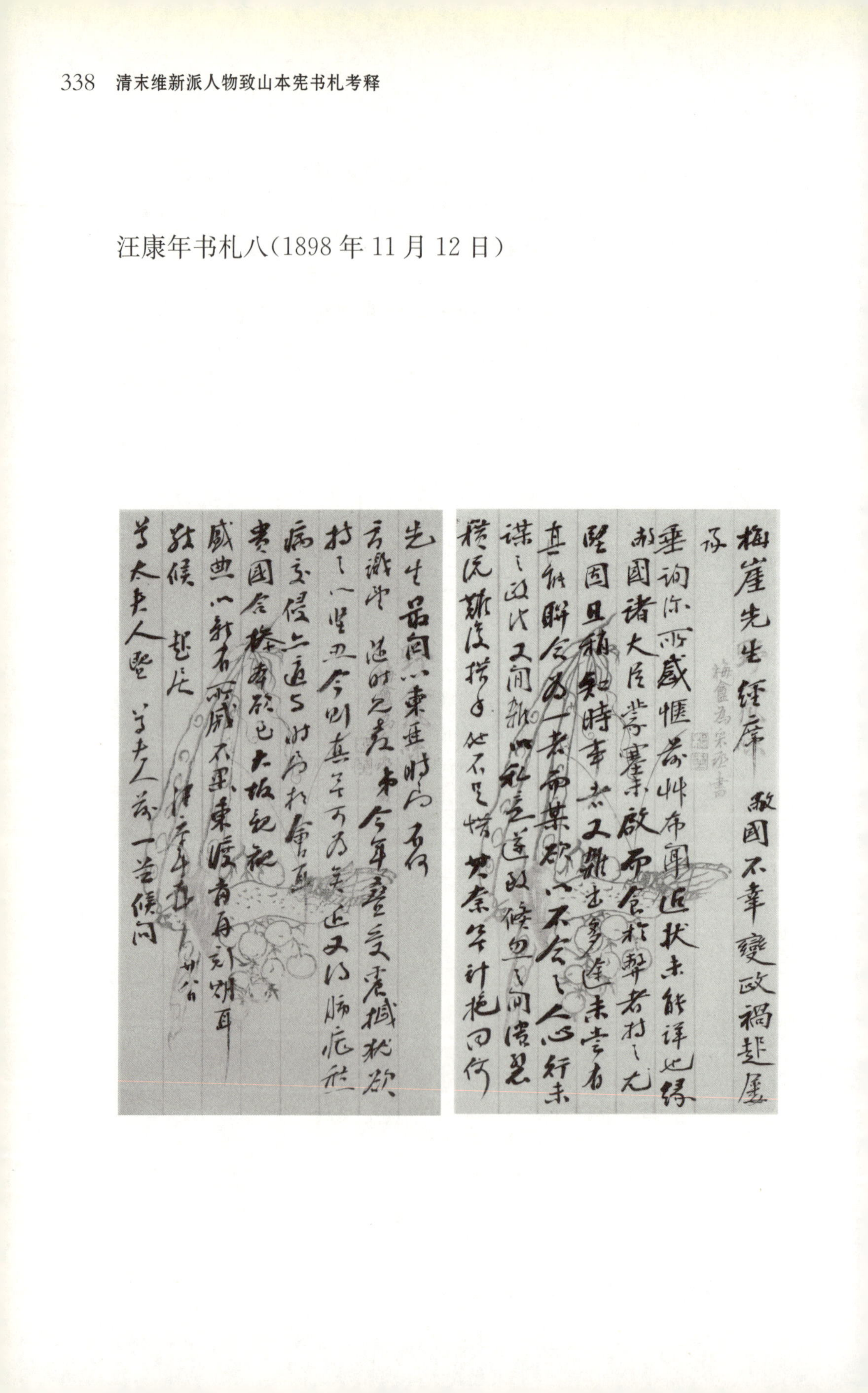

汪康年书札八(1898年11月12日)

梅崖先生经席：

敝国不幸变政祸起，屡承垂询，深所感愜。前草布闻近状，未能详也。缘敝国诸大臣蒙塞未启，而食于弊者，持之尤坚固，且稍知时事者，又杂出多途，未尝有真能联合为一者。而某欲以不合之人心，行未谋之政法，又间杂以私意，遂致倏忽之间溃裂横流，难复措手。他不足惜，其奈无计挽回何？先生最关心东亚时局，有何高识，望随时见教。弟今年叠受震撼，犹欲持之以坚忍，今则真无可为矣。近又得肺症，愁病交侵，亦适与时局相会耳。贵国合操[1]，本欲至大坂亲观盛典，以新有所戚不果，东渡当再刻期耳。敬候起居。尊太夫人暨尊夫人前一并候问。

汪康年顿首　八日

按

山本宪资料C80。此札二纸，信封正面书"大阪谷町一丁目山本宪殿华历九月二十九日"，背面书"汪康年拜"。背面邮戳有"大阪卅一年十一月十六日"等字样。在此函中，汪康年表达了自己对维新变法之所以最终失败的看法。

① 合操：1898年11月在大阪举行的陆军大演习。

汪康年书札九(1900 年 10 月 8 日)

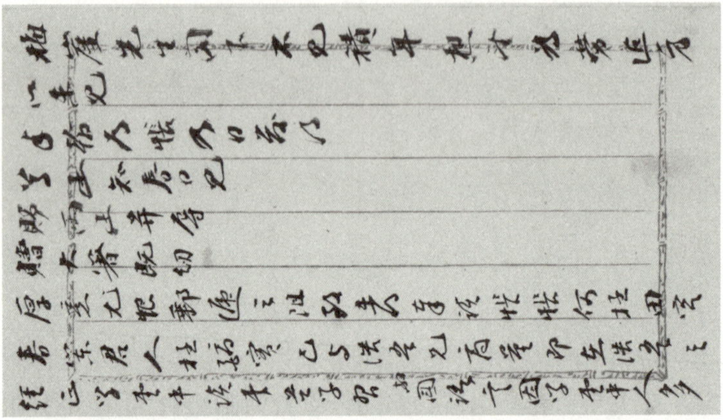

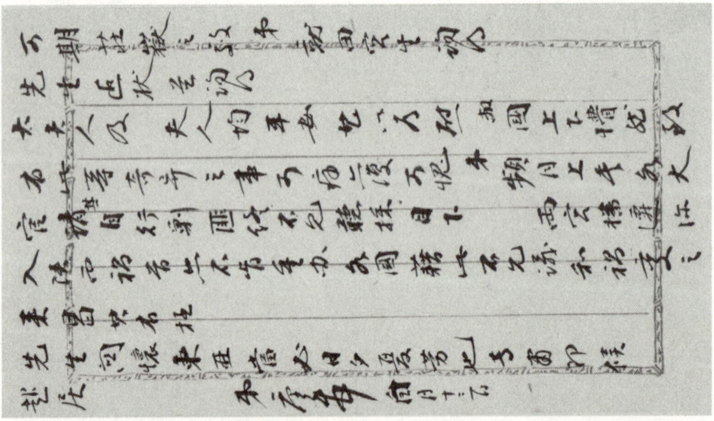

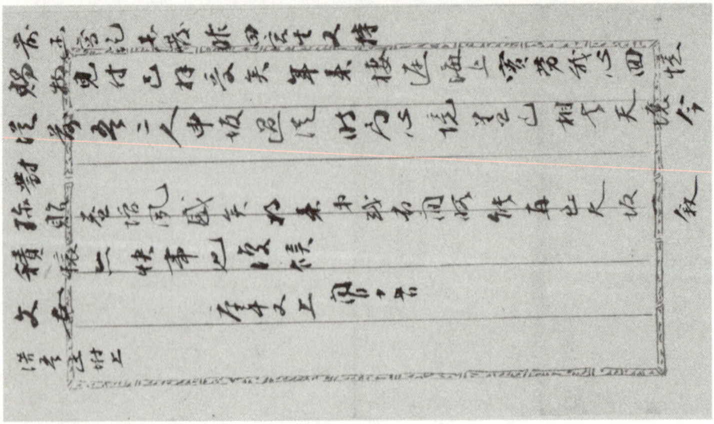

梅崖先生阁下：

不见积年，想望为劳，近方以未见手翰为怅。乃日前得尊函，知春日见赐两函，并辱赠大箸。既纫厚意，尤恨邮递之阻，致未得奉读，怅怅何极！田宫春策[1]君，人极醇实。已与浩吾兄商量，即在浩吾之经正学堂中读书，并学习敝国语言。因学堂中人多，可期庄岳之效。弟就田宫生询得先生近况，并询得太夫人及夫人均平安，甚以为慰。敝国上下懵然，致有此等奇异之事，可痛亦复可愧。弟频月上书各大官，请其自行剿匪，终不见听采。目下两宫播迁，深入陕西，祸首亦不肯重办。各国藉此不允议和。祸变之来，曷其有极。先生关怀东亚，当必日夕忧劳也。专肃。即候起居。

弟康年顿首　闰月十三日

前函写讫未发，昨田宫生又持赐物见付，已拜受矣。年来栖迟海上，实劳我心。回忆从前吾二人申坂过从时局，心境盖已相去天壤。今对珍贻，益增夙感矣。将来弟或有闲暇能再至大坂，一叙积怀，亦快事也。复候文安。浩吾函[2]附上。

康年又上　闰月十五日

山本宪资料 C81。此札三纸，未见信封。作成时间“闰月十五日”，据内容判断当为光绪二十六年闰八月十五日，即阳历 1900 年 10 月 8 日。该年 9 月末，山本宪致函汪康年：“穰卿先生阁下　夏以来奉书问候两次，鄙著献呈一此，不知到达左右否？贵国事变，未知所底止。东亚艰难日棘，不堪鸿叹也。此次门生田宫春策至上海学中国语，欲请举一身立于执事教鞭命令之下。此人性太醇，父业医，学资不乏，如费额多少，毫无所顾，念择师方法以下，一皆仰执事下命也。既至上海之后，拟寓贵国人之家，起卧饮食与贵国人同之。今既束装开船在近，因奉一书，有所恳请，屈意容纳，幸甚。至恳至

---

① 田宫春策：山本宪梅清处塾塾生，1900 年来上海留学。据山本宪称，其父从医，而山本又与在大阪从医的田宫之春多有接触，可推断田宫之春与田宫春策为父子关系的可能性较大。参见王照书札五注“田宫之春”和汪康年书札十。

② 浩吾函：叶瀚，字浩吾。叶瀚致山本宪信函，内容如下：“梅崖先生大人阁下：前奉惠书，敬悉令门弟田宫君将来弊邦学习官话。今昨得见田宫君，出惠函，拜悉起居佳畅，至慰至慰。田宫君气质厚重，清英内含，望而知为德门佳士。现已延居弟设经正书院中，居清上海英界新马路梅福里二弄二十九号。屋中月定房膳金八元。其官话弟可亲教，不须论脩，日教两点钟，诸祈放心。恐系尊盼，特乘汪康年先生寄书之便，敬陈数言。即请道安。叶瀚拜上。阴历闰八月十三日夜。”（山本宪资料 C103）

恳。敬请道安。弟宪顿首。(闰月初四日到)见许寓于先生之门若叶先生之门，至幸至幸。束修及羁寓费额多少，皆奉命纳上。”[①]汪康年此函除答复山本所介绍的留学生田宫春策的落实状况外，还涉及了对当时正发生的义和团事件的看法，并表示自己曾“频月上书各大官，请其自行剿匪，终不见听采”。那么，汪康年上书的“各大官”具体指何人？据称：“(光绪二十六年)五月，北方拳乱既盛，南方亦岌岌可危。先生甚忧之，特至湖北，以剿拳匪劾政府之说上诸张孝达制军，又至江宁托人将前说上书刘岘庄制军。至而李少荃傅相至上海，复联合同志上书傅相，请即率兵入都，以剿匪为媾和之根本。惜均未见采用。”[②]

① 《汪康年师友书札》第四册，第3298-3299页。

② 《汪穰卿先生传记》，第128页。

汪康年书札十（1901 年 1 月 18 日）

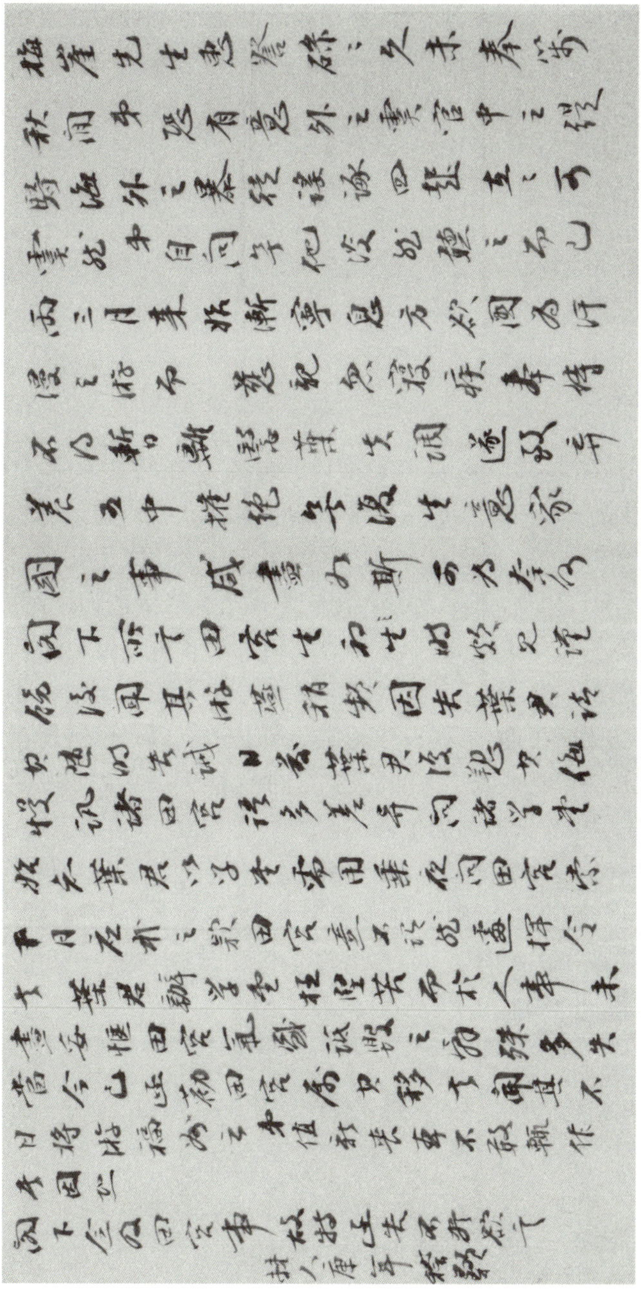

梅崖先生惠察：

碌碌久未奉笺。秋间弟恐有意外之虞，官中之缇骑，海外之暴徒，谣诼四起，在在可虞。然弟自问无他，淡然听之而已。两三月来，始渐宁息。方欲图为汗漫之游，而慈亲忽寝疾，奉侍不得暂离。医药失调，遂致弃养。五中摧绝，无复生意。家国之事，咸尽如斯，可为奈何？阁下所言田宫[①]生，初时颇见谨饬，后闻其游燕稍频，因告叶君，请其随时告诫。日前叶君[②]复愬其侮慢，讯诸田宫，语多差异。问诸学堂，始知叶君以学堂需用，乘夜问田宫索下月应补之款，田宫意不谓然，遽挥令去。叶君办学堂极坚苦，而于人事未尽妥惬。田宫气盛，诋毁之辞，殊多失当。今已函劝田宫，属其移去。闻其不日将游福州云。弟值新丧，本不敢辄作书。因恐阁下念及田宫事，故特函告。不尽欲言。

棘人康年稽颡

山本宪书札 C82。此札一纸，信封正面书“敬祈转交为荷　山本宪样　华历十一月廿一日　汪康年拜”。此函汪康年除提及自身近况外，主要报告田宫之春来华后的行为及与叶瀚之间的争执。接汪康年此函后，山本复函致以慰问并指责田宫，其信函称：“汪先生阁下：兹接来示，得悉令堂失养，有风树之叹，一读令人愕然，令堂寿算几何？逝者不复可追，切望居丧务节哀自重。依来示，又闻之孙先生，田宫春策失事师之道，加非礼于叶先生，书生无状，弟实无言可谢，恐因以致先生于弟交道有碍。田宫现在汉口，待其归上海之日，将呼还或致书大加戒饬，且削弟子籍，是弟处田宫之法，亦所谢先生及叶先生也。请谅弟无佗心焉。贵国北方之事，益不忍言。俄人于满妙吞噬之谋，全成东亚之危急，如坐积薪上，忧国之士皆期与俄人开仗，是合机宜之论也。然伊藤在相位，徒为偷安之谋，不知黄种覆灭，何堪慨叹！有高见见教幸甚。敬请道安。弟宪顿首。敝国产香茸，托邮呈先生及叶先生两家厨下，得上匕箸感幸。”[③]

① 田宫：田宫春策。参见汪康年书札十注“田宫春策”。

② 叶君：叶瀚。参见汪康年书札九注“浩吾函”。

③ 《汪康年师友书札》第四册，第 3299 页。

汪康年书札十一(1901 年 3 月 5 日)

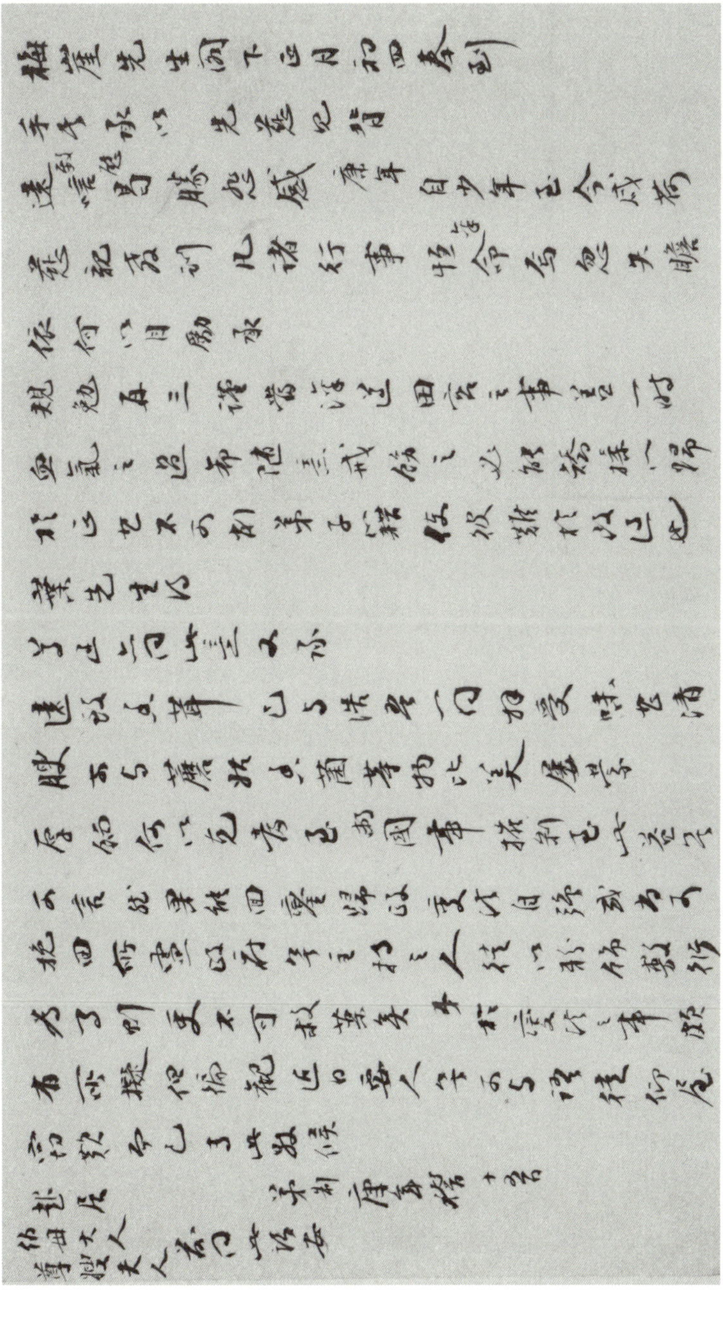

梅崖先生阁下：

正月初四奉到手书，承以先慈见背，远致唁慰，曷胜悲感。康年自少年至今，咸荷慈亲教训，凡诸行事，恒禀命焉。忽失瞻依，何以自励？承规勉再三，谨当凛遵。田宫之事，盖一时血气之过，希随意戒饬之，必能矫揉以归于正。甚不可削弟子籍，使彼难于改过也。叶先生得尊函，亦同此意。又承远致香茸，已与浩吾一同拜受。味甚清腴，可与蘑菇香菌等物比美。屡蒙厚饷，何以克当？至敝国事，摧剥至此，益无可言。然果能回銮归政，变法自强，或尚可挽回。所虑政府无主持之人，徒以粉饰敷衍为事，则更不可救药矣。弟于变法之事，颇有所拟，但遍观近日要人，无可与语，徒仰屋窃叹而已。专此，敬候起居。伯母大人、尊嫂夫人前同此请安。

弟制康年稽　十五日

山本宪书札 C83。此札一纸，信封正面书“大坂天神桥南　山本宪殿　清国汪康年拜　华历正月十五日”。此函为对上函按语中所引山本宪函之回复。

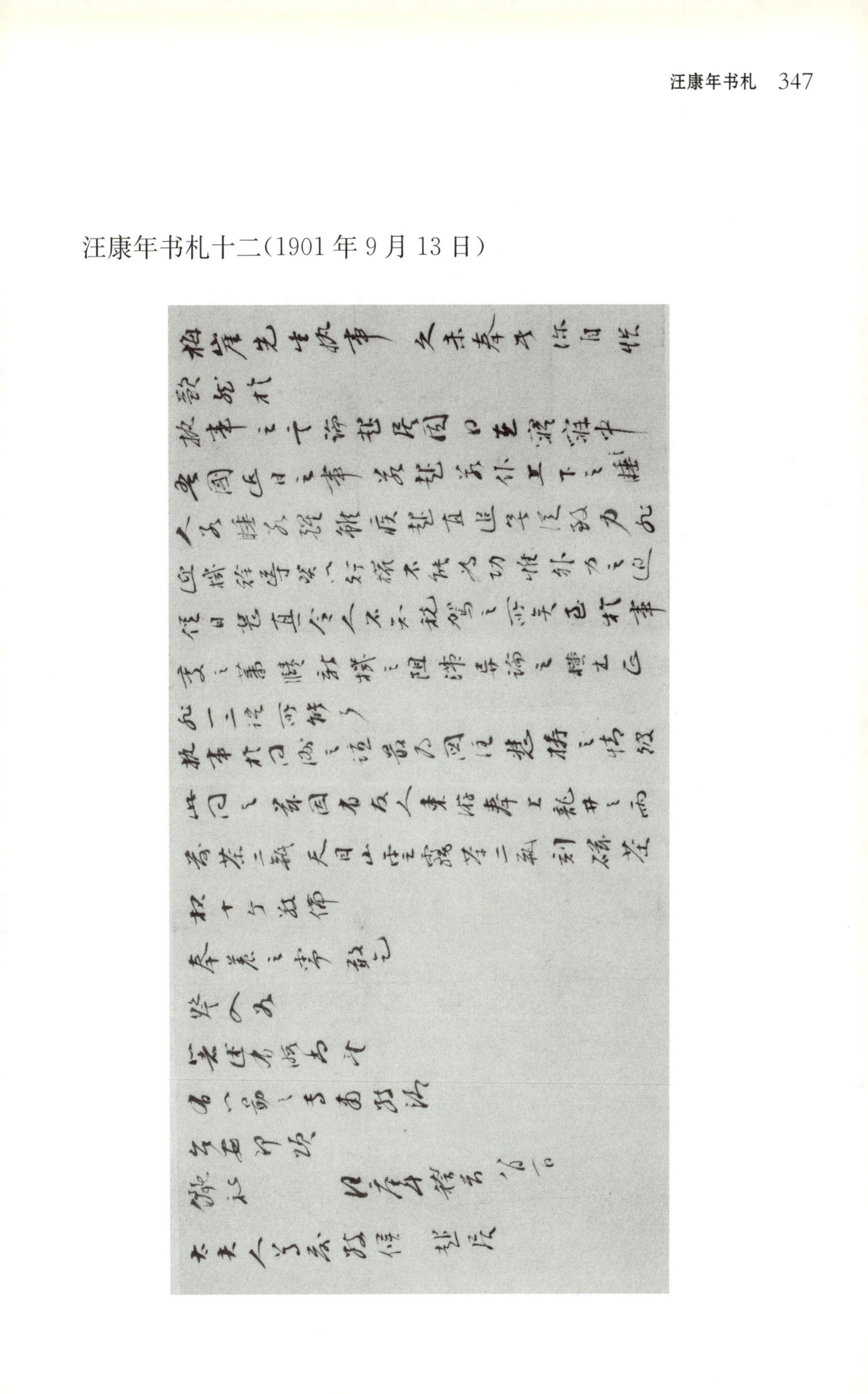

汪康年书札十二（1901 年 9 月 13 日）

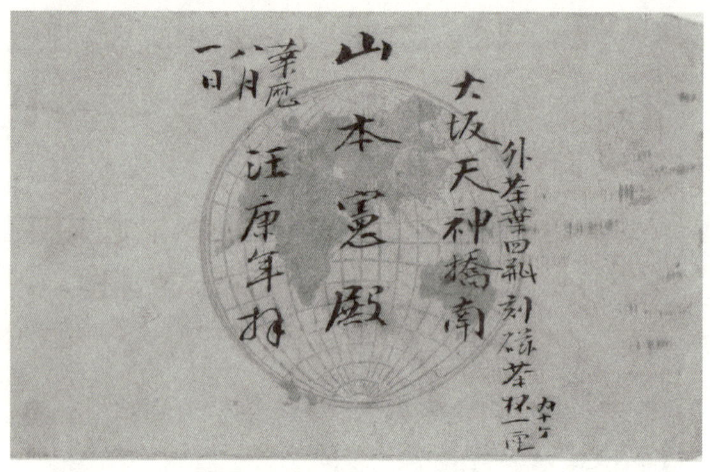

梅崖先生执事：

久未奉书，深自怅歉。然于执事之言论起居，固日在寤寐中。吾国近日之事，若起若仆，上下之人，若睡若醒。虽疾起直追，无从致力。非迎机徐导，巽以行权，不能为功。惟外力之迫促日甚，真令人不知税驾之所矣。至于事变之蕃赜，新机之阻滞，异端之横出，正非一二语所能了。执事于同洲之谊，最为关注。惄捣之情，彼此同之。兹因有友人东游，奉上龙井之雨前茶二瓶、天目山云雾茶二瓶、刻磁茶杯十个，敬备奉养之需，敢乞察入。如箸述有暇，尚望有以勖之。专肃。敬请台安。即颂俪祉。

汪康年稽首　八月一日

太夫人尊前敬候起居。

按

山本宪资料C84。信此札一纸，封正面书“外茶叶四瓶　刻磁茶杯一匣为十个　大坂天神桥南　山本宪殿　汪康年拜　华历八月一日”。无邮戳。据汪康年书札十三，此函及函中所记茶叶等当由姚锡光携带至日本。

汪康年书札十三(1902年1月17日)

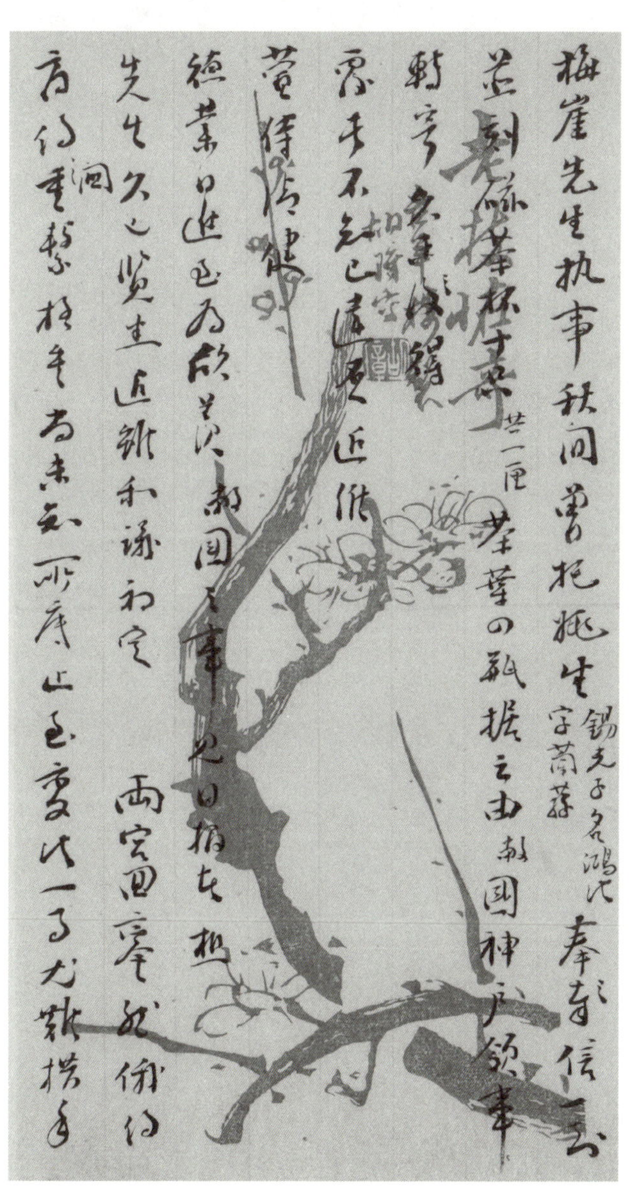

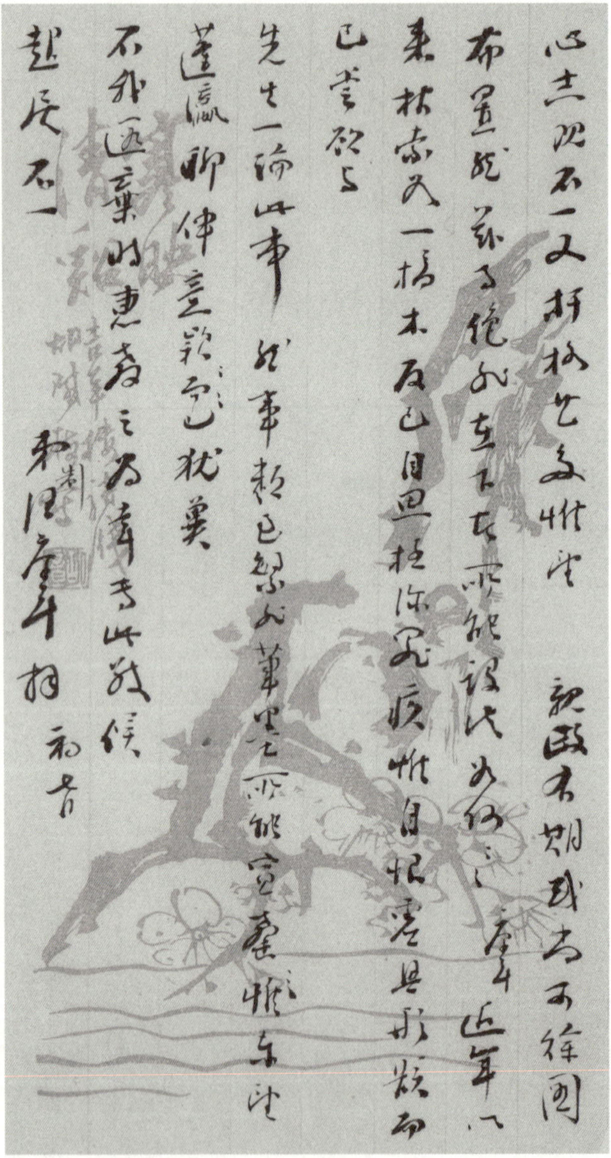

梅崖先生执事：

秋间曾托姚生（锡光子，名鸿法，字兰荪）奉信一封并刻磁茶杯十只（共一匣）、茶叶四瓶。据云由敝国神户领事转寄。久未得覆书，不知已达否？近维萱侍清健，德业日进，至为欣羡。敝国之事，见日报者想先生久已览悉。近虽和议初定，两宫回銮，然俄约[①]、商约[②]关系极重，尚未知所底止。至变法一事，尤难措手。心志既不一，又扞格甚多。惟望亲政有期，或尚可徐图布置。然兹事绝非在下者所能设法如何如何。康年近年以来枯索如一槁木，反己自思，极深罪疚，惟自恨虚具形骸而已。尝欲与先生一论此事，然事类至繁，非笔墨所能宣罄。东望蓬瀛，聊伸意款。犹冀不我遐弃，时惠教之为幸。专此，敬候起居。不一。

弟汪康年拜　初七日

山本宪资料 C85。此札二纸，信封正面书“敬祈转交为感　大坂天神桥南　山本宪殿　汪康年拜托　华历十二月初八日”。正面邮戳有“大阪川口卅五年一月三十日”等字样。此函因山本宪久未复函而作。山本宪接此函后，复函如下：“穰卿先生执事　昨蒙赐华教，并磁杯十个，茶叶四瓶。今复辱接华教，厚意殷殷，弟何以得之，感铭不知所谢。独弟不敏，久欠候问，多罪无逭，伏审兴居万福，至欣至慰。弟昨秋初有贱恙，暂地养疾数旬，尔来身心比旧倍健，幸勿劳远念。贵国两宫回銮，变政事业，逐次就绪，真可为东亚贺。李少荃伯殁后，俄人狼心差挫，近日依新报，俄人改图满洲，平定似当期。然彼封豕长蛇，待隙而发，可寒心！可寒心！只希贵国变政一日速完而已。弟每久拟再航住贵国竭驽钝，未能得资，空延领空望耳。敬兹奉复，并请文安。弟宪顿首。日历二月三日。”[③]

① 俄约：当指中俄就交还俄国所占东北所进行的交涉，最终于 1902 年 4 月 8 日签订《交收东三省条约》，俄国从中国东北分三期撤兵。签约后，俄国第一期按约定撤兵，而第二期却违约不撤，引发“拒俄事件”，并加剧日俄之间的矛盾，最终导致日俄战争。

② 商约：按照《辛丑条约》约定，清政府应于 1902—1906 年，与英、美、日、葡、德、意等国分别商谈修订原有的《通商行船条约》。

③ 《汪康年师友书札》第四册，第 3300 页。

汪康年书札十四(1903 年 5 月 8 日)

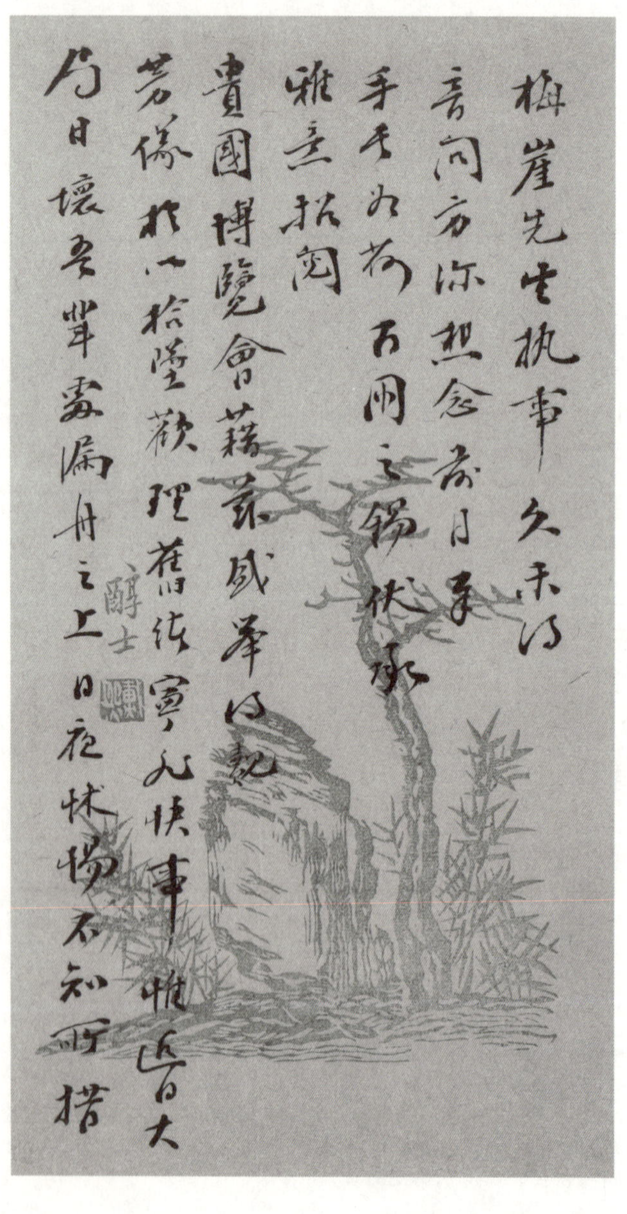
梅崖先生執事：久未得音問，方深想念。前日承手書，并荷百朋之錫，伏承雅意枉閲貴國博覽會，藉聆盛舉，日覯芳儀，於以拾墜歡、理舊約，實為快事。惟近日大局日壞，吾輩處漏舟之上，日夜怵惕，不知所措

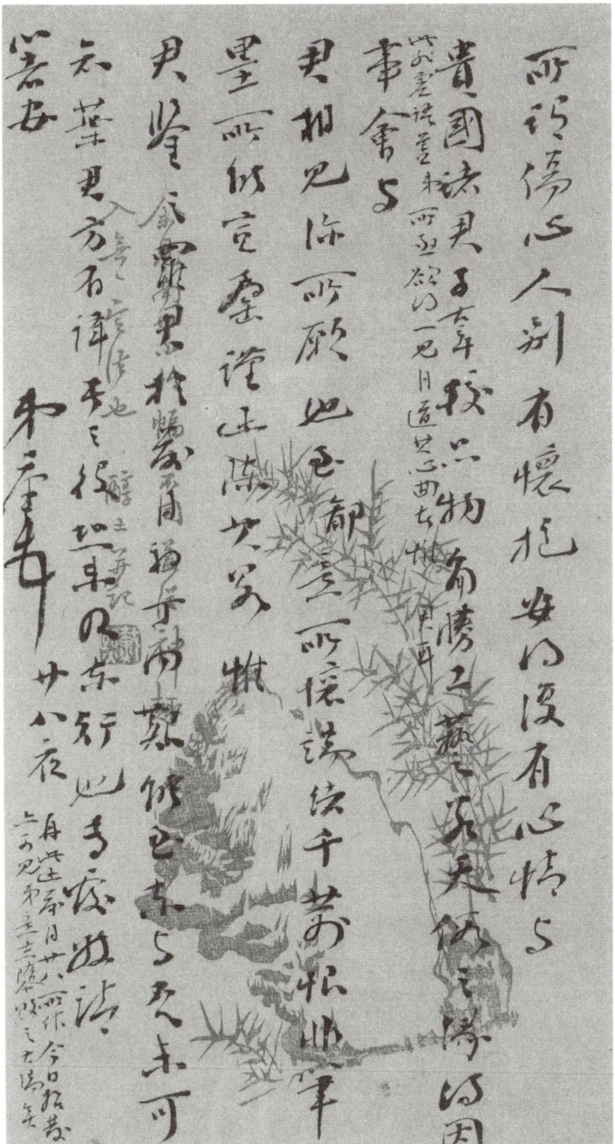

梅崖先生执事：

久未得音问，方深想念，前日奉手书，如荷百朋之锡。伏承雅意，招阅贵国博览会[1]，藉兹盛举，得觌芳仪，于以拾坠欢，理旧绪，宁非快事！惟近日大局日坏，吾辈处漏舟之上，日夜怵惕，不知所措。所谓“伤心人别有怀抱”，安得复有心情与贵国诸君子辜较品物，角胜工艺？（此非虚语。盖弟所亟欲得一见，同道其心曲者，惟君耳。）若天假之缘，得因事会与君相见，深所愿也。至鄙意所怀，端绪千万，恨非笔墨所能宣罄，谨函陈其略，惟君鉴之。罗君[2]于前月初丁内艰，能至东与否，未可知。叶君方有译书之役，恐未及东行也。专覆。敬请箸安。

弟康年顿首　廿八夜

再，此函前日廿八所作，近日始发，亦可见弟意志隳败之大端矣。

按

山本宪资料 C86。此札二纸，信封正面书“敬祈饬送山本先生　康年手具　四月十二日”。此前 3 月 19 日，山本来函邀请汪康年、罗振玉、叶瀚等赴大阪观览博览会，其函称：“穰卿先生执事：平日疏懒，久不奉问，徒增愧仰已。今年敝国设博览会，目今各馆诸品陈列渐整。从此十数日之后，春风和畅，益可人身，伏惟与罗、叶诸贤泛槎东来，得经一瞥，弟将趋走为导是荷。敬请道安。弟宪顿首。新三月十九日。”[3]汪康年接此函后，复函表示因故难以前往。

---

① 博览会：1903 年在大阪举行的第五次内国劝业博览会。

② 罗君：指罗振玉。

③ 《汪康年师友书札》第四册，第 3294 页。

汪康年书札十五（1903 年 9 月 29 日）

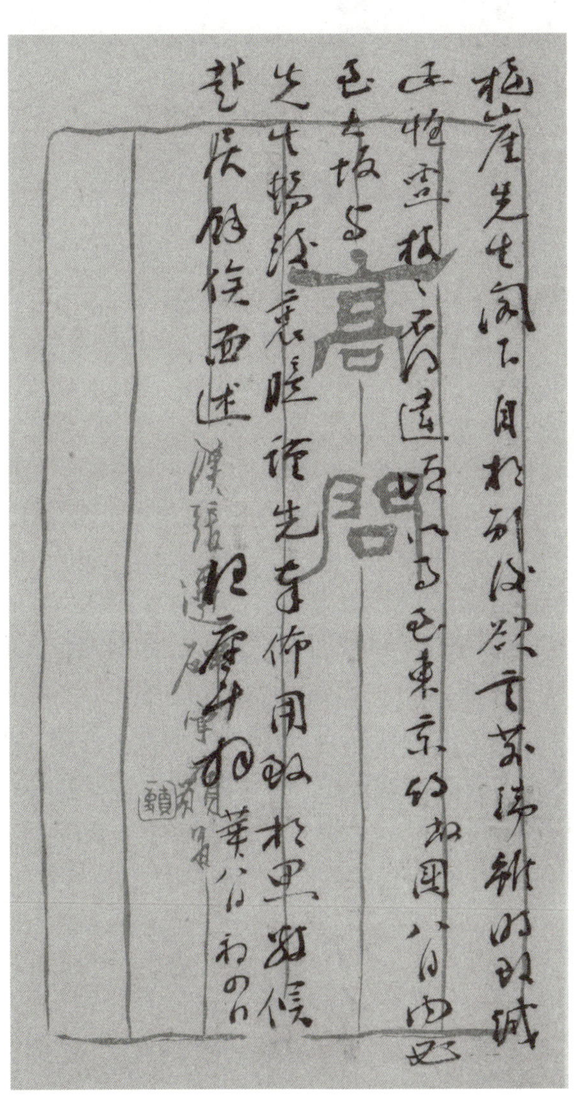

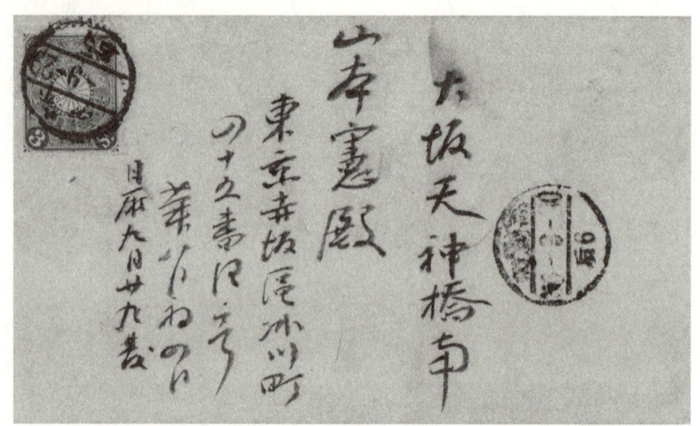

梅崖先生阁下：

自相别后，欲言万端，虽时致缄函，恒虑格格不得达。顷以事至东京，约敝国八月内必至大坂，与先生畅浚衷臆。谨先奉布，用致相思。敬候起居。余俟面述。

汪康年拜　华八月初四日

按

山本宪书札 C89。此札一纸，信封正面书“大阪天神桥南　山本宪殿　东京赤坂区冰川町四十五番　汪寄　华八月初四日，日历九月廿九发”。正面邮戳较难辨认，但似有“36－9－30”字样，即明治三十六年九月三十日，当为寄达大阪的时间。据《汪穰卿先生传记》，汪康年与陈宜人再婚，并于“某月遂偕陈宜人往游日本”[①]。此函或为此次赴日时所发。山本接此函后，复函称：“穰卿先生阁下：尔来每想高风，只增渴倾而已。顷者，蒙赐翰教，有会到东京，西旋之日过大阪，何等庆幸，得慰倾注。谨拂门庭以候，万期拜晤。弟山本宪顿首。日历十月一日。弟欲再航贵国，致驽钝于日新之业者久矣。未得机会，私以为憾。今幸得大驾过阪，畅叙别后衷怀，以慰平日渴想。幸甚。”[②]

---

① 《汪穰卿先生传记》，第 142 页。

② 《汪康年师友书札》第四册，第 3295 页。

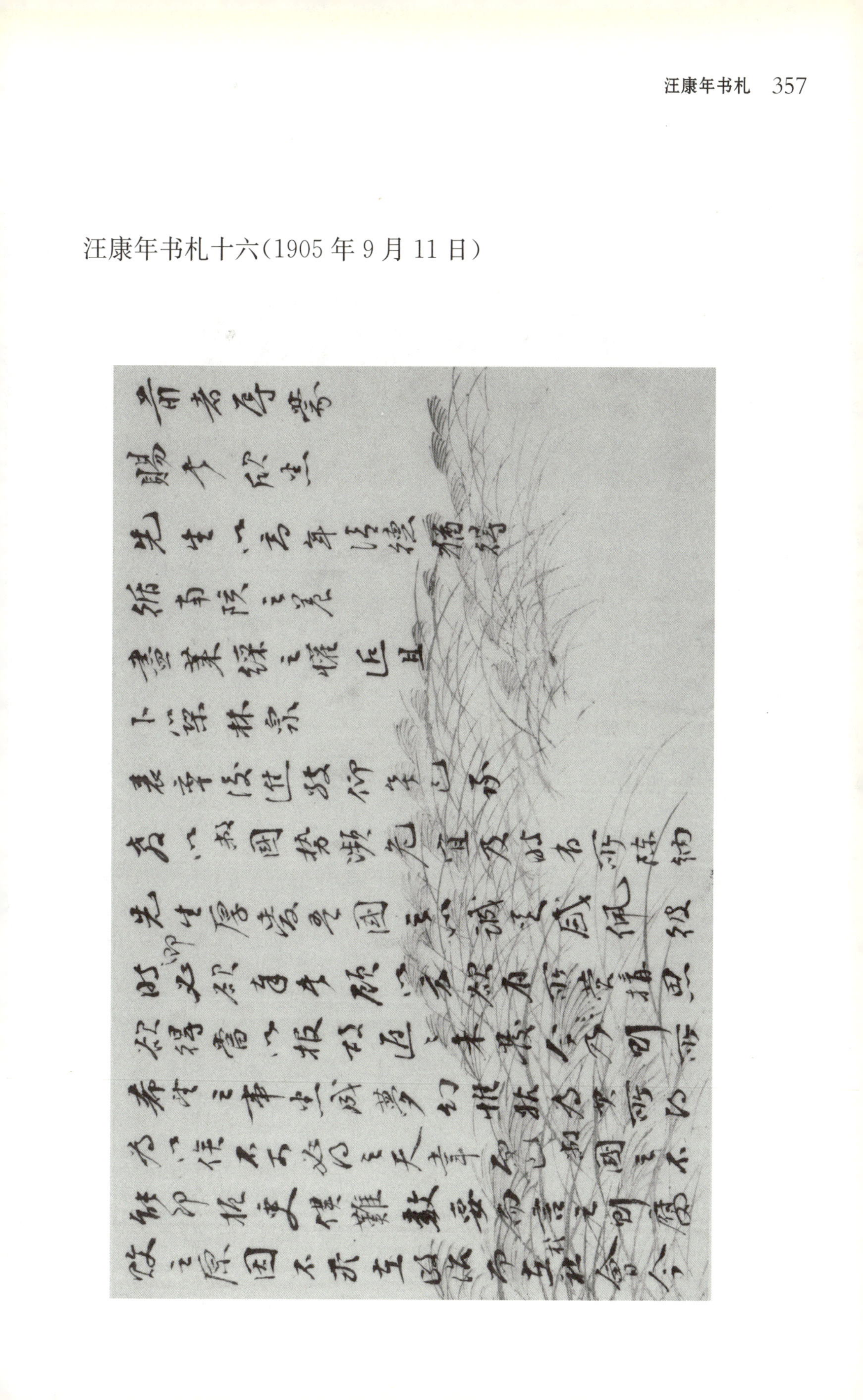

汪康年书札十六(1905 年 9 月 11 日)

者一等擢出次之大臣下八十年志
貞義之大儒而發於上下藩民於下
者咸不能出以精白誠一之心則氣
運之挽回正未易言也
貴国上下戮力一心三十年遂得戰
勝俄爲地球上第一等強国政教
国亦得有變法自強之機會斷實下士
所得章也和議之成
貴国社會咸不滿意東京西京至擾成
小村大臣明於形勢熟於計劃其
所以不能者其力量者並已實察於彼
已及列強相對待之故遂有不得不
出於此者不知

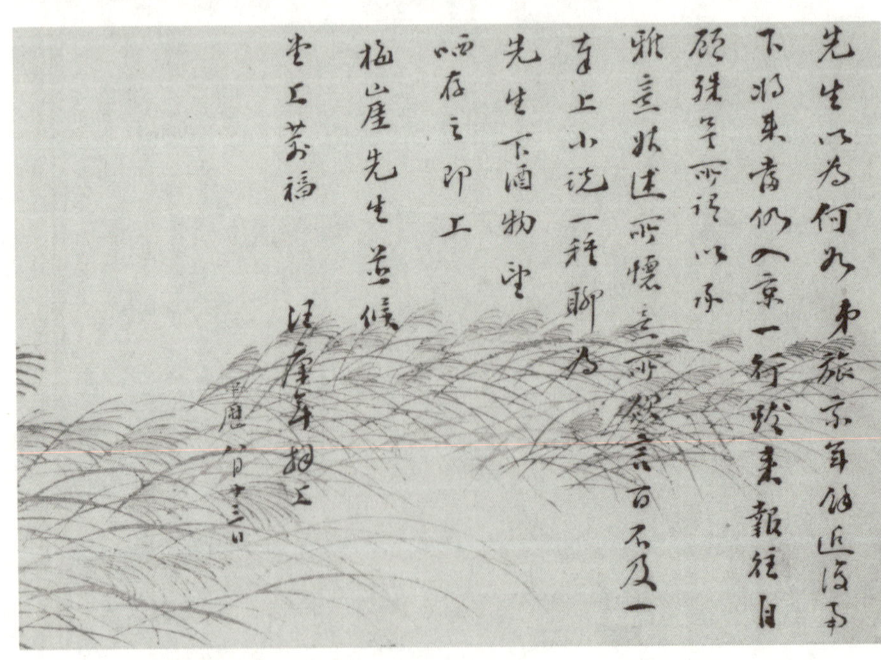

先生以爲何如弟旅京年餘近得手
下將來書似入京一行致來報往自
顧殊無所謂以承
雅意欲述所懷之所發言而不及一
事上小詩一稿聊爲
先生下酒物望
哂存之即上
梅崖先生道候
堂上著福　汪康年拜上
八月十三日

前者辱蒙赐书，欣悉先生以高年清德，犹得循南陔之养[①]，尽莱彩之欢[②]，近且卜筑林泉，表率后进，敬仰无已。承教以敝国势濒危，宜及时有所陈纳。先生厚爱吾国之心，诚足感佩。彼时即欲奉书，顾以方欲有所营构，思欲得当以报，故迟迟未发。今乃则所希望之事悉成梦幻，惟姑为其所得为，以俟不可必得之天幸而已。敝国之不能即振，更仆难数[③]。要而言之，则腐败之原因，不尽在政治，而在于社会。今者上无握权出治之大臣，下无章志贞教[④]之大儒，而发于上与号召于下者，咸不能出以精白诚一之心，则气运之挽回，正未易言也。贵国上下戮力一心三十年，遂得战胜强俄，为地球上第一等强国，使敝国亦得有变法自强之机会，斯实下士所欣幸也。和议之成，贵国社会咸不满意。弟意小村[⑤]大臣明于形势，熟于计划，其所以不能尽其力量者，盖实察于彼己及列强相对待之故，遂有不得不出于此者。不知先生以为何如？弟旅京年余，近复南下，将来当仍入京一行。跋来报往，自顾殊无所谓，以承雅意，姑述所怀，意所欲言，百不及一。奉上小说一种，聊为先生下酒物，望哂存之。即上梅崖先生。并候堂上万福。

汪康年拜上　中历八月十三日

山本宪资料C87。此札二纸，信封正面书“敬求涤龕兄带至大阪饬交山本梅崖先生　汪康年拜　八月十三日”。据内容判断，作成时间当为1905年9月11日，为对山本来函之回复，但《汪康年师友书札》未见山本来函。此前的1905年春，山本宪曾致函汪康年，称：“叩贺年禧，尔来契阔，兴居何似，伏惟万福。弟理当屡裁书候问，日常疏懒，负罪寔深。客年俄人无状开衅，天祐敝国，连战连捷，俄人虽未悔咎，大局既有可洞见者，想执事有高论，所处时局，幸勿吝开示。弟以日历十一月下旬营隐栖于此地，地位于山阳海上，富海山之胜与鲜鱼，去大阪不远，若有东游之便，幸赐来过。敬请道安。

---

① 南陔之养：《毛诗序》：“《南陔》，孝子相戒以养也。”

② 莱彩之欢：《艺文类聚》卷二十引《列女传》：“老莱子孝养二亲，行年七直，婴儿自娱，著五色彩衣。尝取浆上堂，跌仆，因卧地为小儿啼。”

③ 更仆难数：《礼记·儒行》：“遽数之不能终其物。悉数之乃留，更仆未可终也。”

④ 章志贞教：《礼记·缁衣》：“故长民者，章志、贞教、尊仁，以子爱百姓，民致行己以说其上矣。”

⑤ 小村：小村寿太郎(1855—1911)，日本外交家、政治家。曾于1901—1906、1908—1911年两次任外务大臣。

弟宪顿首。立春之日，住备前牛窗。叶先生及汪有龄、嵇慕陶二君，起居何如？久不闻消息，请见示近况。”[①]汪康年函中所称“旅京年余”当指 1904 年入京任内阁中书。

① 《汪康年师友书札》第四册，第 3301 页。

汪康年书札十七（1907 年 9 月 24 日）

刻清尊集一部附東軒吟社畫象一冊。是書為先伯祖小米公在道光朝宦游時集之事。是時海宇無事，士大夫宦居京華，以文酒為驩。撫今追昔，曷勝欷歔。敝帚呈入，聊供插架。又花譜匯錄一部，此係少年所為，不為佳撰，然其間頗有以微諷時人為意者。當時曾托人奉一部，未知達否，恐已浮沉，再奉一部，以請是正之。敬候

侍祉，餘不一一。

弟汪康年拜

八月十七日

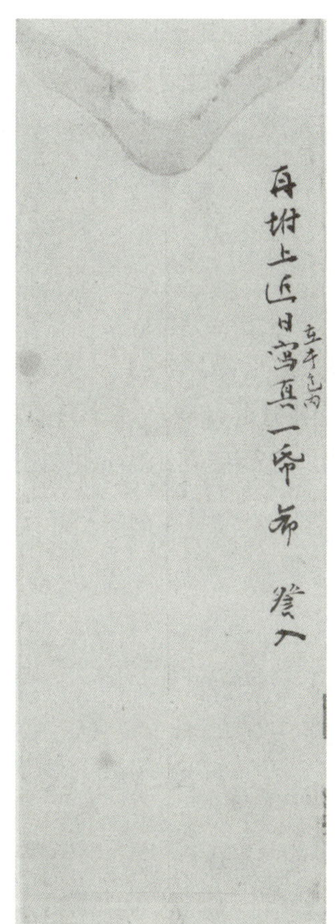

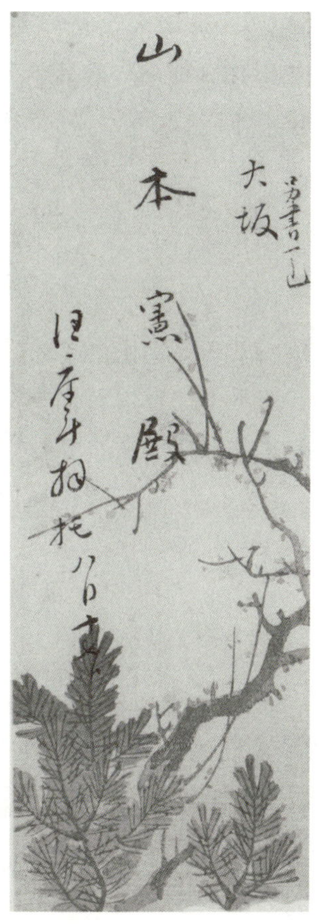

梅崖先生执事：

积年未修笺候。前奉惠书，如获拱璧。承甘饴之奉，与日俱永。栽花钓鱼，怡适天性，羡佩无似。弟所处境地，与君煞隔。匪风[1]之惧，排日而积。加以情性迫狭，怀倚柱之悲，少乐天之趣。近来踪迹南北靡常，而颠踬频仍，见排时贵，颇谓冰檗之怀。无当大雅，故未敢辄以鄙状相告。兹因便羽，聊奉此函并家刻《清尊集》[2]一部（附《东轩吟社画象》[3]一册）。是书为先伯祖小米公[4]在道光朝宾游雅集之事。是时海宇无事，士大夫家居者，率以文酒

---

① 匪风：《诗序》："《匪风》，思周道也。国小政乱，忧及祸难，而思周道焉。"

② 《清尊集》：汪远孙编，道光十九年(1839)振绮堂刊行。共16卷，收入"东轩吟社"社员七十余人的作品。"东轩吟社"为清代道光年间杭州的文人结社，创办人为汪远孙等。

③ 《东轩吟社画象》："画象"当作"画像"。由清代画家费丹旭所绘，共绘有"东轩吟社"社员七十余人的画像。

④ 先伯祖小米公：汪远孙(1789—1835)，字小米，嘉庆年间举人。汪康年祖父之兄。曾于杭州结成诗社东轩吟社，并刊行成员作品《清尊集》。

为罐。抚今追昔，曷胜浩叹。敢希哂入，聊供插架。又《庄谐选录》[1]一部，此短书小言，不为佳撰，然其间颇有以激讽时人为意者。前时曾托人奉一部，来函未及，疑已浮沉。再奉一部，亦请是正之。敬候侍祉。余不觌缕。

弟汪康年拜　八月十七日

山本宪资料C88。此札二纸，信封正面书“另书一包　大坂山本宪殿　汪康年拜托　八月十七日”，背面书“再附上近日写真（在书包内）一纸　希察入”，无邮戳。此函作成年不详，或为1907年。函中所称“见排时贵”，或指1907年汪康年在北京创办的《京报》因报道“杨翠喜事件”被勒令停止发行一事。

① 《庄谐选录》：札记小说集，汪康年辑录，多取材于《中外日报》。

汪康年书札十八（1908 年 12 月 15 日）

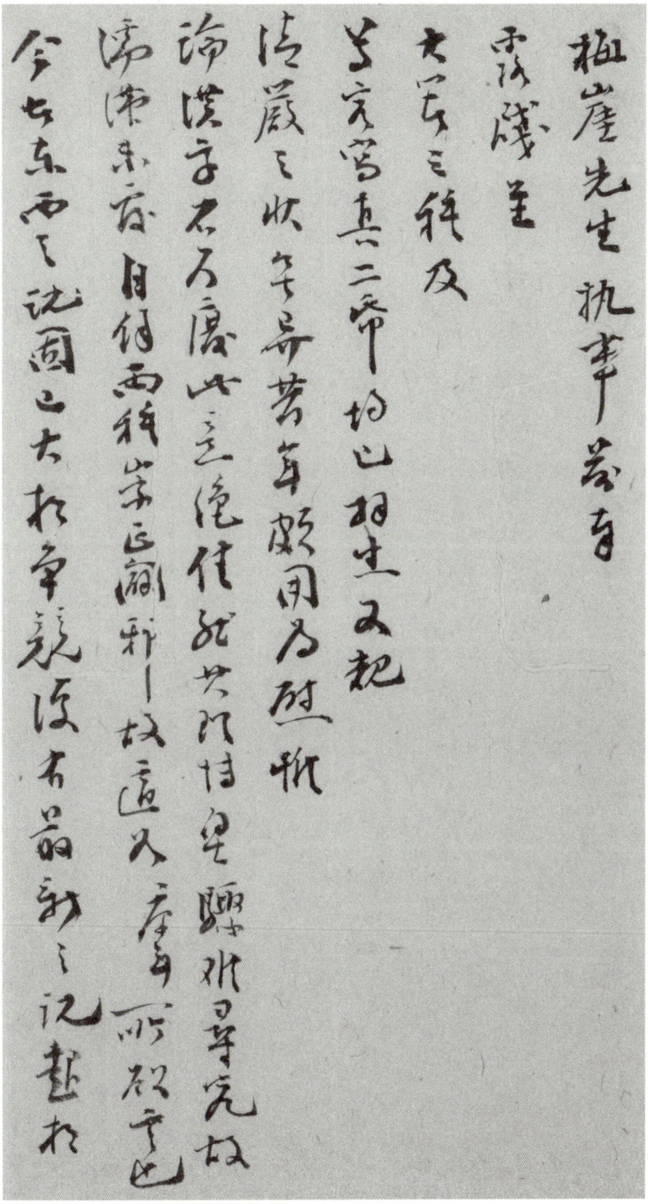

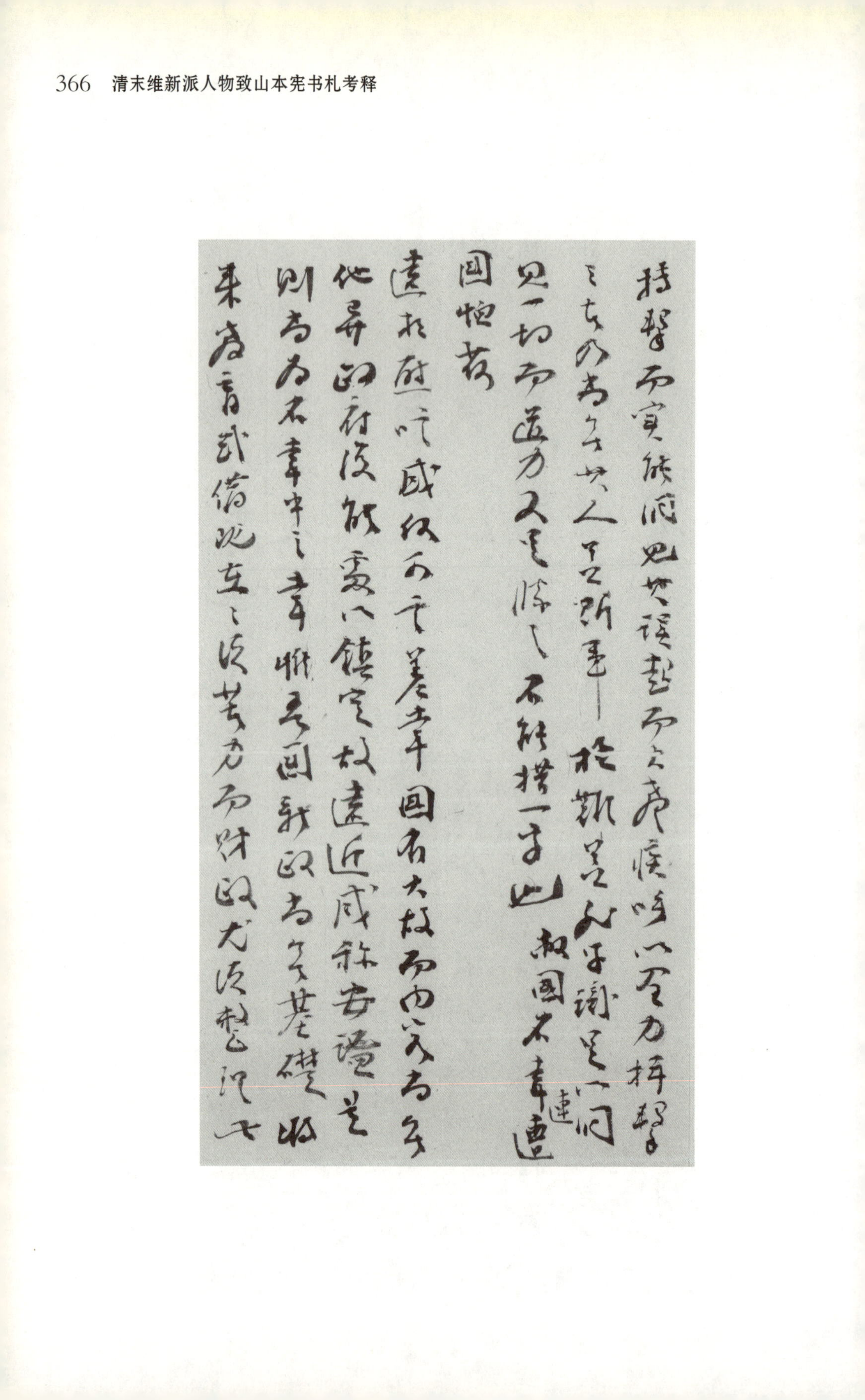

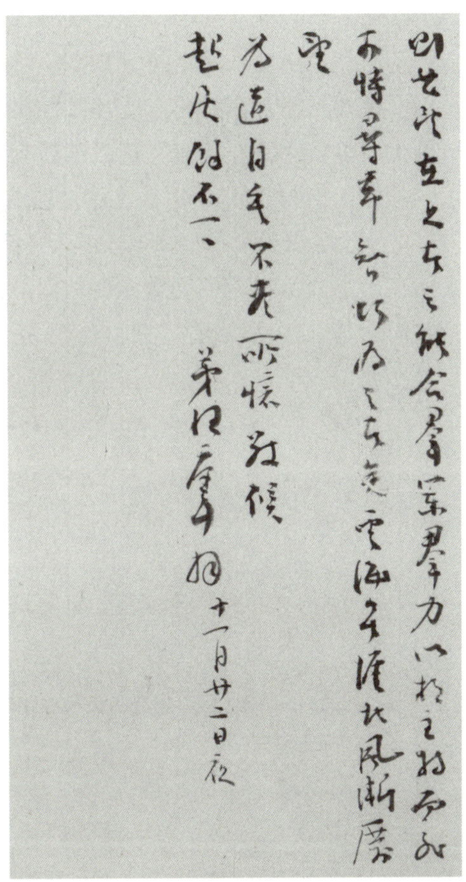

梅崖先生执事：

前奉露笺并大箸三种，及尊容写真二纸，均已拜悉。又睹清严之状，无异昔年，颇用为慰。惟论汉字不可废，此意绝佳。然其理博奥，骤难寻究，故濡滞未覆。自余两种，崇正辟邪，故适如康年所欲言也。今者东西之说，固已大相争竞，复有最新之说起相搏击。而实能洞见其误，起而大声疾呼，以全力抨击之者，乃尚无其人。盖斯事极难。盖非学识足以洞见一切，而道力又足胜之，不能措一字也。敝国不幸连遭国恤，荷远相慰唁，感何可言！差幸国有大故而内容尚无他异，政府复能处以镇定，故远近咸称安谧，是则尚为不幸中之幸。惟吾国新政尚无基础，将来教育、武备既在在须着力，而财政尤须整理。此则甚望在上者之能合群策群力以相主持，而非可恃寻常智巧为之者矣。云海无涯，北风渐厉，望为道自重。不尽所怀。敬候起居。余不一一。

弟汪康年拜　十一月廿二日夜

按

山本宪资料C90。此札三纸，信封正面书“备前冈山县牛窗町山本宪殿　清国上海静安寺路　汪寄”，正面邮戳有“牛窗四十一年十二月二十三日”等字样。此函当为收到山本来函后的复函，但《汪康年师友书札》中未见类似内容的来函。汪康年作此函时，正逢光绪帝和慈禧太后相继去世后不久，汪康年在函中表示中国虽突遭此变故，但无大的动乱，实为不幸中之幸，中国新政尚无基础，今后当着重在教育、武备、财政等方面倾注大力。

汪康年书札十九（1909 年 3 月 13 日）

梅庵先生执事　敬启承以新年

远赐　大利　拜庆旷若之

阁下安荣匡户谨之图报为

上幸

莹雨不静家族一庭之内新晓有为问人也之世去年

柳二不另有一运道也而半世事业已付飘萍正

旦待赢多病心财�012每遥逢对

故人云来不地为愧去今正以左人之约如作北行

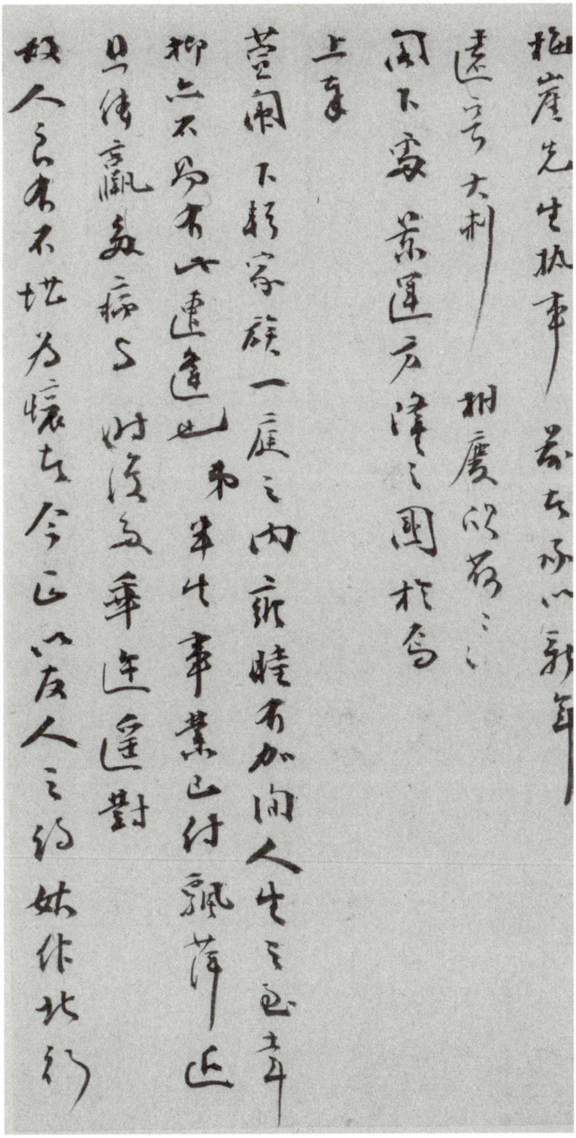

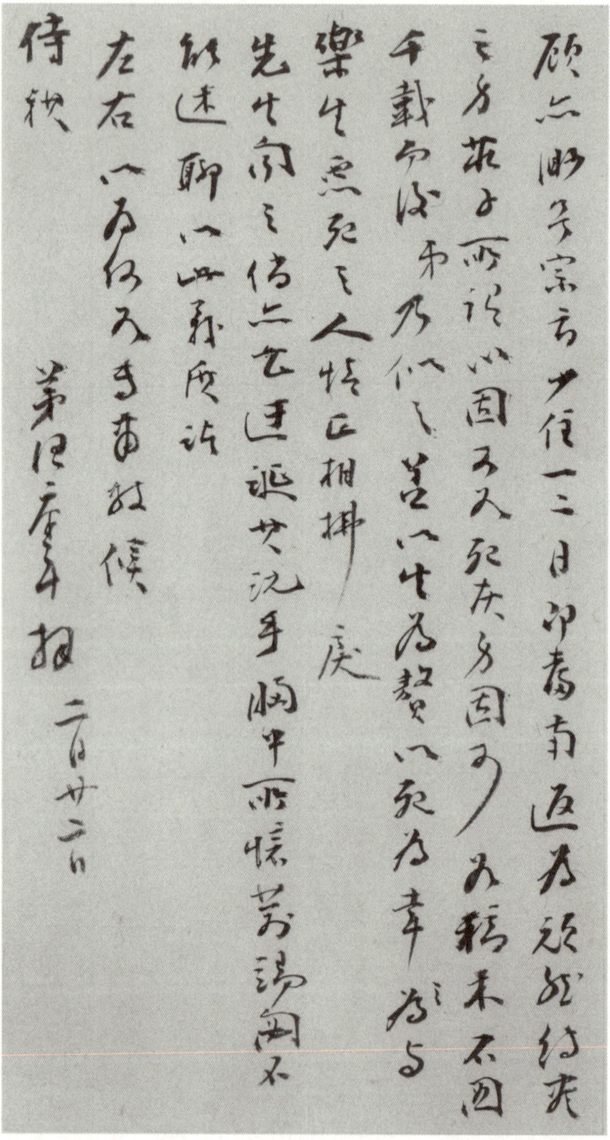

梅崖先生执事：

前者承以新年远寄大刺，相庆欣荷，相庆欣荷。阁下处景运方隆之国，于焉上奉萱闱，下顿家族，一庭之内，雍睦有加，洵人生之至幸，抑亦不易有此遭逢也。弟半生事业已付漂萍，近且体羸多病，与时复多乖迕，遥对故人，良有不堪为怀者。今正以友人之约姑作北行，顾亦渺无宗旨，少住一二日即当南返，为顽然待尽之身。庄子所谓“心固可如死灰，身固可如槁木”[①]，不图千载而后。弟乃似之。盖以生为赘，以死为幸，与乐生恶死之人情正相拂戾。先生闻之，倘亦甚迂诞其说乎？胸中所怀万端，闷不能述。聊以此义质诸左右，以为何如？专肃。敬候侍祺。

弟汪康年拜　二月廿二日

山本宪资料 C91。此札二纸，信封正面书“日本冈山县牛窗町梅清塾主山本梅崖先生　清北京汪寄　十二月廿二日”。正面邮戳有“备前牛窗四十二年三月十九日”字样。1909 年正月，汪康年接山本寄来的贺卡，称：“海乡迁居以来，五年于此，可观者海山之景，可听者万鸟之声。出则与鱼樵亲，入则求知于书中。客岁造一钓舟，铭云：寓天地于楫上，弄风月于竿头。一簑一笠，不羡封侯，是弟近况也。敬请道安。弟宪顿首。正月朔日。”[②]汪康年此函为对收到山本贺卡之回复，由此可知其当时不仅体弱多病，且情绪极度低落。

---

① 心固可如死灰，身固可如槁木：形容极度灰心。语出《庄子・齐物论》：“形固可使如槁木，而心固可使如死灰乎。”

② 《汪康年师友书札》第四册，第 3302 页。

山本宪书札

山本宪书札一（1898 年 10 月 7 日）

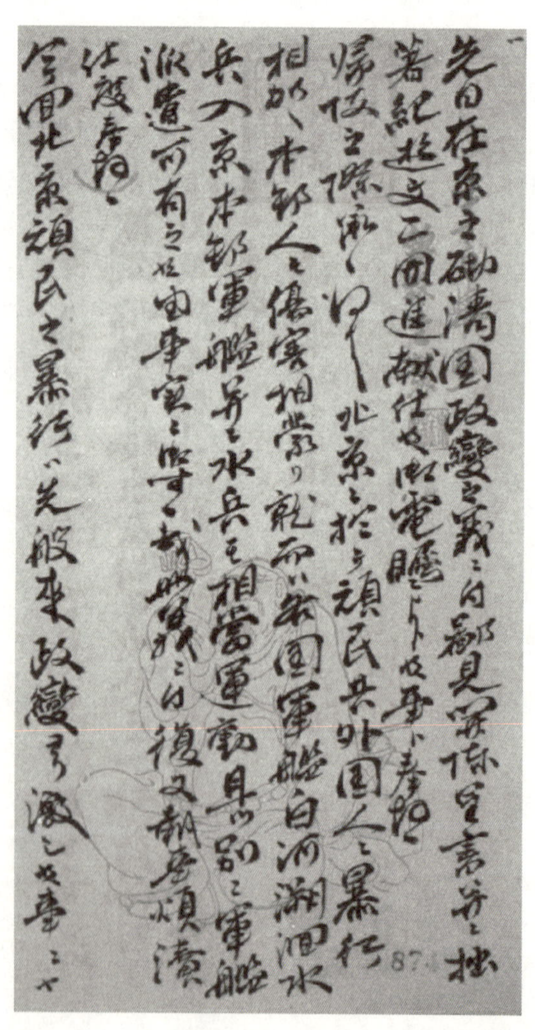

一 先日在京之砌清国政変之義ニ付鄙見[illegible]呈高覧并ニ拙
著紀述文二冊進献仕候処御電覧ヲ被下候事ト奉存
帰[illegible]之際[illegible]北京ニ於テ頑民共外国人ニ暴行
相加ヘ本邦人も傷害相蒙り就而ハ各国軍艦白河渤海水
兵入京本邦軍艦并ニ水兵を相当[illegible]見合別ニ軍艦
派遣可有之旨由事実ニ[illegible]ス[illegible]ニ付復又献慮煩瀆
仕度奉存候
今回北京頑民之暴行ハ先般来政変ヲ激シ[illegible]

又ハ沙市一艘之事ニヤ事情詳ニ存不申候得共国並上格別之
事ニハ有之間敷ト存候
両国交通悔辱相蒙候時ハ相当面目相保可申ハ切論之義ニ
候得共清国之賞之本邦之為要ハ欧米諸国トハ自カラ異同
可有之事ト存候
欧米強国虎視眈々而策之[illegible]譬諸相求展[illegible]掠一朝事有
之時得ハ羅織醞醸奇[illegible]要求他日瓜分之一助ト致候
識ト可畏之事ト存候將来列国之安危ハ人種上之争ニ以[illegible]

決シテ可申候曰清國ニ對スルノ勸告他日本邦ニ對スルノ鑑ト
爲スベキモノトモ[illegible]ニ付本邦之處置ハ何處迄モ友邦之情誼不
可棄ト存候
此際軍艦派遣ハ至當之舉ニ可有之如何其清國威嚇之舉
動ハ愼ニ可申歐米諸國之動静偵察可然ト存候
國交上談判ニ於而何處迄モ清國扶助之目的不可失假令
歐米强國不當之要求有之共本邦ヨリハ大義ニ依テ之ヲ歐
米强國之要求ヲ論難抑制シ別ニ清國政府上之忠言

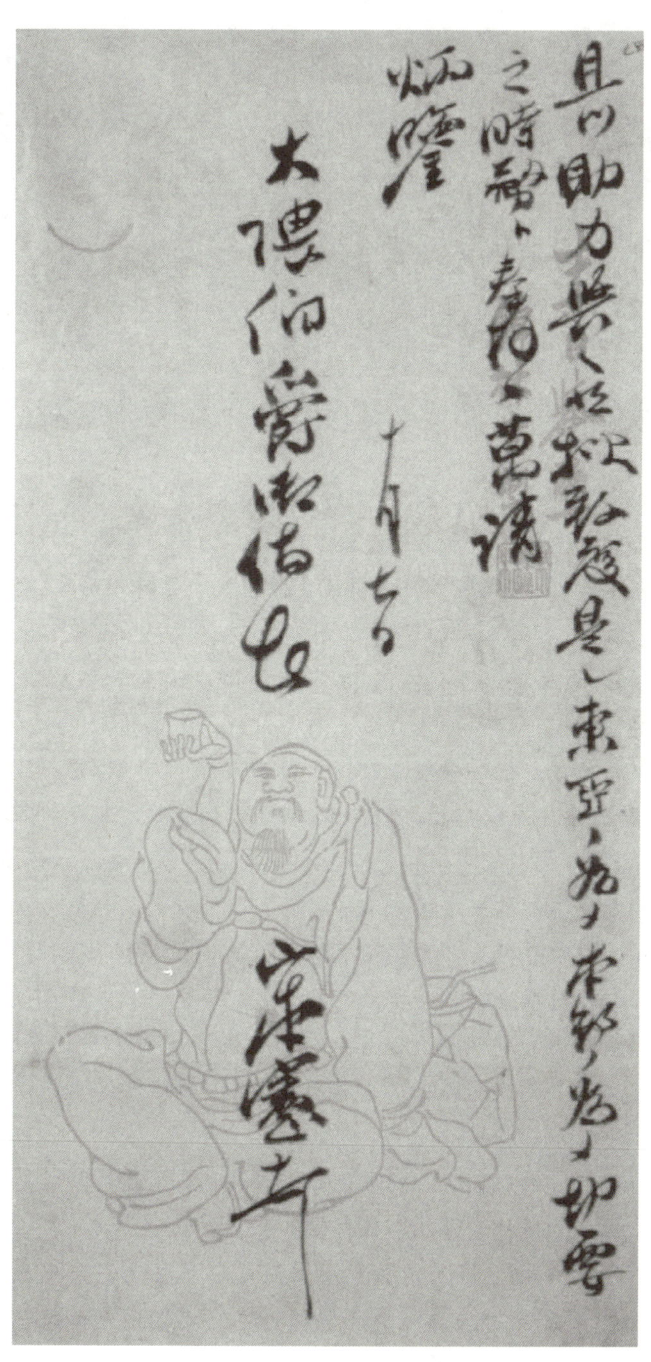

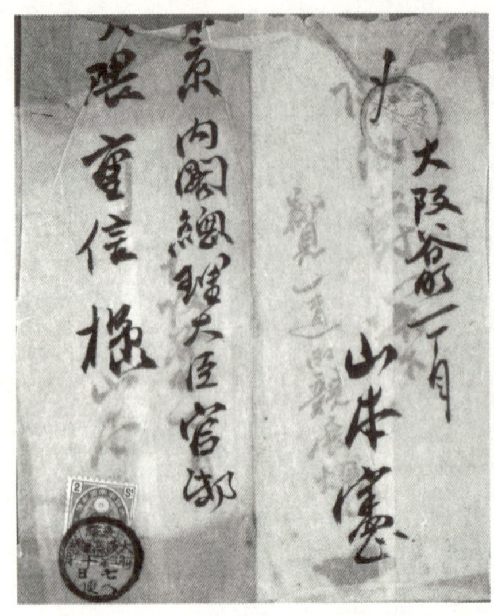

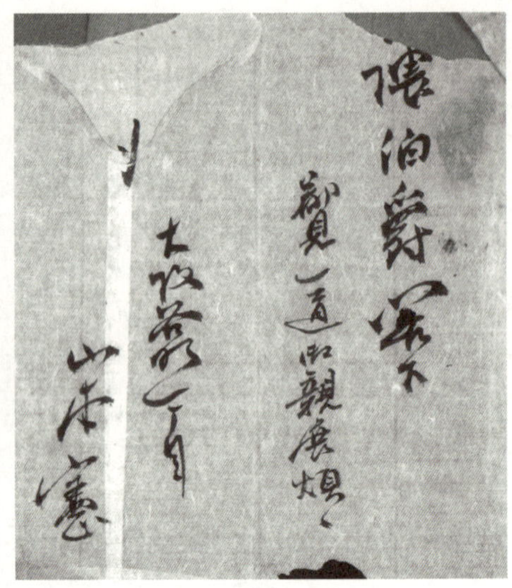

先日在京之砌、清国政變之義ニ付鄙見開陳、呈書幷に拙著紀遊文二冊進献仕候。御電矚被下候事ト奉存候。

帰阪之際承候得ハ、北京ニ於テ頑民共外国人ニ暴行相加ヘ、本邦人之傷害相蒙リ、就而ハ各国軍艦白河遡洄、水兵入京、本邦軍艦幷ニ水兵モ相當運動、且ツ別ニ軍艦派遣可有之候由、事実ニ御座候哉。此義ニ付、復又執事煩瀆仕度奉存候。

今回北京頑民之暴行ハ先般來政變ヨリ激シ候事ニヤ、又ハ沙市一般之事ニヤ、事情詳悉不申候得共、国交上格別之事ニハ有之間敷ト奉存候。

両国交通、侮辱相蒙候時ハ相當面目相保可申ハ勿論之義ニ候得共、清国ニ對シ本邦之處事ハ歐米諸国トハ自カラ異同可有之事と奉存候。

歐米諸国虎視眈々可乗之釁端相求居候折柄、一朝事有之候得バ、羅織醞釀、脅嚇要求、他日瓜分之一助ト致可申、誠ニ可畏之事ト被存候。將來列国之安危ハ人種上之争ヲ以決シ可申。今日清国ニ對スルノ擧動、他日本邦ニ對スルノ鑑ト為スベキモノト被存候ニ付、本邦之處事ハ何處迄モ友邦之情誼不可棄ト被存候。

此際、軍艦派遣ハ至當之事ニ可有之候得共、清国威嚇之擧動ハ慎之可申。歐米諸国之動静偵察可然ト被存候。

国交上談判被為開候、而モ清国扶助之目的不可失。假令歐米强国不當之要求有之候トモ、本邦ヨリハ大義ニ仗リテ歐米强国之要求ヲ諷規抑制シ、別ニ清国改革上之忠言且ツ助力與ヘ候樣致度、是レ東亜ノ為メ本邦ノ為メ切要之時務ト奉存候。萬請炳鑒。

十月七日　山本憲頓首

大隈伯爵御侍者

译文

日前在东京时，上陈有关清国政变之鄙见，呈书并进献拙著纪游文二册，想必已赐览。

返回大阪时，据传于北京发生顽民向外国人施加暴力之事件，本邦人亦蒙受伤害，就而各国军舰溯洄白河，水兵入京，本邦军舰及水兵亦有相当动静，且有另派军舰之说。此为事实乎？有关此事，复又希望烦渎执事。

此次北京顽民之暴行，较先前之政变激烈乎？或为类似沙市之一般事件乎？虽未能详知事件真相，但想必此事不该成为影响两国交往之特殊事件。

两国交往过程中蒙受侮辱时，当然须保持国家体面。但对于清国，本邦之处事当与欧美各国有所异同。

欧美诸国虎视眈眈寻求可乘之衅端，一朝有事，便罗织酝酿，胁吓要求，以为他日瓜分之一助，此实为可畏之事。将来列国之安危，将由人种之争决定。今日欧美诸国对清国之举动，他日亦可对本邦，可为镜鉴。故本邦之处事，无论如何不可舍弃友邦之情谊。

此际军舰派遣虽为至当之事，但威吓清国之举动当慎之。窃以为可借此侦察欧美诸国之动静。

国交上可进行谈判，而扶助清国之目的不可失。假令欧美强国有不当之要求，本邦应仗大义，讽规抑制欧美强国之要求，同时对清国改革给予忠言及帮助，是为有益于东亚及本邦切要之时务。万请炳鉴。

十月七日　山本宪顿首

大隈伯爵御侍者

此函四纸，信封正面书“东京内阁总理大臣官邸　大隈重信　样”，背面书“大阪谷町一丁目　山本宪”，并另有“大隈伯爵阁下　鄙见一道御亲展烦候　大阪谷町一丁目山本宪”留言。正面邮戳有“摄津大阪卅一年十月七日”等字样。据《梅崖先生年谱》记载，1898年9月21日戊戌政变发生后，山本宪于数日后的9月27日“为清国之事前往东京”，虽未能得知其在东京期间活动的详细内容，但据此函知其向时任总理大臣的大隈重信上陈了“有关清国政变之鄙见，呈书并进献拙著纪游文”。“纪游文”指其前往中国之游记《燕山楚水纪游》。山本宪在从东京返回大阪后的 10 月 7 日，向大限发了此函。函中所提到的北京“顽民”向外国人施暴事件，所指未详。“先前之政变”指戊戌政变，“沙市之一般事件”指 1898 年 6 月沙市湖南帮客民余以仁因同乡杨与全被招商局更夫周顺兴殴伤，肇衅纠众焚烧招商局，延烧日本领事馆等房屋一案。山本宪在此函中希望日本政府在对待中国问题上，不可与欧美列强一样伺机瓜分中国，而应对中国的改革给予忠言及帮助。

山本宪书札二（1898 年 10 月 17 日）

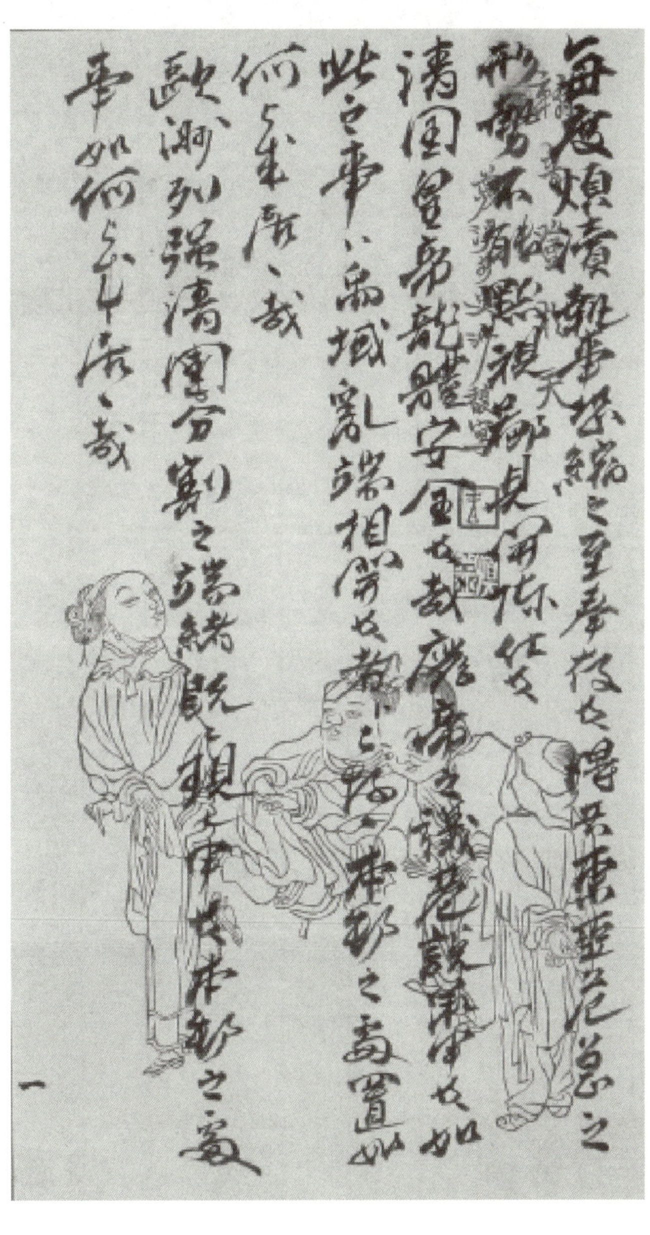

每度煩瀆[illegible]之至[illegible]
[illegible]
清國皇帝龍體安否哉。廢帝之議[illegible]如
此之事以[illegible]域亂端相[illegible]之[illegible]如
何[illegible]哉
歐洲列強清國分割之端緒既已[illegible]本部之[illegible]
事如何[illegible]哉

一

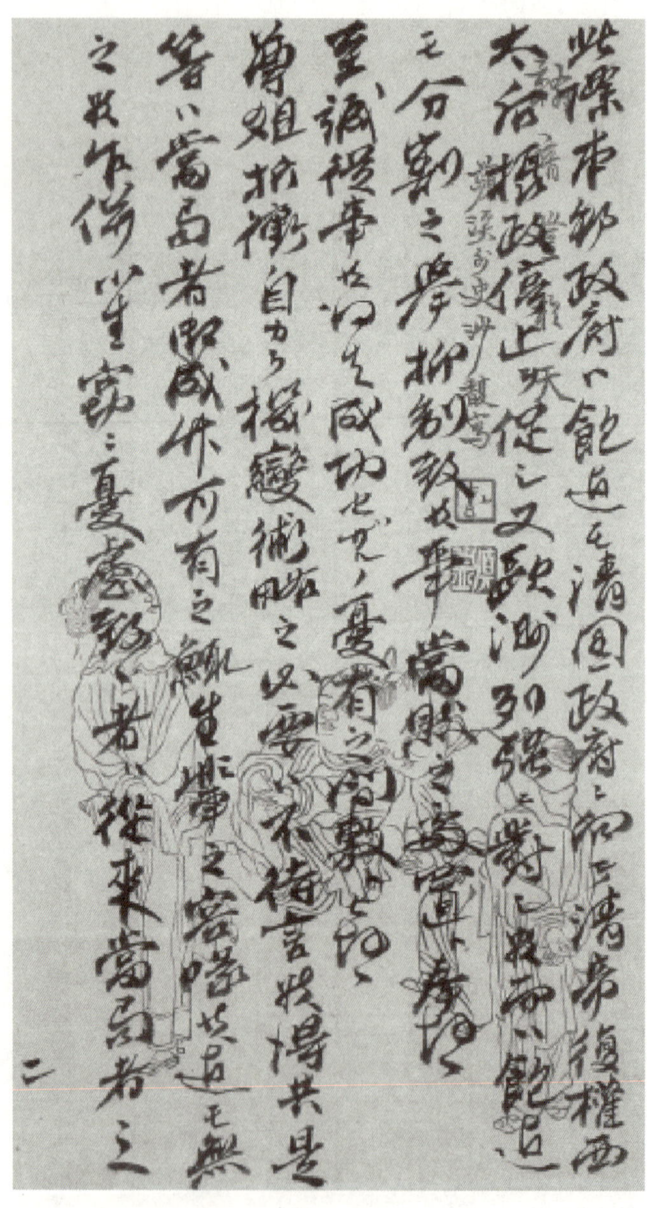

敝邦方今尚術略ノミニ流レ至誠乏シキ哉支國有之也
至誠不足ハ術略之ヲ推シ可申至誠富ミ此ノ術
略自然ニ相立可申事ト奉存候
本邦従来之通弊ハ尚内治ニ留シ外交之
振不振ヲ憂念致候者殆ンド幾人モ無之朋黨軋轢足等
閲牆ニ歳月ヲ徒消申候北宋之末路之観而黨之
爭權中ニ為ニ真ニ可悲候乃事朋黨軋轢争權之一大

三

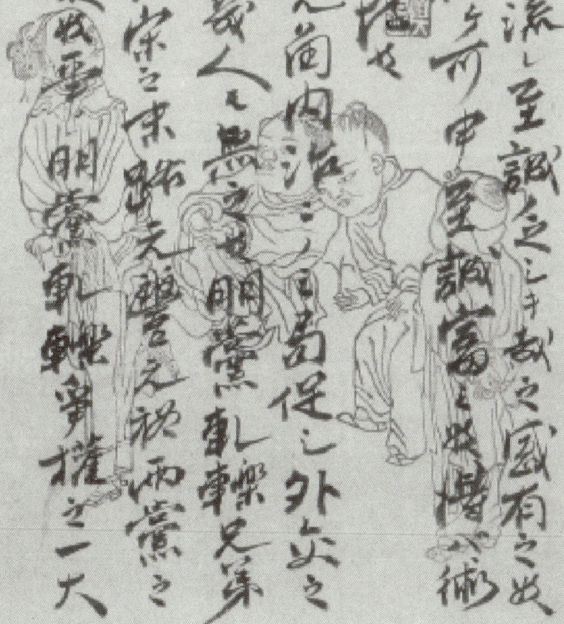

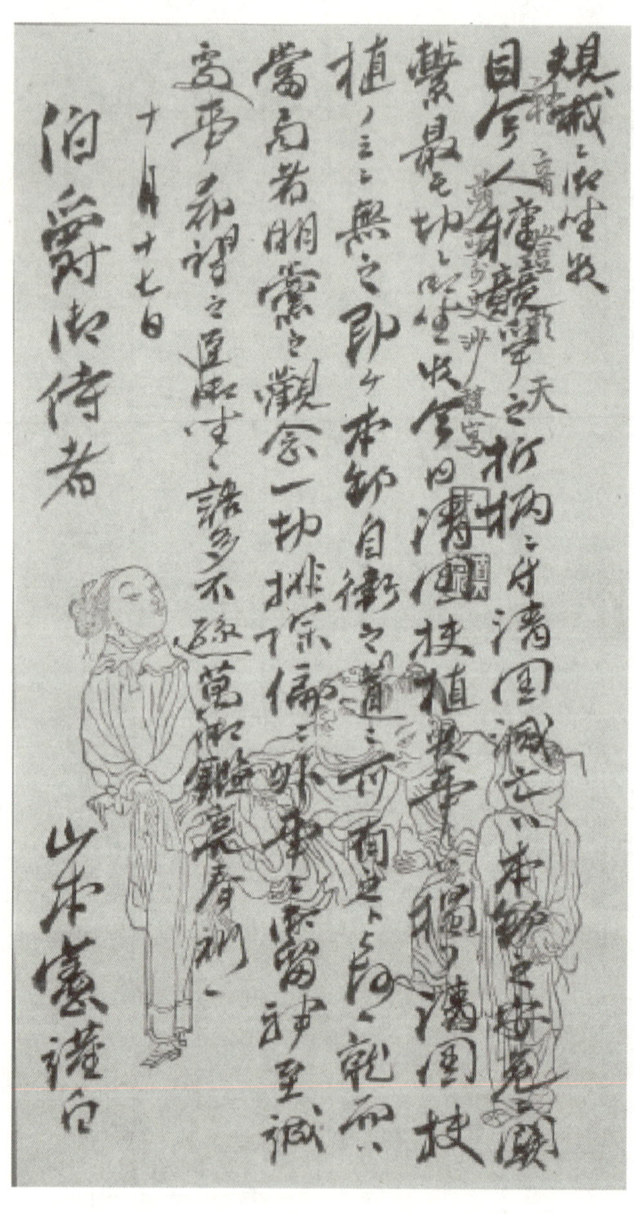

每度煩瀆執事、恐縮之至奉存候得共、東亜危急之形勢、不能黙視、鄙見開陳仕候。

清国皇帝龍體安全候哉。廢帝之議、巷説承申候。如此之事ハ禹域亂端相開候者ト被存候。本邦之處置、如何被成居候哉。

歐洲列强清国分割之端緒既ニ現レ申候、本邦之處事、如何被成居候哉。

此際、本邦政府ハ飽迄モ清国政府ニ向テ、清帝復權西太后摂政停止ヲ促シ、又歐洲列强ニ対シ候而ハ飽迄モ分割之擧抑制致候事、當然之處置ト奉存候。

至誠従事候得バ、成功セザルノ憂有之間敷ト被存候。

尊俎折衝自カラ機變術略之必要ハ不待言候得共、是等ハ当局者御成竹可有之。鯫生①輩之容喙候迄モ無之候。乍併小生窃ニ憂慮致候者ハ従來

① 鯫生:"鯫生"之误。

当局者之被成方、兎角術略ノミニ流レ、至誠乏シキ哉之感有之候。至誠不足ハ術略却テ挫ケ可申、至誠富ミ候得バ術略自然ニ相立可申と奉存候。

本邦従來之通弊ハ兎角内治ニノミ局促シ、外交之振否、憂念致候者殆ンド幾人モ無之候。朋黨軋轢、兄弟鬩墻に歳月徒消申候。北宋之末路、元豊元祐両黨之争権中、忽為女真所乗候事、朋黨軋轢争権之一大規戒ニ御座候。

目今人種競争之折柄ニ付、清国滅亡ハ本邦之安危ニ關繫最モ切ニ御座候。今日清国扶植候事ハ獨り清国扶植ノミニ無之、即チ本邦自衛之道ニ可有之ト被存候。就而ハ當局者朋黨之観念一切排除、偏ニ外事ニ御留神至誠處事、希望之至御座候。語多不遜、萬御鑑亮奉祈候。

十月十七日　山本憲謹白

伯爵御侍者

译文

屡次烦渎执事，惶恐之至。然东亚危急之形势，不能默视，故容开陈鄙见。

清国皇帝龙体安全乎？废帝之议，已有街谈巷说。如此之事，将开禹域之乱端。本邦之处置，又将如何？

欧洲列强瓜分清国之端绪已现，本邦之处事，又将如何？

此际，本邦政府当促清国政府使清帝复权，使西太后停止摄政。并且，对欧洲列强，当抑制其瓜分清国。此乃当然之处置。

若至诚从事，就不会有不成功之忧虑。

尊俎折冲，自当有临机应变之术略，此不待言。当局者对此当胸有成竹，无容鲰生辈容喙。然而，小生窃虑，向来当局者之处事仅流于术略，而有缺乏至诚之感。至诚不足，术略会遭挫折；富有至诚，术略自然会奏效。

本邦向来之通弊，往往囿于内治，对于外交之振否，几乎无人忧念，于朋党轧轹、兄弟阋墙中徒消岁月。北宋之末路，元丰、元祐两党争权，忽为女真所乘，此为朋党轧轹争权之一大规戒。

如今正值人种竞争之时，清国灭亡对本邦之安危关系最切。今日扶植清国，不独关系清国之扶植，亦是本邦自卫之道。因此，万望当局者抛弃一切朋党之观念，留心外事，至诚处事。语多不逊，万望鉴谅。

十月十七日　山本宪谨白

伯爵御侍者

按

此函四纸，信封正面书“大限伯爵阁下　御亲阅奉烦候”，背面书“山本宪”，未见邮戳。此函作于10月17日，即梁启超、王照于10月21日抵达东京前夕。此函中，山本宪希望日本政府停止国内党争，干预政变后的中国政局，以促使光绪皇帝重新掌权。梁启超、康有为等亡命日本后，山本立即专程前往东京相见，并竭力提供援助。

山本宪书札三(1901 年 2 月 9 日)

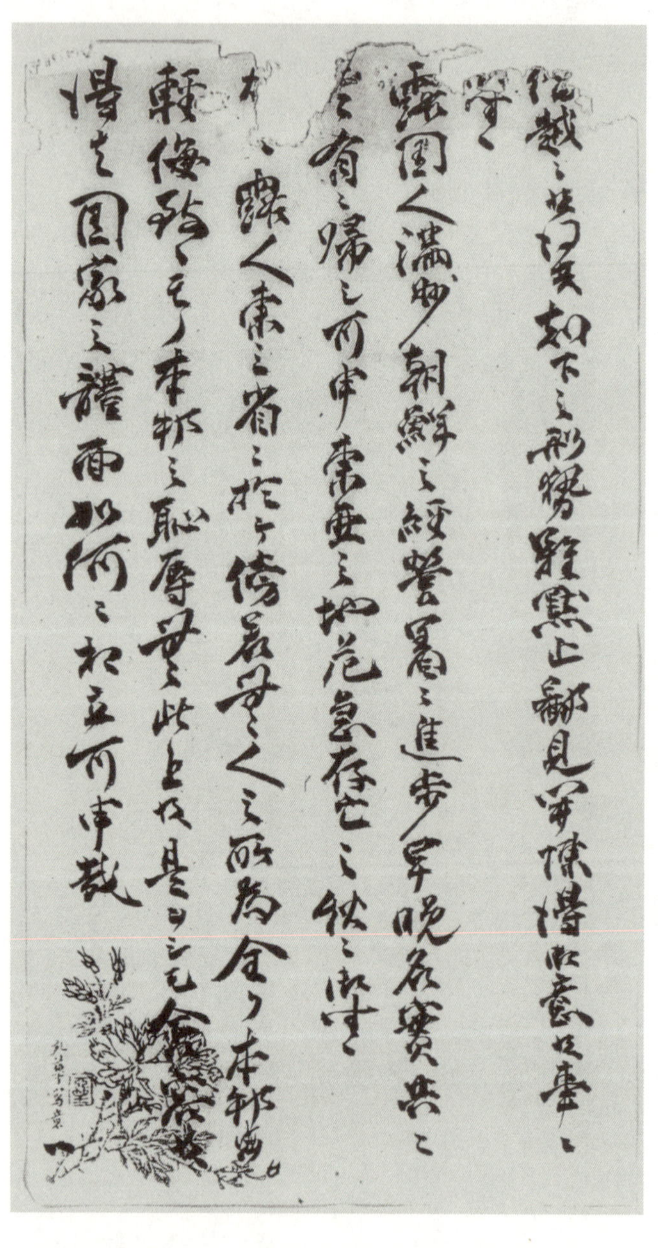

當今之急務ハ迅速閣下之師相(?)ヲ發シ滿州及西比利亞東部ニ露人之足跡ヲ留メザル迄ニ痛懲致ス事ニ御座候苟且偷安姑息セバ如何様之禍起リ可申哉モ可料トモ難候南宋之時賈似道當國政策偷安ヲ要トシ掩怯藏醜上欄功諱名彰飾太平瞞衆之耳目掩ヒ於[illegible]一朝[illegible]元兵大舉シ宋之社稷忽焉爲墟申候事ノ[illegible]之鑒戒ニ御座候

九華[illegible]

二

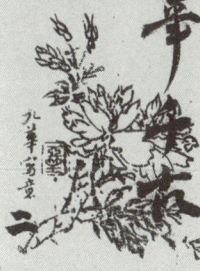

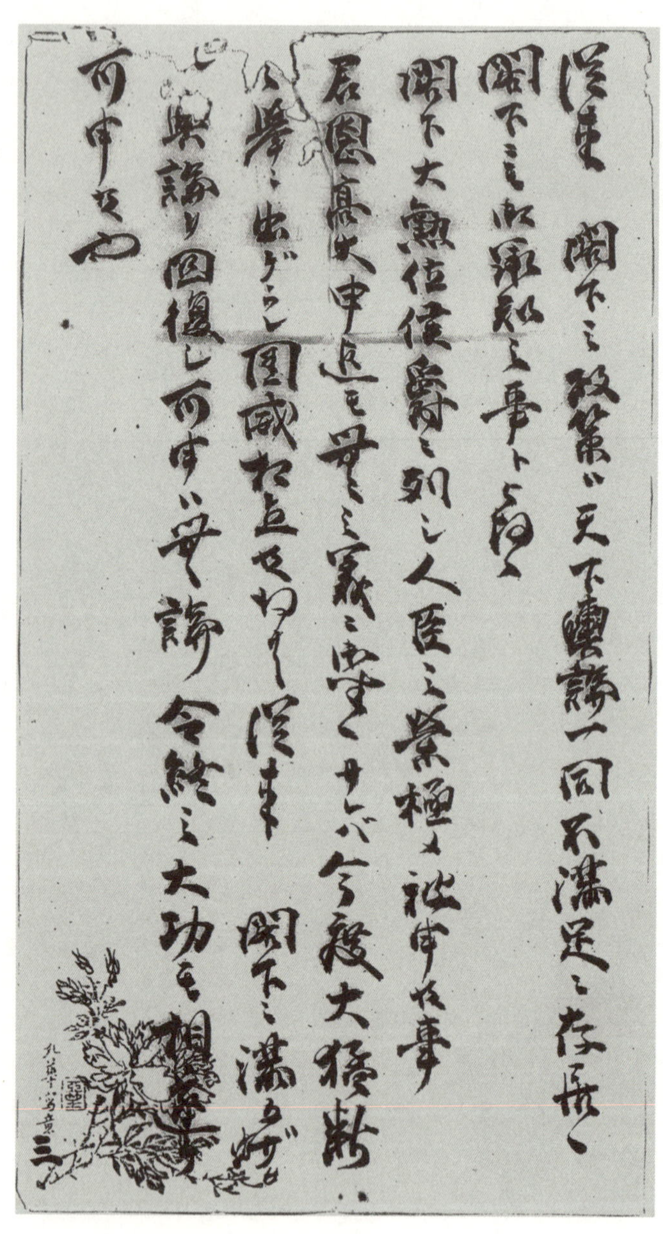

従来 閣下ノ政策ハ天下輿論一同不満足ニ存居候
閣下ニモ承知ノ事ト存候
閣下大勲位侯爵ニ列シ人臣ニ栄極メ被申候事
居恩高大申迄モ無之義ニ御座候ハゞ今般大獲断
以挙ニ出デラレ国威ヲ立テ被下候 従来 閣下ニ満タザル
輿論ヲ回復シ可下ハ無論 今総ニ大功ヲ相立
可申存候也

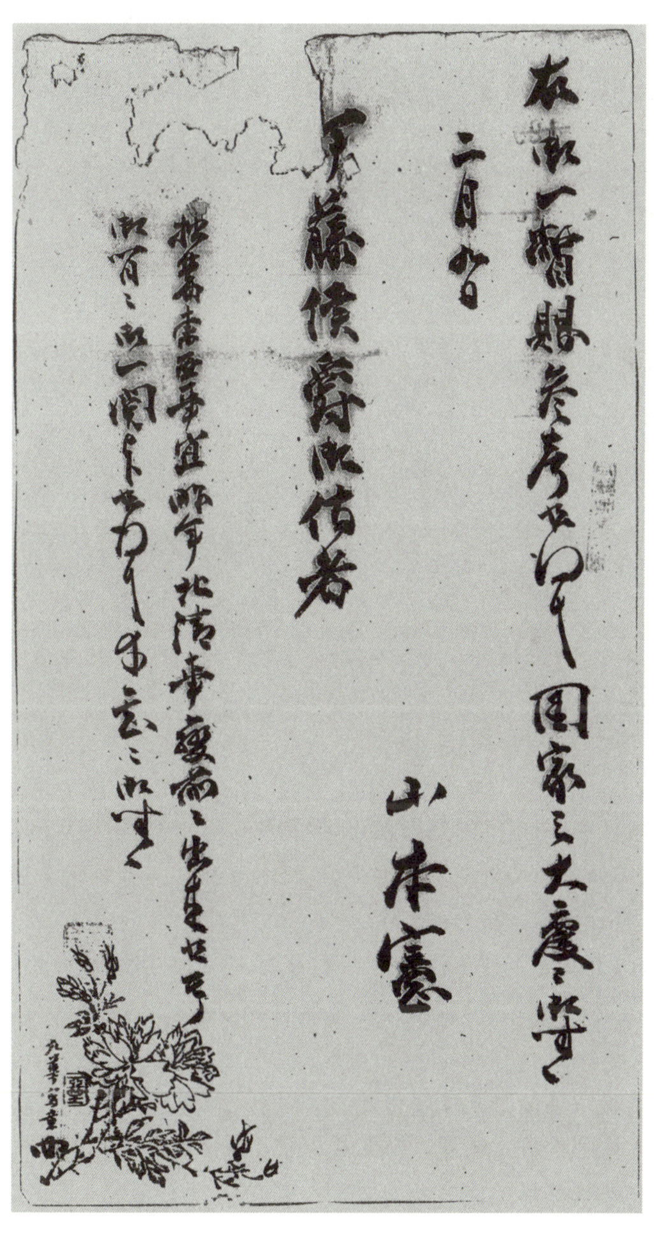

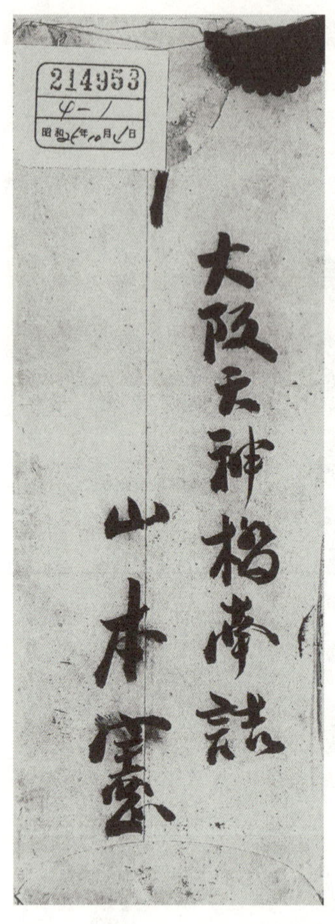

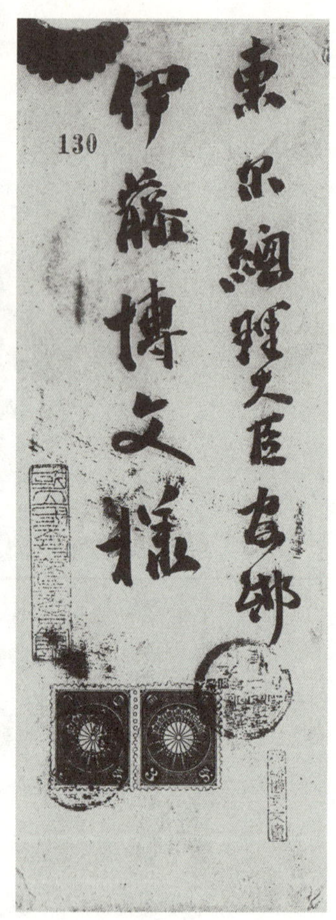

僭越ニ候得共、刻下之形勢難黙止、鄙見開陳、得御意候事ニ御坐候。

露国人、満洲朝鮮之経営着々進歩、早晩名實共ニ其有ニ帰シ可申。東亜之地、危急存亡之秋ニ御坐候。

右之露人、東三省ニ於テ傍若無人之所為、全ク本邦ヲ軽侮致候モノ、本邦之恥辱無此上候。是ヲシモ含容候得バ、国家之體面如何ニ相立可申哉。

當今之急務ハ迅速問罪之師相發シ、満洲及西比利亜東部ニ露人之足迹ヲ留メザル迄ニ膺懲致候事ニ御坐候。苟且偸安候得バ如何様之禍起リ可申哉不可料ト被存候。

南宋之時、賈似道當国、政策偸安ヲ主トシ、掩怯蔽醜、竊功沽名、粉飾太平、衆庶之耳目掩ヒ候餘、一朝元兵大擧、宋之社稷忽焉為墟申候事、千古之鑒戒ニ御坐候。

從來、閣下之政策ハ天下輿論一同不満足ニ存居候。閣下ニモ御承知之事ト被存候。

閣下大勲位侯爵ニ列シ、人臣之栄極メ被申候事、君恩高大申迠モ無之義ニ御座候。サレバ今度大猛断之挙ニ出デラレ国威相立候得バ、従來閣下ニ満タザル輿論ヲ回復シ可申ハ無論、令終之大功モ相遂ゲ可申候也。

右御一瞥賜参考候得バ、国家之大慶ニ御坐候。

二月九日　山本憲

伊藤侯爵　御侍者

拙著「東亜事宜」、昨年北清事變前ニ出來候モノ、御間ニ御一閲被下候得バ幸甚ニ御坐候。

译文

虽知僭越，但刻下之形势，难以默视，故开陈鄙见，以得尊意。

俄国人不断推进对满洲、朝鲜之经营，早晚名实共归其所有。东亚之地已处危急存亡之秋。

俄人于东三省傍若无人之所为，彻底轻侮本邦，实属本邦之奇耻大辱。若对此予以容忍，国家之体面又将如何保持?

当今之急务，乃迅速发问罪之师膺惩之，直至满洲及西比利亚东部无俄人之足迹。若苟且偷安，将有如何之祸害，不可预料。

南宋之时，贾似道当国，政策苟且偷安，掩怯蔽丑，窃功沽名，粉饰太平，掩众庶之耳目，最终一朝元兵大举入侵，宋之社稷忽焉崩溃，此乃千古之鉴戒。

向来阁下之政策，天下舆论均不满，阁下定无不知晓。阁下列大勋位侯爵，极人臣之荣，君恩浩大，凡此种种，均自不待言。既如此，此次若作出大决断以立国威，毫无疑问，此举既可恢复向来不满阁下之舆论，还能使阁下留得身后美名。

以上鄙见，若能赐览并作为参考，乃国家之大幸。

二月九日　山本宪

伊藤侯爵　御侍者

拙著《东亚事宜》，为昨年北清事变前所著，若能于闲暇赐读，将不胜荣幸。

此札四纸，信封正面书“东京总理大臣官邸　伊藤博文样”，信封背面书

“大阪天神桥南诘　山本宪”。此函原件藏于日本国会图书馆东京本馆宪政资料室，信件内容已被收入《伊藤博文关系文书/八》中，但有数处解读错误。此函作成时间为二月九日，但未署作成年份。《梅崖先生年谱》载：“（明治三十四年）伊藤内阁成立。如今外交事急，而伊藤博文当路。二月十二日，予论俄事，致书于伊藤。十四日，又致书于近卫公。”据此，此书信当作成于明治三十四年，即1901年。而此处的“二月十二日”，或为寄发时间。在此函中，山本极力怂恿日本政府对俄开战。

征引文献

《清议报全编》(新民社辑),文海出版社,1986 年。
《清议报》(影印本),中华书局,1991 年。
《申报》,中国国家图书馆藏。
《时务报》,中国国家图书馆藏。
《农学报》,浙江图书馆藏。
《知新报》,中国国家图书馆藏。
《浙江潮》,浙江留日同乡会,1903 年。
《土阳新闻》,[日]国会图书馆藏。
《朝日新闻》,[日]国会图书馆藏。
《丁酉日记》,[日]高知市立自由民权纪念馆藏。
《明治丙申日记》,[日]高知市立自由民权纪念馆藏。
《嘤嘤录》,[日]高知市立自由民权纪念馆藏。
《嘤嘤会志》,[日]高知市立自由民权纪念馆藏。
《各国内政关系杂纂》,日本外交史料馆藏。
斋藤拙翁:《拙堂文集》,斋藤次郎,1881 年。
田中涣乎:《假名交文典》,[日]团团社书店,1888 年。
山本宪:《燕山楚水纪游》,[日]上野松龙舍,1898 年。
山本宪:《东亚事宜》,[日]福井清司,1900 年。
山本宪:《梅清处文诗存》,抄本。
山本宪:《梅崖先生年谱》,非卖品,1931 年。
山本宪:《论语私见》,[日]松村末吉,1939 年。
王照:《雪泥一印》,[日]田中庆太郎,1900 年。
王照:《雪泥一印》,水东草堂刊本,1925 年。
王照:《小航文存》,宁河王氏水东草堂刊本,1930 年。
桥本关雪:《南画への道程》,[日]中央美术社,1924 年。
日本外务省:《日本外交文书・明治期》(1—45 卷),[日]日本国际连合协会,1936—1961 年。
国分青厓:《汉诗大讲座・明治大正名诗选》,[日]アトリエ社,1937 年。
中国史学会:《中国近代史资料丛刊・戊戌变法》,上海人民出版社,1957 年。
汪诒年:《汪穰卿先生传记》,文海出版社,1966 年。
汪诒年:《汪穰卿先生遗文》,文海出版社,1966 年。
柳田泉:《明治文学研究》,[日]春秋社,1967 年。

黄遵宪著，实藤惠秀等译：《日本杂事诗》，[日]东洋文库，1968 年。
内藤湖南：《燕山楚水》，《内藤湖南全集》第二卷，[日]筑摩书房，1971 年。
冯自由：《革命逸史》，中华书局，1981 年。
汤志钧：《康有为政论集》，中华书局，1981 年。
平冢笃：《伊藤博文秘录》，[日]原书房，1982 年。
王彦威、王亮：《清季外交史料》，文海出版社，1982 年。
王芸生：《六十年来中国与日本》，三联书店，1979—1982 年。
永井算巳：《中国近代政治史论丛》，[日]汲古书院，1983 年。
丁文江、赵丰田：《梁启超年谱长编》，上海人民出版社，1983 年。
丁文江、赵丰田：《梁任公先生年谱长编》，中华书局，2010 年。
钟叔河：《日本日记・甲午以前日本游记五种・扶桑日记・日本杂事诗〔广注〕》，岳麓书社，1985 年。
上海市文物保管委员会：《康有为遗稿・万木草堂诗集》，上海人民出版社，1986 年。
蒋贵麟：《康南海先生遗著汇刊・康南海先生年谱续编》，宏业书局，1987 年。
蒋贵麟：《康南海先生遗著汇刊・康南海先生自编年谱》，宏业书局，1987 年。
孔祥吉：《戊戌维新运动新探》，湖南人民出版社，1988 年。
上海图书馆：《汪康年师友书札》，上海古籍出版社，1986—1989 年。
梁启超：《饮冰室合集》(影印本)，中华书局，1989 年。
王志宏：《翻译与创作》，北京大学出版社，2000 年。
孔祥吉：《晚清史探微》，巴蜀书社，2001 年。
夏晓虹：《晚清的魅力》，百花文艺出版社，2001 年。
夏晓虹：《觉世与传世——梁启超的文学道路》，中华书局，2006 年。
夏晓虹：《追忆梁启超》(增订本)，生活・读书・新知三联书店，2009 年。
茅海建：《从甲午到戊戌：康有为〈我史〉鉴注》，生活・读书・新知三联书店，2009 年。
茅海建：《戊戌变法的另面——〈张之洞档案〉阅读笔记》，上海古籍出版社，2014 年。
李廷江：《近代中日关系源流・晚清中国名人致近卫笃麿书简》，社会科学文献出版社，2011 年。
高知市立自由民权纪念馆：《山本宪关系资料目录》，2011 年。
吕顺长：《清末中日教育文化交流之研究》，商务印书馆，2012 年。
汤志钧：《戊戌变法史》，上海社会科学院出版社，2015 年。
河野贵美子、王勇：《衝突と融合の東アジア文化史》，[日]勉诚出版，2016 年。
山本宪关系资料研究会：《变法派の書簡と〈燕山楚水紀遊〉》，[日]汲古书院，2016 年。

后　　记

《清末维新派人物致山本宪书札考释》一书终于完稿。在此简要记录成书经过，并感谢为本书的出版提供过各种援助的机构和个人。

2003年，笔者辞去国内大学教职，前往日本大阪某私立大学就职。十多年来，在科研方面，除主持日本文部科学省"从清末民国初期的教育杂志看近代日本教育对中国的影响"这一课题外，投入时间最多的当属与本书直接相关的对维新变法派人物致山本宪书札之研究。2006年，山本宪后人将珍藏家中多年的山本手稿、友人书信等资料寄托给高知市立自由民权纪念馆，但寄托当初并无太多的人知道这些资料的存在；2008年，笔者在开始汪康年与山本宪的交流之研究时，对这些资料的存在仍不得而知。拙文《汪康年与山本宪之交游》发表后，高知大学吉尾宽教授来函告知这些资料的存在，笔者大喜过望，立即奔赴高知，在吉尾教授和纪念馆工作人员的无私协助下，复印了包括康有仪、汪康年、梁启超、康有为、王照、徐勤、罗振玉、孙淦、嵇侃、汪有龄、力钧、黄树模、甘白等中国人致山本宪的书札二百二十余通。2011年，吉尾宽教授向文部科学省申请了"从《山本宪关系书简》中的康有为族兄康有仪书札看近代日中交流史之特点"这一共同研究课题，笔者作为共同研究者参与其中，并获得了课题组陆续制作的山本宪相关资料电子版。在共同研究中，以吉尾宽教授为中心的课题组成员密切合作，笔者从中得到了许多有益的启发，以这些书札为中心，相继发表了《康有仪致山本宪书简(译注)》(1—4，《四天王寺大学纪要》，其中3—4系与东京大学小野泰教先生合作)、《康有仪与其塾师山本宪》(《浙江外国语学院学报》)、《山本宪致大限重信书简》(《大阪民众史研究》)、《日本新近发现康有仪书札选注》(《文献》)、《山本梅崖与中国人留学生》(《一衣带水》)、《政治小说〈佳人奇遇〉之译者》(《冲突与融合之东亚文化史》)、《日本新近发现王照书信考释》(《浙江工商大学学报》)、《日本新近发现梁启超书札考注》(《文献》)等相关文章，并于日本中国现代史研究会、早稻田大学、二松学舍、中国浙江工商大学东亚研究院、韩国中央大学等主办的学术研讨会上发表了相关论文。此外，吉尾宽教授负责的共同研究课题组的研究成果《变法派の書簡と〈燕山楚水紀遊〉》也于2017年1月由日本汲古书院出版。

2015年5月，因参与王勇教授主编的《历代正史日本传考注・清代卷》的编写工作，得以与该书的出版机构上海交通大学出版社李阳老师认识。该出版社在得知笔者近年所做的书信考释等研究工作后，认为这些书信具有较高史料价值，建议及早以公开出版的形式公诸于世，以饷国内学界。此后，笔者向中国国家社科基金申请后期资助项目，并顺利获得通过。2016年，按照评审专家的建议，笔者对本书的初稿进行了较大幅度的修改。本书能顺利出版，与国家社科基金的资助及各位评审专家的指导是分不开的，与上海交通大学出版社的大力支持也是分不开的。

本书所收录的127通书札中，除山本宪致大隈重信书札2通和致伊藤博文书札1通外，其余124通均收藏于日本高知市立自由民权纪念馆，而其所有者为山本宪后人山本和子女士，系山本女士委托纪念馆代为保管。在笔者通过高知大学吉尾宽教授和高知市立自由民权纪念馆提出希望影印出版这些书札时，山本女士慷慨应允，并期待本书的公开出版，能使其祖父与中国有识之士的交流为更多的人所了解。山本宪致大隈重信和伊藤博文的书信，分别藏于早稻田大学图书馆和日本国会图书馆，当笔者与两所图书馆的部门负责人联系希望复印这些资料时，也顺利地获得了许可。在此，对山本和子女士、吉尾宽教授、高知市立自由民权纪念馆、早稻田大学图书馆和国会图书馆的鼎力协助，表示衷心感谢。

初稿完成后，我所带的硕士研究生曹宇音同学以及荆妻陆定娟也协助进行了部分校对工作，在此一并致谢。

吕顺长

2016年9月1日草记于日本羽曳丘陋室

2017年4月20日修改于杭州下沙海天城